咸鏡古沃沮國地漢時爲玄菟郡所管後
高宗時永興以北沒于蒙古
恭愍王五年收復舊疆始
設邑鎭至于吉州鏡城
本朝太祖七年置北鏡二州
太宗十三年改永吉道
世宗十九年開拓六鎭設置
邑鎭

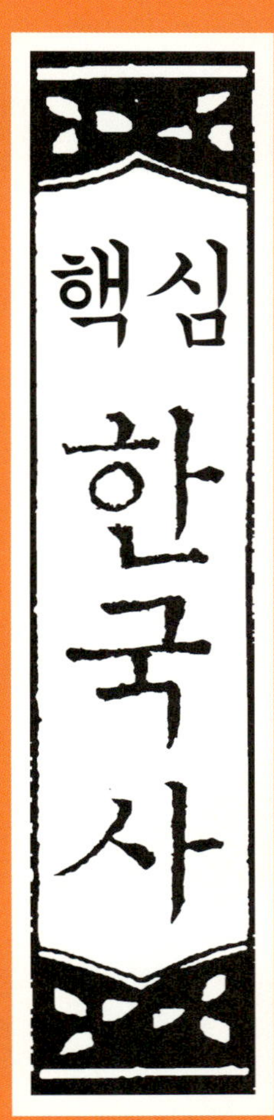

핵심 한국사

惠園出版社

핵심 한국사

韓國史

민병덕 지음

머리말

'현재는 역사(歷史)의 시작이자 출발점이다.'

역사는 늘 반복된다. 지금 이 순간도 바로 그 역사의 한 페이지를 형성하는 시간이다. 그러므로 매순간이 소중하지 않은 시간은 없다.

학교에서 국사를 가르친 지 어언 20여 년, 국사와 관련된 서적을 쓰기 시작한 지 벌써 10여 년이 훌쩍 지났다. 그러나 학생들은 여전히 국사를 어렵고 지루한 과목으로 생각하고 있다. 정체성을 찾아야 하는 청소년기에 정말 중요한 과목이건만 학생들로부터 냉대받는 것이 현실이다.

중국에서는 '동북공정(東北工程)'을 통하여 부여, 고구려, 발해 등 우리나라의 역사를 자기 나라의 역사로 가로채려 하고 있다. 역사를 빼앗긴다는 것은 우리의 정신을 빼앗기면서 나아가 영토까지도 잃어버릴 수 있는 것이다. 일본 또한 역사 왜곡을 통하여 독도에 대한 주권을 주장하고 있으니 실로 심각한 수준이다.

이렇듯 국사에 대한 새로운 인식이 필요한 시기에 국사편찬위원회에서 시행하는 한국사능력검정시험이 많은 사람들의 관심을 끌고 있다.

역사를 바로 알기 위해 마음먹고 책을 구입하여도 여전히 어렵고 지루하며, 외워야 할 것이 많아 작심삼일로 그치기 십상이다. 물론 역사 공부는 외울 게 많은 것도 사실이다. 이러한 단점을 보완하기 위하여 《핵심 한국사》를 출간하게 되었다.

이 책은 진학과 입시를 앞두고 있는 청소년들은 물론 더 나아가 취업을 앞두고 있는 대학생, 일반인들에게도 유용한 책이다. 왜냐하면 맛보기 형식으로 단원별로 요점을 추리기보다는 시간의 흐름에 따라 같은 주제별로 묶었기 때문에 머릿속에 지도를 그리듯 익힐 수 있다. ‘선사 시대와 초기 국가 시대’부터 ‘대한민국의 성립’까지 크게 7단원으로 나누고 각 시대별로 주제를 정하여 해설한 뒤 그 주제가 다음 시대에서는 어떻게 변하였는지, 어떤 것이 더 첨가되고 삭제되었는지 등의 세부적인 것을 모두 기록하였다.

역사는 무엇보다도 시간의 흐름을 알아야만 한다. 이 책은 인과 관계에 의하여 원인과 결과를 알기 쉽게 풀어 썼다. 그리고 이해를 돕기 위하여 그동안 수집한 자료들을 모아 지루하지 않게 공부할 수 있도록 시각적인 효과도 고려했다. 실록(實錄)이나 야사(野史) 등 관련 자료를 많이 모아 이 책을 보는 독자들이 재미있고 자연스럽게 이해할 수 있도록 하였다.

이 책을 통하여 한국사능력검정시험을 대비하는 한편, 우리 조상들의 삶을 이해하고 자신을 돌아볼 수 있는 계기를 가질 수 있으리라고 생각한다. 왜냐하면 역사는 늘 반복되기 때문이다. 현재는 역사의 시작이자 출발점이다. 역사를 거울삼아 국가는 물론 개인의 삶에 관한 여러 문제들을 해결하는 밑바탕이 되었으면 한다.

끝으로 이 책에 수록된 내용을 정리하는데 참고한 여러 문헌들은 책의 맨 뒷부분에 출처를 밝혔으며, 멋지게 책을 편집해 준 혜원출판사에 감사드린다.

차례

Ⅰ. 선사 시대와 초기 국가 시대

Ⅱ. 삼국 시대

Ⅲ. 남북국 시대

IV. 고려 시대

V. 조선 시대

VI. 일제 강점기 시대

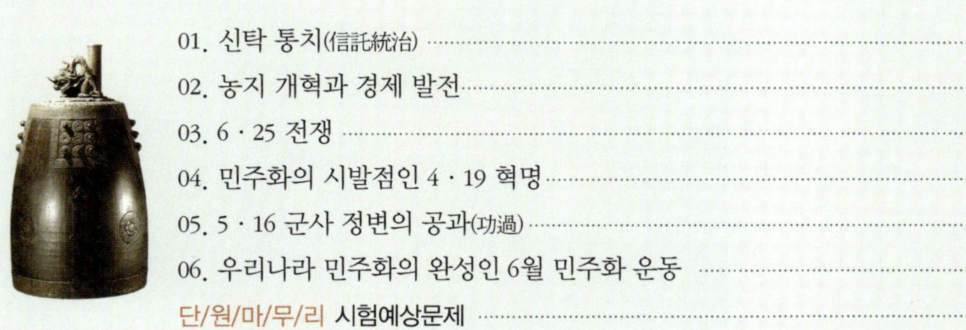

VII. 대한민국의 성립

부록

I
선사 시대와 초기 국가 시대

01

선사_{先史} 시대와
역사_{歷史} 시대의 구분

→ 선사 시대와 역사 시대를 구분하는 기준은 문자의 사용 여부이다.

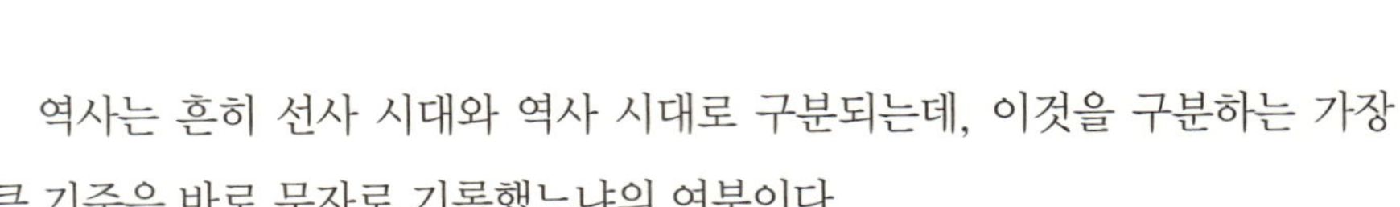

역사는 흔히 선사 시대와 역사 시대로 구분되는데, 이것을 구분하는 가장 큰 기준은 바로 문자로 기록했느냐의 여부이다.

선사 시대는 문자로 쓰이기 이전에 살았던 사람들의 시대로, 주로 유물이나 유적을 바탕으로 조상들의 생활 모습을 추정하고 있는 구석기 시대와 신석기 시대를 말한다.

반면에 역사 시대는 청동기 시대 이후 문자로 기록되어 조상들의 생활 모습을 자세히 알 수 있는 시대로 우리나라는 철기 시대 이후 문자를 사용한 것으로 추정한다. 우리나라에서 최초로 역사를 기록한 것은 고구려의 ≪유기(留記)≫[1]이다.

---

1 고구려의 역사책. 고구려가 한자를 사용한 이후에 남긴 역사 기록으로, 영양왕 11년(600)에 이문진이 이를 요약하여 《신집(新集)》 5권을 만들었다는 내용이 《삼국사기》에 기록되어 있을 뿐, 오늘날은 전하지 않는다.

02

구석기 시대와 예술

→ 구석기 시대는 무리를 지어 평등하게 어로, 채집, 수렵생활을 하며 이동생활을 하였다.
구석기 시대 사람들이 많은 사냥감을 얻기 위한 주술적 의미로 예술품을 남겼다는 것을 추정하게 한다.

한반도와 그 주변 지역에서는 약 70만 년 전의 구석기 유물들이 발견되고 있다. 구석기 시대의 유적은 함경북도 웅기군 굴포리, 충청남도 공주시 석장리, 평안남도 상원 검은모루, 충청북도 제천의 점말 동굴, 충청북도 단양 수양개, 제주도 빌레못 동굴을 비롯하여 전국에 걸쳐 분포하고 있다.

구석기 시대 사람들은 돌을 있는 그대로 사용하다가, 점차 용도에 따라 여러 가지 뗀석기[1]를 만들어 사용하였다. 사냥 도구로 주먹 도끼[2]와 찍개[3], 그리고 팔매돌[4]이 있다. 특히 주먹도끼와 찍개는 한 개의 커다란 석기를 가지고 여러 용도에 사용하게 하여 '만능 석기'라고도 한다. 그리고 주먹도끼와 찍개를 만들고 난 잔 돌을 가지고 다듬어서 조리 도구인 긁개[5]와 밀개[6], 자르개[7]와 찌르개[8], 예술품을 남기기 위한 새기개[9]를 만들었다.

구석기 시대 사람들은 무리를 지어 모든 사람이 평등한 위치에서 어로, 채집, 수렵생활을 하였다. 이들은 먹을 것이 떨어지면 계절에 따라 이동하면서

구석기 시대의 유적지

[1] 구석기 시대 때 돌을 깨서 만든 돌연장. 타석기, 타제 석기라고도 한다.

뗀석기

동굴이나 강가에 막집을 짓고 살았다.

공주 석장리와 단양 수양개에서 발견된 고래와 물고기 등을 새긴 조각품은 구석기 시대 사람들이 많은 사냥감을 얻기 위한 주술적 의미로 예술품을 남겼다는 것을 추정하게 한다.

2 한쪽은 손으로 잡아 쥘 수 있고, 다른 쪽은 매우 날카로워서 물건을 자르거나 땅을 팔 수 있는 작은 도끼. 때로는 가죽을 벗기는 데 쓰이기도 했는데, 우리나라에서는 경기도 연천군 전곡리에서 출토되었다. 유럽 · 아프리카 · 인도 등에서도 출토되었다.

3 자갈돌의 한쪽 면을 떼어 날을 만들어서 물건을 찍는 데에 쓴 인류 최초의 돌연장.

4 주먹만 한 둥글게 다듬은 돌로 2개 내지 5개를 짐승의 힘줄이나 끈으로 묶은 뒤 짐승을 향해 던져 사냥할 때 사용하던 도구.

5 무엇을 긁는 데 쓰는 석기.

6 돌날이나 격지의 한쪽 끝을 잔손질하여 일반적으로 날이 둥글며 너비보다 길이가 더 길게 만든 구석기 시대의 연장.

7 긴 네모꼴의 큰 격지 끝 부분에 곧은 모양의 날이나 볼록한 날을 낸 석기.

8 끝을 뾰족하게 만든 석기. 주로 흑요석으로 만들어, 구석기 시대부터 신석기 시대까지 많이 사용한 것으로, 창과 화살촉 따위가 이에 속한다.

9 끝을 날카롭게 만들어 돌이나 뼈에 그림을 새기거나 뼈를 쪼개는 데 쓴 석기.

03

신석기 혁명

→ 신석기 시대는 농경과 목축생활을 시작한 신석기 혁명이 일어나 정착생활을 하였다.

신석기 시대는 기원전 8천년 경부터 시작되었다. 신석기 시대의 유적은 강원도 양양군 오산리, 서울시 강동구 암사동, 평안북도 의주군 미송리, 부산시 동삼동 등 전국적으로 분포하고 있으며, 주로 강가나 바닷가에서 발견되고 있다.

신석기 시대에 들어와 이전의 수렵 · 채집 · 어로생활에서 한 곳에 정착하여 농경생활과 가축을 기르는 '신석기 혁명' 이 일어났다.

신석기 시대에는 뗀석기에서 용도에 따라 돌을 갈아서 만든 간석기가 사용되었으며, 뼈 도구가 이용되었다. 농기구로는 돌로 만든 석기인 돌괭이, 돌삽, 돌보습, 돌낫과 나무로 만든 농기구가 사용되었다. 신석기 혁명으로 농경생활이 이루어지면서 보관과 음식을 조리할 목적으로 빗살무늬 토기가 널리 사용되었다. 또한 수확한 조와 피를 가공하기 위한 돌 갈판을 만들었으며, 가락바퀴로 실을 뽑고 뼈바늘로 옷을 지어 입기도 하였다.

신석기 시대 사람들은 씨족을 중심으로 20~30명씩 무리를 지어 한 곳에 마을을 형성하였다. 이들은 다른 씨족과 혼인을 통하여 부족을 이루며 몇 개

신석기 시대의 유적지

간석기 [허가번호 : 중박 200802-42]

빗살무늬 토기 [허가번호 : 중박 200802-42]

의 씨족이 모여 생활하였는데, 경험이 많은 사람을 부족장으로 뽑아 사회를 이끌게 하면서도 평등한 사회였다.

　신석기 시대 사람들은 해, 달, 산, 강, 큰나무 등에 영혼이 있다는 자연 숭배 신앙인 애니미즘(animism)과 특정 동물이 자기 부족을 지켜준다는 수호신으로 삼아 숭배하는 토테미즘(totemism) 신앙, 사람과 하늘을 연결시켜주는 무당과 그 주술을 믿는 샤머니즘(shamanism)도 있었다. 나아가 이들은 얼굴이나 뱀과 망아지 등 동물 모양을 새긴 조각품, 조개껍데기 가면, 장식품인 치레걸이 등 자신들의 신앙과 소망을 바탕으로 예술 활동을 하기도 하였다.

• 요약정리 – 구석기와 신석기 시대의 비교

	구석기 시대	신석기 시대
시기	70만 년 전	기원전 8000년경
도구	뗀석기, 골각기	간석기, 골각기
식생활	사냥, 어로, 채집	농경, 목축
주거생활	이동생활(동굴, 막집)	정착생활(움집)
대표 유물	뗀석기	빗살무늬 토기

Tip

선사 시대 유적 가운데 조개무지는 쓰레기장?

해안에 거주하는 주민들은 조개를 주식처럼 먹었다. 조개무지는 조개를 먹고 난 뒤 모아 버린 곳으로써 시신을 묻는 공동묘지로도 이용되었다.

선사 시대의 유적 가운데 패총(貝塚), 즉 조개무지가 여럿 발굴되었다. 조개무지는 석기 시대 사람들이 조개를 먹고 난 뒤 그 껍데기를 버린 유적으로, 조개는 우리나라의 역사가 기록되기 이전부터 오늘에 이르기까지 빼놓을 수 없는 먹을거리였다. 특히 신석기 시대에는 당시의 조개무지에서 무려 350여 종류에 이르는 조개껍데기가 나올 정도로 주요한 식량이었다.

경포대에서 나는 작은 조개를 '제곡(齊穀)'이라 하는데, 인근 주민들이 쌀과 보리 등 곡식이 부족할 때 끼니를 때우기 위하여 먹었다 하여 그런 이름이 붙었다고 한다. 조선 후기의 학자 심재가 쓴 《송천필담(松泉筆談)》에는 '흉년이 들면 작은 조개가 많이 나고 풍년이 들면 적게 난다.'고 적혀 있다.

또한 함경도 지방에서는 가리비를 밥조개라고 하는데, 곡식이 부족한 춘궁기 때 밥 대신 먹었다고 하여 붙여진 이름이다. 고려 때에는 원나라에서 이 가리비를 너무 심하게 수탈해 가서 해안에 독즙을 풀어 가리비가 나지 않게 했다는 이야기도 전해 온다.

이러한 사실로 미루어 보아 예전에는 조개껍데기가 엄청나게 많이 나왔을 것이며, 이를 한 곳에 모아 둘 필요가 있었을 것이다. 왜냐하면 석기 시대 사람들은 대부분 맨발로 다녔으므로 조개껍데기에 긁히거나 찔리는 등의 부상을 막아야 했기 때문이다. 따라서 마을 부근의 적당한 위치에 조개껍질을 모았을 것이며, 조개무지는 쓰레기장 역할을 하였다고 쉽게 짐작할 수 있다. 함

김해 패총

경도 · 경상남도 · 전라도 · 경기도 · 황해도 · 평안남도 지역의 바닷가에서 발견되는 조개무지에서는 가끔 당시에 사용되던 유물들이 함께 발견되는데, 이 유물은 수명이 다해 버려졌을 가능성이 높다.

경남 김해에서 1920년에 발굴된 조개무지에서는 독무덤[1]과 석실(石室)이 함께 발견되었다. 이 조개무지는 신석기 시대부터 초기 삼국 시대 사이의 것으로, 공동묘지의 역할을 한 것으로 추측된다. 신석기인들은 주로 바닷가나 강가에서 생활을 했는데, 부근에 흙이 부족했으므로 조개껍데기로 시신을 덮었을 것이다. 쓰레기 문제도 해결하고, 죽은 사람의 시체도 매장하는 일거양득의 지혜를 발휘했던 것이다.

---

1 시체를 큰 독이나 항아리 따위의 토기에 넣어 묻는 무덤. 전 세계적으로 널리 쓰인 무덤으로 우리나라에서는 청동기 시대부터 쓰여 지금까지도 일부 섬 지방에서 쓰이는데, 토기 하나를 이용하기도 하고 두세 개를 이용하기도 한다.

04

청동기 시대의 농업

→ 야산이나 언덕 지대에서 거주한 청동기 사람들은 민무늬 토기를 사용하고 벼농사를 시작하였다.

우리나라에서 청동기가 시작된 것은 기원전 20세기를 전후한 시기이다. 이들은 청동기가 충분하게 공급되지 않아 주로 무기나 지배 계급의 장식품으로 청동기를 이용하였다.

청동기 시대 사람들은 주로 야산이나 언덕 지대에서 생활하였는데, 직사각형이나 신석기 시대보다 얕게 원형의 움집을 짓고 살았다. 이 지역에서는 밑바닥이 평평하거나 좁은 팽이 모양이 기본형이고, 빛깔은 적갈색인 민무늬 토기가 발견되고 있다. 민무늬 토기의 '민'은 장식을 꾸미지 않고 붙어 딸린 것이 없는 것을 가리킨다.

농기구는 주로 나무나 뗀석기를 사용했으며, 반달돌칼을 이용하여 벼농사를 지었고, 맷돌로 가공하였다. 본격적인 농경생활의 시작으로 사유 재산이 증가하였고, 사유 재산의 증가는 빈부의 격차를 가져왔다. 이러한 경제력을 바탕으로 많은 청동제 무기를 만든 족장들은 이웃 부족을 정복하여 세력을 확장하였다. 그러므로 청동기 시대에는 정복 전쟁이 강해져 지배층과 피지배층이 나타나는 계급사회가 형성되었다. 대표적인 청동제 무기는 비파형 동검으로 만주로

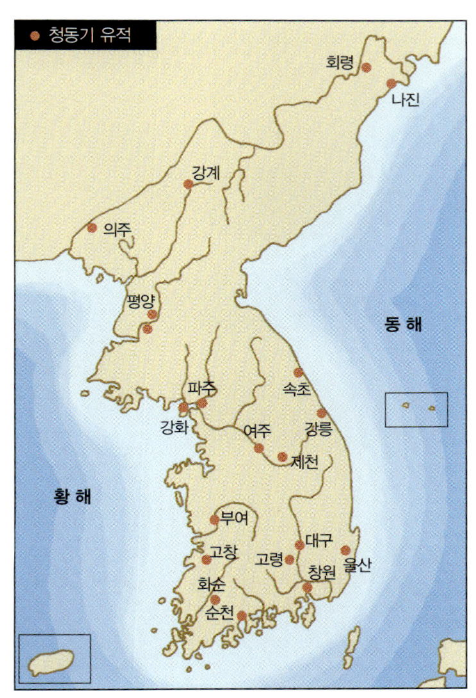

청동기 시대의 유적지

1 주로 청동기 시대에 쓴 것으로 깬 돌이나 판 돌을 잇대어 널을 만들어서 쓴 무덤.

민무늬 토기 [허가번호 : 중박 200802-42]

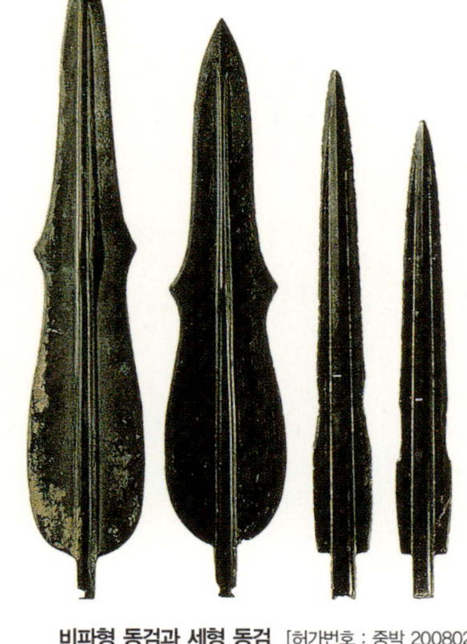

비파형 동검과 세형 동검 [허가번호 : 중박 200802-42]

반달 돌칼

부터 한반도에 걸쳐 넓은 지역에서 발견되고 있다. 지배층 중에서 경제력과 정치권력을 함께 가진 족장은 하늘에 제사지내는 제사장과 부족사회를 지배하는 군장을 겸하는 제정일치(祭政一致) 사회였다. 이들은 자신들의 권위를 높이기 위하여 거대한 고인돌이나 돌널무덤[1]을 만들었으며, 청동검과 청동거울을 함께 묻었다.

50톤이나 되는 고인돌 무덤의 덮개는 어떻게 운반했을까?

강력한 권력을 상징한 고인돌은 겨울철에 빙판을 이용하거나 통나무 등을 이용해 운반했다.

신석기 시대부터 청동기 시대에 걸쳐 이루어진 거석(巨石) 문화물로 고인

돌과 선돌을 들 수 있다. 고인돌은 무덤이며, 선돌은 거석을 숭배하던 신앙물
이다.

고인돌은 돌멘(Dollmen) 또는 탱석이라고도 한다. 이 말은 프랑스 브르타뉴
지방의 말로 돌(doll)은 상(床)이나 테이블 같은 것을 의미하며, 멘(men)은 암석
과 같은 것을 의미한다.

고인돌은 주로 한국, 만주 등지에 분포되어 있는데 우리나라의 고인돌은
부족장의 무덤으로, 그 주된 분포 지대는 화순·고창·강화 등 우리나라 전
역에 분포하고 있다. 현재 유네스코가 세계 문화유산으로 지정, 보호하고 있
다. 또한 우리나라의 고인돌은 그 축조 형식에 따라 남방식과 북방식으로 구
분된다.

고창 고인돌

남방식은 돌관이나 옹관을 매장하고 그 위에 5~6개의 돌로 개석(蓋石, 덮개
돌)을 고여 놓은 것인데, 이 남방식의 특징은 석실이 지하에 있다는 점이다.
이렇게 만들어진 석실에 시체를 묻고 간석기 또는 토기와 같은 부장품을 묻
었다.

북방식은 장방형의 판석(板石) 4~5개를 지상에 세워서 석실을 만들고 나서

그 위에 대형 판석을 덮개돌로 덮은 것이다. 그런데 덮개돌은 길이가 3~5미터이고, 폭이 2~4미터 내외인 무거운 돌로써, 그 무게가 무려 50톤이나 된다. 이 정도 무게가 나가는 돌이라면 '과연 그것을 어떻게 옮겼을까?' 하고 의문이 들지 않을 수 없다.

그 방법으로는 첫째, 많은 사람들이 동원되었으리라 추측해볼 수 있다. 한 사람이 100킬로그램을 소화해낸다고 해도 무려 5백 명의 장정이 필요하다는 계산이 나온다. 실제 고인돌 제작에도 5백 명 가량의 장정이 동원되었다. 그 옛날 이렇게 많은 사람을 동원하기는 결코 쉬운 일이 아니었을 것이다. 그러므로 주인은 많은 사람을 동원할 수 있는 권력을 지녔음에 틀림없다. 부왕의 지위를 물려받은 후계자는 고인돌을 만드는 것 자체가 목적이었다기보다는 고인돌을 만드는 과정을 통해 자신의 권력이 강하다는 것을 백성들에게 보여줌으로써 백성들의 충성을 받고자 했던 것이다.

둘째는 좀 더 쉽게 덮개돌을 옮기기 위하여 겨울철에 얼음이 얼거나 눈이 와 미끄러울 때를 이용했을 것이다. 아무래도 땅이 얼어 미끄러우면 많은 힘을 들이지 않고도 덮개돌을 옮길 수 있기 때문이다. 그런데 여기서 문제는 사람은 겨울에만 죽는 것이 아니라는 점이다. 아마 이 기간에는 가매장(假埋葬)[2]을 했다가 추운 겨울이 오면 정식으로 매장했을 것이다.

셋째는 통나무를 이용하는 방법이다. 덮개돌 밑에 통나무를 끼워 이동시키는 것으로 이 방법은 계절에 관계없이 활용할 수 있었다. 여기에 덮개돌을 바칠 기둥돌의 높이에 맞게 경사가 지게 흙을 쌓아 놓으면 쉽게 고인돌의 덮개돌을 이동시킬 수 있을 것이다. 주로 돌이 언덕이나 야산에 있으므로 청동기 시대의 유물이나 유적이 그러한 곳에 많은 것이다.

[2] 시체를 임시로 묻어두는 일.

05

고조선의 단군신화 檀君神話와 8조 법금과 농업사회

→ 단군신화를 통해 농업 사회와 선민사상, 토테미즘을 알 수 있으며, 8조 법금을 통해서 생명 존중 사상과 사유 재산과 화폐가 사용되었음을 알 수 있다.

단군신화

우리 민족 최초의 고대 국가인 고조선의 첫 임금으로 우리 민족의 시조로 받들고 있다. 단군(檀君), 단군왕검(檀君王儉), 단웅천왕(檀君天王)이라고도 한다. 천제인 환인(桓因)의 손자이며, 환웅(桓雄)의 아들로 기원전 2333년 아사달에 도읍을 정하고 단군 조선을 개국하였다. 단군의 탄생과 건국 과정에 대해 일연(一然)의 ≪삼국유사(三國遺事)≫[1]에 다음과 같이 전한다.

옛날에 하느님(환인)의 아들 환웅이 인간 세상에 뜻을 두고 탐내다가 아버지에게 "인간을 널리 이롭게 하도록 세상에 내려가 다스리게 해주십시오."라고 말하였다. 그러자 환인은 거울, 칼, 방울의 천부인을 내주며 허락하였다. 환웅은 바람신, 비신, 구름신 등 3천여 명의 무리를 거느리고 태백산 꼭대기의 신단수(박달나무) 아래 내려와서, 그곳을 신시라 이름 짓고 새로운 세상을 열었다. 환웅은 농사, 생명, 질병, 형벌, 선악을 비롯한 360여 가지의 일을 돌보며 세상을 다스려 나갔다.

이때 곰과 호랑이가 찾아와 "저희들은 사람 되는 것이 소원입니다. 무슨 일이든 할 것이니 부디 인간으로 만들어 주십시오." 하고 간청하

1 고려 충렬왕 11년(1285)에 중 일연(一然)이 쓴 역사책. 단군·기자·대방·부여의 사적(史跡)과 신라·고구려·백제의 역사를 기록하고, 불교에 관한 기사·신화·전설·시가 등을 자세하게 수록하였다. 《삼국사기》와 더불어 우리나라에서 현존하는 가장 오래된 역사책이나, 오늘날 원판(原版)은 전하지 않고 조선 중종 7년(1512)에 재간(再刊)된 것만 전한다. 5권 3책.

였다. 그러자 환웅은 곰과 호랑이에게 쑥과 마늘을 주면서 "너희들이 동굴에 들어가 이것을 먹고 백일 동안 햇빛을 보지 않는다면 사람이 될 것이다."라고 하였다.

굴 속으로 들어간 호랑이는 백일을 참지 못하고 뛰쳐나갔으나, 곰은 끝까지 견뎌 여자로 다시 태어났다. 그러나 결혼할 남자가 없던 웅녀는 성황당 밑에서 아이를 갖게 해달라고 간절히 빌었다. 이것을 본 환웅이 웅녀와 결혼하여 아이를 낳으니, 바로 단군왕검이다.

단군신화를 통하여 알 수 있는 사실은 다음과 같다.

먼저 토템(totem) 신앙사회이다. 곰과 호랑이를 각각 토템으로 삼는 정착 민족과 이민족인 단군의 결합으로 새로운 사회가 만들어진 것이다.

둘째로 농업사회이다. 곰에게 마늘을 주었다고 하는 것과 함께 농사를 짓는데 있어서 꼭 있어야 할 비, 바람, 구름이 등장하고 있다.

셋째로 제정일치 사회이다. 단군왕검에서 단군(檀君)은 종교를 지배하는 제사장을 뜻하며, 왕검(王儉)은 정치를 담당하는 군장을 뜻하는 것이다. 곧 부족장이 정치와 종교를 함께 지배한 사회였다.

넷째로 우리나라의 건국이념을 알 수가 있다. 바로 '홍익인간(弘益人間)'이다. 인간 세상을 널리 이롭게 하라는 홍익인간은 대한민국의 건국이념이다.

다섯째로 하늘로부터 선택을 받은 '선민사상'이다. 대개 청동기 문화를 가진 민족들은 선진문화를 가진 이주 민족들이다. 이들이 정착 민족을 지배하기 위해서는 자신들이 하늘의 선택을 받았다는 사실을 나타내야 정착 민족들이 복종을 할 것이기에 자신들이 하늘의 선택을 받았다는 사실을 강조한 것이다.

8조 법금

고조선은 여덟 가지의 법을 만들어 사회질서를 잡았다. 오늘날에는 중국의 역사책인 《한서지리지(漢書地理志)》[2]에 8가지 법 가운데 3가지의 조항만이 전

한다. 그 내용을 보면,

> 사람을 죽인 자는 사형에 처하고, 남에게 상처를 입힌 자는 곡식으로 배상하며, 도둑질을 한 자는 종으로 삼되 용서를 받으려면 50만전을 내야 한다.

이러한 8조 법금에 비추어볼 때, 고조선사회는 인간의 생명을 존중하였고, 농사를 지었으며, 개인이 재산을 가지는 사유 재산을 인정하였다. 그리고 신분에 차이가 있는 계급사회이며 화폐가 사용되었다는 것을 알 수 있다.

Tip

위만(衛滿)이 고조선의 준왕을 몰아내고 조선을 지배했는데, 그럼 중국의 식민지가 된 것인가?

> 위만은 고조선이 지배한 지역에서 살고 있었으며, 의복과 머리 모양으로 미루어 조선인이었으므로 위만조선은 고조선의 뒤를 계승한 것이라 할 수 있다.

위만(衛滿)에 대한 기록은 사마천(司馬遷)이 지은 《사기(史記)》[3] 〈조선전〉에 다음과 같이 기록되어 있다.

> 조선 임금 만(滿)이라는 자는 옛날 연나라 사람이다. 연나라가 전성할 때로부터 일찍이 진번과 조선을 침략하여 자기 나라에 붙이고 관리를 두고 국경을 방비했다. 진이 연을 멸하자 요동 밖 변경을 자기 땅에 붙였으나, 한(漢)이 일어나자 지방이 멀어 지킬 수 없기 때문에 다시 요동의 옛날 성을 수리하여 패수(浿水, 지금의 압록강)에 이르러 경계를 삼아 연에 붙였다. 연왕 노관이 반역을 저질러 흉노로 돌아가자 위만은 도망해서 무리 천여 명을 모아 가지고 북상투를 하고 오랑

[3] 중국 한나라의 사마천이 상고(上古)의 황제로부터 전한(前漢) 무제까지의 역대 왕조의 사적을 엮은 역사책. 중국 25사의 하나로, 중국 정사(正史)와 기전체의 효시이며, 사서(史書)로서 높이 평가될 뿐만 아니라 문학적인 가치도 높다. 총 130권.

채의 옷을 입은 채 동쪽으로 달아나 국경을 지나서 패수를 건넜다. 이리하여 진나라의 옛날 빈터인 상하장에서 살았다. 여기에서 그는 진번과 조선, 그리고 오랑캐 및 옛날 연과 제에서 도망한 자들을 자기에게 붙여 왕 노릇하고 왕검에 도읍을 정했다.

이 기록에 의하면 위만[4]은 중국인 이주자이며, 고조선이 중국 이주민에 의하여 지배를 받은 것으로 생각하기 쉽지만, 위만이 살고 있던 지역은 한때 고조선의 세력권이었다가 연나라의 침략에 의해 빼앗긴 지역으로, 이곳에 살고 있는 많은 사람들은 원래 고조선 주민일 가능성이 높다. 실제로 위만이 망명해왔을 때, 고조선의 준왕이 그에게 망명을 허락하고 곧이어 박사 관직까지 내려줄 정도로 신뢰하고 있었다는 것은 고조선 주민일 것이라는 사실을 더욱 강하게 뒷받침한다.

또 하나는 망명할 당시 위만은 머리에 상투를 하고 고조선의 옷을 입었다고 하는 것은 그가 조선인임을 알려주는 것이다.

만약 위만이 연나라 사람이라면 고조선의 왕이 된 후에 국호를 바꾸었어야 하는데 그렇지가 않았고, 통치계급이 중국인이 아닌 토착민 출신이 많다는 것은 식민지가 아닌 독립된 우리나라임을 나타내주는 증거라 할 수 있다.

마지막으로 한나라와 한반도 이남 지역 사이에서 중계무역을 통하여 많은 이익을 내자 한나라가 침입했다는 사실이다.

결론적으로 위만조선의 건국은 우리나라에 철기 문화가 본격적으로 수용되어 생산력이 증가하고 정복 활동이 활발하게 되었다.

---

4 위만조선의 창시자(?~?). 중국 연나라의 관리로서 천여 명의 무리를 이끌고 고조선에 망명하여 준왕(準王)으로부터 변경 수비의 임무를 맡았다. 유망민을 기반으로 힘이 커지자 준왕을 축출하고 위만조선을 세웠다. 재위는 기원전 194년부터이나 언제까지인지는 분명하지 않다.

06

철기 시대와 활발한 전쟁

→ 기원전 5세기경에 시작된 철기 시대는 철제 농기구와 철제 무기의 사용으로 생산량이 늘어나고 정복 전쟁이 활발하여 초기 국가가 나타났다.

우리나라에 철기가 보급된 것은 기원전 5세기경이었다. 고조선이 중국의 연나라와 교류하면서 철기 문화를 받아들이게 되었다. 철기가 청동기보다 늦은 시기에 사용된 것은 높은 열에 의해 가공되는 철에 비하여 청동기는 낮은 온도에서 가공되기 때문이다. 철기 시대에 청동기는 제사 등과 같이 행사를 진행할 때 사용하는 의식용 도구로 용도가 바뀌었다.

철기는 농기구와 무기로 사용되었다. 칼, 도끼, 끌, 송곳, 가래, 괭이, 반달칼, 낫 등의 철제 농기구의 사용은 농업 생산력의 증가를 가져와 인구가 크게 늘어났다. 칼, 고리칼, 화살촉, 창, 갑옷과 투구 등의 철제 무기는 부족 간의 전쟁을 더욱 빈번히 일어나게 하였다.

고조선 이후 만주와 한반도에 등장한 여러 나라

철제 무기를 잘 이용한 부족은 세력을 더욱 크게 만들어 국가로 발전해 나갔다. 나아가 중국이나 일본과 육로와 해로를 통하여 교류를 하였다. 중국과의 교류를 알려주는 유물로는 중국의 춘추전국 시대에 사용되던 화폐인 명도전, 반량전, 오수전이 우리나라 지역에서 발견되었다는 것이다. 또한 경상남도 창원시 다호리 유적에서 발견된 붓은 당시에 이미 한

청동 세발솥 [허가번호 : 중박 200802-57]

반구대 암각화

자를 쓰고 있었음을 나타낸다.

철기 시대에 청동기는 한반도내에서 독자적으로 발전되어 제작되었다. 중국의 영향에서 벗어나 비파형 동검은 세형 동검으로, 거친무늬 거울은 잔무늬 거울로 발전했으며, 이것을 제작하던 거푸집이 전국에서 발견되고 있다.

철기의 사용으로 만주와 한반도에 여러 국가가 나타났다. 청동기 시대의 군장사회가 확대된 것으로 자신의 부족을 다스리면서 연맹 전체를 총괄하고 감독하였다. 만주와 한반도 북부에는 부여와 고구려, 옥저와 동예, 그리고 한반도 남부에 마한, 진한, 변한의 삼한이 일어났다.

철기 시대의 무덤으로는 널무덤[1]과 독무덤을 들 수가 있다. 널무덤은 낙동강 유역에서 발견되는데 지하에 수직으로 길게 구덩이를 파고 직접 시체를 안치하거나 나무로 만든 관에 시체를 넣고 묻는 양식이다. 독무덤은 영산강 유역에서 만들어진 것이 유명하며 크고 작은 항아리를 하나 또는 두 개를 연결하여 무덤을 만든 것이다.

울산광역시 울주군 반구대 그림은 많은 동물과 작살에 꽂힌 고래 등을 자세하게 그렸는데, 풍요로운 생산과 고기잡

이의 성공을 비는 주술적 의미를 지니고 있다.

경상남도 고령군 알터의 바위그림은 큰 원과 삼각형 등의 그림이 그려져 있는데, 큰 원은 태양을 상징하여 태양 숭배를 나타내고 있다.

• 요약정리 — 청동기와 철기 시대의 비교

	청동기 시대	철기 시대
시기	기원전 2000년경	기원전 5세기경
도구	청동기(농기구는 간석기)	철기
식생활	벼농사, 목축	벼농사(저수지 발달), 목축
주거지	움집	지상 가옥
토기	민무늬 토기	여러 모양 토기
무덤	고인돌, 돌널무덤	널무덤, 독무덤

1 구덩이를 파고 시체를 직접 넣거나 목관이나 목곽에 시체를 넣고 그 위에 흙을 쌓아 올린 무덤을 말한다.

07

부여의 5부족 연맹체와 윷놀이의 관계

→ 도, 개, 걸, 윷, 모의 뜻을 부여의 5부족(중앙과 사출도) 명칭에서 찾을 수 있다. 따라서 그 기원을 부여로 추측하는 것이다.

정월 초하루면 우리는 각 가정에서 윷놀이를 즐긴다. 또한 마을에서도 척사대회(擲柶大會)를 열어 온 동네 잔치가 되기도 한다. 우리나라 사람들은 윷놀이를 하면서 가족끼리, 마을 주민들끼리 공동체 의식을 키우곤 하였다. 이 윷놀이는 언제부터 행해졌으며, 어디에서 그 기원을 찾을 수 있을까?

우리나라 초기 국가 중에 부여가 있었다. 송화강 상류에 있었던 부여는 5부족 연맹체로서 각기 부족장이 따로 있어 자기 부족을 다스렸다. 사출도를 다스리는 부족장의 명칭이 돼지(猪), 개(狗), 말(馬), 소(牛)였으며, 중앙에 왕이 다스리는 지역이 따로 있어 5부였다. 이들 지역은 '가(加)'를 두어 독립적으로 다스렸으며, 이들에 의하여 왕이 추대되었으며, 나라에 홍수나 가뭄 등 자연재해가 있을 때에는 왕에게 책임을 물을 정도로 왕권은 미약하였다.

이때는 농경사회가 완전히 정착된 시기가 아니어서 다섯 종류의 가축을 다섯 부족에게 나누어 주어 그 가축들을 경쟁적으로 번식시키게 했다. 각 부족이 기르는 가축이 토템 신앙으로 정착되면서 나온 놀이가 바로 윷놀이이다.

'도'는 돼지(猪)이며, '개'는 개(狗), '걸(왕이 다스리던 중앙 부족에게 주던 가축인 갈)'은 양(羊), '윷'은 소(牛), '모'는 말(馬)을 상징한다. 이를 순서대로 배열해 보면 돼지, 개, 양, 소, 말이 된다. 곧 동물의 달리는 속력과 관계가 있다. ‘도’는 한 발씩, ‘개’는 두 발씩, ‘걸’은 세 발씩, ‘윷’은 네 발씩, ‘모’는 다섯 발씩을 갈 수 있는 것에서 알 수 있다.

윷은 박달나무나 참나무 같은 단단한 나무로 만드는데, 장작윷과 밤윷이 있다. 관서지방과 관북지방에서는 콩윷(팥윷)이라 하여 검정콩이나 팥알 두 개를 쪼개어 놀기도 한다.

우리 민족은 이러한 윷놀이 이외에 섣달그믐날 밤이나 설날에 윷으로 그 해의 길흉(吉凶)을 알아보는 점, 즉 윷점을 쳐 새해 운수를 알아보기도 하였다. 윷점에는 두 가지 종류가 있다. 마을 사람을 두 편으로 나누어 그 결과를 가지고 마을의 운수나 한 해의 풍흉을 점치거나, 개인이 윷을 놓아 나타난 숫자로 자신의 운수를 점치는 것이 있다. 오늘날 화투로 운수를 알아보는 어르신들의 점이 옛날에는 윷으로 하였던 것이다.

농경과 목축을 주로 한 부여는 광개토 대왕 때 고구려에 편입되었다.

Tip

부여의 법률이 보복적 성격이었다?

[지배 계급이 사회를 통제하기 위하여 보복적인 성격의 법을 만들었다.]

중국의 역사서인 《삼국지(三國志)》[1] 〈위지(魏志)〉 ‘동이전(東夷傳)’에 부여의 법률이 전하고 있다.

> 살인자는 사형에 처하고, 그 가족은 모두 잡아들여 노비로 삼는다.
> 도둑질한 자는 열두 배로 배상하게 한다.
> 남녀 간에 음란한 짓을 한 자는 사형에 처한다.
> 부인이 투기하면 사형에 처하되 더욱 미워하여 그 시체를 나라의 남산 위에 버려서 썩게 한다. 만약 가족이 시체를 가져가려면 소나 말을 바쳐야 한다.

1 중국 진(晉)나라 때 진수가 지은 위·오·촉 삼국의 정사. 중국 25사의 하나로, 위지(魏志)에 기록된 부여전(夫餘傳), 고구려전(高句麗傳), 옥저(沃沮), 읍루(挹婁), 예(濊), 삼한전(三韓傳)은 우리나라의 상대사(上代史) 연구에 귀중한 자료이다. 기전체로, 위지 30권, 촉지 15권, 오지 20권으로 모두 65권으로 되어 있다.

《삼국지》〈위지〉'동이전'에 보이는 부여의 법률에서 처음에 나온 조항은 고대 법률의 특징인 보복법의 성격이면서 형벌은 엄하고 각박하였음을 말해 주고 있다. 그리고 두 번째는 한 번 잘못을 하면 12배로 갚아야 하는 '일책 십이법'을 말하는 것이다. 그리고 나머지 두 가지는 고대사회가 신석기 시대까지 이어져 왔던 여성 중심의 사회에서 완전하게 남성 중심의 사회로 발전했음을 뜻하는 것이다.

이러한 법률은 국가가 확대되어 질서를 유지할 필요에서 생겨났으며, 지배 계급이 사회를 통제할 필요에서 만들어진 것이다.

08

백의白衣 민족民族의 유래

→ 흰옷은 부여 사람들이 입기 시작하였으며, 고려 공민왕(恭愍王) 때 개혁 정치와 조선 시대에 나라가 발전하지 못한다는 생각으로 이를 금지시킨 적이 있었다.

고려 공민왕[1] 때 음양오행설(陰陽五行說)에 따라 흰옷 착용을 금지한 것을 시작으로 조선 시대에서도 여러 차례 백의 금지령이 내렸으나 번번이 제대로 시행되지 않았다. 그만큼 우리 민족의 흰옷 숭상은 뿌리 깊음을 나타낸다.

우리 민족을 흔히 백의 민족이라고 부른다. 이 말은 옛날부터 우리 민족이 백색 옷, 즉 흰옷을 즐겨 입었던 데서 비롯된 말이며, 줄여서 백민(白民)이라고도 했다. 언제부터 흰옷 입기를 좋아했는지 확실히 알 수 없으나, 중국과 우리나라의 여러 문헌에 나타나는 것으로 보아 부여부터 시작하여 삼국, 고려, 조선 시대에 이르기까지 상당히 오래된 듯하다. 중국의 문헌인 《삼국지》〈위지〉 '동이전'에 의하면 '부여 사람들은 옷의 빛으로 흰색을 숭상했다. 흰 삼베로 도포를 만들어 입는데 소매가 몹시 넓고, 또 바지도 희게 입는다.'고 하여 부여 사람들이 이미 흰옷을 입고 있었음을 보여준다.

흰색은 태양을 상징하는 것으로, 예부터 우리 민족에게는 태양숭배 사상이 강해 광명을 나타내는 뜻으로 흰색을 신성시하고 흰옷을 즐겨 입었을 것으로 보인다. 이 밖에도 흰색은 하늘과 땅을 의미하는 색이요, 영원히 죽지 않는 색을 뜻하기도 한다.

우리 민족의 흰색, 흰옷 숭상은 뿌리 깊은 것으로, 민족정신을 뜻할 만큼 사랑을 받아 왔다. 외국에서 옷이 수입되었으나, 민족 고유의 옷인 흰색 바지

1 고려 제31대 왕(1330~1374). 이름은 전(顓), 호는 이재(怡齋)·익당(益堂). 왕위에 오른 뒤 중국 원나라를 배척하고 친원파(親元派)인 기씨(奇氏) 일족을 제거하였다. 쌍성총관부를 폐지하였으며, 빼앗긴 영토를 수복하여 국위를 떨쳤으나 나중에는 정치를 그르치고 마침내 최만생(崔萬生)과 홍윤(洪倫)에게 살해되었다. 재위 1351~1374년.

와 치마, 저고리를 끝내 지켜온 것으로도 알 수 있다.

그러나 흰옷을 입음으로써 우리나라가 발전을 못한다고 우필흥이 주장하자 공민왕은 다음과 같은 명령을 내렸다.

"앞으로 흰색 모시옷을 입지 말지어다."

그러나 백성들은 계속 흰옷을 입었다. 그리하여 조선 시대 때에도 흰옷 입는 것을 금지하려고 했었다. 명종(明宗) 때 조식(趙植)이 흰옷은 장례식 때 입는 옷이므로 금지해야 한다고 상소하여 금지했다. 또 이수광(李睟光)의 《지봉유설(芝峰類說)》[2]에는 여러 차례 국난을 겪는 동안 흰옷을 입게 되었으나, 흰색은 장례식 때 입는 옷이므로 금지했다고 씌어 있다. 또한 태조 7년(1398) 남녀의 흰옷 착용을 금지했고, 태종 1년(1401)에 다시 흰색 의복을 금지했다. 세종 7년(1425)에도 궁궐 안에서 일하는 사람들의 흰옷 착용을 금지했다. 그 뒤 영조 14년(1738)에도 흰옷 착용을 엄히 금지했다.

이와 같이 여러 차례 흰옷 착용을 금지한 것은 신분 구별을 뚜렷이 하고 사치를 금해 검소한 생활을 하기 위함이었다.

여러 차례 흰옷 입는 것을 막으려고 하였으나, 계속 우리 민족이 입었던 것은 곧 흰옷을 입는 습관이 끈질기게 우리의 옷 입는 생활을 지배했다는 사실을 말해주는 것이다. 근대 이후 생각의 변화와 시대의 변천에 따라 예식이나 종교적인 행사 같은 특별한 경우 말고는 자연스럽게 색깔 있는 옷을 입게 되어 차츰 일상생활에서 멀어지게 되었다. 그러나 아직도 갓난아기에게 흰옷을 입히고 죽을 때 또한 흰옷을 입히니 우리나라 사람들의 흰옷 착용은 뿌리 깊은 우리의 풍습이다.

---

2 조선 선조 때의 학자 이수광이 지은 책. 우리나라 최초의 백과사전적인 저술로, 천문 · 지리 · 병정 · 관직 따위의 25부문 3,435항목을 고서(古書)에서 뽑아 풀이하였다. 총 20권 10책.

Tip

중국에서 초기 국가인 부여와 고구려에 대하여 상반되게 기록했다?

> 중국과 사이가 원만하지 않은 고구려에 대해서는 부정적으로 서술하였다.

우리나라 초기 국가 시대의 역사를 기록하여 전해주는 중국의 역사책 중에 《삼국지》〈위지〉'동이전'이 있다. 이 책에서는 부여와 고구려에 대한 기록을 보면 두 나라를 상반되게 기록하고 있다.

부여에 대하여 '부여는 언덕과 넓은 저수지가 많아서 동쪽의 사람들이 사는 지역 중에서 가장 넓고 평탄한 곳이다. 토질은 오곡을 가꾸기에는 알맞지만 과일은 생산되지 않았다. 사람들의 체격은 매우 크고, 성품이 강직하고 용맹하며, 근엄하고 덕을 많이 베풀어 다른 나라를 침략하지 않았다.' 라고 적은 데 비하여, 고구려에 대해서는 '고구려에는 큰 산과 깊은 골짜기가 많고 들판과 저수지가 없어서 계곡을 따라 살며, 골짜기 물을 마시며 살았다. 토질이 좋은 밭이 없어서 힘들여 농사를 지어도 배를 채우기가 어려웠다. 사람들의 성품은 흉악하고 급해서 다른 나라를 침략하여 빼앗기를 좋아하였다.' 라고 적고 있다.

이렇게 상반된 기록을 남긴 것은 부여가 중국과 우호적인 관계를 맺고 있는데 비하여 고구려는 정복 전쟁을 전개하면서 중국과 끊임없이 충돌하였으므로 상반된 평가를 내린 것이다.

순장殉葬의 풍속

→ 순장은 삶과 죽음이 하나로 연결되어 있다는 믿음에서 나온 것이다. 부여 시대부터 신분이 높은 사람이 죽으면 노비나 처첩을 함께 묻는 풍속이 삼국 시대까지 있었다.

사람이 죽어서 치르는 장례 풍속에는 매장(埋葬)[1], 조장(鳥葬)[2], 화장(火葬)[3], 수장(水葬)[4] 등이 있다. 이 가운데 가장 널리 행해진 것이 매장인데, 특히 신분이 높은 사람이나 남편이 죽었을 때 그 신하나 아내가 그 뒤를 따라 스스로 목숨을 끊거나 아니면 강제로 죽여서 함께 묻기도 하였다. 이를 순장(殉葬) 또는 순사(殉死)라고 하는데, 삶과 죽음이 하나라는 사생연결관(死生連結觀)에서 나온 풍속이다. 즉 죽어서도 살아서와 마찬가지로 부귀영화를 누리기를 기원하는 마음에서 비롯된 것이다.

순장의 풍속은 세계적으로 널리 분포되어 있었다. 특히 신분이 엄격히 구분되는 사회, 철저한 가부장 사회, 그리고 수메르, 이집트, 상(商)나라와 같은 초기 고대 문명 지역과 그 영향권에 있던 지역에서 성행하였다.

중국에서는 순장이 상나라 때 시작된 것으로 보인다. 시신과 청동기를 함께 묻으면서 순장을 하는 묘의 방법을 택했다. 하남성 안양 부근의 무관촌 북쪽 대묘(大墓)에서 사람 뼈 79체가, 후강의 순장갱(殉葬坑)에서는 인골 54체가 발견되었다. 서주(西周) 때까지는 순장이 성했지만, 그 이후에는 무덤 속에 넣는 그릇인 명기(明器)를 묻었다.

중국의 사서(史書)에 의하면 우리나라에도 순장의 풍속이 있었다. 《삼국지》〈위지〉 '동이전'의 '부여조(夫餘條)'를 보면 부여에서는 귀인이 죽으면 '사람

1 시체나 유골 따위를 땅속에 묻음.

2 송장을 들에 내다놓아 새가 파먹게 하던 원시적인 장사. 예전에 중국의 남쪽 지방에 있던 풍속이다.

3 죽은 사람을 불에 살라 장사 지냄.

4 죽은 사람을 물속에 넣어 장사 지냄.

토용 [허가번호 : 중박 200802-57]

을 죽여서 순장을 하니, 그 수가 많을 때는 백 명에 이르렀다.(殺人殉葬 多至百數)'고 적혀 있다.

　이 순장 풍속은 고구려에 전승되었다. '3세기 중엽 고구려 동천왕(東川王)[5]이 죽었을 때 순사자가 얼마나 많았는지 다 묻지 못하여 나뭇가지를 꺾어 덮어두었다.'고 나와 있는 것으로 알 수 있다.

　《삼국사기(三國史記)》〈신라본기(新羅本紀)〉'지증왕조(智證王條)'에는 '지증왕 3년(502) 봄 3월에 명령을 내려 순장을 금했다. 그전에는 국왕이 죽으면 남녀 각 다섯 명을 죽여서 함께 묻었는데, 이때에 이르러 이를 금했다.'고 기록되어 있다. 이로 미루어 신라에서도 국초부터 순장의 풍속이 있었음을 알 수 있다.

　가야(伽倻/伽耶/加耶)에도 순장의 풍속이 있었다. 대가야의 왕족들이 묻혔던 경북 고령 지산동 고분군에서도 순장 인골이 발견됐다. 이 중 44호분의 경우, 중앙에 큰 석실(石室, 돌방) 3개를 마련하고 그 주변을 32개의 작은 석곽(石槨, 돌덧널무덤)[6]으로 둘렀다. 가장 큰 석실에 주인공이 묻혔다. 주인공이 묻힌 석실 한쪽과 나머지 두 개의 석실, 32개의 석곽묘에서 모두 한 명씩 순장당한 인골이 발견됐다. 순장 당한 사람 중엔 긴 칼이나 화살촉과 같은 무기, 금은제

5　고구려의 제11대 왕(?~248). 이름은 우위거(憂位居). 동황성(東黃城)으로 천도하고 신라와 화친하였다. 재위 227~248년.

6　돌로 만든, 관을 담는 궤.

장신구 등을 착용한 사람들이 있어 생전에 신분이 비교적 높았던 것으로 추정된다.

그럼 순장을 당한 사람은 자발적이었을까, 강제적이었을까? 정확히 추정하기는 힘들지만, 아마도 지위가 높은 사람은 가족의 행복을 위하여 자발적으로 죽음을 택했을 가능성이 높다. 반면에 주인을 모시던 노예들은 강제적으로 순장을 당하지 않았을까 예상된다.

이후 순장은 노예의 노동력과 처첩 등의 인격이 중요하게 여겨지면서 차츰 없어지고 흙으로 만든 인형(토용, 土俑)[7]을 대신해 묻었다. 진시황의 무덤에서 대량으로 나온 토용의 무덤에서 예를 찾을 수 있다.

옥저(沃沮)에는 골장제라는 장례 풍속이 있었다. 사람이 죽으면 모두 가매장했다가 시체가 썩은 뒤 뼈를 취해서 곽에 넣는 장례 방법이었다.

• 요약정리 — 초기 국가의 특징

국가	위치	제천 행사	풍습
부여	송화강 유역	영고	순장, 흰옷을 입음, 1책 12법
고구려	동가강 유역	동맹	데릴사위제, 무예숭상
옥저	함흥평야		민며느리제, 가족 공동묘(골장제), 어물과 소금 풍부
동예	원산만 일대	무천	족외혼, 책화(다른 부족의 당을 함부로 침입하지 못함)
삼한	한반도 남부	단오, 상달	소도(제정분리 사회), 벼농사, 변한(철)

[7] 순장할 때에 사람 대신으로 무덤 속에 함께 묻던, 흙으로 만든 인형.

10 추수 감사제의 유래

→ 한 해 동안 농사를 지으면서 도와준 이웃과 조상신에 대한 감사의 뜻을 펴기 위해 축제를 벌인 것이다. 곧 부여의 영고(迎鼓), 고구려의 동맹(東盟), 동예(東濊)의 무천(舞天)과 삼한 지방에서 행해진 10월 상달의 행사가 있다.

오늘날 교회에서 11월 셋째 주 일요일이면 추수 감사제라고 하여 큰 행사를 하고 있다.

원래 추수 감사제는 종교 박해를 피해 미국으로 건너간 청교도들이 1621년에 첫 수확을 기뻐하면서 자신들을 도와준 인디언들에게 감사의 뜻을 표시하기 위하여 실시했던 행사였다.

우리나라에서의 추수 감사제로는 추석(秋夕)을 들 수가 있다. 추석은 한 해 동안 지은 농사의 첫 수확물을 풍년을 맞게 도와준 조상들의 은덕에 감사하는 뜻으로 제를 올린 것이다. 추석은 원래 초기 국가에서 유래된 것이다. 우리나라의 초기 국가는 부여와 고구려, 옥저와 동예, 그리고 삼남 지방의 삼한(마한, 진한, 변한)을 말한다. 이들 국가는 농업이 주된 산업이었다.

한 해 동안 농사를 지으면서 도와준 이웃과 조상신에 대한 감사의 뜻을 펴기 위해 축제를 벌인 것이다. 곧 부여의 영고(迎鼓)[1], 고구려의 동맹(東盟)[2], 동예의 무천(舞天)[3]과 삼한 지방에서 행해진 10월 상달의 행사가 있다.

제천 행사는 하늘이나 시조신에게 제사를 지내면서 일 년 동안 나라가 평안하고, 농사가 풍년이 된 것에 대하여 감사를 드리는 일종의 추수 감사제이며 백성들을 단결시키는 기회이기도 하였다. 이는 왕과 귀족들, 그리고 백성들까지도 모두 모여 노래하고 춤추며 먹고 마시며 즐기는 행사였다. 또한 백

1 부여국에서 추수가 끝난 12월에 행하던 제천 의식. 모든 백성이 모여 하늘에 제사를 지내고 추수를 감사하며 날마다 춤과 노래와 술을 즐겼으며, 이 행사 중에는 처벌과 투옥을 금하고 죄수들을 놓아주기도 하였다.

2 고구려 때 해마다 10월에 지내던 제천 의식. 온 나라 백성이 추수에 대한 감사로 하늘에 제사하고 춤과 노래를 즐겼다.

3 동예에서 농사를 마치고 음력 시월에 행하던 제천 의식. 하늘에 제사를 지내고 밤낮으로 술을 마시며 춤과 노래를 즐겼다.

성들의 힘을 하나로 모으기 위한 일종의 결속 행사라고 할 수 있다. 고구려에서는 동맹 때에 주몽[4]의 어머니인 유화[5]와 주몽에게 제사를 지냈다.

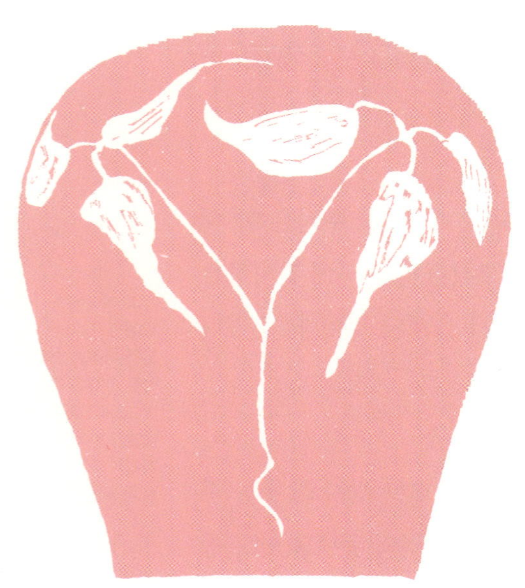

4 고구려의 시조(B.C.58~B.C.19). 성은 고(高), 이름은 주몽 또는 추모(鄒牟). 해모수의 아들. 동부여 금와왕의 아들 대소(帶素)의 모해(謀害)를 피하여 졸본에 나라를 세우고 국호를 고구려라 하였다. 재위 기원전 37년에서 기원전 19년. =동명왕.

5 고구려 시조 동명 성왕의 어머니(?~?). 하백(河伯)의 딸로, 동부여 왕 금와의 궁정에서 갇혀 있다가 큰 알을 낳았는데 이 알에서 주몽이 태어났다는 전설이 전한다.

선사 시대와 초기 국가 시대

핵심문제

1. 다음의 사실들이 처음 등장한 순서대로 바르게 나열한 것은?

> ㄱ. 고인돌과 돌널무덤이 만들어졌다.
>
> ㄴ. 가락바퀴나 뼈바늘로 옷이나 그물을 만들었다.
>
> ㄷ. 동굴에 살거나 강가에 막집을 짓고 살았다.
>
> ㄹ. 세형 동검과 잔무늬 거울, 이것을 제작하던 거푸집이 전국에서 발견되고 있다.

① ㄱ-ㄴ-ㄷ-ㄹ   ② ㄴ-ㄱ-ㄷ-ㄹ   ③ ㄷ-ㄴ-ㄱ-ㄹ

④ ㄹ-ㄱ-ㄴ-ㄷ   ⑤ ㄴ-ㄹ-ㄷ-ㄱ

2. 다음에서 설명하는 나라의 제천 행사는?

> ㄱ. 살인자는 사형에 처하고 그 가족은 모두 잡아들여 노비로 삼는다.
>
> ㄴ. 도둑질한 자는 12배로 배상하게 한다.
>
> ㄷ. 남녀 간에 음란한 짓을 한 자는 사형에 처한다.

① 동맹   ② 영고   ③ 무천   ④ 5월 수릿날   ⑤ 10월 추수제

3. 다음 고조선의 법을 통해 알 수 있는 이 나라의 사회 모습이 아닌 것은?

> ……(고조선에서는) 백성들에게 금하는 법 8조가 있었다. 사람을 죽인 자는 사형에 처하고, 남에게 상처를 입힌 자는 곡식으로 배상하며, 도둑질 한 자는 종으로 삼되 용서를 받으려면 50만 전을 내야 한다는 것이다.……　　　　　　　　《한서》

① 모계중심 사회   ② 생명 중시   ③ 사유재산 보호

④ 농업사회   ⑤ 계급사회

4. 다음과 같은 가설을 입증할 수 있는 근거로 제시되기에 적절하지 않은 것은?

위만의 고조선은 새로운 나라를 세운 것이 아니라 단군의 고조선을 그대로 계승한 왕조이다.

① 집권 후에도 국호를 계속 조선이라 하였다.

② 위만은 조선인의 옷을 입고 고조선에 들어왔다.

③ 위만은 고조선에 들어올 때에 상투를 틀고 있었다.

④ 위만 정권에는 과거 고조선 출신으로 높은 벼슬에 오른 사람이 많았다.

⑤ 위만조선이 한반도 남부와 한나라 사이의 중계무역을 적극 지원하여 주었다.

5. 다음 사료를 통해 추론한 사실로써 가장 거리가 먼 것은?

도합 50여 나라가 있는데, 큰 나라는 만여 호가 되는 나라도 있고, 작은 나라는 몇 천호밖에 되지 않는 곳도 있다. 나라마다 장수가 있는데, 그 중에 큰 자는 스스로 신지라 부르고, 그보다 작은 자는 읍차라고 한다. 5월이 되어 씨를 다 뿌리고 나면 귀신에게 제사를 올린다. 이때는 모든 사람들이 모여서 노래하고 춤추며 술을 마시고 놀아 밤낮을 쉬지 않는다. 10월에 농사일이 끝나면 또 한 번 이렇게 논다. 고을마다 한 사람을 뽑아 세워서 천신(天神)에게 제사 지내는 것을 주관하게 하는데, 이 사람을 천군이라고 부른다. 또 이들 여러 나라에는 각각 따로 읍이 있는데 이것을 소도라고 한다. 소도에는 큰 나무를 세워 방울과 북을 매달아 놓고 귀신을 섬기며, 이곳으로 도망해 온 사람들은 돌려보내지 않는다. 그들이 소도를 세운 뜻은 마치 불가에서 절을 세우는 것과 같다.

《삼국지》〈위지〉'동이전' 한(韓)

① 제천 행사를 실시하여 농사의 풍요를 기원하였다.

② 정치와 종교가 각각 나뉘어져 있었다.

③ 신지와 읍차라는 군장이 독립적인 지역을 다스리고 있었다.

④ 소도는 천군이 직접 다스리는 일종의 신성 지역이었다.

⑤ 삼한은 당시의 다른 나라에 비하여 정치 발전이 빠른 지역이었다.

6. 다음 글을 보고 알 수 없는 사실은?

옛날에 하느님(환인)의 아들 환웅이 인간 세상에 뜻을 두고 탐내다가 아버지에게 "인간을 널리 이롭게 하도록 세상에 내려가 다스리게 해 주십시오."라고 말하였다. 그러자 환인은 거울, 칼,

방울의 천부인을 내주며 허락하였다. 환웅은 바람신, 비신, 구름신 등 3000여 명의 무리를 거느리고 태백산 꼭대기의 신단수(박달나무) 아래 내려와서, 그곳을 신시라 이름 짓고 새로운 세상을 열었다. 환웅은 농사, 생명, 질병, 형벌, 선악을 비롯한 360여 가지의 일을 돌보며 세상을 다스려 나갔다.

이때 곰과 호랑이가 찾아와 "저희들은 사람 되는 것이 소원입니다. 무슨 일이든 할 것이니 부디 인간으로 만들어 주십시오." 하고 간청하였다. 그러자 환웅은 곰과 호랑이에게 쑥과 마늘을 주면서 "너희들이 동굴에 들어가 이것을 먹고 백일 동안 햇빛을 보지 않는다면 사람이 될 것이다."라고 하였다.

굴 속으로 들어간 호랑이는 백일을 참지 못하고 뛰쳐나갔으나, 곰은 끝까지 견뎌 여자로 다시 태어났다. 그러나 결혼할 남자가 없던 웅녀는 성황당 밑에서 아이를 갖게 해달라고 간절히 빌었다. 이것을 본 환웅이 웅녀와 결혼하여 아이를 낳으니, 바로 단군왕검이다.

① 제정분리 사회　　② 토템 신앙　　③ 농업사회
④ 선민사상　　⑤ 홍익인간 이념

7. **다음 〈보기〉와 관련이 없는 것은?**

보 기
ㄱ. 서울 암사동　　ㄴ. 부산 동삼동　　ㄷ. 의주 미송리

① 간석기를 사용하였다.
② 벼농사를 짓기 시작하였다.
③ 강가나 바닷가에서 생활하였다.
④ 빗살무늬 토기를 사용하였다.
⑤ 자신들의 신앙과 소망을 바탕으로 예술 활동을 하기도 하였다.

8. **빗살무늬 토기를 사용하던 사람들에게 나타난 가장 커다란 변화는?**

① 막집이나 동굴에서 생활하였다.
② 뗀석기를 사용하여 농사를 지었다.
③ 이동생활에서 정착생활을 하였다.
④ 부족장의 권한이 크게 향상되었다.
⑤ 능력에 따라 사유재산을 소유하였다.

9. 다음은 《삼국지》 〈위지〉 '동이전'에 나와 있는 글이다. 이 글과 관련된 국가의 모습으로 적당한 것은?

> ……남으로 진한, 북으로 고구려, 옥저와 접해 있으며, 동으로는 큰 바다와 연해 있다. 호수는 2만이다. ……대군장은 없었으며 한나라 이래로 관직에는 후, 읍군, 삼로가 있어서 하호를 통괄하여 다스렸다. ……읍락이 서로 침범하면 포로와 우마를 보상하여 상호 처벌했다.

① 천군을 권력의 정점으로 하는 신정 정치가 이루어졌다.
② 군장의 정치적 권한이 미치지 못하는 곳이 있었다.
③ 노동력의 필요에 따라 민며느리제가 성행하였다.
④ 농사의 풍요를 기원하는 제천 행사가 성행하였다.
⑤ 부족장이 죽으면 시자(侍者)를 함께 묻는 순장이 이루어졌다.

10. 다음 〈보기〉의 지역에서 공통적으로 발견되는 유적을 통하여 추론할 수 있는 것은?

보 기
ㄱ. 전남 화순　　　ㄴ. 전북 고창　　　ㄷ. 인천 강화

① 철제 무기 등장으로 전쟁의 격화
② 금속 농기구 등장으로 농업 생산력의 향상
③ 중국과 친밀한 외교를 통해 선진문화를 수용
④ 음악이 발달하여 비파형 동검을 제작
⑤ 강력한 군장의 출현과 계급 발생

1.

③

풀이▶ ㄱ. 청동기 시대, ㄴ. 신석기 시대, ㄷ.구석기 시대, ㄹ.철기 시대

2.

②

풀이▶ 설명하는 내용은 부여의 법률 내용이다. ① 고구려, ② 부여, ③ 동예, ④, ⑤는 삼한

3.

①

풀이▶ 고조선의 8조 법금이다. 8조 법금에 비추어볼 때, 고조선 사회는 인간의 생명을 존중하였고, 농사를 지었으며, 개인이 재산을 가지는 사유 재산을 인정하였다. 그리고 신분에 차이가 있는 계급 사회이며 화폐가 사용되었다는 것을 알 수 있다.

4.

⑤

풀이▶ 위만조선은 한나라의 침입으로 기원전 108년에 멸망하였다. 한나라가 침입하게 된 이유는 바로 위만조선의 한반도 남부와 한나라 사이의 중계무역 때문이었다.

5.

⑤

풀이▶ 삼한은 부여와 고구려가 대륙으로 진출하는 길을 막고 있어서 정치 발전이 늦었다.

6.

①

풀이▶ 단군왕검에서 제정일치 사회임을 알 수 있다.

7.

②

풀이▶ 벼농사는 청동기 시대부터 짓기 시작하였다.

8.

③

풀이▶ 빗살무늬 토기는 신석기 시대에 사용한 토기이다. ① 구석기 시대, ② 신석기 시대는 간석기를 사용, ④, ⑤는 청동기 시대

9.

④

풀이▶ ② 삼한의 소도를 가리킴, ③ 옥저, ⑤ 부여

10.

⑤

풀이▶ 〈보기〉는 고인돌 무덤군이 있는 지역으로 유네스코에 의해서 세계 문화 유산으로 지정된 곳이다. 고인돌은 청동기 시대에 나타난 무덤이며, 강력한 군장이 나타났다.

II
삼
국
시
대

고구려, 신라, 가야의 탄생설화는 난생卵生 설화

→ 태양은 둥글며, 둥근 모양을 한 알에서 시조가 태어났다고 하는 것은 정착민에게 선민사상을 나타낼 수 있는 좋은 본보기이기에 난생설화가 주류이다.

고구려

부여왕 해부루(解夫婁)[1]는 아들이 없어 이름난 산을 찾아다니며 기도하였다.

"신이시여, 저에게 아들을 낳을 수 있도록 해주십시오."

산에서 기도를 마치고 돌아오는 중에 해부루가 탄 말이 곤연에 이르렀는데, 큰 돌을 보고 말이 눈물을 흘렸다. 왕이 이상하게 생각하여 사람을 시켜 그 돌을 굴려 보니 개구리처럼 생긴 금빛 어린아이가 있었다. 왕이 기뻐서 말했다.

"하늘이 나에게 주신 아들이구나!"

해부루는 아이를 궁궐로 데려와 키우기로 하였다. 아이가 금빛 개구리를 닮았다고 하여 이름을 '금와(金蛙)'라 하였고, 후에 태자로 삼았다.

어느 날 부하 아란불이 말했다.

"하느님이 저에게 내려와 '장차 내 자손으로 하여금 나라를 여기에 세우려 하니 너는 여기서 피하라! 동쪽 바닷가에 가섭원이라는 곳이 있는데 땅이 기름져서 곡식을 가꾸기에 좋으니 서울로 정할 만하다.'고 하였습니다. 대왕께서 가섭원으로 서울을 옮기는 것이 좋을 것 같습니다."

아란불이 왕에게 권하자 가섭원으로 서울을 옮기고, 나라 이름을 동부여라

1 동부여의 시조(始祖, ?~?). 전설상의 인물로, 316년 무렵에 해모수를 피하여 가섭원(迦葉原)에 나라를 열고 임금이 되었다고 한다.

하였다. 옛 서울 북부여에는 하느님의 아들 해모수(解慕漱)[2]라는 사람이 와서 그곳에 도읍을 정하였다. 해부루가 죽자 금와가 왕위를 이었다.

물의 신 하백(河伯)[3]의 딸인 유화 부인이 하느님(천제)의 아들이며 북부여의 임금인 해모수와 사랑을 나누다가 아버지에게 쫓겨났다. 유화 부인은 태백산에 머물고 있었는데 이것을 이상하게 생각한 동부여의 왕인 금와에게 잡혀 방에 갇히게 되었다.

부인이 갇혀 있는 방으로 강한 햇빛이 비치더니 부인은 곧 임신을 하여 큰 알을 낳았다. 금와 왕은 그 알을 개와 돼지에게 주었으나 짐승들은 이를 먹지 않았으며, 길에 버려도 소나 말이 피해 다녔고, 들판에 버리니 새들이 날개로 덮어주었다. 금와 왕은 알을 깨려 하였으나 깨지지 않자 어쩔 수 없이 알을 유화 부인에게 돌려주었다.

유화 부인은 알을 따뜻한 곳에 보관하였다. 얼마 후 알에서 남자아이가 태어났는데 자라면서 무예에 뛰어났다. 7세에 활과 화살을 만들어 쏘자 백발백중이었다. 부여 사람들은 활을 잘 쏘는 사람을 '주몽'이라 부르니, 남자아이의 이름이 주몽이 되었다.

신라

신라가 건국되기 이전에 지금의 경상남·북도에는 진한(辰韓)이라는 성읍 국가가 있었다.

진한에는 여섯 마을이 있었고, 마을마다 마을의 우두머리인 촌장이 있어, 마을을 다스리고 있었다.

첫째 마을은 알천(閼川) 양산촌(楊山村)으로, 우두머리는 알평(謁平)이다.

둘째 마을은 돌산(突山) 고허촌(高墟村)으로, 우두머리는 소벌도리(蘇伐都利)이다.

셋째 마을은 무산(茂山) 대수촌(大樹村)으로, 우두머리는 구례마(俱禮馬)이다.

2 북부여의 시조(始祖, ?~?). 전설상의 인물로, 흘승골성에 도읍하고 나라를 세워 국호를 북부여라 칭하였다. 천제(天帝)의 아들로 하백(河伯)의 딸 유화와 사통하여 고구려의 시조 주몽을 낳았다고 한다.

3 고구려의 시조인 주몽의 외조부. 전설상의 인물로, 주몽의 어머니 유화가 해모수와 사통하자 이를 벌하여 딸을 태백산 남쪽의 우발수(優渤水)로 내쫓았다고 한다.

넷째 마을은 자산(觜山) 진지촌(珍支村)으로, 우두머리는 지백호(智伯虎)이다.

다섯째 마을은 금산(金山) 가리촌(加利村)으로, 우두머리는 지타(只他)이다.

여섯째 마을은 명활산(明活山)으로 일명 고야촌(高耶村)이었는데, 우두머리는 호진(虎珍)이다.

이들은 큰일이 있을 때는 서로 힘을 합쳐 공동으로 대처하는 등 사이좋게 지내고 있었다. 그러다가 기원전 69년 3월 초하룻날 6부의 우두머리들은 알천(閼川) 냇가에 모여 회의를 하였다.

"우리는 각기 제 마음대로 마을을 다스리기 때문에 질서가 잘 잡히지 않고 있습니다. 덕 있는 분을 찾아내어 우리들의 임금으로 삼아 6부를 하나로 합쳐 다스리도록 합시다."

6부 촌장들이 이 같은 의견을 내어 회의를 하고 있는데 마침 알천 냇가의 남쪽 끝 양산 기슭에 이상한 기운이 나타났다. 그들이 놀라 산으로 올라가 보니 밝은 빛과 같은 그 신비스러운 기운은 무지개와도 같은 모습으로 나정이라는 우물곁으로 드리워져 있었고, 눈처럼 흰 백마가 자줏빛 커다란 알을 향해 절을 하고 있다가 사람들을 보더니 길게 소리쳐 울고는 하늘 높이 날아가 버렸다.

촌장들이 알을 깨어 보니 놀랍게도 생김새가 단정하고 아름다운 사내아이가 나왔다. 놀랍고 신기해서 그 아이를 우선 동천 샘에 데리고 가서 몸을 씻기니 아이의 몸에서 광채가 나고 그 빛을 본 새와 짐승들이 모여들어 흥겹게 춤을 추었고, 해와 달빛은 더욱 밝고 깨끗해졌다. 그래서 사람들은 '밝게 세상을 다스리라.' 하여 이름을 혁거세(赫居世)[4]라고 지었다. 여섯 마을의 촌장들은 하늘이 내린 경사라고 매우 기뻐하였다.

그리고 얼마 후, 알영정이라는 우물가에 한 마리 거대한 용이 나타나더니, 왼편 옆구리로 무엇을 낳아 놓고는 하늘로 올라가 버리는 것이었다. 촌장들이 달려가 보니 어여쁜 여자아이가 있었다. 그런데 그 여자아이의 입술이 마치 닭의 부리처럼 뽀족하게 생긴 것이 이상하였다. 촌장들은 우선 아이를 목욕시키기 위해 월성 북쪽의 시냇가로 데리고 갔다. 깨끗한 물로 아이를 목욕시키니, 그 괴상한 부리가 빠지면서 앵두같이 예쁜 입술이 나타났다. 그 후로 사람들은 부리가 빠졌다 해서 그 냇물의 이름을 발천(跋川)이라 부르게 되었다.

여섯 촌장들은 힘을 합쳐 남산 서쪽에다 궁궐을 짓고 하늘이 내린 두 갓난아이를 정성껏 길렀다. 사내아이는 박같이 생긴 알에서 태어났다고 해서 성을 박씨로 붙여 주었고, 여자아이는 용이 나왔던 우물 이름을 따서 '알영(閼英)'으로 정해주었다.

두 아이는 총명하게 자랐다. 그리하여 촌장들은 다시 모여 기원전 57년에 13세인 혁거세를 왕으로, 알영을 왕후로 추대하고, 국호를 서나벌(徐那伐)이라 하였다. 기원전 41년에 혁거세가 알영 부인을 동반하여 6부를 순행하면서 백성들에게 농사와 양잠을 권장하여 생산에 힘쓰니 백성들이 이들을 2성(二聖)이라 칭송하였다. 기원전 37년에 서울에 성(城)을 쌓아 이름을 금성(金城)이라 하고 기원전 32년에 금성에 궁궐을 지었다. 혁거세는 임금이 된 지 61년 되던 해에 사망하였다.

가야

김수로왕[5]이 어떻게 태어나 가락국(금관가야)을 다스렸는지에 대해서는 《삼국유사》의 〈가락국기(駕洛國記)〉에 다음과 같이 전해진다. 세상이 열린 이후로 가락 지역(지금의 경상남도 김해 지역)에는 아직 나라가 없어서 왕이나 관리가 없었다.

그런데 어느 날 구지봉 쪽에서 이상한 소리가 들려왔다. 사람들이 구지봉으로 달려가자 소리가 더욱 뚜렷해졌다. 그것은 '거북아, 거북아, 머리를 내놓아라. 내놓지 않으면, 구워서 먹겠다.' 라는 노래를 부르고 춤을 추면 임금을 만날 것이라는 내용이었다. 사람들은 기꺼이

수로왕릉

5 가야의 시조(始祖, ?~199). 일명 수릉(首陵). 하늘로부터 김해의 구지봉에 내려와 6가야를 세웠다는 여섯 형제의 맏이로, 김해 김씨의 시조이다. 재위는 42~199년.

이 말을 따랐다.

　얼마 뒤 하늘에서 자주색 끈에 붉은 보자기에 싸인 금빛 상자가 매달려 내려왔다. 상자 안에는 해처럼 둥근 황금빛 알 여섯 개가 있었다. 사람들은 놀랍고 기뻐서 알을 향해 수없이 절을 한 뒤, 부족장 가운데 하나인 아도간의 집 탁자 위에 두었다. 13일째 되던 날, 금빛 상자를 열자 여섯 명의 사내아이가 있었다. 아이들은 잘 자라 키가 9척이나 되고 신비롭고 빼어난 용모를 지녔는데, 금빛 알에서 나왔다고 해서 성을 김이라 하고, 가장 먼저 태어난 아이는 수로라고 불렀다.

사슴장식 구멍단지 (가야)
[허가번호 : 중박 200802-57]

　새로운 지역에서 새로운 나라를 세우려는 사람들은 정착민에게 특별한 것을 보여주어야 한다. 그 중에서 가장 대표적인 것이 자신이 태양의 아들로서 하늘로부터 선택을 받았다는 '선민(選民)사상' 이다.

　태양 숭배 사상은 이 세계가 3층으로 생겨서 상층의 광명계에는 빛과 더운 기운의 태양이 최고 주재신(主宰神)으로서 여러 아들과 많은 선신들을 데리고 있고, 하층인 암흑계에는 귀신이라는 악성의 정령(精靈)이 들어 있으며, 그 중간에 인간세상이 있다고 생각했다. 선민사상이 겉으로 나타나는 것은 태양이다. 태양은 둥글며 둥근 모양을 한 알에서 시조가 태어났다고 하는 것은 정착민에게 선민사상을 크게 나타낼 수 있는 좋은 본보기이다. 그리하여 대부분의 시조들은 알에서 태어났다는 난생설화(卵生說話)[6]가 배경인 것이다.

6　사람이 알에서 탄생하였다는 이야기. 신화나 영웅의 탄생 이야기에 많은데, 인물의 신비성과 위대성을 강조하기 위한 것이다. 주몽의 탄생이나 수로왕의 탄생이 이에 속한다.

02

율령과 불교의 수용은 고대 국가가 완성

→ 통치 체제가 정비되면서 나라의 격식을 갖춘 율령이 반포되었으며, 백성들의 사상을 통합하기 위해 불교를 수용하였다.

국가의 발전 과정은 청동기 시대의 군장 국가, 철기 시대의 연맹 왕국, 그리고 고대 국가로 발전되었다.

고대 국가는 부족장 중심의 연맹 왕국보다 왕권이 강화되는 중앙집권 국가였다. 중앙집권 국가는 왕권이 강화되고, 통치 체제가 정비되면서 나라의 격식을 갖춘 율령(律令)[1]이 반포되었으며, 백성들의 사상을 통합하기 위해 불교를 수용하였다. 또한 국가 재정을 확보하기 위한 영토와 백성들을 얻기 위한 싸움이 치열하여 활발한 정복 활동을 통한 영토 확장에 노력하였다.

고대 국가 체제 정비는 고구려(2세기 태조왕) − 백제(3세기 고이왕) − 신라(4세기 내물왕)의 순으로 발전하였다. 국가 체제가 정비된 후에 형벌 규정과 행정 조직, 그리고 세금 제도 등을 규정한 율령이 반포되었다. 율령은 중국과 교류가 활발했던 백제에서 가장 먼저 발표하였는데 고이왕 때였다. 고구려는 소수림왕(4세기), 신라는 법흥왕(6세기) 때에 각각 발표를 하였다.

체제가 안정되면서 백성들을 통합할 종교가 필요했다. 불교가 들어오기 전까지 우리나라는 각기 다른 토템 신앙을 가지고 있어서 백성들을 결집시키기가 어려웠다. 그리하여 종교로 불교를 받아들인 것이다. 불교의 수용으로 삼국은 각기 백성들의 정신적 통일을 이루고, 왕권을 강화하는 바탕이 되었다.

1 형률과 법령을 아울러 이르는 말. 곧 법률의 총칭.

가야는 5백 년이 넘게 존재한 국가인데, 왜 그 시대를 고구려, 백제, 신라만 쳐서 삼국 시대라고 할까?

> 가야를 병합한 신라 중심으로 역사를 서술했기에 그 과정에서 빠졌다. 옛날 왕조 시대의 역사관은 지금과 달라서 민족이나 영토 개념보다는 왕족, 왕실, 왕가를 더 내세웠는지도 모른다. 그리고 중앙집권 국가가 완성되지 못하고 연맹 왕국에 머물렀기 때문이다.

중학교 국사 교과서에는 '가야'에 관한 설명이 3쪽에 불과하다. 김해의 금관가야와 고령의 대가야가 존속했던 기간이 무려 500년이 넘는데 왜 이렇게 설명하고 있으며, 분량도 턱없이 적을까?

수로왕릉의 쌍어문

《한국 민족 문화 대백과사전》을 보면 삼국 시대를 '신라가 건국한 기원전 57년부터 고구려가 멸망한 668년까지의 약 700년간'을 말한다고 밝히고 있다. 이 논리라면 가야는 서기 42년에 건국해 562년에 신라에 망했으니 삼국 시대 700년 기간 중의 520년 동안이나 존속했던 엄연한 독립 국가였다. 그 영토 또한 백제와 신라에 못지않았다.

고려가 건국된 뒤 경주 출신 김부식(金富軾)은 신라를 삼국의 정통 국가로 보고 모든 역사를 신라 중심으로 서술했다. 그러다 보니 신라가 병합한 가야를 원래 신라사의 한 흐름으로만 보았던 것이다. 물론 이러한 사관(史觀)을 사대사관이니 뭐니 하고 김부식을 나무랄 수만은 없다. 왜냐하면 왕조 시대의 사관이라는 것은 민족이나 영토는 개념으로 삼지 않고 오로지 왕실, 왕가를 중심으로 모든 사실을 해석하고 풀이했기 때문이다. 그러므로 오늘날 민족과 영토를 가장 크게 생각하는 역사관과 충돌하는 것은 당연하다. 따라서 오늘날

에는 김부식의 생각이 어떠했든 삼국 시대라고 그 시대를 다시 정의하면 되는
것이다.

　김부식을 변호할 의도는 전혀 없지만, 예를 들어 조선 시대만 해도 여진족
추장 누르하치(Nurhachi)가 여진 땅을 조선의 영토로 편입하고 자신에게 그 지
역을 다스리는 조선의 관직을 내려 달라고 부탁한 적이 있었으나 조선은 그
요청을 묵살했다. 왜냐하면 여진 땅은 농사가 잘 되지 않고 땅이 척박해서 거
두어들일 세금이 없었기 때문이다. 그렇기에 영토 가치를 제대로 인정하지 않
았던 것이다.

　가야에 관한 기록은 《삼국유
사》의 '5가야' 부분과 〈가락국기〉
분으로 다른 문헌에도 나타나는
것이 없다. '5가야'에는 5가야의
이름이 나와 있고, 〈가락국기〉에
는 수로왕의 탄생과 즉위, 가야
의 건국, 수로왕과 허 황후의 결
혼, 제도의 정비와 문무왕이 수
로왕의 제사를 모신다는 내용만
으로 이루어졌다. 고구려, 백제,
신라만큼 다양한 기록이 보이지
않아 설명할 근거가 적다는 것이
다.

가야 이형토기 [허가번호 : 중박 200802-42]

　또한 가야는 다른 세 나라에
비하여 발견되는 유물이 적었기
때문에 베일 속의 국가로 가려지
게 되었던 것이다.

　이러한 이유에서 가야에 관한
교과서의 서술 내용이 적고, 사

가야 그릇받침 [허가번호 : 중박 200802-42]

국 시대가 아닌 삼국 시대로 계속 불렸던 것이다. 그러나 고대 국가가 성립되는 초기에는 오히려 가야가 신라보다 강했으리라 추측할 수 있다.

신라는 소백산맥에 가로막혀 외부와의 접촉이 거의 없어서 4세기 후반인 내물왕(奈勿王, 재위 356~402) 때에 이르러 겨우 국가의 기틀을 마련했다.

고대 국가는 대개 철기 문화를 바탕으로 정복 국가로 발전했는데, 가야는 변한 시대부터 이어져 온 풍부한 철 생산을 바탕으로 철기 문화를 꽃피웠으며, 이러한 다양함과 우수함은 신라는 물론 백제도 따르지 못할 정도였다. 그리고 바다 건너 일본 열도의 고대 국가 형성에 결정적인 영향을 주었다. 특히 무사가 쓰는 철제 투구와 갑옷, 큰 칼, 전투용 말을 보호하기 위한 말 투구, 말 갑옷 등은 당시 가야가 얼마나 높은 수준의 군사력을 가졌는지를 잘 보여주는 사료이다.

이 가야는 영남 지역과 남해안 일부에 6가야가 자리 잡고 있었다. 6가야는 금관가야(김해), 아라가야(함안), 고령가야(진주), 대가야(고령), 성산가야(성주), 소가야(고성)의 연맹체로서, 그 중 김해 지방에 있던 금관가야와 고령 지방의 대가야가 가장 큰 세력을 이루었다.

그러나 가야국에는 상호 간의 통합을 이룰 수 있는 강력한 국가가 나타나지 못했으며, 연맹의 분열을 통일하고자 하는 노력이 부족하여 강력한 고대 국가를 형성하지 못한 채 일찍부터 해외로 진출하다가 후진국이었던 신라에 의해 멸망하게 된다. 금관가야는 법흥왕 때에, 대가야는 진흥왕 때에 멸망하고 만다.

지금까지 살펴본 바에 따르면 가야는 강대국이었음이 틀림없으나 자료와 연맹 국가라는 한계로 사국 시대에서 물러나 있다. 그러나 계속되는 유물의 발견으로 가야의 실체가 점점 드러나고 있으며, 또한 연맹 국가는 지방 자치제로 본다면 사국 시대로 그 용어를 바꿔서 불러야 할 것이다.

03 역사책의 편찬 이유

→ 자신의 치적을 백성들에게 널리 알려서 위엄을 과시하려는 것과 역사가 반복된다는 원리에 따라 본보기로 삼기 위함이었다.

우리나라는 오래전부터 역사책을 편찬하였다. 삼국 시대부터 편찬된 역사책은 조선 시대에 편찬된 《조선왕조실록(朝鮮王朝實錄)》[1]에서 그 결실을 보게 되었다.

역사책을 편찬하게 되는 이유는 자신의 치적을 백성들에게 널리 알려서 위엄을 과시하려는 것과 역사가 반복된다는 원리에 따라 본보기로 삼기 위함이었다.

역사책을 처음으로 펴낸 나라는 고구려이다. 고구려는 《유기》 100권을 편찬하였으며, 광개토 대왕(廣開土大王) 때에는 장사(壯史)라는 관리를 두어 역사를 기록하게 하였다. 수나라의 백만 대군을 무찌른 후 백성들에게 임금의 위엄과 고구려 백성의 자부심을 불어넣기 위하여 이문진(李文眞)으로 하여금 《신집(新集)》 5권을 편찬하게 하였다.

백제는 전성기인 근초고왕(近肖古王) 때 고흥(高興)으로 하여금 《서기(書記)》를 편찬하게 하였으며, 신라에서도 전성기인 진흥왕(眞興王) 때 거칠부(居柒夫)로 하여금 《국사(國史)》를 편찬하게 하였다.

통일 신라 시대에 이르러 개인에 의한 역사책의 편찬이 활발해졌는데, 성덕왕(聖德王) 때의 김대문(金大問)이 지은 《고승전(高僧傳)》, 《계림잡전(鷄林雜傳)》, 《화랑세기(花郎世紀)》, 《한산기》 등이 있다. 《계림잡전》은 정치사이고, 《화랑세기》는 화랑의 열전이며, 《고승전》은 승려의 전기, 《한산기》는 김대문

1 조선 태조 때부터 철종 때까지 25대 472년 동안의 역사적 사실을 편년체로 쓴 사서(史書). 국보 제151호.

이 한산주 장관으로 있었던 경험을 토대로 한 지리지인 것으로 추측된다.

고려에 들어와 태조 왕건부터 목종까지의 실록(實錄)[2]을 편찬하였다는 기록이 있는 것으로 미루어 보아 실록 편찬 사업이 말기까지 계속되지 않았을까 추정된다.

고려 시대에 역사 편찬의 두드러진 업적은 바로 삼국 시대의 역사를 정리한 《삼국사기》와 《삼국유사》이다. 김부식이 지은 《삼국사기》는 사대적이라는 비판을 받고 있지만 최근의 경향은 오히려 우리 역사를 자주적으로 보았다고 평가받고 있다. 단지 《삼국유사》에 비하여 보수적이라고 할 수 있다. 특히 초기의 역사에 대하여 신빙성이 부족하다고 했으나 최근에 발굴되는 초기 삼국 시대의 유물로 실증적 서술이 이루어졌음을 보여주고 있다.

일연(一然)이 지은 《삼국유사》는 《삼국사기》의 부족한 면을 보완해준다는 의미가 있다. 《삼국유사》는 일연이 몽고의 침입에 맞서 우리 조상의 시원(始原)인 '단군신화'를 밝힌 것이 가장 두드러진 특징이라고 하겠다.

조선 시대에 들어와 이전 시대의 역사인 고려를 정리한 《고려사(高麗史)》와 《고려사절요(高麗史節要)》가 나왔다. 비록 승리자 중심의 역사이다 보니 고려 말기에 대한 신빙성이 문제가 되고 있지만 이전의 사료를 종합적으로 분석하고 정리한 수준 높은 역사서이다.

조선 시대의 대표적인 역사책은 《조선왕조실록》으로 춘추관과 승정원에서 작성한 기록을 바탕으로 임금이 죽은 후에 만들어졌다. 특히 주서(注書)가 작성한 《승정원일기(承政院日記)》는 임금의 하루 일상을 파악하는데 중요한 자료가 된다. 주서란, 왕명의 출납을 담당하고 있던 승정원의 정7품 관원이다. 승정원의 승지가 정책 결정에 참여하는 고위관직이라면, 주서는 그 밑에서 문서를 작성하던 행정 실무자였다. 주서의 가장 중요한 임무가 《승정원일기》의 작성이었다.

《조선왕조실록》은 임진왜란 이전에는 서울 춘추관, 충주, 성주, 전주에 사고(史庫)를 두어 보관하다가 임진왜란으로 전주 사고를 제외한 나머지 사고가 모두 소실되었다. 임진왜란 이후에는 실록의 안전한 보관을 위하여 사고를 한 곳 더 늘려 보관하였다. 그리하여 서울 춘추관과 태백산, 오대산, 정족산, 적상산에 보관하였다. 나라에서는 보다 더 안전하게 보관하기 위하여 사고 옆에는 사찰을 지어 스님으로 하여금 지키게 하였다.

조선 후기에 들어서서 일어난 실학은 우리 역사를 바로 보기 위한 역사 편찬 작업으로 이어졌다. 특히 유득공(柳得恭)은 《발해고(渤海考)》를 지어 통일 신라와 발해의 시대를 '남북국 시대'라는 새로운 용어를 사용하였다. 안정복(安鼎福)은 《동사강목(東史綱目)》을 지어 주체적인 우리 역사를 서술하였으며, 한치윤(韓致奫)도 《해동역사(海東繹史)》를 지었다.

대한제국 말기에는 우리 역사의 주체성을 높이기 위한 민족주의사관이 눈에 띈다. 민족주의사관은 우리나라 역사의 좋은 점을 부각시켜 국민들에게 자부심과 긍지를 심어주기 위한 역사 연구 방법으로 신채호(申采浩)와 박은식(朴殷植)이 대표적이다. 신채호는 《조선 상고사(朝鮮上古史)》와 《조선사 연구초》, 그리고 강대국의 침입을 받고 있는 백성들에게 희망을 불어넣기 위해 《이태리 건국 삼걸전》, 《을지문덕전》 등을 남겼다. 박은식은 《한국독립운동지혈사》와 《한국 통사(韓國痛史)》를 남겼다. 특히 《한국 통사》는 나라를 일본에 빼앗겼기에 역사가 원통하고 아프다는 의미에서 '통사(通史)'가 아닌 '통사(痛史)'로 서명(書名)을 정한 것이다.

정인보(鄭寅普)는 《5천 년간 조선의 얼》에서 조선 역사는 '단군이 나라를 세운 이래 5천 년간 이어져 온 정신'에서 찾았으니, 곧 '얼의 역사'임을 강조했다. 또한 우리나라와 관련된 역사·지리·국어를 통틀어 '국학'이라고 하였으며, 국학 연구의 기초를 '실학'에서 찾았다. 1946년 우리 역사를 모르는 국민에게 바른 역사를 알리고자 《조선사 연구》를 펴냈다.

손진태(孫晉泰), 이병도(李丙燾) 등은 진단 학회(震檀學會)[3]를 만들어 「진단 학보」를 발간하면서 우리 역사 연구에 힘썼다.

---

3 1934년 5월, 이윤재·손진태 등이 조직한 학술 단체. 우리나라의 역사·언어·문학 등을 우리 학자의 손으로 연구하자는 뜻에서 조직하였으며, 기관지로 「진단 학보」를 발간하였다.

실록 편찬의 과정

《조선왕조실록》은 임금이 세상을 떠나면 다음 왕이 즉위하면서 실록청을 개설하여 전 왕대의 여러 기록을 수집해 편찬한 것이다.

조선을 건국한 태조(太祖)의 실록은 태종(太宗) 9년(1409)에 태조가 죽은 지 1년 후에 태종이 하륜(河崙)에게 《태조실록(太祖實錄)》의 편찬을 명함으로써 편찬이 시작되었다.

태조 어진

실록을 편찬할 때에는 춘추관(春秋館) 내에 임시로 실록청 혹은 찬수청이 설치되고, 영의정이나 좌의정·우의정을 책임자(총재관이라 함)로 삼고 대제학과 글재주가 뛰어난 사람을 뽑아서 도청 및 각 방의 당상(堂上)으로 임명하였다.

방은 보통 3방으로 조직하지만, 재위 기간이 긴 임금일 경우에는 6방까지 조직하였다. 실록을 편찬하는 기본 자료는 시정기와 사관의 사초이다. 기타 해당 왕의 재위기간 동안 각 관청의 기록인 《각사등록》·《승정원일기》 등 각 개인의 일기·문집도 참고 자료로 이용되었으며, 조선 후기에는 《비변사등록(備邊司謄錄)》·《일성록(日省錄)》도 자료로 사용되었다.

실록 편찬의 관리들은 이들 자

료를 수집하여 연·월·일순으로 분류한 다음 편년체 형식의 실록을 처음 작성하여 도청에 넘긴다.

도청에서는 낭청에서 작성한 초초(初草) 가운데 사실과 다른 부분을 고치거나 보충하여 2차 원고인 중초(中草)를 만든다. 중초를 바탕으로 총재관과 도청 당상이 실록을 전체적으로 읽어보면서 통일된 문장과 형식을 갖추면서 수정하거나 첨가하여 최종본인 정초(正草)를 만들었다. 이 정초본을 인쇄하여 사고에 봉안하게 되었다. 이때 실록의 기본 자료로 이용한 사초나 초초·중초·정초는 모두 물에 씻어 없애는데 이것을 세초(洗草)라고 한다. 세초는 실록 편찬에 쓰이는 종이를 재활용하기 위한 작업이었다.

《조선왕조실록》은 중국이나 일본의 실록이 필사본인데 비하여 금속 활자 또는 목활자로 인쇄하였다. 이는 중국이나 일본이 한두 질을 보관하는데 비하여 조선은 네댓 곳에 보관했기 때문이다. 이를 인쇄하면서 질 좋은 종이와 인쇄술이 이용되었기에 우리나라의 인쇄술과 종이가 발달하는 계기가 되었다.

우리나라도 해외에 식민지를 개척한 적이 있을까?

→ 일본이 그 효시로, 일본은 백제가 건설한 최초의 식민지다.

몽촌토성[1]

근초고왕은 백제의 제13대 왕으로서 일명 초고왕(肖古王)이라고 한다. 비류왕(재위 304~344)의 둘째 아들로 태어나 346년에 왕위에 오른 뒤 369년에 마한(馬韓)과 대방(帶方)을 병합하고, 371년에는 고구려를 공격하여 고국원왕(故國原王)을 죽였다. 이 시기가 백제의 전성기로 경기와 충청, 전라도 일부와 강원도와 황해도의 일부를 차지했다. 문화적으로 높은 업적을 쌓아, 중국의 남조 문화를 수입해 왕인(王人)과 아직기(阿直岐)로 하여금 이 문화를 일본에 전해주게 했으며, 박사인 고흥(高興)에게 백제의 국사(國史)인 《서기(書記)》를 쓰게 하였다.

한마디로 근초고왕은 대외적으로 세력을 확장하는데 힘을 기울인 임금이다. 중국의 《송서(宋書)》 〈백제전〉에 '백제는 본래 고구려와 함께 동쪽 천여 리 지점에 있었는데 고구려가 요동을 점령하자 백제는 요서를 점령하고 진평군 진령현에 그 관리소를 두었다.'고 기록되어 있다. 또한 《양서(梁書)》 〈백제

전)에도 '백제가 고구려에 대응하기 위해 요서와 진평이라는 두 군을 차지한 뒤 그것을 백제군이라 했다.'고 기록되어 있다. 그리고 《자치통감(資治通鑑)》[2] 효종, 목종(穆宗) 왕의 기록에는 '전연(前燕)의 수도에 강제로 옮겨진 고구려와 백제의 사람들이 너무 많아서 걱정된다.'고 기록되어 있다.

이때 백제는 거대한 해상 세력권을 형성했으며 이를 통해 많은 국가 이익을 차지했다. 이 해상 세력권은 우리 민족이 외국에 진출하여 개척한 식민지라고 할 수 있다.

식민지라고 하면 흔히 그 지역의 주권이 원주민에게서 다른 나라로 넘어간 지역을 가리키는 말로써, 식민을 다스리는 국가에서는 주로 지배 민족의 이동이나 총독부의 설치, 세금 징수 등과 같은 일을 했다. 그러나 이와 같은 착취 식민지는 산업혁명 이후에 나타나는 식민지로, 물건의 대량 생산에 따른 원료 공급지와 상품 판매 시장이 필요했기 때문이다.

그러나 백제가 개척한 랴오시(遼四, 요서)와 산둥(山東, 산동), 일본의 큐슈는 앞에서 설명한 착취 식민지와는 사뭇 다르다. 당시는 모두 이주 식민지로서 본국의 사회를 그대로 이주시키는 형태였다.

근초고왕 때 형성된 이러한 식민지는 백제와 일본의 문화 발달에 크게 기여했다. 불교가 이러한 식민지의 해상로를 따라 백제와 일본에 전해져 왕권 강화의 기초가 되었으며, 군사적인 기반을 확고히 하는 데도 크게 이바지했다. 그러나 근초고왕이 죽고, 곧이어 고구려가 평양으로 천도(遷都)하면서 남진 정책을 펴자 백제는 점차 쇠퇴하게 되었고, 해상 세력권도 잃게 되었다.

1 몽촌토성은 한강의 지류인 성내천 남쪽에 있으며, 둘레가 약 2.7㎞ 되는 백제 전기의 토성. 자연 지형을 이용해 진흙으로 성벽을 쌓고, 나무 울타리로 목책을 세웠던 흔적과 자연 암반층을 급경사로 깎아 만들고, 성을 둘러싼 물길인 해자도 확인되었다. 조사 결과 문터와 집자리, 저장용 구덩이가 확인되었고, 출토 유물로는 동전무늬가 찍힌 자기조각과 여러 종류의 토기류, 철제 무기류 등이 나왔다. 백제의 도성인 위례성이라는 견해와 방어용 성이라는 견해가 있다. 위치나 규모, 출토 유물로 볼 때 백제 초기 군사·문화적 성격을 살필 수 있다.

2 풍납토성은 서울 송파구에 위치한 토성 유적으로 백제 시대(온조왕~개로왕)의 이른바 하남위례성이라고 생각되어 학계의 주목을 받고 있다. 현존하는 토성 중 대한민국에서 최대 규모다. 국립문화재연구소는 방사성 탄소 연대 측정 결과 기원전 2세기에서 기원후 3세기에 축정된 것이라고 발표한 바 있다. 성의 규모와 축성 시기로 보아 백제는 이미 상당한 규모의 국가 체제를 수립한 것으로 해석된다.

05

한강 유역의 중요성

→ 한강은 인적·물적 자원이 풍부하며 대중국 교통로에 위치하고 있었다.

한강은 한반도의 중심에 위치하고 있다. 더구나 한강 주변에는 평야가 발달하여 물적 자원이 풍부하여 많은 인구가 몰려 있다. 인구가 많다고 하는 것은 세금을 거둘 수 있는 기초가 되어 나라의 재정을 안정시키는 중요한 발판이 될 수 있다.

중원 고구려비

그리고 바다를 통해 중국과 교류하기에 적합한 위치에 있다. 중국은 삼국보다 문화와 경제가 발달하여 선진문화를 가지고 있는 나라였다. 삼국에서 가장 앞서나가기 위해선 선진문화를 받아들여야 하는데, 중국과 교류하기 가장 좋은 위치가 바로 한강이었던 것이다. 이 때문에 한강은 삼국 간에 주도권 다툼이 치열하였다. 그래서 한강을 차지한 나라가 삼국의 주도권을 잡았다.

가장 먼저 한강을 차지한 나라는 백제이다. 원래 한강에서 건국한 백제는 황해를 통해 중국과 교류하면서 삼국 중에 가장 먼저 국가 체제를 정비하고 율령을 반포할 수가 있었다. 특히 한강과 황해를 잇는 바닷길은 백제를 해외로 눈을 돌리게 하여 중국의 랴오시 지방과 산둥 반도, 그리고 일본의 큐슈를 연결하는 고대 상업 세력권을 형성하였으니, '동아시아의 허브'라고 할 수 있다.

단양 적성비

북한산 순수비 [허가번호 : 중박 200802–57]

백제의 뒤를 이어 한강을 차지한 나라는 고구려이다. 고구려의 장수왕(長壽王)[1]은 수도를 평양으로 천도한 후에 남진 정책을 펼쳐나갔다. 백제의 개로왕(蓋鹵王)을 죽인 후 한강을 차지한 고구려는 중국의 남조와 교류하면서 북조를 견제하는 한편, 선진문화를 받아들이고 중국과 대등한 위치로 나라를 발전시켰다. 장수왕이 한강을 차지했음을 알려주는 유물은 중원에 있는 고구려 비석

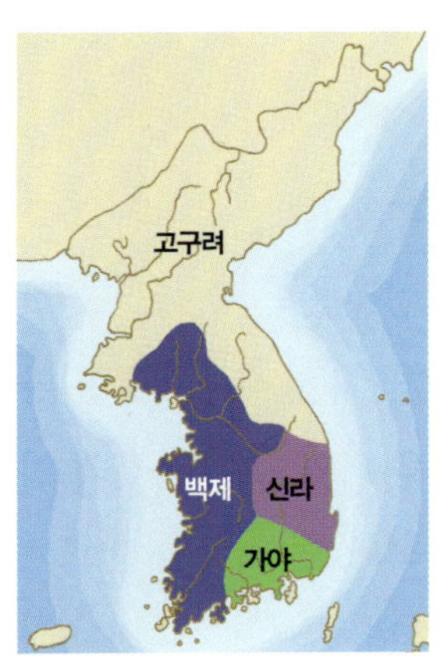

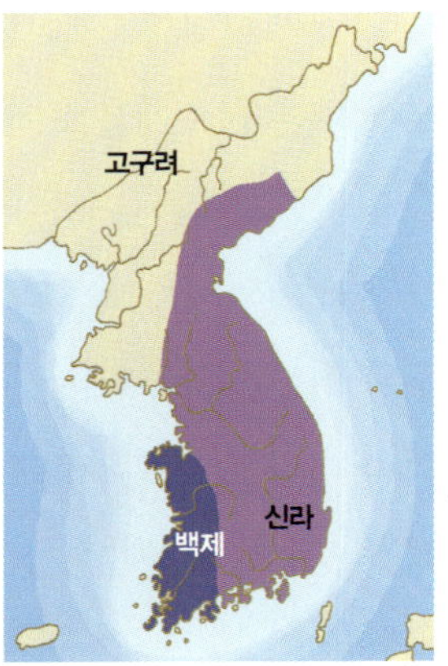

한강 차지 순서　　　　4C　　　　　　　5C　　　　　　　6C

[1] 고구려 제20대 왕(394~491). 이름은 거련(巨連)·연(璉). 광개토 대왕의 맏아들로, 427년에 도읍을 국내성에서 평양으로 옮기고 남하 정책을 펼쳐 고구려의 판도를 넓혔다. 부족 제도를 고치고 5부(部)를 개설하는 등의 개혁을 이룩하여 고구려의 전성기를 이루었다. 재위 413~491년.

이다.

신라는 고구려의 남진 정책에 대비하여 백제와 나·제 동맹을 맺었다. 나·제 동맹으로 성왕(聖王)이 차지한 한강을 진흥왕이 다시 차지했다. 진흥왕은 한강을 차지한 기념으로 단양 적성비와 북한산 순수비를 세웠다. 진흥왕은 한강을 통한 대당 외교를 펼치고 인적·물적 자원을 확보함으로써 삼국 통일의 기반을 다지는 계기를 만들었다.

삼국 통일의 기반을 다진 신라의 왕은 누구일까?

진흥왕은 한강을 차지하여 인적·물적 자원을 확보하고, 중국과의 교통로를 열어 통일의 기반을 다졌다.

신라는 우리나라의 동남쪽 구석진 곳에 자리 잡아 산업이나 교통 등 모든 것이 불편하였고, 또 넉넉하지도 못하였다. 더구나 북쪽에는 소백산맥이 가로막고 있고, 언제나 고구려와 백제가 침략하여 왔으므로 그 세력에 눌려서 좀처럼 기세를 펴지 못하고 지내는 형편이었다.

당시의 국제 정세를 보아도 신라가 가장 급하게 여긴 것은 어떻게 해서든지 인구와 물자가 풍부한 중국과 직접 외교관계를 맺는 것이었다. 중국의 발달된 문물을 받아들여 나라의 힘을 강력하게 키우기 위하여 한강을 차지하는 일이 우선이었다. 그리고 나라의 힘을 어느 정도 키운 후에는 삼국 통일을 이루어야겠다는 야심을 가지고 있었다.

이러한 신라의 오랜 숙원을 해결한 사람이 바로 진흥왕(眞興王)[1]이다. 지증왕(智證王)의 손자요, 법흥왕(法興王)의 동생인 갈문왕 입종(立宗)의 아들로 법흥왕 21년(534)에 태어나, 7세 되던 해에 왕위에 올랐다. 처음에는 태후인 왕의 어머니로 법흥왕의 딸인 식도부인(息道夫人)이 섭정을 하였으나, 자신의 입지를 강화한 후에 직접 정치를 하면서 평소에 뜻을 두고 있던 국력을 기르는 바탕을 마련하는데 온 힘을 결집시켰다. 대표적인 것이 바로 화랑도(花郎徒)의

2 신라의 제24대 왕(534~576). 성은 김(金), 이름은 삼맥종(三麥宗)·심맥부(深麥夫). 한강 하류 지역을 빼앗아 삼국 통일의 기반을 마련하였고, 변경에 순수비를 세웠다. 팔관회를 처음 열었으며, 황룡사를 지어 불교 진흥에 힘썼다. 또 화랑 제도를 창시하고 《국사(國史)》를 편찬케 하였으며, 가야금을 제작·연주하게 하는 등 문화 창달에도 이바지하였다. 재위 540~576년.

결성이다. 그런데 이 화랑도는 이전에도 있었던 제도이나 조직적으로 편성되고 신라 사회의 발전을 추진하며 국력을 기르는 튼튼한 기반으로 제도화된 것은 진흥왕부터의 일이다. 즉 화랑도가 실제로 활동면에서 나타난 것은 진흥왕 27년(566)에 신라가 고령가야를 치는 전쟁에서 용맹을 날린 화랑 사다함(斯多含)을 통해서 추측할 수가 있다.

화랑도는 유교·불교·선사상의 3교의 진리를 모두 다 포함한 청소년 교육 단체이다. 이들은 자신들이 지켜야 할 지침을 원광법사에게 요청하여 세속 오계(世俗五戒)의 가르침을 받게 되었다. 이는 첫째 임금을 섬기되 충성으로써 섬기고〔사군이충, 事君以忠〕, 둘째 부모님은 효로써 모시며〔사친이효, 事親以孝〕, 셋째 친구를 사귀되 믿음으로써 하며〔붕우유신, 朋友有信〕, 넷째 싸움터에 나가서는 물러남이 없으며〔임전무퇴, 臨戰無退〕, 다섯째 산 것을 죽일 때는 반드시 함부로 죽이지 말고 가려서 할 것〔살생유택, 殺生有擇〕을 내용으로 하고 있다.

세속 오계로 굳게 뭉친 신라의 화랑도는 국토와 주권을 지키는데 앞장을 섰으며, 나아가 삼국 통일의 기반을 구축하게 되었다.

진흥왕은 화랑도를 기반으로 14년(554)에 한강을 점령하고, 23년(562)에는 이사부(異斯夫)를 시켜 대가야를 정복하게 하였다. 그는 새로 개척한 땅에는 순수비(巡狩碑)를 세워 기념을 하니, 북한산비, 마운령비, 황초령비, 단양 적성비, 찬녕비 등이 지금까지 남아 있다.

또한 12년(551)과 29년(568)에 개국(開國)과 대창(大昌)이라는 연호를 사용하여 자주적인 국가 의식을 나타냈으며, 6년(545) 7월에는 거칠부 등에게 명하여 역사책인 《국사(國史)》를 편찬하게 하였다. 그 외에 7년(551)에 가야에서 건너온 우륵(于勒)을 후대하여 가야금을 만들고 음악을 널리 보급하게 하였다.

진흥왕은 왕위에 오른 지 36년만인 575년에 사망하였으니, 그의 업적은 한국 최초의 분열을 통일로 가게 하는 지름길을 쌓았다고 할 수 있다.

신라왕의 칭호와 왕권의 변화

→ 신라의 왕호 변천은 선출에 의한 군장의 추대가 김씨의 세습적 군장제로 바뀌고, 다시 부자 상속
에 의한 왕제로 바뀌어 가는 정치적 발전 과정을 보여주고 있다.

《삼국사기》에 보면 '남해왕 차차웅(次次雄) 5년에 이르러 왕이 석탈해(昔脫解)가 어질다는 말을 듣고 자기의 딸로서 아내를 삼게 하였다. 7년에 이르러 그를 등용하여 관리로 삼고 나랏일을 맡겼다. 남해왕 차차웅이 세상을 떠나 태자인 유리가 당연히 뒤를 이어야 했지만, 탈해의 인품에 덕이 있으므로 유리가 그에게 왕위를 넘기려 하였다. 이에 탈해는 "왕을 잇는 것은 하늘의 뜻이므로 저같이 재주가 없는 사람이 감당할 수 없습니다. 제가 듣기에 지혜가 많은 사람은 이가 많다고 합니다. 그러니 떡을 깨물어 시험하소서."라고 말하였다. 떡을 깨물어 보니 유리의 잇자국이 제일 많았다. 그래서 여러 관리들이 유리를 추대하고, 왕호를 이사금(尼斯今)이라 했던 것이다.'에서 임금의 칭호가 나온다.

원래 신라에서 왕이라는 칭호는 22대 지증왕 때부터 사용하였다. 이전에 삼한 지역에서는 소도(蘇塗)[1]라는 지역이 있어서 제사를 관장하는 천군(天君)이 거주했으며, 이곳은 신성한 지역으로 죄인이 들어가도 잡을 수가 없는 지역이었다. 천군이 종교를 주관하는 대신 나랏일은 정치적 군장이 맡았다. 나랏일을 맡은 사람을 처음에는 거서간(居西干)이라 칭했다. 거서간은 거슬감(居瑟邯)으로도 기록되어 있는데, '박혁거세'는 '큰 박 같은 알에서 나왔다.'고 하여 성은 '박'이요, 알이 빛났다고 하여 '혁'이고, 거서간에서 '거세'를 합친 말이다. 곧 '신령스러운 느낌'을 가진 의미로 '신령스러운 제사장, 군장,

1　삼한 때 천신(天神)에게 제사를 지내던 성지(聖地). 여기에 신단(神壇)을 설치하고, 그 앞에 방울과 북을 단 큰 나무를 세워 제사를 올렸는데, 죄인이 이곳으로 달아나더라도 잡아가지 못하였으며, 후대 민속의 '솟대'가 여기에서 기원한 것이라고 한다.

대인'의 뜻이며, 빛나는 알은 곧 태양을 상징하기도 하여 '거서간'이라고 한 것이다.

남해왕 때에 이르러서 차차웅으로 불리었다. 차차웅은 '무(巫)'의 의미로 제정일치 사회의 군장과 제사장을 복합한 말이다.

유리왕 때 사용한 '이사금'에는 '나이가 연장자인 사람'과 '잇다(繼)'의 의미가 함께 나타나 있다. 곧 연장자, 계왕(繼王)인 군장으로 선거 또는 세습에 의하여 군장의 자리를 물려받은 대왕이라는 칭호이다.

내물왕 때 김씨가 왕위 세습권을 차지하면서 왕권이 강화되어 '마립간(麻立干)'이라는 칭호를 사용하였다. '마립'은 우두머리를 뜻하는 '마리〔頭〕'의 이두식 표현으로 '으뜸, 정상'을 뜻하며, '간'은 대수장(大首長)의 뜻으로 정치적 의미를 가지는 호칭이며, 왕권의 성장을 나타내는 것이다.

이러한 왕호의 변천은 박, 석, 김씨가 부족의 화백(和白)[2] 회의에서 선거제적 군장을 추대하였던 것이, 내물왕 이후 세습적 군장제로 바뀌고, 다시 지증왕 때 왕제로 바뀌면서 왕권이 강화되는 중앙집권적 정치 발전을 보여주는 것이다.

• 요약정리 ― 신라왕의 칭호 변화		
거서간	박혁거세	제사장, 군장, 대인
차차웅	남해왕	무당, 제사장
이사금	유리왕	계승자, 연장자
마립간	내물왕	대수장
왕	지증왕	중국식 왕호

2 신라 때 나라의 중대사를 의논하던 회의 제도. 의결 방법은 만장일치제로, 처음에는 경주의 육촌(六寸) 사람들의 회의였으나 뒤에는 진골 이상의 귀족들의 회의로 변하였다.

신라의 탈해왕(脫解王)은 대장장이의 아들?

> 고대 정복 국가의 조건 중에서 가장 중요한 점은 발달된 철제 무기를 지니는 것
> 이었다. 탈해가 '대장장이'의 아들이었다는 이야기는 상징적인 것으로 철기 사
> 용에 따른 군사력과 정치적인 힘을 나타내는 것이었다.

신라의 탈해왕[3]은 제4대 왕으로 다파나국(탐라국, 오늘날의 제주도)의 왕과 여
인국(女人國)의 왕녀 사이에서 태어나 궤짝에 넣어져 바다를 떠돌았다. 아진의
선이라는 할머니는 까치소리를 듣고 바닷가로 나가 궤짝을 건지게 되었는데
열어 보니 아이가 있었다. 할머니는 까치 때문에 얻은 아이라 하여 까치 작
(鵲) 자의 한 쪽을 떼어서 성을 석(昔)이라 하고, 알을 깨뜨리고 나왔다 하여 이
름을 탈해(脫解)라고 하였다.

탈해가 어른이 되어 자기가 살 집터를 찾고 있었는데 멀리 경주 벌판에 반
달처럼 생긴 언덕이 마음에 들었다. 탈해가 가서 보니 이미 호공이라는 사람
이 살고 있었다. 이에 탈해는 그날 밤 호공의 집 둘레에 쇠와 숯 부스러기를
땅 속에 묻었다. 그리고 몇 달이 지난 뒤에 호공을 찾아가 말했다.

"이 집터는 우리 조상들이 전에 살던 곳인데 어찌 어르신네가 계십니까?
이제 주인인 소자가 왔으니 돌려주십시오."

호공은 깜짝 놀라 말했다.

"아니다. 이곳은 오래전부터 우리 조상들이 살던 곳이다."

두 사람은 서로 다투다가 관가에 고발하기에 이르렀다.

재판장이 탈해에게 물었다.

"무엇으로써 이곳이 너의 집터임을 증명하겠느냐?"

이에 탈해가 답하여 말했다.

"우리 조상은 본래 대장장이였는데 잠시 이웃 고을에 나간 동안 다른 사람
이 빼앗아 살고 있으니 땅을 파서 조사해 주시지요."

탈해의 말대로 땅을 파보니, 과연 숫돌과 숯이 나왔으므로 이에 그 집을 빼

3 신라의 제4대 왕(?~80).
성(姓)은 석(昔). 토해(吐解)
라고도 한다. 국호를 계림
(鷄林)이라 하였으며, 일본
과 화친(和親)하면서 백제·
가야와 자주 싸움을 벌였
다. 재위 57~80년. 석탈
해·토해·이사금.

앗아 살게 되었다고 한다. 이때 남해왕은 탈해가 지혜 있는 사람임을 알고 맏
공주의 남편을 삼게 하니 이 여인이 아니 부인(阿尼夫人)이다.

　이 신화는 《삼국유사》에도 《삼국사기》에도 나오는데 다른 신화가 선민사상
(자신의 후손이라는 사상)을 주장하는데 비하여 탈해는 굉장히 평범한 신분이다.
여기에 대장장이 아들이 어찌 왕이 될 수 있을까?

　고대 국가의 성립 요소 가운데 정복 국가가 있다. 정복 국가의 조건 중 가
장 중요한 것은 발달된 무기를 지니는 것이다. 그것이 바로 철기 문화였으며,
탈해는 자신이 철기 사용에 따른 군사력과 정치적 힘을 과시하게 되었던 것이
다. 여기에서 두려움을 느낀 남해왕은 탈해의 세력에 대한 두려움에 사위로
삼았으며, 석씨가 신라의 성골 귀족 중 3대 성이 될 수 있었던 것이고, 유리왕
의 뒤를 이어 4대 왕으로 즉위하게 되었던 것이다.

　그러므로 우리는 신화나 전설을 그냥 옛날이야기로 가볍게 넘길 것이 아니
라 역사적 사실 뒤에 숨어 있는 의미를 다시 한번 되새겨볼 필요가 있다.

07

고구려는 한반도의 방파제

→ 한반도를 대륙의 침략으로부터 막아주는 방파제 구실을 하였다.

한반도의 북부에 위치한 고구려는 중국과 항상 맞서야만 했다. 중국의 북부에는 거란을 비롯한 많은 이민족들이 있어 호시탐탐 한반도를 노리고 있었다. 더구나 한반도에 대한 야욕은 중국에 위치한 나라들도 가지고 있었다.

이에 맞서 고구려에서는 3월에 사냥대회를 열었다. 사냥대회는 두 가지 목적을 가지고 있었다.

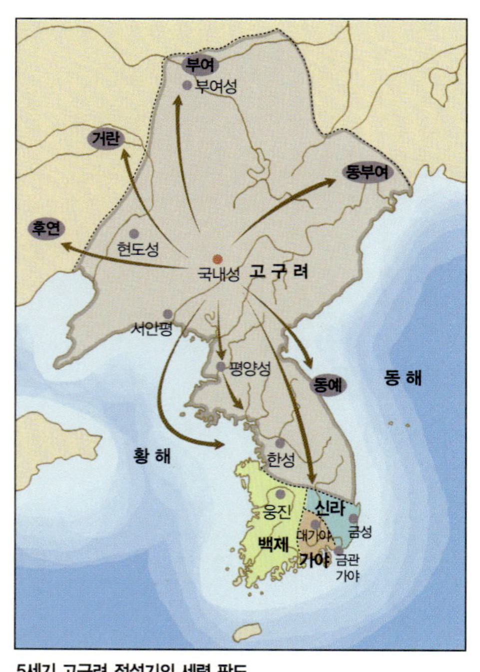

5세기 고구려 전성기의 세력 판도

하나는 훌륭한 고구려 군사를 선발하기 위함이었다. 유목 민족이나 중국 세력과 싸우기 위해서는 유능한 군사의 선발이 중요하였다. 이에 고구려에서 3월에 실시한 사냥은 일종의 무과 시험인 것이다.

두 번째는 사냥대회가 일종의 모의 전쟁이었다. 전쟁이 잦은 고구려로서는 실전에 대비한 전쟁 연습을 해야만 했다. 사냥을 통해서 부단히 전쟁에 대비한 전술과 전략을 개발하여 실전에 응용하였던 것이다.

사냥대회를 통해 나타난 문제점을 보완하면서 고구려는 철갑 기마병이라는 부대를 만들어 광개토 대왕과 장수왕 때에는 중국을 넘보는 강대국으로 성장하였던 것이다.

고구려는 선비족을 비롯하여 중국의 침략을 받았다.

선비족이나 중국의 침략을 받을 때마다 사냥대회를 통해 선발된 군사들과 백성들은 일치단결하여 외적을 막을 수가 있었다. 그러므로 고구려는 군사력이 약한 백제와 신라를 선비족이나 중국의 침략으로부터 막아주는 방파제 구실을 하게 된 것이다.

장군총은 스투파 양식?

장수왕(長壽王)의 능으로 알려진 장군총은 스투파(Stupa) 양식으로 만들어진 무덤이다.

장군총

불교에서 불상이 만들어지기 전에 부처님을 대신해 숭배의 대상이 되었던 것이 불탑이다.

지금으로부터 2,600여 년 전, 고타마 싯다르타는 인도의 동북부 지방 히말라야 기슭의 한 작은 나라인 카필라바스투에서 태자로 태어났다. 싯다르타는 '인간이 태어나고 늙고 병들고 죽는다.'는 문제에 고민을 갖고 29세 때에 부귀영화가 보장된 왕자의 자리를 박차고 행자의 길로 들어섰다. 6년간 인도의 전통적 수행 방법으로 깨달음을 얻으려고 하였지만 뜻을 이루지 못하였다. 이에 35세 때 네란자라 강변의 보리수나무 아래에서 '샛별이 뜨는 것'을 보고 크나큰 깨달음을 얻어 진리의 완성자인 부처님이 되었던 것이다.

고통받는 백성들에게 널리 자비 사상을 가르치고 80세를 일기로 열반(죽음)에 들었다. 석가모니 부처님은 열반 후에 다비식(茶毘式)[1]을 거쳐 사리를 부처

1 시체를 화장하여 그 유골을 거두는 의식.

서울 석촌동 고분 백제 근초고왕의 무덤

님과 관계 있는 8부족에게 나누어 봉안한 곳이 바로 스투파(탑)[2]이다. 아소카 왕은 이 사리를 8만 4천과 가루로 만들었다.

스투파는 대개 5층에서 9층 사이로 한 변의 길이가 35미터 내외, 높이가 14미터 내외이다.

장군총은 화강암 표면을 정성들여 깎아 7층의 피라미드형으로 쌓았는데, 한 변의 길이는 30미터, 높이는 14.5미터이다. 기단의 둘레에는 4미터 폭으로 돌을 깔았으며, 그 바깥 둘레에 30미터 폭으로 자갈을 깔아 왕릉임을 표시하였다. 3층에 널방을 두고 2개의 널받침을 만들고 시신을 안치한 것으로 추측된다.

스투파와 장군총은 규모에 있어 비슷하며 단지 옥개석만 없을 뿐 7층으로 만들어져 부처님의 사리를 모신 스투파의 형식을 빌어 고구려 백성들이 장수왕에게 최대한 경의를 나타낸 것으로 보인다.

이런 양식의 무덤은 고구려의 영향을 받은 백제 초기에도 발견된다. 서울 석촌동 고분이 그 대표적인 무덤이다. 이곳에서 가장 규모가 큰 것은 백제의 전성기를 이끌었던 근초고왕의 무덤으로 추정하고 있다.

---

2 여러 층으로 또는 높고 뾰족하게 세운 건축물을 통틀어 이르는 말. 늑탑

08

광개토 대왕 廣開土大王
비문에 나타난 '임나일본부설'

→ 일본이 한국을 지배하기 위해 꾸민 음모의 결과라고 할 수 있으며, 결코 가야는 일본의 지배를 받지 않았다.

고구려의 역사를 알려주는 유적으로 광개토 대왕릉비가 있다. 광개토 대왕이 죽은 2년 후인 414년(장수왕 2)에 만주 집안현 통구에 비석을 세웠다. 원명은 '국강상 광개토경 평안 호태왕(國岡上廣開土境平安好太王)'이라고 씌어 있다. 이 비석은 우리 역사상 가장 오래되고 큰 비석이다. 이 비는 응회암으로 아래와 위가 넓고 가운데가 좁은 형태이다. 높이는 약 6.39미터 남짓, 두께 1미터 40센티미터, 너비 1미터 60센티미터의 자연석을 손질해서 전후, 좌우 4면에 문자를 새기어 1행 41자로 44행이 쓰여 있으며, 전부 1,775자의 한자 예서체로 비문이 새겨져 있다.

비문에는 고구려가 나라를 세우는 과정에서 추모, 유리, 대무신왕이 왕위를 이어가는 과정, 광개토 대왕의

호태왕릉 비각

즉위와 업적, 광개토 대왕의 정복 활동, 광개토 대왕이 내린 명령 등으로 이루어져 있다.

광개토 대왕릉비에서 문제가 되는 것은 일본이 3세기경부터 2세기 동안 가야의 일부를 지배하였다는 설이다. 이 근거로 그들은 광개토 대왕릉비의 내용 중 '백제와 신라는 예부터 고구려의 식민지 국민으로 계속 조공하였다. 그런데 왜가 391년에 바다를 건너와 백제와 □□, 신라를 격파하여 식민지 국가로 삼았다. 이에 광개토 대왕은 396년에 백제를 쳐서 승리를 하였다.'에 근거하고 있다.

그러나 일본은 당시에 우리나라보다 미개한 나라였다. 더구나 당시 일본을 이끌고 있었던 야마토 정권은 백제의 지배를 받았고, 백제는 4세기 전반에 삼국 중에서 가장 강력한 국가이다. 그리고 중국의 산둥(山東, 산둥) 반도와 랴오시(遼西, 요서) 지방, 그리고 일본의 큐슈를 식민지로 강력한 해상 왕국을 건설하고 있었으며, 고구려를 공격하여 평양에서 고구려의 국왕인 고국원왕(故國原王)[1]을 전사하게 한 시대였다.

전쟁 무기에 있어서도 일본이 말을 전쟁에 이용한 것은 6세기경으로 모든 면에서 후진 국가가 경제·문화·군사적으로 선진국인 우리나라를 지배하였다는 것은 사실과 다르다. 또한 일본은 우리나라로부터 많은 문화와 기술을 배우는 형편에 우리나라를 침략한다는 것은 있을 수가 없는 일이다.

한 농부에 의해 능비가 우연하게 발견된 이후 중국과 일본에서 탁본을 통해 연구가 이루어졌다.

중국을 여행하던 일본 첩보원이 비석을 발견한 후 사카와라라는 일본 육군 중위가 글자를 변조해 탁본을 한 '쌍무가묵본'이 생겨났다.

'쌍무가묵본'은 사카와라가 비문의 글자를 억지로 떼어내고 회를 써서 새

호태왕릉비 탁본
[허가번호 : 중박 200802-42]

1 고구려 제16대 왕(?~371). 이름은 사유(斯由)·교(釗)·유(劉). 동왕 12년(342)에 도읍을 환도성(丸都城)으로 옮겼다가, 13년(343)에 평양의 동황성(東黃城)으로 다시 천도하였다. 백제 근초고왕과 평양에서 싸우다가 전사하였다. 재위 331~371년. 늑국강상왕

로운 글자인 '왜(倭)' 자를 첨가하여 탁본을 한 후에, 다시 회로 쓴 글자를 떼어 낸 것이다. 특히 일본은 1905년 이전에도 여러 차례 첩보원을 만주에 파견하여 광개토 대왕릉비가 어디에 있는지를 조사하여, 미리 한국의 지배를 위한 작업을 하였다. 이는 결국 일본이 한국을 지배하기 위해 꾸민 음모의 결과라고 할 수 있다.

광개토 대왕은 고국양왕(故國壤王)[2]의 아들로 이름은 담덕이며, 386년에 태자가 되었고, 열여덟 살에 왕위에 올랐다. 왕위에 오른 광개토 대왕은 우리나라에서 처음으로 '영락(永樂)'이라는 연호를 사용하였다. 그리고 왜구의 시달림을 받던 신라를 도와 왜구를 토벌하였다. 즉위 12년에는 지금의 금주성 북쪽에 있는 연나라의 수도까지 진격하여 무너뜨린 뒤 요하의 동쪽을 완전히 고구려의 땅으로 만들었다. 나아가 동쪽의 동부여를 굴복시켰고, 그 이전에는 북쪽의 거란족을 정벌하였다.

이처럼 광개토 대왕은 일생 동안 동서남북으로 대륙을 누비며 가는 곳마다 승리를 거두었다. 그리하여 모두 60여 개의 성과 1천여 개의 마을을 정벌하고 영토를 크게 확장하였다. 이후 고구려는 만주를 지배하는 실질적인 주인이 되어 한반도를 지키는 방파제 역할을 하게 되었다.

2 고구려 제18대 왕(?~391). 이름은 이련(伊連)·이속(伊速). 요동(遼東)과 백제를 정벌하여 국토를 넓혔다. 재위 384~391년.

신라가 고구려의 정치적 영향을 받은 사실을 알려주는 그릇이 있다?

호우총에서 발견된 청동 호우로 광개토 대왕의 도움을 받아 왜군을 물리친 신라가 고구려를 상국(上國)으로 받들었음을 추정하게 한다.

1946년에 발굴한 경주 노서동 고분군에 있는 5세기 때 신라 적석목곽분은 나중에 '호우총'이라고 이름이 지어졌다. 이 무덤의 크기는 봉분을 기준으로 지름 약 16미터, 잔존 높이 약 4미터에 지나지 않았다. 하지만 금동관과 금동

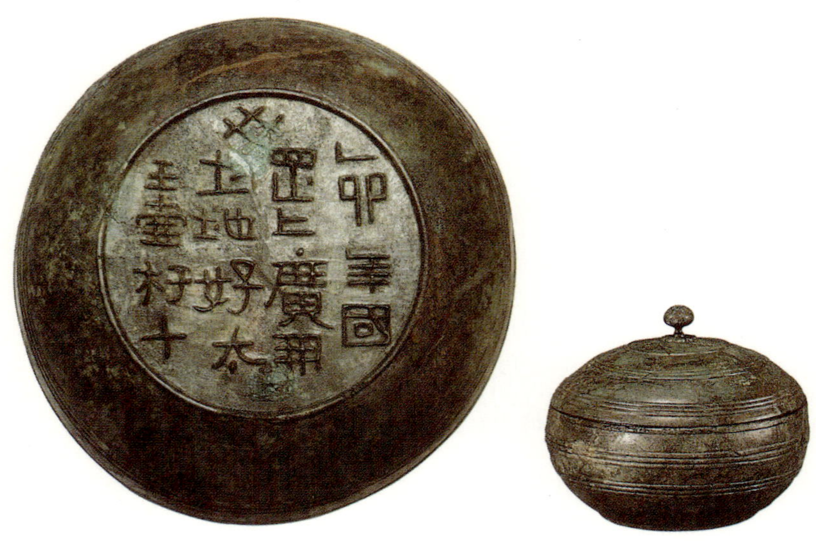

호우총의 청동그릇 [허가번호 : 중박 200802-42]

환두대도를 비롯한 많은 부장품이 빛을 보았다. 그 중에서도 눈길을 끈 것은 이름 없는 무덤에 '호우총'이라는 이름까지 지어준 청동 호우였다. 뚜껑이 몸체와 분리되는 요강처럼 생긴 이 유물 몸체 밑바닥에서는 '乙卯年國岡上廣開土地好太王壺杅十(을묘년국강상광개토지호태왕호우십)'이라는 명문이 확인됐다. 을묘년(乙卯年)은 이 호우가 제작된 연대를 말할 것이며, 국강상·광개토지·호태왕(國岡上廣開土地好太王)은 광개토왕으로 알려진 고구려 제19대 왕이다. 생전 이름이 아니라 죽은 뒤에 그 아들인 장수왕이나 신하들이 한껏 추켜 붙인 시호이다. '지(地)'는 아마도 광개토 대왕비에 쓰여 있는 '국강상광개토경평안호태왕(國岡上廣開土境平安好太王)'의 '경(境)'과 통하는 문자일 것이다.

09

불교 수용의 목적

→ 불교는 왕권 강화와 백성들의 사상 통일에 이바지하였다.

선사 시대에는 요즈음과 같은 체계적인 종교는 없었다. 구석기인들은 사냥이나 신변 보호를 위해서 주술(呪術)의 힘에 의지하는 신앙을 가졌으며, 신석기인들은 우주 만물이 제각기 영혼을 가지고 있다고 믿어 그 영혼을 숭배하는 애니미즘을 갖고 있었다. 이들은 자연물과 함께 인간도 영혼을 가지고 있으며, 그 영혼은 없어지지 않는다는 영혼불멸(靈魂不滅) 사상을 믿었다. 그래서 죽은 사람의 시체를 지하에 매장한다거나 그 주위에 돌을 둘러서 보호하고, 머리를 해가 떠오르는 동쪽으로 두거나 살았을 때 쓰던 물건들을 함께 묻어주기도 하였다.

시대가 발달함에 따라 부족 또는 씨족과 특정한 자연물이 친근한 관계가 있다고 믿는 토테미즘이 나타났다. 이것은 한 부족 집단이 그들의 조상과 보호신인 토템을 공유한다고 생각하여, 죽이든가 먹는 일을 터부(taboo, 금지)하는 풍속이다.

가령 혁거세의 박씨족(朴氏族)은 말〔馬〕을, 알지 및 알영의 김씨족(金氏族)은 닭〔酉〕을 각각 그들의 토템으로 생각했다.

삼국 시대 후반 왕권이 강화되면서 왕족이나 귀족들뿐만 아니라 일반 백성들도 건국과 관련된 왕실의 시조신들을 믿었다.

《삼국사기》에 따르면 당나라가 집중적으로 공격했던 요동성에 주몽의 사당이 있었다. 계루부[1]가 왕권을 장악한 뒤 계루부 왕실의 조상신을 국가적으

1 고구려 오부(五部)의 하나. 소노부 다음으로 세력이 있던 부족으로 오부가 행정 구역으로 변함에 따라 내부(內部) 또는 황부(黃部)로 바뀌었다.

로 믿고 제사를 지냈던 것이다. 《삼국사기》에는 또 백제 2대 왕인 다루왕(재위 28~77)이 동명성왕(재위 기원전 37~기원전 19)의 묘에 참배했다는 기록이 나온다. 동명성왕, 즉 주몽은 고구려의 시조이지만 부여 계통의 영향을 받은 만주나 백제국에서도 시조신으로 숭배했기 때문이다.

신라에서는 2대 남해왕(재위 4~24) 때 혁거세의 묘를 세우고 제사를 지내기 시작했고, 6세기 초 지증왕 때에는 시조의 탄생지에 신궁(神宮)[2]을 세우고 제사를 지냈다.

물론 지배층인 귀족들도 왕족과 뿌리가 같다는 점에서 조상신에 대한 신앙심이 깊었다고 할 수 있다. 하지만 일반 백성들 역시 자신들의 조상보다는 훨씬 더 큰 위력을 가진 왕실의 조상들에게 쉽게 신앙심을 가졌던 것으로 추측된다.

또 이 세상에는 본래 나라와 임금 같은 것이 없고 사람끼리 서로 무리를 지어 살았는데, 하늘로부터 악의 세력이 나와서 세상을 더럽히고 성가시게 굴어 어지럽기 끝이 없었다. 이에 하느님의 아들 가운데 한 명이 인간 세상을 바로잡기 위하여 아버지에게 능력을 받아 인간으로 내려왔다. 그는 악의 세력을 휩쓸어 버리고 하늘 법으로 세상을 평안하게 다스리다가 인간 세상에서 아들을 낳아 세상 다스리는 소임을 맡기고 도로 하늘로 돌아갔다는 것이다.

그 결과 태양으로 대표되는 선신(善神)이, 계속하여 악신(惡神)을 막을 필요가 생겨났다. 선신은 자신을 대신하여 주술사들에게 이러한 역할을 맡김으로써 주술사들이 악신을 쫓아내는 제의(祭儀)를 행하도록 하였다. 부여의 영고(迎鼓), 고구려의 동맹(東盟), 동예의 무천(舞天) 등과 같은 행사가 바로 그것이며, 삼한(三韓)의 천군(天君)[3]이 대표적인 주술사이다. 천군은 곧 오늘날의 성직자와 같은 신성한 존재였으며, 천군이 사는 소도(蘇塗)는 신성한 지역으로 죄인이 소도 안으로 도망칠 경우 이를 잡아가지 못했다.

주술사와 관련된 것으로 샤머니즘을 들 수 있다. 샤머니즘은 인간과 신을 연결하여 인간 세상의 문제를 해결해주는 역할을 하였고, 오늘날까지도 영향을 미치고 있다.

《삼국사기》를 보면, 고국천왕(재위 179~197)의 왕비 우씨가 고국천왕이 죽은 뒤 동생인 산상왕(재위 197~227)과 결혼하자, 무당의 입을 빌려 죽은 고국천왕이 화를 내며 비통해하는 이야기가 나온다. 이러한 《삼국사기》의 기록으로 미루어 보더라도 당시 샤머니즘의 위력은 매우 컸음을 알 수 있다.

이 시대의 또 다른 신앙으로는 점복(占卜)[4]을 들 수 있다. 부여에서는 전쟁이 있을 때에 제의를 행했는데, 소를 죽여 굽(소의 발톱)이 벌어지면 흉(凶)하고, 합쳐지면 길(吉)한 것으로 생각했다.

이 밖에 화랑도와 밀접한 관련이 있는 풍류도(風流道)와 같은 전통 종교도 있었다.

그러나 우리나라 고유의 신앙은 고구려 소수림왕 때(372) 불교가 들어옴에 따라 더 이상 발전하지 못했다. 그러나 불교의 한쪽에 면면히 남아 산신당, 칠성각의 형태로 전해지고, 일반 민중의 생활에도 깊숙이 남아서 오늘날까지 이어져 오고 있다.

불교의 수용은 왕권 강화에 도움을 주었다. 왕은 불교를 통하여 백성들을 하나로 결집시키면서 자신의 권위를 높이고자 하였다. 또한 불교도 왕이나 귀족들과 힘을 합하여 자신들의 교세를 확장하려고 하였다.

그러나 신라 말기에 나타난 선종은 기존의 불교인 교종을 반대하면서 정권에서 소외된 호족(豪族)이나 6두품과 힘을 합하여 새로운 국가를 만들었으니, 바로 고려이다.

• 요약정리 — 삼국의 발달 과정

	고구려	백제	신라
중앙집권 국가 확립	태조왕 (2세기)	고이왕 (3세기 중엽)	내물왕 (4세기 후반)
율령 반포	소수림왕	고이왕	법흥왕
전성기	광개토 대왕 · 장수왕 (5세기)	근초고왕 (4세기)	진흥왕 (6세기)

4 점치는 일.

왕이나 귀족들을 중심으로 전파되었던 불교를 대중들에게 널리 전한 사람은?

> 우리나라에 전파된 초기 불교는 귀족 불교였으나, 원효에 의하여 널리 대중들에게까지 전파되었다.

자장(慈藏)과 함께 부처의 힘으로 전쟁으로부터 백성들을 벗어나게 하기 위해 원효(元曉)는 머리를 깎고 스님이 되었다. 원효는 진평왕(眞平王) 39년(617)에 설(薛)담날을 아버지로 하여 태어났다. 원효의 소년기, 청년기 또는 출가(出家)의 동기에 관한 기록은 전하는 것이 없으나, 21세 되던 해인 선덕 여왕(善德女王) 14년(645)에 황룡사(皇龍寺)에서 스님이 되어 공부하던 중, 진덕 여왕(眞德女王) 4년(650)에 의상(義湘)과 함께 당으로 불교 유학을 떠났다가 남양 근처의 무덤에서 하룻밤을 묵은 후에 '모든 것은 마음먹기에 달렸다.'는 진리를 깨닫고 유학을 포기하였다.

신라로 돌아온 원효는 나 혼자만이 절에서 공부하는 것이 대중을 구하는 것이 아니라고 생각하였다. 그리하여 대중들과 함께 호흡을 같이하면서 불교의 진리를 알리고 복을 받을 수 있게 하고자 때와 장소를 가리지 않고 불교의 진리를 폈다. 백성들이 어려워하는 불경 대신에 그들이 실제로 불교와 가까이 할 수 있는 방법을 설명하였다. 즉 자기 자신보다도 남을 구제하는 데 힘써야 하며, 남의 잘못을 떠

원효대사가 머물렀던 고선사(高仙寺)[5] 석탑

들기보다는 잘못을 이끌어줄 수 있는 관용을 지니라고 가르쳤다.

하루는 원효가 마음이 들떠 거리에 나가 노래하였다.

"누가 자루 없는 도끼를 나에게 주겠느냐? 내 하늘을 받칠 기둥을 깎으리로다."

사람들은 노래를 들으면서도 그 뜻을 몰랐으나, 태종이 듣고 말했다.

"대사가 귀부인을 얻어 슬기로운 아들을 낳고자 하는구나."

태종은 자신의 딸로 요석궁에 홀로 남겨진 공주로 짝을 지어주니 과연 공주가 아기를 배어 설총(薛聰)[6]을 낳았다.

스스로 파계한 원효는 '소성거사(小性居士)'라 자칭하면서 속세의 복장을 하고 마을을 나다니다가 우연히 한 광대가 괴상한 박을 가지고 춤과 만담을 벌이는 것을 보고, 그와 같은 물건을 만들어 《화엄경(華嚴經)》[7]의 '일체무애인 일도출생사(一切無㝵人 一道出生死)'에서 '무애'를 따다가 박의 이름을 짓고 〈무애가(無㝵歌)〉라는 노래를 지어 춤추고 노래하며 여러 마을을 돌아다녔다. 이에 세상 사람들 중 염불을 할 줄 모르는 사람이 없게 되었으니, 불교의 대중화에 크게 기여했던 것이다.

72세가 되던 신문왕 6년(686)에 혈사에서 세상을 뜬 원효는 《법화경 종요(法華經 宗要)》, 《금강삼매경론소(金剛三昧經論疏)》, 《대승기신론소(大乘起信論疏)》 등 140여 편의 저서를 남겼으며, 일본 불교에도 크나큰 영향을 끼쳤다.

---

5 경상북도 경주시 암곡동에 있던 신라 때의 절. 신문왕 때 원효가 머물러 있었던 곳이다.

6 석가모니가 성도한 깨달음의 내용을 그대로 설법한 경문. 법계 평등(法界平等)의 진리를 증오(證悟)한 부처의 만행(萬行)과 만덕(萬德)을 칭양하고 있다. 정식 이름은 대방광불화엄경이다.

7 신라 경덕왕 때의 학자(?~?). 자는 총지(聰智), 시호는 홍유후(弘儒侯). 국학(國學)에서 학생들을 가르쳐 유학의 발전에 공헌하였으며, 이두(吏讀)를 정리하고 집대성하였다.

10

삼국의 문화와 일본 문화

→ 삼국의 문화가 일본에 전해져 아스카 문화가 형성되는 계기가 되었다.

일본 국가의 기원은 비류(沸流) 백제의 멸망에서 시작된다. 서기 396년 고구려의 광개토 대왕이 백제를 토벌했을 때 웅진성을 탈출한 비류계의 후손들이 일본 열도로 쫓겨 가서 망명 정권을 세웠다고 한다. 이것이 바로 일본 국왕 국가의 탄생이다.

일본에서 가장 확실한 최고의 천황으로 알려진 응신(應神) 국왕의 즉위 원년이 서기 390년인데, 응신과 동일 인물로 알려진 신무(神武) 국왕의 즉위 전 7년을 더하면 비류 백제가 멸망한 다음 해, 즉 397년이 된다.

이러한 사실은 응신 국왕이 처음부터 일본의 국왕이 아니라, 비류 백제의 마지막 왕으로서 390년에 즉위한 후 396년에 이르러 광개토 대왕의 공격으로 일본으로 망명했으며, 그 다음 해인 397년, 다시 말해 즉위 7년째에 일본 국왕이 되었음을 의미하는 것이다. 이와 같이 응신 왕조는 비류 백제(한민족)의 망명 정권이기에 응신 이후의 국왕 성씨는 진(眞)씨로 되었던 것이며, 이후의 고분에서 전기에 없었던 백제 계통의 마제(磨製)[1] 유물이 대량으로 출토되기도 하는 것이다. 이러한 백제 계통의 유물 출토는 한반도의 변한과 진한의 민족이 일본 열도를 정벌하여 왕가(王家)를 세웠다고 하는 소위 기마민족(騎馬民族) 정벌설을 주장하는 근거로 제시되기도 한다. 이 때문에 망명 직후에 초기 국왕들은 일본국과 왜국지별종(倭國之別種)임을 강조하면서 변진(비류 백제)의 후예였음을 긍지로 여겼다고 한다.

1 돌 따위를 갈아서 연장이나 기구를 만드는 일.

응신이 일본 열도로 망명하기 이전에 북 큐슈에는 야마토 정권이 있었다. 《일본서기(日本書紀)》에서는 야마토를 담로(淡櫓)라고 칭했는데, 백제의 군현을 일컫는 담로와 일치한다. 또한 백제에서는 담로에 왕족을 두어 다스렸다.

이런 일련의 관계를 종합해보면 야마토는 백제인에 의하여 건설되었음을 알 수 있다. 따라서 서기 100년경에 야마토를 개설한 승신이 한반도로 건너왔다고 주장한 일부의 견해는 야마토가 담로에서 귀결되는 당연한 결과로 추측할 수 있다. 이 승신이야말로 비류 백제에서 임명한 최초의 담로로 볼 수 있는데, 이 점은 《일본서기》로 입증되고 있다.

그렇다면 국왕 국가를 뒷받침해주는 국민은 누구였을까? 당연히 백제인이다. 백제는 근초고왕(近肖古王) 24년(269) 이전까지 약 80여 년 동안 전쟁이 없는 평화로운 왕국이었다. 그러나 근초고왕 24년부터 아신왕(阿莘王) 7년(398)에 이르기까지 약 30년 동안 고구려와 총 17회에 걸쳐 싸움을 했는데, 390년대에 이르러 고구려 광개토 대왕이 즉위하면서 더욱 격심해졌다.

고구려와의 치열한 전쟁, 그것도 거의 패퇴만 되풀이하는 상황에서 국민들은 될 수만 있다면 이웃 나라에라도 도망을 가 안전하게 살고자 했다. 《삼국사기》 〈백제본기〉 '아신왕조' 에 나와 있는 '아신왕 8년 8월, 왕은 고구려를 치고자 군마를 징집하니 백성들이 병역을 싫어하여 신라로 달아나 호구가 많이 감소했다.' 는 구절에서 알 수 있듯이 백제인들은 전쟁의 고역을 감당하기 어려워 신라로 도망을 갔으며, 신라에도 정착하지 못한 이들은 다시 일본으로 이주해 갔던 것이다.

한국과 일본 열도는 날씨가 좋은 날이면 서로 바라볼 수 있다는 말이 나올 정도로 가까운 거리에 있어 원시적인 작은 배로도 갈 수 있으며, 당시 신라의 조선술은 얼마든지 일본으로 갈 수 있을 정도로 발달했었다.

백제를 기반으로 건설된 일본은 이후 백제와 긴밀한 교류를 갖게 되었다. 이전에도 왕인이나 아직기를 통하여 유학과 천자문, 그리고 한자를 받아들인 일본은 무령왕(武寧王) 때에는 단양이(段楊爾)와 고안무(高安茂)를 통하여 유교 경전을, 성왕(聖王) 때 노리사치계(奴唎斯致契)를 통하여 불교를, 오경박사(五經

2 백제 때 오경(五經)에 능통한 학자에게 주던 칭호. 이 칭호를 받은 학자들이 일본에 건너가 고대 일본 문명의 개화에 공을 세웠다.

금동 미륵 반가 사유상
[허가번호 : 중박 200802-57]

博士)[2]와 역박사(曆博士)[3]를 통하여 유교와 천문 기술을 배웠다. 백제의 영향을 받은 일본의 아스카[4] 문화의 예로 일본 국보 1호인 목조 반가 사유상이 있다. 이것은 우리나라의 금동 미륵 반가 사유상과 재질만 다를 뿐 모양과 양식이 같다.

신라에서는 일본에 성을 쌓는 축성술과 배를 만드는 조선술을 가르쳤다. 고구려는 일본과 거리가 멀어 백제나 신라에 비하여 교류가 활발하지 않았다. 하지만 영양왕 때 담징(曇徵)은 호류 사[法隆寺]에 금당 벽화를 그려, 그림과 물감을 전해주었다. 고구려의 그림은 다카마쓰 고분에 그려진 벽화의 옷 모양이 고구려와 같다는 것에서 큰 영향을 받았음을 알 수가 있다.

가야는 일본에 철을 만드는 기술을 가르쳐 주어 일본의 무기와 농기구 발달에 크게 기여하였다.

이러한 삼국 문화의 전파는 아스카 문화가 발전하는데 결정적인 공헌을 하였다.

3 백제 때 역학(曆學)에 뛰어난 사람에게 주던 명칭.

4 일본의 나라 현(奈良縣) 아스카(飛鳥) 강 부근 마을로 고문화 지구이며 관광촌. 일본 고대 문화 발상지의 하나인 아스카 지방의 중심이 되는 곳이다.

금관
[허가번호 : 중박 200802-42]

귀걸이
[허가번호 : 중박 200802-42]

• 요약정리 ① — 삼국의 문화

	고구려	백제	신라
성격	웅장, 패기	우아, 섬세	소박
불상	연가 7년명 금동 여래 입상	서산 마애삼존 석불	금동 미륵 반가 사유상
미술, 공예	고분 벽화	금동 용봉 향로	금관, 귀걸이, 옥대
석조	광개토 대왕릉비	미륵사지 석탑 정림사지 5층 석탑	분황사탑

• 요약정리 ② — 삼국 간의 관계

4세기	백제 ↔ 고구려, 신라
5세기	고구려 ↔ 백제 + 신라(나 · 제 동맹)
6세기	신라 + 수 · 당 ↔ 고구려 + 백제(여 · 제 동맹)

Tip

언제부터 소를 농업에 이용하기 시작했을까?

> 농경문화가 정착되기 전에 소는 단지 고기를 얻기 위한 가축이었다. 철기를 들여옴으로써 농사에 쟁기가 쓰이게 된 신라 시대부터 소는 농사에서 중요한 역할을 하기 시작했다.

소가 우리나라에 들어온 것은 1800~2000년 전의 일이다. 김해의 조개 무덤에서도 기원전 100년경의 것으로 보이는 소의 유골이 발견된 바 있다.

소는 처음에 시체를 나르는 데 사용되었는데, 우리나라에서 제일 먼저 달구지를 만들어 소의 힘을 이용한 나라는 고구려였다. 한편 부여에서는 전쟁을 하기 전에 소를 잡아서 그 발톱의 상태로 길흉(吉凶)을 점치는 풍습이 있었는데, 소의 발톱이 벌어지면 흉조로 여겼고, 합쳐지면 길조로 삼았다 한다.

이후 농업이 점점 발달함에 따라 416년에 신라의 눌지왕은 백성들이 소를 농사에 이용할 수 있도록 교육했다고 한다.

우리나라의 주된 산업은 농업이었다. 구석기 시대에는 채집과 어로, 수렵 생활을 했으며, 신석기 시대에는 생산 경제로서 농경생활을 하게 되었다. 처음에 호미로 밭을 갈다가 시대가 발달하면서 돌 쟁기를 이용해 식량 생산에 커다란 변화를 가져왔다.

그리고 부여나 삼한사회에 이르면 농업이 발달해 벼를 재배했는데, 특히 밭농사를 잘했다고 한다. 이 시대에 농업이 발달된 사실은 당시에 쌓았던 저수지를 보고 알 수 있다. 예를 들면 김제의 벽골제(碧骨堤)[5], 제천의 의림지(義林池)[6], 상주의 공검지(恭儉池)[7], 밀양의 수산제(守山堤)[8] 등의 저수지가 있다.

그런데 이렇게 농업이 발달한 데에는 그만한 이유가 있었다. 그것은 바로 철제 농기구의 보급이다. 철제 농기구의 보급으로 땅을 깊이 갈게 되어 생산력을 더욱 높이게 되었다. 여기에 돌쟁기를 개량한 따비가 등장했는데, 이것은 풀뿌리를 뽑거나 밭을 가는 농구의 한 가지로 쟁기보다 작은 보습(삽 모양의 쇳조각)이 사용되었다. 이 따비가 개량된 것이 쟁기로써, 지증왕(智證王, 재위 500~514) 때 소와 함께 밭갈이에 처음으로 이용되었다.

소는 매우 귀중한 가축으로 옛날에는 소를 얼마나 기르느냐에 따라 부유함을 나타내기도 했으며, 남의 소를 죽이거나 손상을 입힌 사람을 노비로 삼는 벌을 주는 등 소를 백성들의 재산으로 보호해주었다.

한때 신라에서는 소에 전염병이 돌면 밭갈이를 사람이 대신하기도 하고 소의 도살을 금지했다고 한다.

조선 시대 때 세조는 목장을 많이 만들었고, 우경을 장려했으며, 《양우법(養牛法)》이라는 책을 만들어 소의 이용과 증식을 적극적으로 장려했다.

한편 젖소는 고려 말 충렬왕(忠烈王) 때부터 기르기 시작한 것으로 추측되나, 우리나라에서 우유는 그 이전인 삼국 시대부터 먹었을 것으로 추측된다. 일본에 우유 짜는 방법을 알려준 사람으로는 7세기 중엽 백제인 복상(福常)이라고 일본 책 《신찬성씨록(新撰姓氏錄)》에 나와 있다. 그 후에 고려 25대 충렬왕 때 몽고 공주를 부인으로 맞으면서 우유를 생산할 수 있는 유우소(乳牛所)를 설치했을 것으로 추측된다.

5 전라북도 김제시 부량면 월승리에 있는 저수지 둑. 신라 16대 흘해왕 21년(330)에 쌓은 것으로, 고려 17대 인종과 조선 3대 태종 때 수축(修築)하였으며, 지금은 그 터가 논 가운데 드문드문 남아 있다. 사적 제111호.

6 충청북도 제천시에 있는 저수지. 김제의 벽골제, 밀양의 수산제와 함께 삼한 시대 삼대 수리 시설의 하나.

7 지금의 경상북도 상주시 공검면 양정리에 있던 못. 1964년에 매립하기 전에는 연꽃으로 유명하였고, 현재는 경지와 촌락으로 이용되고 있으며, 서쪽의 공검장(恭儉場)은 시장을 이루고 있다.

8 경상남도 밀양시에 있는 저수지. 삼한 시대의 대표적인 수리 시설 가운데 하나.

조선 시대에 우유는 맛좋은 영양식으로 임금님이 즐겨 먹었던 보양식이었다. 《조선왕조실록》에 보면 인종(仁宗)의 건강이 나빠지자 우유로 만든 죽을 영양식으로 먹을 것을 신하들이 권했으나 인종이 거절하였다고 한다. 정조(正祖)는 겨울철이면 늘 우유로 만든 죽을 먹고 원기를 회복하였다고 한다.

궁궐 병원인 내의원(內醫院)에서도 몸이 허약한 상태거나 겨울에는 우유로 만든 죽을 권하였다.

조선 숙종(肅宗) 때 실학자인 홍만선(洪萬選)이 쓴 《산림경제(山林經濟)》[9]는 농업에 관한 방법을 적었는데, 우유를 섭취하는 다양한 방법을 알려주고 있다. 그가 서술한 우유죽은, 죽을 쑤다가 반쯤 익거든 죽물을 따라내고 쌀물 대신 우유를 부어 끓인 뒤에 떠서 사발에 담고 사발마다 연유 반냥을 죽 위에 부어, 마치 기름처럼 죽을 고루 덮었을 때 바로 저으면서 먹으면 비길 데 없이 감미롭다고 하여 좋은 영양죽으로 추천하고 있다.

우유를 약으로 복용하는 일도 있었다. 《동의보감(東醫寶鑑)》[10]을 보면, 앵도창이라고 하여 목 위에 앵두 크기만 한 부스럼이 생기면 날마다 우유를 마시면 저절로 사라진다고 하였고, 《증류본초》에서는 대맥초 한 근과 백복령 가루 넉 냥을 생우유에 개서 먹으면 백일 동안 배가 고프지 않아 구황에 도움이 된다고 했을 정도로 우유의 영양과 약제로서의 효능을 풀어 놓기도 하였다.

그런데 문제는 우유를 생산하는데 있었다. 오늘날처럼 젖소를 키운 것이 아니므로 새끼를 낳은 어미소의 젖을 모아서 우유를 진상했기에 애꿎은 송아지만 굶기는 상황이 발생했다. 송아지가 굶으면 장래 농업에 없어서는 안 되는 소를 키우고 농사를 짓는데도 어려움을 겪어야 했으므로 농민들은 여간 고통이 아니었다. 이런 폐단을 막기 위해 중종(中宗)은 '우유죽이 폐단이다.' 라고 하며 우유죽 먹는 것을 금지하였고, 영조(英祖)는 우유를 짜는 것뿐만 아니라, 아예 소를 잡는 것을 금지해서 당시 사람들이 한동안 소고기를 먹지 못하기도 하였다.

우유 때문에 봉변을 당할 뻔한 사람도 있었다. 바로 명종(明宗)의 외척으로 권력을 행사하던 윤원형(尹元衡)[11]이었다. 그는 임금만 먹을 수 있는 우유죽을

9 조선 숙종 때 홍만선이 농업과 의약 및 농촌의 일상 생활에 관하여 쓴 책. 4권 4책의 필사본.

10 조선 시대 선조의 명에 따라 의관(醫官)인 허준이 편찬한 의서(醫書). 선조 29년(1596)에 우리나라와 중국의 의서를 모아 엮어 광해군 2년(1610)에 완성한 것으로, 임상 의학적 방법에 따라 내·외과 따위의 전문과별로 나누어 각 병마다 진단과 처방을 내렸다. 동양에서 가장 우수한 의학서의 하나로 평가되며, 탕약편(湯藥篇)에는 수백 종의 향약명(鄕藥名)이 한글로 적혀 있다. 광해군 5년(1613)에 간행하였다. 25권 25책.

11 조선 중기의 문신(?~1565). 자는 언평(彦平). 문정 왕후의 동생. 명종 원년(1546)에 문정 왕후가 수렴청정할 때 을사사화를 일으켜 윤임 등을 죽이고 많은 인사를 몰아냈다. 뒤에 문정 왕후가 죽자 실각하여 관직을 빼앗기고 귀양 가서 죽었다.

만드는 기구를 집으로 가지고 나와 우유죽을 만들어 처자식과 첩까지 먹였다가 신하들의 상소로 귀양까지 갈 뻔하였다.

관리는 임금이 먹을 우유를 제때 진상해야만 했다. 고종(高宗) 1년(1901)의 실록을 보면 우유를 담당했던 봉진관을 제때 우유를 진상하지 못했다고 직무 유기로 면직하고, 우유 감독관이었던 검독은 사법부로 이송해서 징계를 하려다가 고종이 용서하여 무마된 적도 있었다.

11

을지문덕 乙支文德 장군의
살수대첩 薩水大捷

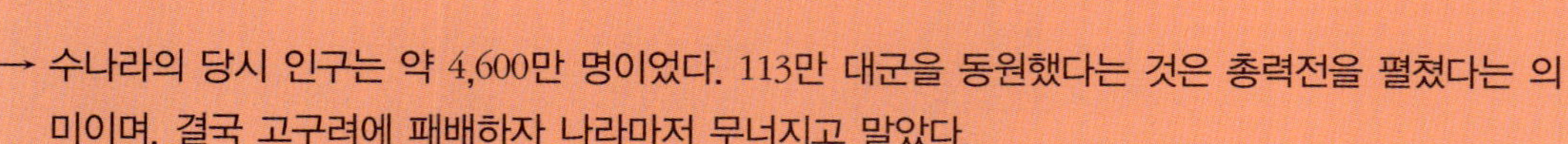

→ 수나라의 당시 인구는 약 4,600만 명이었다. 113만 대군을 동원했다는 것은 총력전을 펼쳤다는 의
미이며, 결국 고구려에 패배하자 나라마저 무너지고 말았다.

현재 우리나라 인구는 약 4,960만 명(2006년 기준)이다. 여기에 정규 군인은 약 60여만 명으로 알려져 있다.

그런데 지금으로부터 1,300여 년 전인 서기 612년에 수(隋)나라의 양제(煬帝)가 고구려를 정벌하려고 113만 3,800명의 대군을 거느리고 고구려에 침입했다고 한다.

단재 신채호(申采浩)[1]가 지은 《을지문덕전(乙支文德傳)》을 보면, 이 병력에 대한 설명이 비교적 자세히 나와 있다. 즉, 군함이 300척, 병차(兵車)가 5만 대, 대갑(帶甲, 병졸)이 24군으로 구성되어 모두 113만 3,800여 명이었다. 군량 수송자는 그 숫자의 두 배에 이르렀다고 하므로 통칭 200만 대군이라고 하였다.

기록에 의하면 이 200만 대군이 출발할 때 그 깃발이 천 리까지 뻗쳐 있었으며, 각 방면의 사령관은 당시 제1급 명장들이었다고 한다. 그야말로 수나라의 총력을 기울인 대작전이었다.

그런데 이때 중국의 인구는 얼마나 되었을까?

수양제 5년(609)에 890만여 호에 4,600만 명이었다. 이러한 수효라면 200만 명 동원이 불가능한 건 아니지만, 국가의 총력을 기울인 무리한 일이었다. 결국 수나라는 전쟁을 시작한 지 38년 만에 멸망하고 말았다.

1 사학자 · 독립 운동가 · 언론인(1880~1936). 호는 단재(丹齋) · 단생(丹生) · 일편단생(一片丹生). 성균관 박사를 거쳐 「황성신문」과 「대한매일신보」 등에 강직한 논설을 실어 독립 정신을 북돋우고, 국권 강탈 후에는 중국에 망명하여 독립 운동과 국사 연구에 힘쓰다가 일본 경찰에 체포되어 옥사하였다. 저서에 《조선 상고사》, 《조선사 연구초(朝鮮史研究草)》 등이 있다.

대성산성, 평양성

그럼 수나라는 왜 고구려를 침략해야만 했을까?

5세기경에 고구려는 한반도 및 요동, 만주 지역에 걸친 대제국을 건설하여 삼국 중에서 주도적인 위치를 차지하고 있었다. 그러나 이 고구려도 6세기 후반이 되자 남쪽에서는 신라에 밀려 한강 유역을 상실했고, 북쪽에서는 남북조 시대의 분열을 통일한 수(隋)나라와 대치하게 되었다.

여기에 신라 진흥왕(眞興王)이 한강 유역을 차지한 후, 신라와 수나라 간에 직접적인 외교관계가 수립되었다. 이로써 그때까지 맺어왔던 고구려와 수나라의 친선관계가 무너지게 되었다.

그러자 고구려는 가만히 있을 수 없었다. 고구려는 통일을 이룬 수나라가 동쪽으로 영역을 확장할 것으로 예상하여 영양왕(재위 590~618) 때 말갈족(靺鞨族)[2]과 연합하여 전략상의 요지인 수나라의 랴오시(요서) 지방을 공격했다. 이에 분노한 수의 문제(文帝)가 수륙 30만의 대군을 동원하여 고구려를 공격했지만 육군은 큰 홍수와 질병을 만났고, 수군은 서해상에서 폭풍을 만나 헛되이 퇴군하지 않을 수 없었다.

문제의 뒤를 이은 양제는 고구려가 수를 견제하기 위해 돌궐족(突厥族)[3]과 연맹하자, 고구려 정벌의 필요성을 느끼게 되어 113만 대군을 출동시켰다.

2 중국 수나라·당나라 때에 둥베이(東北) 지방에서 한반도 북부에 거주한 퉁구스계의 여러 민족을 통틀어 이르는 말. 만주족의 선조로 뒤에 7부로 나뉘었으며, 속말 말갈(粟末靺鞨)을 중심으로 발해를 세웠는데, 흑수 말갈(黑水靺鞨)은 이에 대립하여 나중에 금(金)을 세웠다.

3 6세기 중엽 알타이 산맥 부근에서 일어나 약 2세기 동안 몽골 고원에서 중앙아시아에 걸친 지역을 지배한 터키계 유목 민족. 6세기 말에 중국 수나라·당나라의 공격으로 동서로 분열되었는데, 동돌궐은 8세기 중엽에 위구르에, 서돌궐은 7세기 중엽에 당나라에 복속되었다.

　수나라의 공격을 받은 고구려는 요동성에서 수의 대군과 교전했다. 여기서 전쟁이 교착 상태에 빠지자 조급해진 양제는 평양을 직접 공격할 계획을 세워 압록강 서쪽에 군대를 집결시켰다. 이 계략을 간파한 고구려의 명장 을지문덕은 유도 작전을 벌여 평양성 외곽 30리 지점까지 적군을 유인했다.

　이에 을지문덕이 '오언시(五言詩, 여수장 우중문 시)'를 지어 보내고, 영양왕의 조견(朝見)을 거짓으로 내세워 별동부대 철수를 요구하자 적군은 순순히 철수하기 시작했다. 을지문덕 장군은 이때를 놓치지 않고 군사를 출동시켜 사방을 에워싸고 공격하니 적군은 도망가기에 급급했다. 살수(薩水, 청천강)에 이르러 군사가 반쯤 건넜을 때 고구려군이 후군(後軍)을 맹공격하니 적장 신세웅(申世雄)마저 죽었으며, 살아 돌아간 군사는 2,700여 명에 불과했다. 그리고 양제는 싸울 의욕을 잃고 7월 25일 완전히 퇴각하고 말았다.

　수의 양제는 중국의 땅이 넓고 인구가 많은 데 비례해 백만 대군을 동원하기가 쉽다는 이점만을 믿었지, 군사의 숫자가 너무 많아 전선이 길어지면 군량 공급이 어려워질 것이라는 사실을 예상치 못했다. 이 때문에 그 많은 군대를 동원하고도 뜻을 이루지 못하고 헛되이 돌아갔다. 끝내 수나라는 고구려에게 참패한 것에서 비롯된 공포심으로 민심이 떠나 곧 멸망하고 말았다.

　수나라를 물리친 고구려에 당나라가 다시 쳐들어왔으며, 고구려는 계속 수세에 몰렸다. 요동성과 백암성 등 고구려의 대표적인 성들이 당나라의 수중으로 들어갔다. 물밀듯이 평양으로 향하던 당 태종은 안시성에서 멈추어 섰다. 안시성은 인구 10만의 성으로, 당 태종은 하루에 6~7회를 공격하였다. 당 태종은 4개월에 걸쳐 60여 일 간 연인원 50만을 동원하여 공격했으나 양만춘(楊萬春)에 의해 패배하였다.

　그러나 수나라와 당나라의 군사를 물리치느라 고구려의 국력은 쇠퇴하였다. 더구나 665년에 연개소문(淵蓋蘇文)[4]이 죽고 난 뒤 큰아들인 연남생(淵男生)이 막리지(莫離支)[5]가 되어 나랏일을 돌보았다. 연남생이 나랏일을 두 동생에게 맡기고 국경을 순찰할 때 동생 연남건(淵男建)이 추종 세력을 이끌고 공격하니 연남생은 당나라로 건너갔다. 때마침 연개소문의 동생인 연정토(淵淨土)

4　고구려의 정치가 · 장군(?~666). 대대로(大對盧)가 된 후 영류왕을 죽이고 보장왕을 추대하고 스스로 대막리지(大莫離支)가 되어 정권을 장악하였다. 보장왕 3년(644)에 당 태종의 17만 대군을 안시성에서 격파하였다.

5　고구려에서 군사와 정치를 주관하던 으뜸 벼슬.

도 3,400여 명의 백성과 12성을 이끌고 신라에 항복하였다. 결국 연개소문의
아들 3형제간에 분열이 생겨 고구려는 신라와 당나라의 연합군에 의하여 668
년에 멸망하고 말았다.

Tip

우중문을 희롱한 을지문덕의 오언시(五言詩)

그대의 뛰어난 책략은 천문을 꿰뚫고

기묘한 작전은 지리를 통달하였소.

싸워 이긴 공이 이미 크니

이제 그만 되돌아가는 것이 어떠하오.

12

탑의 유래

→ 돌을 다듬는 기술이 부족하여 쉽게 나무로 만들었으나, 불과 비바람에 약한 단점과 더불어 만드는 데 많은 비용이 들었다. 그리하여 우리나라에 불교가 정착되면서 많은 화강암을 사용하여 돌로 탑을 만들게 하였다. 큰 돌을 가공하는 것보다 작은 돌을 여러 개 가공하는 것이 쉬웠기 때문이다.

석가모니 부처님이 고통받는 백성들에게 널리 자비 사상을 가르치고 80세를 일기로 열반(죽음)에 들었다. 석가모니 부처님은 열반 후에 다비식을 거쳐 사리를 부처님과 관계 있는 8부족에게 나누어 봉안한 곳이 바로 탑이다. 아소카 왕은 이 사리를 가루로 8만 4천과를 만들었다.

헬레니즘 미술이 전래되기 전에는 탑이 불교의 경배 대상이었다. 왜냐하면 탑을 만들 때 부처님의 사리를 비롯한 각종 불교 장구를 넣어 만들었기 때문이다. 그리하여 모든 불교 신자들은 탑을 향해 자신의 소원을 빌며 탑돌이를 한다.

우리나라는 초기에 나무로 목조탑을 만들었다. 신라의 황룡사 9층 탑은 목조탑의 대표적인 예이다. 황룡사 9층 탑은 신라 선덕 여왕(善德女王)[1] 13년(645)에 건립을 시작하여 높이 88미터로 완성한 목조탑이다. 황룡사 탑을 9층으로 한 것은 《삼국유사》에 의하면 '신라 제27대 임금으로 선덕 여왕이 되어 비록 덕을 갖추었으나 위엄이 부족해 아홉 곳에서 외적이 침략하는데, 만일 용궁 남쪽 황룡사에 9층 탑을 세운다면 이웃 나라의 재앙을 진압할 수 있을 것이다. 제1층은 일본, 제2층은 중화, 제3층은 오월, 제4층은 탁라, 제5층은 응유, 제6층은 말갈, 제7층은 단국, 제8층은 여적, 제9층은 예맥이다.' 라고 한

1 신라 제27대 왕(?~647). 성은 김(金). 이름은 덕만(德曼). 김춘추에게 중국 당나라의 원군을 청하게 하여 백제를 침공하고, 9년(640)에는 당나라에 유학생을 보내어 그 문화를 받아들였다. 재위 632~647년.

미륵사지 석탑

정림사지 5층 석탑

분황사 9층 석탑

것에서 외적을 막기 위함이 목적이었음을 알 수가 있다. 황룡사 9층 탑은 고종 25년(1238)에 몽골족의 침입을 받으면서 불에 탔다.

이처럼 목조탑은 불과 비바람에 약한 단점과 더불어 만드는데 많은 비용이 들었다. 그리하여 우리나라에 불교가 정착되면서 많은 화강암을 사용하여 돌로 탑을 만들게 하였다. 백제는 처음에 목탑을 본떠서 만들었다. 무왕 때 만들어진 익산의 미륵사지 석탑은 목탑 양식의 석탑을 잘 보여주는 대표적인 탑이다. 또한 부여읍내 중심부에 위치한 정림사지의 한가운데 위치한 5층 석탑도 목탑 양식의 석탑이다.

목탑 양식의 석탑은 실제 어떤 모습일까? 석탑의 탑신부는 대개 하나의 돌로 구성되어 있지만 이 탑은 149매의 돌로 구성되어 있다. 처마를 꺾어 하늘로 올라가게 한 것도 목탑 양식을 보여주는 것이다. 정림사지 5층 석탑은 소정방(蘇定方)이 백제를 정벌하고 세운 탑이라고 하여 '평제탑'이라 알려졌지만, 고려 시대 절을 중건하면서 정림사라는 글귀가 나와 '정림사지탑'으로 밝혀졌다. 높이는 8.33미터이다.

신라에서는 석탑으로 가는 과정에 벽돌로 탑을 만들기도 하였다. 바로 분황사 9층 석탑이다. 이 탑은 지금 3층만이 남아 있다.

통일 신라에 만들어진 다보탑도 목탑 양식의 석탑을 보여주는 탑이다. 큰 돌을 가공하는 것보다 작은 돌을 여러 개 가공하는 것이 쉬웠기 때문에 목탑 양식의 석탑을 만든 것이다.

8세기 이후에는 우리나라 고유의 석탑으로 발달하였다. 이때의 석탑은 대개 사각이나 팔각으로 만들어졌다. 사각은 불교의 사성제(四聖諦)를, 팔각은 불교의 팔정도(八正道)를 나타내고 있다. 사성제는 불교에서 말하는 영원히 변하지 않는 네 가지 진리인 고제(苦諦), 집제(集諦), 멸제(滅諦), 도제(道諦)를 말한다. 팔정도는 깨달음과 열반으로 이끄는 올바른 여덟 가지 길인 정견(正見), 정사유(正思惟), 정어(正語), 정업(正業), 정명(正命), 정정진(正精進), 정념(正念), 정정(正定)이다.

• 요약정리 — 교종과 선종의 비교

	교종	선종
특징	경전, 교리 중시	참선, 수양 강조
시기	통일 전후 유행	신라 말 유행
지지 세력	왕실과 진골 귀족의 후원	지방 호족들과 백성들의 지지
종파	5교	9산

통일 신라의 불교

고구려 소수림왕 때인 372년에 우리나라에 처음 불교가 전래된 이후 나라를 지켜주는 호국 불교와 백성들의 정신적 통일과 자신들의 뜻을 이루기를 바라는 구복 불교로 발전하였다. 삼국은 각기 불교를 받아들여 나라를 발전시키려고 하였다. 백제는 침류왕(枕流王) 1년(384)에, 신라는 법흥왕(法興王) 13년(527)에 이차돈(異次頓)의 순교로 불교를 공인하면서 국민들을 하나로 모으기 위한 수단으로 불교를 장려하였다.

통일 신라 시대에는 경전을 중요하게 여기는 교종(敎宗)을 중심으로 불교가 발전하였다. 그리하여 보덕(普德)의 열반종, 진표(眞表)의 법성종, 원효의 정토종, 의상의 화엄종, 자장의 계율종으로 주로 진골 귀족들을 중심으로 신봉이 되었다. 특히 원효는 정토종을 만들어 백성들에게 '나무 석가모니불', '나무 관세음보살'을 외우면 극락세계에 갈 수 있다는 믿음을 주어 불교의 대중화에 크게 이바지하였다. 의상은 귀족들에게 환영받는 불교를 유행시켰으며, 혜초(慧超/惠超)는 인도를 유학하고 돌아와서 쓴 《왕오천축국전(往五天竺國傳)》[2]을 남겨 8세기의 중국과 인도의 생활상을 아는데 귀중한 사료가 되고 있다.

신라 말기에 이르러 문자를 뛰어넘어 구체적인 참선 수행을 통하여 깨달음을 얻으려는 선종(禪宗)이 일어났다. 선종은 9개의 종파로 발전하였다. 9산선문은 장흥에 보조체증선사의 가지산 보림사, 홍척국사가 지리산 실상사, 곡성군 죽곡동에 혜철국사의 동리산 태안사, 보령군 미산면에 무염국사의 성주사, 강릉군 구정면에 범일국사의 사굴산 사굴사, 영월군 수주면에 도윤국사의 사자산 흥녕사, 문경군 가은면에 도헌국사의 희양산 봉암사, 창원군 상남면에는 현욱국사의 봉림산 봉림사, 해주군 금산면에는 이엄선사의 수미산 광조사가 개산(開山)하였다. 9산선문은 지방 호족들과 결합하여 세력을 넓히면서 지방 호족들의 정신적 지주가 되었다. 이들은 지방 문화를 발전시키고 고려를 건설하는 정신적 바탕이 되었다.

2 신라 선덕왕 26년(727)에 혜초가 지은 책. 고대 인도의 5국과 인근의 여러 나라를 10년 동안 순례하고 당나라에 돌아와서 그 행적을 적은 글이다. 당시 인도 및 서역 각국의 종교와 풍속, 문화 따위에 관한 기록이 실려 있다. 1908년에 프랑스의 학자 펠리오가 간쑤성(甘肅省)의 둔황(敦煌)에서 발견하였는데 현재 파리 국립박물관에 보관되어 있다.

13

신라의 삼국 통일 의의

→ 긍정적인 면은 대당 전쟁을 통한 자주적 통일이며 새로운 민족 문화를 만드는 계기가 되었다. 부정적인 면은 외세의 지원을 받았으며, 불완전한 통일이라는 점이다.

신라는 진흥왕(眞興王)이 한강 유역을 차지하면서 인적·물적 자원이 풍부해졌다. 이에 고구려와 백제가 여·제 동맹을 맺어 대항하였다. 신라에서는 한강과 황해 건너 수나라·당나라와 교류를 하면서 협력을 하게 되었다.

수나라는 고구려를 4차례에 걸쳐 공격을 하였으나 실패하였기에 고구려를 견제하기 위하여 신라와 협력을 하였다. 당나라도 국왕인 태종의 지휘 하에 30만 명을 이끌고 고구려를 공격했다가 안시성에서 패함으로써 고구려에 대한 원(怨)이 남아 있었다. 당나라에서는 이 원을 풀기 위하여 신라에 협력하였던 것이다.

한반도에서 고구려와 백제가 협력을 함으로써 고립된 신라는 대륙에서 협력 파트너를 찾아야만 했다. 평소에 고구려에 적대적이었던 당나라는 신라에 적극 협력하였다. 더구나 당나라는 한반도에 대한 침략 야욕을 가지고 있었기에 기꺼이 협력을 약속하였다.

신라의 삼국 통일은 2단계에 걸쳐 이루어졌다. 1단계는 나·당 연합군과 백제, 고구려와의 싸움이다. 2단계는 신라와 당의 전쟁이었다.

신라는 의자왕(義慈王)이 말년에 사치와 전쟁으로 국론이 분열되어 국력이 약화되었기에 고구려를 고립시키고자 먼저 나·당 연합군은 백제를 공격하였다. 나·당 연합군은 진을 쳐 양편이 서로 대치하고 있을 때, 신라의 화랑 출신인 관창(官昌)[1]이 나서서 백제군을 공격하였다. 그러나 결사대 5천이 이끄는

1 백제 말기의 장군(?~660). 의자왕 20년(660)에 나·당 연합군이 백제로 쳐들어오자 결사대 5천을 이끌고 황산벌에서 신라 장수 김유신과 네 차례 싸운 끝에 전사하였다.

계백 장군 묘(上)와 사당인 충곡사(下)

백제군도 만만치 않았다. 결국 관창은 사로잡히는 몸이 되었으나, 관창의 나이가 어림을 보고 계백(階伯)[2]은 죽인 자식 생각이 나서 살려 보냈다. 관창은 화랑도의 세속 오계(世俗五戒) 계율 중 임전무퇴(臨戰無退)를 어겼다고 생각하면서 다시 출진하기를 두 차례, 그러나 관창은 백제의 결사대에 다시 사로잡히는 몸이 되었다. 계백은 관창의 목을 베어 말에 묶어 신라 진영으로 보내니, 신라 군사들은 관창의 복수를 다짐하여 오히려 사기가 올라갔다. 그리하여 신라 군사들이 진격을 하니 백제의 결사대는 일당 백의 정신으로 굳건히 싸웠으나 무위로 끝나고 패배하였으며, 계백도 전사하였다. 계백의 패배로 백제는 결국 660년에 멸망하였다.

이제 한반도에서 고립된 나라는 고구려였다. 설상가상으로 고구려는 최고 권력자인 연개소문이 죽고 남생, 남건, 남산의 세 형제간에 싸움이 벌어져 지배층이 분열되었다. 당나라로 건너간 남생의 협력과 나·당 연합군의 침략을 받은 고구려는 668년에 멸망하였다.

비록 신라가 당나라의 힘을 빌리는 외세 의존적인 통일이었지만 한반도에 하나의 국가가 수립되는 계기가 되었다. 신라는 당나라와 군사 동맹을 맺으면서 적어도 평양 이남의 땅을 신라가 차지한다는 명분을 내세웠다. 그러나 당나라가 신라를 포함한 한반도에 대한 지배 야욕을 드러내자 신라는 문무왕을

2 고구려 부흥 운동의 지도자(?~?). 신라 문무왕 10년(670)에 고구려 유민을 규합하여 대동강 남쪽으로 진출, 안승(安勝)을 왕으로 옹립하고 고구려 부흥에 힘썼다. 신라와 협조하여 당나라 세력을 몰아내려다 안승에게 살해되었다.

중심으로 매소성과 금강 하구의 기벌포에서 당나라군을 물리침으로써 삼국 통일을 완성하였다.(676년)

당나라를 축출하고자 한 것은 자주적인 정신을 나타낸 것이며, 삼국의 문화가 하나로 합쳐져 진정한 한민족의 문화로 거듭날 수가 있었다. 하지만 고구려가 차지했던 만주와 요동 반도를 잃는, 영토적으로 반쪽 통일(대동강~원산만)이 되는 아쉬움이 있다.

• 요약정리 — 신라의 통일 과정

연대	내용
진흥왕 13 (553)	한강 유역 차지
영양왕 23 (612)	고구려 · 수나라 전쟁 (살수대첩–을지문덕)
보장왕 3 (645)	고구려 · 당나라 전쟁 (안시성 싸움–양만춘)
무열왕 7 (660)	백제 멸망
무열왕 8~문무왕 2 (661~3)	백제의 부흥 운동을 물리침–주류성(복신, 도침, 부여풍), 임존성(흑치상지)
문무왕 6 (668)	고구려 멸망
문무왕 8 (670)	고구려 부흥 운동을 물리침–한성(검모잠, 안승)
문무왕 14 (676)	당나라를 쫓아냄(매소성과 기벌포)

Tip

백제와 고구려의 멸망 후 부흥 운동

백제와 고구려는 멸망한 후에 부흥 운동이 일어났으나, 지도층의 분열로 실패하였다. 하지만 고구려의 부흥 운동군은 신라와 연합하여 당나라 군사를 물리치는 데 협력하였다.

의자왕은 나 · 당 연합군이 쳐들어오자, 각 지방의 관리들에게 총동원령을 내렸는데, 군사가 부여성에 도착하기도 전에 백제가 멸망하였다. 부여성으로 들어오던 원정군은 각 지역에 흩어져 백제의 부흥 운동을 펼쳐 나갔다. 주류성에서 복신(福信)과 도침(道琛)을 중심으로, 그리고 임존성에서는 흑치상지(黑齒常之)가 백제의 부흥 운동을 높이 외쳤으나, 지도층이 흔들리면서 나·당 연합군에 역부족으로 실패하고 말았다.

지략이 뛰어난 흑치상지는 당나라에 포로로 잡혀갔으나, 토번(吐蕃)과 돌궐(突厥) 등 북방 민족들을 물리치는데 큰 공을 세워 대총관이 되었다. 그러나 모함을 받아 중국의 남부로 귀양 가서 생활하였다. 그리하여 지금도 베트남과 중국의 국경 지역에는 '흑치'라는 성을 가진 사람들이 살고 있다.

고구려를 멸망시킨 당나라는 고구려가 다시 일어나지 못하도록 철저히 탄압을 가하였다. 왕족과 귀족들, 부자 상인, 기술이 뛰어난 기술자 등 20만 명의 고구려 사람들을 당나라로 끌고 갔다. 당나라로 끌려가지 않은 사람들은 신라나 일본으로 가서 자리를 잡고 살았다.

그러나 무너진 고구려를 다시 일으키겠다는 꿈을 가진 사람들도 있었다. 검모잠(劍牟岑)[3]은 평양성 부근의 수림성 출신의 대형이라는 벼슬을 지낸 무인이었다. 나라가 망한 설움을 뼈저리게 느낀 검모잠은 다시 옛날의 고구려를 찾고자 하였다. 그는 가는 곳마다 고구려 백성들을 모아 당나라 군사들을 공격하였다. 검모잠은 군사들을 이끌고 황해도의 한성으로 갔다. 한성에 도착하여 보장왕(寶藏王)[4]의 아들인 안승(安勝)[5]을 고구려왕으로 삼았다.

당나라에서는 고구려를 다시 세우겠다는 고구려 부흥군을 가만히 두고 볼 수가 없었다. 당나라의 뜻을 알게 된 안승은 신라와 연합하여 당나라 군사를 물리치려고 했다. 하지만 검모잠이 반대하여 뜻을 이룰 수가 없자 검모잠을 살해하고 신라와 협력하였다. 그러나 안승의 뜻과 달리 신라에서는 안승 등 고구려 부흥 세력들을 신라왕의 신하로 만들려고 하였다. 안승 등은 무력항쟁으로 신라에 대항하여 싸웠지만 군사력에서 떨어진 부흥군은 패배하였다. 이로써 고구려 부흥 운동은 실패로 돌아갔다.

결국 백제와 고구려의 부흥 운동은 지도층의 분열로 실패하고 만 것이다.

---

[3] 고구려 부흥 운동의 지도자(?~?). 신라 문무왕 10년(670)에 고구려 유민을 규합하여 대동강 남쪽으로 진출하여, 안승(安勝)을 왕으로 옹립하고 고구려 부흥에 힘썼다. 신라와 협조하여 당나라 세력을 몰아내려다 안승에게 살해되었다.

[4] 고구려의 마지막 제28대 왕(?~682). 이름은 장(藏) 또는 보장(寶藏). 연개소문에 의하여 왕위에 올랐으며, 재위 27년(668) 나·당 연합군의 침공으로 고구려는 망하고, 왕은 중국 당나라로 압송되었다. 재위 642~668년.

[5] 고구려 부흥 운동 때 추대된 왕(?~?). 고구려 보장왕의 서자로, 검모잠에 의하여 왕으로 추대되어 고구려 재건을 꾀하다가 신라에 귀순하여 보덕왕에 봉해지고, 뒤에 소판(蘇判)의 벼슬과 김씨(金氏) 성을 받았다.

14

신라가 당나라를
축출하려던 이유

→ 당나라가 신라를 포함한 한반도를 차지하려는 야심을 가졌기 때문이다.

문무왕이 백제와 고구려를 멸망시킨 후에 당나라가 한반도에 대한 침략 야욕을 드러내자 당나라를 쫓아내야 하는 이유와 의지가 《삼국사기》 권7 〈신라 본기〉 '문무왕 11년' 에 나타나 있다.

무열왕(武烈王)이 정관(당나라 2대 황제인 태종의 연호) 22년(648)에 중국에 들어가 태종 문황제의 은칙을 받자올 때, 가로되 "짐이 지금 고구려를 치는 것은 다름 아니라 그대 신라가 고구려·백제에 핍박되어 항상 편안할 때가 없음을 애달피 여김이니, 산천 토지는 내가 욕심 내는 것이 아니며, 옥과 비단과 여자도 내가 가지고 있는 것이다. 내가 양국을 평정하면 평양이남, 백제 토지는 다 그대 신라에게 주어 길이 편안하게 하려 한다." 하고, 드디어 계책을 내리고 군사 동원을 약속했다. ……(중략)……

진에 머무르는 당군은 집을 떠난 지 오래되어 의복이 해져 몸에 온전한 옷이 없으매, 신라는 백성에게 옷을 수집하여 철에 맞는 옷을 보내주었다. 도호 유인원이 멀리서 고성(孤城)을 지킬 새, 사면은 모두 적이라 항상 백제인에게 포위당하고, 또 항상 신라의 구조를 받았다. 이리하여 1만의 당군을 4년 동안 신라가 입히고 먹였으니, 인원 이하

병사까지 피골은 비록 중국에서 출생했으나 혈육은 모두 신라가 돌보는 바였다. 당나라의 은택도 한이 없지만, 신라의 충성을 다함도 또한 생각할 만한 것이다. ……(중략)……

당이 1개의 사인을 보내어 원인을 묻지도 않고 곧 수만 명의 무리를 보내어 우리 근거지를 뒤엎으려 하여 병선이 바다를 덮고 배의 앞뒤가 바다에 이어져 있으며, 저 웅진에 정박하여 이 신라를 치니, 슬프다! ……(중략)……

15

최고 정치 기구인 합좌 기관

→ 나라의 중요한 정책은 고관들이 회의를 거쳐 합의된 의견을 바탕으로 임금이 결정하였다.

우리나라는 삼국 시대부터 임금 혼자만이 정책을 결정하지 않고 귀족 대표라든지 중요 관리들이 모여 나라의 중요한 정책을 의논하여 임금에게 의견을 표명했다.

삼국 시대에 국가의 중요한 일을 의논하였다는 것은 기록을 통해서 알 수가 있다.

《삼국지》〈위지〉 '동이전'

　　고구려는 감옥이 없고, 범죄자가 있으면 제가들이 모여서 논의하여 사형에 처하고 부인과 자식은 몰수하여 노비로 삼는다.

《삼국유사》

　　백제의 호암사(虎巖寺)에 정사암(政事巖)이란 바위가 있다. 국가에서 재상을 뽑을 때 후보자 3~4명의 이름을 써서 상자에 넣어 바위 위에 두었다. 얼마 뒤에 열어 보아 이름 위에 도장이 찍혀 있는 사람을 재상으로 삼았다. 이 때문에 정사암이란 이름이 생기게 되었다.

《신당서》

　　신라에서 큰일이 있을 때에는 반드시 많은 의견을 물어 대다수의 의견으로 모아진 것에 따랐다. 이를 화백(和白)이라고 부른다. 한 사람이라도 반대하면 통과하지 못하였다.

    이러한 합의 기구는 왕권이 약하면서 귀족들의 힘이 강할 때 부족장들이 모여 국가의 중대사를 의논하면서 생겨난 기구이다. 그러나 삼국이 나라의 기틀을 다져가면서 왕권이 강해지자 중앙 귀족으로 편입된 귀족들이 국왕과 귀족 간의 의견을 조정하는 역할을 하였다.

    이러한 전통은 발해의 정당성(政堂省)[1], 고려의 도병마사(都兵馬使)[2], 조선의 의정부(議政府)[3]와 비변사(備邊司)[4]로 계승되었다. 그러므로 우리나라는 모든 일을 국왕이 독재적으로 한 것이 아닌 중의(衆意)를 모아 결정했던 것이다.

---

[1] 발해 때의 최고 행정 기관. 삼성(三省) 가운데 하나로, 으뜸 벼슬을 대내상이라고 하였다.

[2] 고려 시대 때 국가의 군사 기밀과 국방상 중요한 일을 합의하던 중앙 회의 기구. 현종 때 설치하여 충렬왕 5년(1279)에 도평의사사로 바꾸었다.

[3] 조선 시대 때의 행정부 최고 기관. 정종 2년(1400)에 둔 것으로, 영의정 · 좌의정 · 우의정이 있어 이들의 합의에 따라 국가 정책을 결정하였으며, 아래에 6조(六曹)를 두어 국가 행정을 집행하도록 하였다. 명종 때에 비변사가 설치되면서 그 권한을 빼앗겨 유명무실하여졌으나 대원군 때에 비변사를 없애면서 권한을 되찾았다.

[4] 조선 시대 때 군국의 사무를 맡아보던 관아. 중종 때 삼포 왜란의 대책으로 설치한 뒤, 전시에만 두었다가 명종 10년(1555)에 상설 기관이 되었으며, 임진왜란 이후에는 의정부를 대신하여 정치의 중추 기관이 되었다.

16

왕권을 견제하는 관리 감찰 기관

→ 통일 신라 시대 이래 왕권을 견제하면서 관리를 감찰하는 기구를 만들었다.

임금이 법도에 맞게 일을 처리하지 않거나 잘못이 있으면 이를 임금에게 간언(諫言)하는 간쟁[1](諫爭)과 부당한 명령에 대하여 거부권을 행사하는 봉박(封駁)[2]을 주로 담당하는 이를 간관(諫官)이라 불렀다. 그리고 지위가 높은 문관이나 무관의 임명이나 새로운 법을 제정하거나 옛 법을 고칠 때에 이를 심사하고 동의하는 서경(署經)의 권한도 부여받았다.

이러한 제도는 통일 신라 시대부터 나타났다. 통일 신라 시대는 주로 관리를 감찰하기 위한 행정 기관으로 사정부(司正府)를 두었으며, 발해 시대에는 중정대(中正臺)를 두었다.

고려 시대에 접어들어 이 제도는 정착되었으니, 바로 어사대(御史臺)와 중서문하성(中書門下省)의 낭사(郎舍)였다.

조선 시대에는 삼사(三司)를 두어 이들의 권한을 더욱 강화하였다. 즉 관리를 감찰하는 사헌부(司憲府), 임금의 잘못을 간하는 사간원(司諫院), 임금의 자문 기관인 홍문관(弘文館)이 있다. 그러나 이들의 권한이 너무 막강하고, 이조전랑[3](銓郎, 정랑과 좌랑)이라는 관직을 추천하는 자리였기에 붕당 정치의 한 원인으로 작용하였다.

1 임금에게 옳지 못하거나 잘못된 일을 고치도록 간절히 말함.

2 임금에게 글을 올려 일의 옳지 아니함을 논박함. 또는 옳지 않은 조칙(詔勅)을 그대로 돌려보내어 그 반박 의견을 임금에게 올림.

3 조선 시대 때 이조의 정랑과 좌랑을 달리 이르던 말. 내외 관원을 천거하고 전형(銓衡)하는 데에 가장 많은 권한을 가지고 있었으므로 이렇게 이른다.

간관의 역할에 관한 사료

다음은 《삼봉집(三峯集)》에 수록되어 있는 사료이다.

대간은 마땅히 위엄과 명망이 우선되어야 하고 탄핵은 뒤에 해야 한다. 왜냐하면 위엄과 명망이 있는 사람은 비록 종일토록 말하지 않더라도 사람들이 스스로 두려워 복종할 것이요, 이것이 없는 사람은 날마다 수많은 글을 올린다 하더라도 사람들은 더욱 두려워하지 않기 때문이다. 의지가 굳세고 강직한 뜻과 정직한 지조가 본래 사람들에게 알려지지 못한 채 한갓 탄핵만으로 여러 신하들을 두렵게 하고 안과 밖을 깨끗이 하려 한다면 기강은 떨쳐지지 못하고 원망과 비방이 먼저 일어날까 두렵다. ……(중략)……

천하의 득실과 백성을 이해하고 사직의 모든 일을 간섭하고 일정한 직책에 매이지 않는 것은 홀로 재상만이 행할 수 있으며, 간관만이 말할 수 있을 뿐이니, 간관의 지위는 비록 낮지만 직무는 재상과 대등하다.

삼국 시대

핵심문제

1. 다음은 고구려의 발전 과정이다. 시대순으로 바르게 나열한 것은?

> ㄱ. 불교를 받아들여 백성들의 정신적 통일을 꾀하였다.
> ㄴ. 도읍을 국내성에서 평양성으로 옮겼다.
> ㄷ. 이문진으로 하여금 《유기》를 《신집》으로 정리하게 하였다.
> ㄹ. 진대법을 실시하여 가난한 백성들을 도와주었다.

   ① ㄱ-ㄴ-ㄷ-ㄹ   ② ㄴ-ㄷ-ㄹ-ㄱ   ③ ㄷ-ㄹ-ㄱ-ㄴ
   ④ ㄹ-ㄱ-ㄴ-ㄷ   ⑤ ㄱ-ㄴ-ㄹ-ㄷ

2. 다음 내용 중 바르게 설명한 것은 ?

   ① 고대 국가 발전 과정은 신라, 백제, 고구려의 순서로 고대 국가 체제가 정비되었다.
   ② 통일 후 신라에서는 진골 귀족 세력이 강화되고, 6두품 세력이 상대적으로 약화되었다.
   ③ 경덕왕 때에 귀족들에게 관료전에서 녹읍이 지급되었다는 것은 왕권의 약화를 뜻한다.
   ④ 신라 통일기에 선종 불교가 유행하였다.
   ⑤ 가야 연맹의 주도권을 5세기 후반에 김해의 금관가야가 장악하였다.

3. 다음 내용에 등장하는 왕의 업적으로 바른 것은?

> 신하들이 왕에게 말하였다. "나라가 세워진 이래로 나라 이름이 일정치 않아 혹은 '사라' 라 하고 혹은 '사로' 라 하고 혹은 '신라' 라 하였습니다. 그러나 신들이 생각하건대, '신(新)' 은 덕업이 날로 새롭다는 뜻이요, '라(羅)' 는 사방을 망라한다는 뜻이니, 그것으로 국호를 삼는 것이 좋을 듯합니다."
>   《삼국사기》

   ① 불교가 공인되고 율령이 반포되었다.

② 우산국을 점령하였다.

③ 금관가야를 정복하여 영토를 확장하였다.

④ 왕의 칭호가 이사금에서 마립간으로 바뀌었다.

⑤ 한강과 대가야를 점령하였다.

4. 다음은 경주에서 발견된 유물에 나오는 명문이다. 이를 통해 알 수 있는 사실은?

'乙卯年國岡上廣開土地好太王壺杆十' (을묘년국강상광개토지호태왕호우십)

① 신라는 고구려의 지배를 받았다.

② 신라가 을묘년에 광개토 대왕의 침공을 받았다.

③ 신라는 고구려를 통하여 일본의 문화를 수입하였다.

④ 백제를 통하여 고구려와 신라가 국교를 맺었다.

⑤ 신라는 고구려를 통하여 선진문화를 받아들였다.

5. 다음에서 삼국이 한강을 차지하기 위한 치열한 싸움을 보여주는 비문을 고르면?

ㄱ. 중원 고구려비	ㄴ. 창녕 순수비	ㄷ. 단양 적성비
ㄹ. 마운령비	ㅁ. 북한산 순수비	

① ㄱ, ㄴ, ㄷ　　　　② ㄱ, ㄹ, ㅁ　　　　③ ㄴ, ㄷ, ㄹ

④ ㄱ, ㄷ, ㅁ　　　　⑤ ㄷ, ㄹ, ㅁ

6. 삼국 시대의 귀족 생활에 대해 바르게 설명한 것은?

① 많은 토지와 노비를 소유하였다.

② 왕도 정치에 바탕을 두고 백성들에게 고리대를 이용하여 부를 축적하였다.

③ 경제적 기반은 관료전과 정전이었다.

④ 왕권이 강화되면서 정치 활동이 금지되었다.

⑤ 촌주 출신이었다.

7. 다음 글과 관련되어 나타난 정치상의 변화는?

> ……정월에 내신좌평을 두어 왕명 출납에 관한 일을 맡게 하고, 내두좌평은 재정에 관한 일을 맡고…… 병관좌평은 외방의 병마에 관한 일을 맡게 했다. 또 6좌평은 모두 1품이요, 달솔은 2품, 은솔은 3품, 덕솔은 4품…… 극우는 6품이다. 6월에 명령을 내려 6품 이상은 자색을 입고 은으로 관을 장식하고, 11품 이상은 비색을 입고, 16품 이상은 청색을 입도록 하였다.
>
> 《삼국사기》

① 계루부가 왕위를 계승하여 왕권이 안정되었다.

② 율령이 반포되어 국가의 기틀을 닦았다.

③ 한강을 차지하여 대중국 교통로를 확보하였다.

④ 불교를 수용하여 백성들에게 권장하였다.

⑤ 당나라와 연합하여 신라를 공격하였다.

8. 다음 지도에 대한 설명으로 적절하지 못한 것은?

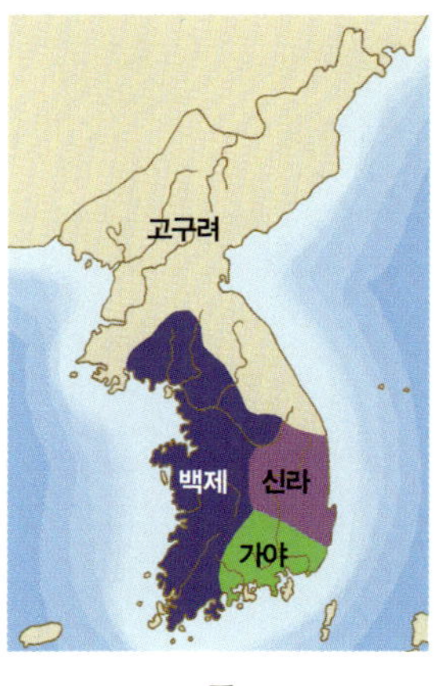

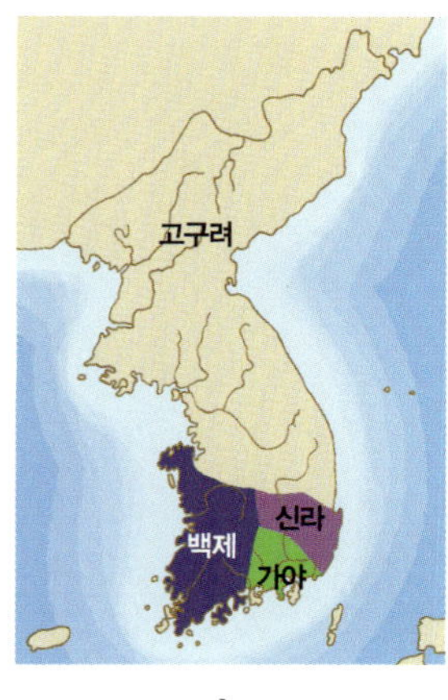

① 시기순으로 보면 ㄱ-ㄴ-ㄷ 순이다.

② ㄱ 시기의 대표적인 유적은 풍납토성이다.

③ ㄱ 시기의 전성기를 장군총이 보여주고 있다.

④ ㄴ 시기에 나제동맹이 맺어졌다.

⑤ ㄷ 시기에 성왕과 겨루어 승리하였다.

다음 글이 쓰인 시기의 전후 상황으로 적절한 것은?

> 그대의 뛰어난 책략은 천문을 꿰뚫고
> 기묘한 작전은 지리를 통달하였소.
> 싸워 이긴 공이 이미 크니
> 이제 그만 되돌아가는 것이 어떠하오.

① 신라가 매소성과 기벌포에서 당나라를 물리쳤다.
② 안승이 한산에서 고구려 부흥 운동을 일으켰다.
③ 이문진이 역사를 정리하여 《국사》를 저술하였다.
④ 수나라가 침입하여 을지문덕이 살수에서 물리쳤다.
⑤ 소수림왕이 불교를 수용하였다.

10.

다음 유물들에서 공통적으로 발견할 수 있는 종교 사상은? (주관식)

보 기
ㄱ. 사신도　　　　ㄴ. 금동대향로　　　　ㄷ. 산수문전

1.

④

풀이▶ ㄱ. 17대 소수림왕(372년), ㄴ. 20대 장수왕(427년), ㄷ. 26대 영양왕(600년), ㄹ. 9대 고국천왕(194년)

2.

③

풀이▶ ① 고대 국가 발전 과정–고구려, 백제, 신라 순, ②진골귀족 세력 약화, 6두품 세력 왕권강화에 협조, ④ 선종 세력은 신라 말기에 성장하였다, ⑤ 가야 연맹의 주도권은 5세기 후반까지는 금관가야이며, 그 후 대가야로 변화됨.

3.

②

풀이▶ ①, ③은 법흥왕 업적, ④ 내물왕 업적, ⑤ 진흥왕 업적

4.

⑤

풀이▶ 호우총에서 발견된 청동호우로 광개토 대왕의 도움을 받아 왜군을 물리친 신라가 고구려를 상국(上國)으로 받들었으며, 중국의 선진문화를 고구려를 통해 받아들였음을 추정하게 한다.

5.

④

풀이▶ ㄱ.고구려 장수왕의 한강 유역 점령 기념비, ㄴ.진흥왕 순수비–낙동강 유역 진출, ㄷ.진흥왕–한강 상류 진출, ㄹ.진흥왕 순수비–함경도 진출, ㅁ.진흥왕–한강 하류 점령

6.

①

7.

②

풀이▶ 백제 고이왕의 업적을 적은 글이다. 율령을 반포하면서 백제의 국가 기틀을 확립하였다.

8.

③

풀이▶ ㄱ–ㄴ–ㄷ순으로 각각 백제, 고구려, 신라의 순이다. 고구려는 장수왕 때, 신라는 진흥왕 때 한강을 차지하여 전성기를 이루었다.

9.

④

풀이▶ 을지문덕 장군의 오언시이다.

10.

도교

풀이▶ 인위적인 것을 버리고 자연의 섭리에 따라 살아가자는 도교의 영향을 받은 것으로 사신도는 고구려, 금동대향로와 산수문전은 백제의 유물이다.

Ⅲ
남북국 시대

발해(渤海)의 문화에 나타난 동북공정(東北工程)의 모순

→ 정치 제도나 주민 구성, 성곽의 구조 등으로 볼 때 우리 민족이 세운 국가이다.

우리는 발해(渤海)에 대하여 얼마나 알고 있을까?

아마도 발해는 '고구려 부흥 운동의 결과 성립된 나라이며, 발해를 세운 대조영(大祚榮)은 고구려 장군이고, 발해의 지배층은 고구려 사람이다.' 등에 불과할 것이다. 이것은 발해에 대한 연구가 활발하지 못했기 때문이다. 그 이유로 발해에 대한 유물·유적이 거의 남아 있지 않고, 연구할 역사 자료도 거의 없는 형편이다. 또한 남북으로 분단된 상황에서 발해의 유적이 있는 연해주나 만주를 마음대로 가서 조사할 수 없기 때문이기도 하다.

우리는 발해의 역사가 우리 민족의 역사라고 주장한 데 반하여, 중국은 자기 나라의 역사라고 주장하고, 러시아와 일본은 말갈의 역사라고 하고 있다. 중국인들은 발해에 대하여 대조영을 발해왕으로 임명한 것을 가지고 당나라에 지배를 받은 나라이며, 당의 문화(정치 제도, 미술 등)의 영향을 받았기 때문에 중국의 지방 정권에 해당한다고 보고 있다. 비록 발해가 당나라 문화의 영향을 받았으나, 고구려 문화를 바탕으로 한 독자적 문화이며 정치 제도 또한 당의 3성 6부를 본받았으나, 그 구

발해 석등

조에 있어 전혀 다른 구조를 지니고 있으므로 중국에서 말하는 지방 정권이라는 주장은 모든 것을 중국 중심으로 보려는 그들의 생각에서 나온 것이라 할 수 있다.

러시아와 일본은 《구당서(舊唐書)》에 '대조영은 고구려와 다르다…….' 라 한 것으로 고구려와 동일족이 아닌 속말 말갈족이라고 주장하면서, 발해사는 말갈의 역사라고 강조하고 있다. 그러나 고구려와 다른 민족이라고 하여 무조건 말갈족이라는 해석은 잘못된 것이며, 당시에는 말갈족과 고구려인이 다른 민족이 아닌 같은 언어와 생활권 안에서 살았던 같은 민족이라는 생각을 가지고 있었다. 더구나 고구려 시대가 시작된 기원전 37년에서 고구려가 멸망한 668년까지 약 705년간 같이 생활해 왔다고 보았을 때, 고구려인과 말갈족을 다른 민족으로 구분 지을 필요가 없다고 보

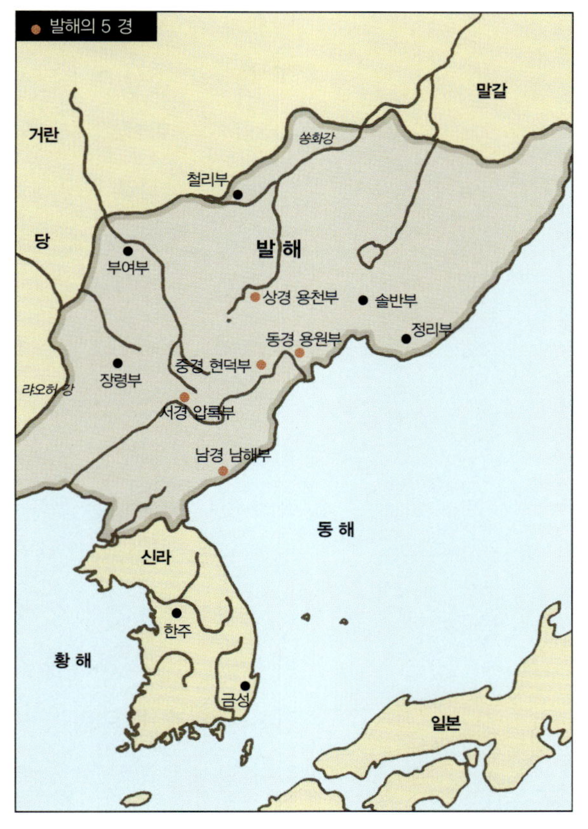

전성기 발해의 영역

며, 더 크게 보았을 때 말갈족의 후예인 여진족이나 만주족이 세운 금(金)과 청(淸)도 우리 역사의 일부로 잡아야 되며, 거란족의 요(遼)도 우리 역사의 일부로 여겨야 되리라 생각된다.

《삼국유사》의 기록에서 '고구려의 옛 장수 대조영은…… 말갈과 다른 종족……' 이라 한 것이나, 발해가 일본에 보낸 국서에서 '고구려의 옛땅을 되찾고…… 고구려 국왕 대흠무' 라 한 것으로 미루어 우리 민족의 역사임이 분명하다.

또한 중국에서는 거의 대부분의 성을 평지에 쌓았다. 반면에 고구려나 발해는 외적을 방어하기에 유리하고 외적을 감시하기에 용이한 산에 성을 쌓은 점도 들 수가 있다.

발해가 중국과 다른 독자적인 문화를 형성했음은 정치 제도에서도 알 수가 있다. 발해의 중앙 관제는 당나라의 중앙 관제인 3성 6부를 모방하고 있는 듯하다. 하지만 발해의 3성은 당나라와는 다르게 정당성의 장관인 대내상 아래 좌사정과 우사정을 두어 6부를 양분하여 감독하는 이원적인 통치 체제였다. 이 제도는 당나라의 제도와 크게 차이가 나는 것이며, 정당성의 대내상을 국무총리로 좌·우상제를 가지고 있으며, 명칭이 다른 6부를 구성하고 있다. 6부에 소속된 관청도 당은 1부에 4개씩 24개였으나 발해는 1무 1사의 체계를 가지고 있어 당나라의 제도와는 차이가 많이 나고 있다. 발해 6부의 명칭이 충(忠), 인(仁), 의(義), 지(智), 예(禮), 신(信) 등 5행의 덕목을 사용한 점은 발해 문화가 당나라와 다른 독자적 문화라는 것을 보여주는 것이다.

결국 발해가 멸망한 후 그 나라를 계승한 나라가 없었고, 그 역사를 기록한 나라도 없었다는 점이 여러 나라가 자기 나라에 유리한 해석을 하게 만든 원인이 되었다. 우리나라에서는 조선 후기에 실학이 본격적으로 연구되기 시작하면서 발해에 관심을 가지게 되었다. 유득공(柳得恭)의 《발해고(渤海考)》에서 나타나기 시작했으나, 중국을 중심으로 했던 역사관에서 발해의 위치는 아주 작을 수밖에 없었다.

그러나 지금부터라도 러시아와 중국, 그리고 우리나라가 공동으로 연구하여 우리의 역사를 되찾을 수 있도록 노력해야 하며, 이것이 독도 문제 등 오늘날의 영토 문제가 많이 나오는 이 시점에 우리의 국토를 넓힐 수 있는 중요한 밑바탕이 될 것이다.

동아시아 제2의 도시, 발해의 서울 상경 용천부(上京龍泉府)

발해의 서울은 755년(문왕 19)에 동모산(東牟山) 아래의 중경 현덕부에서 동북쪽으로 약 150킬로미터 떨어진 상경 용천부(上京龍泉府)로 서울을 옮겼다.

동모산

성산자산성

상경 용천부는 785년 9년간 잠시 동경으로 옮겼다가 돌아와 발해가 멸망할 때까지 자리했었다.

상경 용천부가 발해의 수도가 된 것은, 외적 방어에는 중경 현덕부가 유리했지만 경제적인 면에서는 많은 사람의 식량을 보다 쉽게 해결할 수 있었기 때문이었다. 상경 용천부는 크게 외성과 내성, 궁성의 3중으로 이루어져 있다. 외성의 길이가 16.3킬로미터나 되고, 내성의 길이는 3,986미터이다. 상경 용천부에는 남북으로 2,195미터, 폭은 110미터나 되는 도로를 중심으로 시가지가 이루어져 있다. 이 도로는 당나라의 서울에 있는 도로인 장안 도로 이름을 따서 '주작대로'라 부르기도 하였다. 상경 용천부에는 80만 명에서 최대 120만 명까지 살았을 것으로 추측되며, 당시 당나라 장안성에 이어 동아시아에서 두 번째로 큰 도시였다.

자금성으로 불렸던 궁성은 7개의 궁궐터가 있다. 제1궁전과 제2궁전은 나라의 중요한 행사를 치렀던 곳이며, 제3궁전과 제4궁전은 왕족이 살았던 곳으로 추측된다. 그런데 왕족들이 잠을 자던 침실터에서 구들이 발견되어 고구려의 문화를 이어받았으며, 일반 백성들과 차이가 없는 서민적인 문화를 이루고 있다는 사실을 보여주고 있다.

지배층인 고구려 유민과 피지배층인 말갈족으로 구성되어 있던 발해는 회화, 조각, 공예, 건축 등 다양한 방면으로 문화가 발전하였다. 발해 시대의 지상 건물은 남아 있지 않지만, 유적의 발굴을 통해 보면 그 규모나 웅장함에 놀

주작도

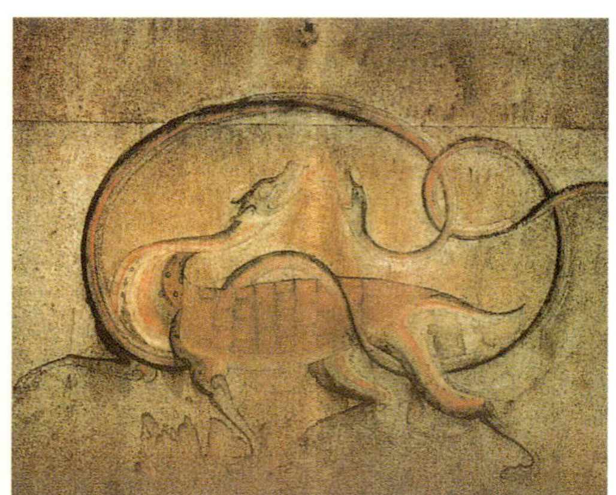

현무도

백호도

[허가번호 : 중박 200802-42]

라게 된다.

발해의 도읍이었던 곳을 중심으로 많은 고분이 남아 있는데, 육정산 고분군은 정혜 공주 묘가 있는 곳으로, 용두산 고분군은 정효 공주 묘가 있는 곳으로 유명하다.

정혜 공주 묘의 벽화, 불상, 와당을 비롯한 각종 공예품들이 발굴되었으며, 발해의 미술 수준이 높았음을 나타내고 있다.

발해의 미술로서 뛰어난 수준을 보였던 것은 특히 조각에서였다. 현재 남아 있는 것은 규모가 작은 돌 조각상들과 소조불상 몇 점인데, 돌 조각으로는 정혜 공주 묘에서 출토된 석사자상이 눈길을 끌고 있다. 발해의 미술은 고분에 벽화를 남기고 있는 것으로 미루어 대체로 고구려 미술의 전통을 계승하고 당나라 문화의 영향을 수용하여 그 나름의 미술을 발전시켰다고 볼 수 있다.

02

발해와 신라의 교류

→ 신라도를 만들어 발해는 신라와 교류를 하였다.

초기에는 발해와 신라의 관계가 적대적이었다. 특히 고구려를 멸망시킨 신라였기에 발해의 신라에 대한 적대감은 대단히 컸다. 그리하여 무왕 때에는 돌궐과 일본을 연결하면서 당나라의 산둥 반도를 공격하기도 하면서 당나라와 신라를 견제하고자 하였다.

그러나 문왕 이후 발해에는 당나라와 신라 사이에 해빙 무드가 형성되었다. 문왕은 독자적으로 나라를 발전시킬 수 없다고 판단하여 경제·문화적으로 선진문화를 가진 당나라와 신라 등과 교류를 하기 시작하였다. 문왕은 국내적으로는 왕권이 강화되었음을 알리며, 대외적으로는 당나라와 대등하다는 것을 나타내기 위하여 연호를 사용하였다. 그리고 신라와 오갈 수 있는 교통로인 '신라도(新羅道)'를 개설하였다. 신라도는 발해의 도읍인 상경을 출발하여 동경과 남경을 거쳐 동해안을 따라 신라의 울산에 이르던 교통로를 일컫는다. 8세기 전반에 만들어진 것으로 추정하고 있으며, 8세기 후반에서 9세기 전반까지 발해와 신라가 자주 통행했던 것으로 추정된다.

발해가 가장 활발하게 교류한 곳은 일본이었다. 《신당서》에 '동경 용원부는 동남쪽으로 바다에 접하고 있으며, 일본으로 향하는 출발지이다.' 라고 나와 있다. 《신당서》에 나와 있는 길이 바로 발해와 일본 사이에 왕래했던 '일본도'이다. 이 일본도를 통하여 발해는 신라를 견제하기 위하여 일본과 정치적으로 교류하는 한편, 중국과 일본 사이에서 중계무역을 하여 경제적 이득을 꾀하였다.

이 밖에 발해는 거란과도 교류를 하였다. 거란도를 통하여 이루어진 발해와 거란의 교류는 상경에서 숭령을 지나 부여부에 이르고, 여기에서 다시 몇 개 지역을 거쳐 거란의 도성인 임황에 이르는 길을 통해 이루어졌다.

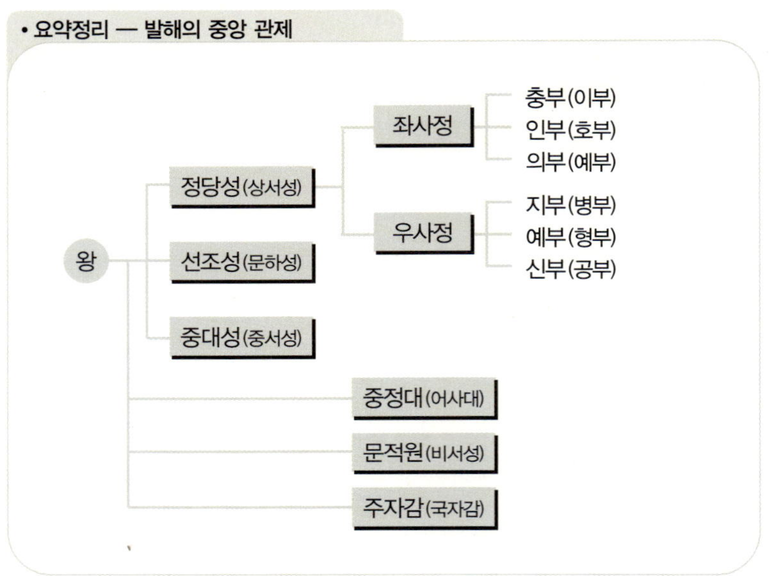

신라와 발해의 교류를 보여주는 사료

《삼국사기》〈신라본기〉'원성왕조'에 '원성왕 6년(790) 정월에 김종기를 시중으로 삼았다. 3월에 일길찬 백어를 사신으로 임명하여 북국으로 보냈다.'고 나와 있다.

또한 《삼국사기》〈신라본기〉'헌덕왕조'에 '헌덕왕 4년(812) 봄에 김균정을 시중으로 삼았다. 9월 급찬 숭정을 사신으로 보냈다.'고 나와 있다.

두 사료로 볼 때 발해와 신라가 교류했음을 알 수가 있다. 그리고 발해를 북국으로 불렀다는 것을 보여주고 있다.

03

신라는 아라비아 인의 영원한 이상향

→ 실크로드는 아라비아 지역과 동아시아를 잇는 길이었으며, 바닷길도 열려 있었으므로 아라비아 인의 왕래 가능성은 매우 높아 처용 또한 아라비아 인일 가능성이 높다. 10세기 초에 간행된 이슬람 문헌에는 신라를 이상향으로 생각하는 아라비아 인들의 동경심이 잘 나타나 있다.

우리는 고려 시대의 무역항으로 벽란도(碧瀾渡)[1]를 들고 있다. 이 항구를 통하여 우리나라가 이곳을 드나들던 아라비아 인에 의해 코리아(KOREA)로 알려지게 되었다.

그런데 통일 신라 시대에 울산항을 통해 아라비아와의 무역이 활발했으며, 신라의 대표적 향가인 〈처용가(處容歌)〉의 주인공 처용도 아라비아 인일 가능성이 높다고 한다.

10세기 초에 아라비아 지역에서 출간된 여러 이슬람 책에 따르면 아라비아 사람들이 신라를 이상향으로 생각했던 것을 알 수 있다.

중국 해안의 맞은편에 위치한 신라와 그 부속 도서들만이 우리들에게 알려져 있다. 이곳에 아라비아 사람들이 정착하여 자신의 조국으로 삼고 살았다. 유목생활을 하는 아라비아 사람들에게 신라 땅은 신선한 공기, 깨끗한 물, 비옥한 토지, 상업과 농업의 발달, 빛나는 보석들이 풍부하여 신라 땅을 떠나지 않고 정착하였으며, 다시 아라비아 땅으로 가는 사람은 드물었다.

1 황해도 예성강 하류에 있는 고려 시대의 중요한 나루. 고려의 서울인 개경 가까이에 있던 국제 무역항으로, 외국 상인이 많이 왕래하였다. 사신을 영송하기 위하여 안산(岸山)에 세운 벽란정(碧瀾亭)에서 유래한 이름이다.

괘릉 무인상

1987년 경주시 황성동 고분에서 많이 출토된 토용(土俑)은 아라비아 사람들이 신라로 이주해 왔음을 알게 해주는 자료이다. 흙으로 사람과 동물의 형상을 빚은 것을 토용이라고 하는데, 황성동 고분에서 출토된 것은 우리나라 사람의 얼굴과는 전혀 다른 모습을 하고 있다. 또한 경상북도 경주시 외동읍에 위치한 신라 37대 왕으로 추정하는 괘릉에 서있는 석인(石人) 중에는 우리나라 사람의 모습이 아닌 아라비아 사람으로 생각할 수 있는 석인이 있다. 석인은 아라비아 사람의 깊은 눈, 넓은 코, 숱이 많은 수염 등을 하고 있다.

경주에 있는 많은 고분에서 발견되는 유물 중에는 서역 문화의 유품들이 발견되어 울산항을 통하여 많은 아라비아 인들이 들어왔음을 알게 해준다. 즉 경주 부근의 신라 고분인 금관총, 금령총, 서봉총, 천마총 등에서 출토된 관옥(管玉)과 곡옥(曲玉) 및 가지 모양을 한 구슬 등 여러 가지 형태의 장식품과 함께 유리 제품인 팔찌, 병, 술잔 등이 많이 발견되는데, 이중 도마형 유리 기구는 아라비아 상인을 통하여 흑해와 남러시아에서 실크로드를 거쳐 신라로 들어온 것으로 추측된다.

향가(鄕歌)인 〈처용가〉에 등장하는 처용이 880년쯤 바닷길을 통해 신라에 도착한 아라비아 인으로 추정하는 사람도 있다. 턱수염이나 깊은 코 등이 보이는 처용의 가면은 중동 출신의 아라비아 인으로 추정할 수 있다.

고려 시대에도 아라비아 사람들은 우리나라를 활발하게 오갔다. 고려 현종(顯宗) 15년(1024)에는 아랍계 상인들이 공물(貢物)을 바쳤다는 기록이 있으며, 더 나아가 1274년 충렬왕의 왕비 장목 왕후를 보좌한 아라비아 인 시종이 고려에 귀화하여 장순룡(張舜龍)이라는 이름을 받고 고려 여인과 혼인했는데, 오늘날 덕수 장씨의 시조로 알려진 인물이라고 한다.

조선 시대에도 《왕조실록》에 아라비아 사람들이 등장하는데, 아라비아 인을 회회인(回回人)으로 불렀다. 이들은 정부로부터 봉급과 집을 선사받아 생활하면서 수정·채집 등 특수한 일에 종사했다는 기록이 있다. 이 사실로 보아 아라비아 인은 오래전부터 우리나라 땅에 자주 왕래했음을 알 수 있다.

2 향찰(鄕札)로 기록한 신라 때의 노래. 민요적·불교적인 내용으로, 작가층은 승려·귀족·평민에 걸쳐 다양하다. 4구체, 8구체, 10구체의 세 가지 형식이 있다. 현재 《삼국유사》에 14수, 《균여전》에 11수로 모두 25수가 전한다.

04

골품제 骨品制에 대하여
불만을 가진 6두품 六頭品

→ 학문이 뛰어났으나 사회적 진출이 제한된 6두품은 신라 말기에 새로운 국가 건설에 참여하였다.

신라의 신분 제도에 골품 제도가 있었다. 신라는 연맹 왕국에서 고대 국가로 발전하는 과정에서 정복한 각 부족장을 서울인 경주로 옮겨 살게 하면서 중앙의 지배 체제 속으로 편입시켰다. 이때 부족의 크기에 따라 이들 세력의 등급과 서열을 정하기 위한 목적으로 골품 제도가 만들어졌다.

부모가 둘 다 왕족인 경우 성골(聖骨), 한쪽만 왕족이면 진골(眞骨), 대부족장은 6두품, 중부족장은 5두품, 소부족장은 4두품으로 하여 귀족으로 편입하였다. 나머지 3,2,1두품은 평민으로 대우하였다.

그러나 진덕 여왕을 끝으로 7세기 중반 이후에 성골이 사라지면서 무열왕 이후에는 진골이 왕위를 이어받았다.

골품제의 신분에 따라 관직 진출에 한계가 있었다. 진골은 1등급까지, 6두품은 6등급, 5두품은 10등급, 4두품은 12등급까지 승진이 가능하였다. 특히 얻기 어려운 신분이라고 하여 '득난(得亂)'이라고 불린 6두품은 학문이 뛰어났으나 사회적 진출의 제한으로 말미암아 이 제도에 대하여 불만이 많았다. 《삼국사기》를 보면 '설계두는 신라의 귀족 자손이다. 일찍이 친구 네 사람과 술을 마시며 각기 그 뜻을 말할 때, "신라는 사람을 쓰는데 골품을 따져서 그 족속이 아니면 비록 뛰어난 재주와 큰 공이 있어도 한도를 넘지 못한다. 나는 멀리 중국에 가서 나의 뛰어난 실력을 발휘하고 큰 공을 세워 영화를 누리며, 높은 관직에 어울리는 칼을 차고 천자 곁에 출입하기를 원한다.”라고 하였다. 그는 621년 몰래 배를 타고 당으로 갔다.’에서 6두품의 불만을 알 수가 있다.

이들은 진골 귀족의 집중적인 견제로 관직 진출에 제한을 받아 그 뜻을 신라에서 펼치기가 어려워 당나라에 건너가 외국인을 상대로 실시하는 과거 시험인 빈공과(賓貢科)에 응시하여 벼슬을 하였다. 김가기(金可紀), 양열, 최치원(崔致遠) 등이 당나라에서 빈공과에 합격한 대표적인 학자이다. 이들은 당나라 황제의 곁에서 활동을 하였으며, 최치원은 당나라 말기에 황소(黃巢)[1]의 난이 일어나자 ‘토황소격문’을 지어 유명해졌다. 최승우는 후백제의 견훤(甄萱)을 도와 나라의 기틀을 다지는데 도움을 주었으며, 최언위(崔彦撝,=신지(愼之)) 등은 고려의 왕건이 나라를 세울 때 힘을 보탰다.

• 요약정리 – 남북국 시대의 제도

	통일 신라	발해
중앙정치	집사부 중심 (왕권 강화)	3성 6부 (독자적 운영)
귀족 회의	화백 회의	정당성
지방 행정	9주 – 주·군·현 (지방관 파견), 촌 (촌주가 관리) 5소경 – 지방관리, 왕권 강화	5경 15부 62주 (5경은 지방 의 주요 지역) 촌락은 토착 세력가가 통치
군사 조직	중앙군 (9서당 – 민족 융합적 성격) 지방 (10정 – 각 주에 1정과 지역이 넓은 한주에 2정을 설치)	
토지 제도	귀족: 녹읍→관료전 (신문왕)→녹읍 농민: 정전	
상업의 발달	경주에 3개 시장 개설 무역 발달 – 울산항 (아라비아 상인) 영암과 당성을 통한 당과의 교류	당과 일본 사이에서 중계무역 교류 활발 – 신라도, 일본도, 거란도

---

1 중국 당나라 말기의 군웅 중 한 사람(?~884). 왕선지가 난을 일으키자 그를 따르다가, 그가 죽은 뒤에는 남은 무리를 이끌고 중국 땅 대부분을 공략하였다. 한때 수도 장안을 점령하여 스스로 황제라 일컫고 국호를 ‘대제(大齊)’라 하였으나, 뒤에 이극용 등의 관군에게 패하여 자살하였다.

6두품[2] 중에서 외교 문서에 뛰어난 인물은?

[강수(强首)[3]는 명문장으로 무열왕을 감탄하게 하였다.]

지금의 충주에서 내마 석체(昔諦)의 아들로 태어난 강수(强首)는 본명이 우두(牛頭)이다. 어려서부터 스스로 글을 깨우치며, 뜻을 통하게 하였다.

강수는 《효경(孝經)》, 《곡례》, 《문선(文選)》 등을 읽었는데 하나를 들으면 열을 알 정도였다. 그리하여 벼슬길에 나아가 여러 관직을 두루 역임하고 세상에 알려지게 되었다. 특히 강수는 외교 문서에 능하였으니, 무열왕이 즉위하여 당에서 사신이 왔는데 그 중에 알기 어려운 것이 있었다. 이에 무열왕이 강수를 불러 물으니, 왕 앞에서 하나도 막힘없이 해석·설명하니 무열왕이 기뻐하며 이름을 물었다. 강수가 대답했다.

"신은 본래 대가야 사람으로, 이름은 우두(牛頭)이옵니다."

강수의 대답에 무열왕이 말했다.

"경의 얼굴 모양을 보니 강수 선생(强首先生)이라고 할 만하다."

무열왕이 말한 이후부터 이름보다 강수로 더 알려지게 되었다. 무열왕이 강수에게 당나라 왕의 조서에 회답하는 서신을 짓게 하니, 감탄할 정도의 명문장을 지어 더욱 무열왕의 신임을 받았다. 무열왕이 죽고, 문무왕이 즉위하고 나서 고구려를 멸망시키고, 이어서 한반도를 지배하려고 하는 당의 야욕을 무너뜨린 뒤에 문무왕은 강수의 외교를 언급하면서 그의 공을 치하하였다.

"강수는 글로써 다른 나라와 우호 관계를 맺게 하였으며, 당에 군사를 청할 때에 강수의 글이 크게 도움이 되어 오늘날 이처럼 통일의 대업을 이루었으니, 어찌 그 공이 크지 않겠느냐?"

문무왕은 강수에게 사찬(沙飡)[4]의 벼슬을 주었다. 통일을 이룬 후에는 오늘날의 대학격인 국학(國學)을 처음으로 세워 설총과 함께 사서오경(四書五經)으로 제자들을 가르쳤다. 강수는 효소왕 1년(692)에 세상을 떠났다.

2 6두품은 관직에 진출하기 어려워 학문이나 종교 분야에서 많은 활약을 하였다. 대표적인 인물로 이두를 정리한 설총과 당나라에서 이름을 떨친 최치원 등이 있다.

3 신라의 유학자·문장가(?~ 692). 무열왕, 문무왕, 신문왕의 3대에 걸쳐 문장으로 이름을 떨쳤으며, 특히 외교 문서에 능하여 삼국 통일에 크게 공헌하였다.

4 신라 때에 둔 십칠 관등 가운데 여덟째 등급.

05

신라의 장보고張保皐는 국제 무역의 개척자

→ 장보고는 청해진(淸海鎭)을 신라, 일본, 중국을 잇는 국제 무역 중심지로 유구, 대만 등 동남아시아 국가들과도 교류를 하였다.

옛날에 선진문화인 중국의 문화를 받아들이기 위해서는 한강을 통해 서해(황해)를 거쳐 중국으로 가야만 했다. 그래서 고구려, 백제, 신라 삼국 간에 전투가 격렬하게 벌어진 곳이 바로 한강이다. 이처럼 바다는 중요한 교통로이자 해상 무역로이지만 우리 조상들은 바다를 그다지 중요하게 여기지 않았던 듯싶다.

해상의 중요성을 알고 처음으로 개척하려고 한 사람이 장보고(張保皐)이다. 9세기경 일본의 승려 엔닌이 중국을 여행하고 쓴 《입당구법순례행기(入唐求法巡禮行記)》에 보면, 신라는 동양 삼국(한국, 중국, 일본) 중 조선술이 가장 뛰어나고 항해술이 발달하여 황해와 동지나해, 그리고 대한해협의 해상권을 장악했다고 되어 있다. 이것은 신라에 장보고라는 인물이 있었기 때문에 가능했던 것이다.

장보고는 완도 청해진에 근거를 두고 황해와 중국해 및 동해의 해상 경영권을 장악하여 라이샤워 교수가 말한 대로 '해양 상업 제국의 무역왕(The Trade Prince of the Marine Commercial Empire)'으로 군림했다. 중국과 한국, 일본의 바다를 신라인들의 일터로 가꾸는 데서 그치지 않고, 더 나아가 '신라방(新羅坊)[1]'이라는 한인촌을 세워 자치 지역처럼 다스렸던 장보고는 오늘날 싱

1 통일 신라 시대 때 당나라에 설치한 신라인의 거주지. 중국을 왕래하는 상인과 유학생, 승려 등이 모여 자치적으로 마을을 이루었다.

가포르와 홍콩이 전개하는 중개 무역을 그 당시에 이미 시작하고 있었던 것이다. 그래서 신라에 막대한 무역 이익을 안겨 주어 실로 황해와 동지나해, 대한 해협은 한국의 실크로드 역할을 하였다.

장보고가 이처럼 막강한 청해진을 설치한 이유는 무엇일까?

청해진 전경

그가 어디서 누구를 부모로 하여 태어났는지는 알 수 없으나, 확실한 것은 그가 당나라에 가서 무령군 소장(武寧軍小將)이라는 관직에 올랐다가 귀국했다는 사실이다. 그는 귀국한 뒤에 흥덕왕(興德王, 재위 826~836)에게 "중국의 어디를 가든지 우리나라 사람들을 노비로 삼고 있습니다. 청해에 군사기지를 설치해 해적들이 사람을 약취하여 서쪽으로 끌어가지 않게 조치를 취해 주시기 바라나이다." 하고 주청하니, 왕이 장보고에게 군사 1만 명을 주어 완도에 청해진을 설치하도록 명을 내렸다. 그 후 해상에서의 인신매매가 없어졌다고 《삼국사기》에 씌어 있다.

이렇듯 독자적인 세력을 해상에 건설한 장보고는 신라 말기의 대표적인 지방 세력으로 발전했다. 여기에 신라 조정의 왕권 투쟁에까지 관여하여 민애왕(閔哀王, 재위 838~838) 일파를 격파하고 김우징(金祐徵)을 신무왕(神武王, 재위 838~839)이 되도록 하는 데 크게 공헌했다.

그러나 신라 조정에서는 독자적인 자치 정권이나 다름없는데다가 국왕까지도 바꿀 수 있는 막강한 힘을 지닌 장보고에 대해 두려움을 갖기 시작했다. 결국 신라 조정은 장보고의 친구인 염장(閻長)[2]을 파견해 그를 살해하고 청해진을 폐쇄시키니, 신라는 장보고 시절의 화려했던 '해상 경영권'을 다시는 되찾지 못한 채 멸망으로 치달았다.

2 신라 신무왕 때의 장군 (?~?). 846년에 장보고가 반란을 일으키자 그를 죽이고 아간(阿干) 벼슬에 올랐다.

06

옛날의 코리아타운 (Korea town)

→ 중국과 왕래가 많았던 우리나라는 통일 신라 이래 우리나라 사람끼리 모여 사는 코리아타운을 만들어 함께 도움을 주고받으며 살아왔다.

통일 신라 시대에는 당과의 교섭이 매우 활발하였다. 국가 간 공식적인 사신 왕래와 더불어 경제·문화적으로 선진 지역인 당나라에 신라의 유학생과 승려, 상인이 많이 왕래하였다. 이들은 지금의 남양만 근처인 당항성에서 산둥 반도로, 전남 영암에서 상하이 방면으로 바닷길을 이용하여 왕래를 하였다. 그런데 아무래도 외국이다 보니 중국말을 알아야 했고, 결과적으로 신라인끼리 모여 살면 서로 도움을 주고받을 수가 있으니, 신라인의 왕래가 빈번한 산둥 반도의 등주, 밀주와 양주, 호주 등의 지방에 신라인들의 거주지가 생겨난 것이다. 이곳(이를 신라방이라 한다.)에는 상인과 선주(船主), 혹은 뱃사람이 대부분이었다.

요즈음에 한국인이 있는 곳이면 한국인의 외교 업무와 사무 관계를 처리하는 공사관·영사관·대사관이 있고, 그 밖에 종교시설, 한국인을 상대로 하는 여러 가지 부대시설이 있는 것과 마찬가지로 당시에도 신라인들의 거주지에는 자치적 행정 기관 겸 신라인을 다스리기 위한 관청으로 신라소(新羅所)[1]가 있었으며, 종교 시설로는 사찰을 지었으니 신라원(新羅院)[2]이라 하였는데, 대표적인 것이 장보고의 법화원(法華院)이다. 편의 시설로는 신라관(新羅館)[3]이 있는데, 신라의 유학생, 승려, 사신의 편리를 도모하기 위한 여관이었다.

이런 면에서 볼 때 당시의 코리아타운인 신라방은 규모가 매우 컸으며, 신라에서 당의 왕래가 빈번하였음을 알려주는 증거이다.

1 통일 신라 시대 때 신라방에 거주하고 있던 신라인들을 통솔하려고 설치한 자치적 행정 기관.

2 통일 신라 시대 때 신라 사람이 중국 당나라 신라방에 세운 사찰. 장보고가 세운 적산법화원이 유명하다.

3 신라 시대 때 중국으로 가는 사신이나 유학생, 승려, 상인들의 숙박과 휴식을 위하여 신라에서 당나라의 산둥 반도(山東半島) 등주(登州)에 설치한 숙소.

'Korea'라는 말은 후에 고려 시대 때 벽란도에서 무역을 행하던 아라비아 상인에 의해 사용되었다.

고려 후기 원의 간섭을 받던 시절에 충렬왕(忠烈王)과 충선왕(忠宣王)이 원의 수도인 심양에 만권당(萬卷堂)[4]을 짓고, 학문을 연구하는 많은 고려인이 집단으로 이주하여 코리아타운을 형성하였다. 이 시기에 고려인들이 공녀(貢女)의 형태로 몽고로 이주하였으며, 환관(宦官)이나 몽고의 권력층에서 시종을 하던 다수의 고려인이 또한 코리아타운을 형성하였다. 그리하여 고려의 풍속이 몽고에서 유행하였으니 이를 고려양(高麗樣)[5]이라 한다.

한말에 이르러 우리나라는 기울어져 가는 국운에 외세의 각축장이 되어 있었고, 1901년의 대흉작은 농민들로 하여금 삶을 부지할 새로운 곳을 찾게 하였다.

우리나라 백성들이 이때 삶의 터전으로 삼기 위하여 떠난 곳이 바로 간도와 연해주였다. 노동력이 부족한 하와이 사탕수수 농장 경영주들이 중개인을 통해 한국 농민들의 이민을 주선하게 했다.

이에 우리 정부는 1902년 8월에 이민을 담당할 수민원(綏民院)[6]을 설립하여, 1902년 12월 22일 인천에서 하와이로 향하는 첫 이민선이 출발하였다.

그 뒤 1905년 7월 초순까지 약 3년 동안 선박 65척에 무려 7,300여 명에 가까운 한국인들이 하와이로 이민을 떠났다. 그리하여 하와이 이민 한국인들은 고된 일로 받은 저임금을 알뜰하게 모아 도시로 진출하여 자영업을 하는 등 비교적 성공한 사람들이 꽤 많았다.

이어 1905년에는 1,031명의 한국인이 노동 이민이라는 이름으로 멕시코로 이민을 떠났다. 그러나 이들은 중간 브로커의 농간으로 제대로 대우를 받지 못했으며, 비참한 상황에서 노예와 다름없는 생활을 하였다. 이러한 상황이 한 한국 인삼장수에 의하여 샌프란시스코의 한인 공립 협회에 정식으로 알려져 구제되어 오늘날 미국에서의 한인 타운(Korea town)을 형성하는 바탕이 되었다.

4 고려 충선왕이 중국 원나라에 있을 때 연경에 세운 독서당. 그곳에 많은 책을 갖추고 원나라의 학자들과 사귀었다.

5 중국 원나라에서 유행하던 고려의 음식이나 의복 등의 풍속을 원나라에서 이르던 말.

6 대한제국 때 궁내부에 속하여 외국 여행에 대한 사무를 맡아보던 부서. 광무 6년(1902)에 두었다.

07

석굴암 石窟庵과 고구려 쌍영총 雙楹塚의 관계

→ 석굴암의 구조가 고구려를 통일하면서 기술을 이어받아 지었다고 추측된다.

우리나라를 대표하는 문화재인 석굴암은 1995년 12월 불국사와 함께 유네스코 지정 세계 유산[1]으로 등록되었다.

석굴암의 기원은 고구려의 고분인 쌍영총에서 찾을 수가 있다.

평안남도 용강군 용강면 안성리에 위치한 고구려의 벽화 고분인 쌍영총(雙楹塚)[2]의 구조는 분구가 간신히 원형을 나타내고 있다. 널방의 구조는 전실의 남벽 중앙에 달린 널길, 방형의 앞방, 앞방과 널방 사이의 통로, 방형에 가까운 널방으로 이루어진 두방무덤이다.

쌍영총으로 불리는 이유는 통로의 좌우에는 8각 돌기둥이 하나씩 세워져 있기 때문이다. 사실 쌍영총은 고구려 장수왕(長壽王)이 평양으로 천도한 427년 이후에 만들어진 무덤이다. 불교의 영향을 받았음을 벽화에서 알 수 있는데 무덤의 주인과 함께 한 스님의 모습과 천장에 그려진 연꽃무늬 벽화이다. 하지만 불교가 널리 퍼져 많은 영향을 미치지는 못한 듯하다. 바로 무덤의 주인보다도 작게 그려진 스님의 모습에서 추측할 수 있다.

신라가 삼국을 통일한 뒤 경덕왕(景德王) 10년(751)에 당시 재상이었던 김대성이 창건을 시작하여 혜공왕(惠恭王) 10년(774)에 완성한 석굴암은 쌍영총의 구조와 유사한 점이 많다. 쌍영총처럼 석굴암 석굴의 구조는 입구인 직사각형

1 유네스코(UNESCO, 국제연합 교육 과학 문화 기구)에서는 세계가 함께 보존해야 할 가치가 있는 귀중한 문화 유산을 세계 유산, 무형 유산, 기록 유산의 세 가지로 나누어 '세계 유산 일람표'에 등록하여 보호하고 있다.

2 평안북도 용강군 해운면 진지동에 있는 고구려 때의 고분. 구릉 위에 있는 봉토 원분(圓墳)으로, 널방과 앞방으로 축성되어 있으며, 두 방의 중간 통로 좌우에 팔각형의 돌기둥이 한 쌍 세워져 있다.

의 전실(前室)과 원형의 주실(主室)이 복도 역할을 하는 통로로 연결되어 있다. 또한 쌍영총의 입구에 세워진 두 개의 기둥처럼 석굴암의 입구에도 두 개의 기둥이 서있다. 나아가 쌍영총의 천장에 그려진 연꽃무늬 그림처럼 석굴암의 천장에도 그림이 그려져 있다.

아마도 석굴암은 삼국을 통일한 신라가 새로운 불교 조각품을 만들 때 고구려 기술자와 함께 석굴암을 건축했으며, 이 고구려 기술자는 법고창신(法古創新, 옛것을 본받아 새로운 것을 창조한다는 뜻으로, 옛것에 토대를 두되 그것을 변화시킬 줄 알고 새것을 만들어 가되 근본을 잃지 않아야 한다는 뜻)의 정신으로 만들어진 것으로 추측이 된다.

통일 신라 시대는 많은 화려한 불교문화를 이룩하였다. 세계 문화유산으로 지정된 석굴암이나 불국사, 다보탑과 석가탑, 다보탑에서 발견된 세계에서 가장 오래된 목판 인쇄본인 무구정광대다라니경(無垢淨光大陀羅尼經), 감은사(感恩寺)지 석탑 등 많은 불교문화를 꽃피웠다.

석굴암 전경

08

호적 戸籍 제도

→ 삼국 시대부터 인구 조사가 있었으며, 통일 신라 때에는 민정 문서라는 호적이 작성되었다. 이후 우리나라에서는 호적이 실시되었으며, 호주(戸主)라는 말은 일본의 지배에서 생긴 용어이다.

호적[1]이 우리나라에 처음 등장한 것은 삼국 시대까지 거슬러 올라간다. 《삼국지》〈위지〉'동이전'에 '고구려와 백제에서는 가구를 조사하는데, 매번 몇 명의 사람이 사는지를 알아보았다.'고 한데서 알 수 있다.

통일 신라 시대에 오면 '서원경(西原京, 오늘날의 충청북도 청주시)에서 작성된 민정 문서(民政文書)'를 통해 호적이 작성되었음을 알 수 있다. 일본 나래(奈良) 동대사(東大寺)의 정창원(正倉院)에 보관되어 있는 통일 신라 시대의 문서인 민정 문서는 신라 촌락 문서·신라 장적(新羅帳籍)·정창원 신라 장적 등으로도 불린다. 민정 문서는 정확하게 언제 작성되었는지 알 수 없지만, 경덕왕 14년(755)이나 헌덕왕 7년(815), 또는 헌강왕 1년(875) 등으로 추정되고 있으며, 3년마다 수의 증감을 따라 기록하고 있다. 서원경의 관할지인 모촌(某村)과 그 근처에 위치해 있는 사해점촌(沙害漸村)·살하지촌(薩下知村)·모촌(某村) 등 4개의 촌락을 대상으로 하여 마을 이름(촌명)과 마을의 지리적 구분(촌역)·호구(戸口)·우마(牛馬)·토지·뽕나무·호두나무·잣나무 등을 그 수의 증감에 따라 자세히 기록하고 있다. 이것은 오늘날처럼 호주를 중심으로 기록되어 있는 것이 아닌 단순히 나라에서 조세(租稅)와 군역(軍役), 부역(赴役)을 거두어들이기 위한 호구 조사의 성격을 지닌 것이다.

고려 시대에 들어서서는 상민의 호적인 경우에는 주현관이 매년 그 호구를 조사해 호부에 보고하게 되어 있었으며, 호적의 중점을 16~60세의 양인 정남

1 호주(戸主)를 중심으로 하여 그 집에 속하는 사람의 본적지, 성명, 생년월일 따위의 신분에 관한 사항을 기록한 공문서.

을 파악하여 부역과 군역을 부과하려는 것이 목적이었다. 또한 16세를 정년으로 국역을 부담하는 것과 60세를 노라고 칭하고 면역하는 사항을 모두 호적으로 밝히고 있다. 이러한 기록으로 미루어 보아 상민의 호적은 징병, 부역에 참고하기 위하여 편성하였던 문서였음을 알 수 있다.

조선 시대에는 호구단자(戶口單子)를 만들어 각 호마다 가장의 주소, 직업, 성명, 연갑(年甲), 본관(本貫), 사조(四祖)를 비롯하여 처의 성씨, 연갑, 본관, 사조, 동거자녀의 연갑 및 그 본관, 노비, 고공(雇工)의 연갑 등을 기록했으나, 여전히 호주라는 말은 등장하지 않고 있다.

호주라는 말이 본격적으로 등장한 것은 건양(建陽) 원년(1895)에 호구 조사 규칙에서 처음 사용되었다. 이것을 가지고 호주제 폐지 반대론자들은 호주제가 우리나라의 전통적인 가족 형태라고 주장하고 있다. 반면에 호주제 폐지론자들은 1909년 3월 국민의 신분관계를 법률상 정확하게 하고 아울러 일본제국의 호구 실수를 정확히 파악하여 지배상 편의를 도모한다는 목적으로 법률 제8호인 민적법(民籍法)과 내무훈(內務訓)인 민적법집행심득(民籍法執行心得)이 제정·공포되면서 가구에서 호주와 식구와의 신분관계를 공시·증명하는 공증문서로써 법의 영역 호주와 가족 간의 관계를 '호주권'의 관점에서 파악함으로써 호주권을 법의 차원에서 본격적으로 등장시켰으므로 일본 식민지 잔재라고 폐지를 주장하는 것이다.

1923년 7월부터 호적 업무의 감독권을 법원에서 갖기 시작하였으며, 2008년 1월 1일부로 호적 제도는 폐지되고 대신에 개인의 존엄과 양성 평등 원칙에 입각한 새로운 가족관계 등록 제도로 바뀌었다.

09

통일 신라의 문화

→ 통일 신라의 문화는 안정된 사회와 고구려 · 백제의 문화에 당나라 문화를 받아들여 높은 수준의
문화를 이룩하였다.

통일 신라의 문화는 안정된 사회와 고구려 · 백제의 문화에 당나라 문화를
받아들여 높은 수준의 문화를 이룩하였다. 더구나 통일 신라를 지배한 불교를
귀족들이 적극 장려하면서 찬란한 불교문화가 발전하였다. 김대성(金大城)의
발원에 의하여 8세기 후반에 만들어진 석굴암은 신라 예술의 지존이며, 불국
사의 다보탑과 석가탑 · 화엄사 쌍사자 석탑 · 감은사지 석탑은 신라 석조 미
술의 진수를 보여주고 있다. 조각 작품으로 성덕 대왕 신종 · 태종 무열왕비 ·
김유신(金庾信) 묘와 괘릉의 십이지 신상(十二支神像)은 섬세한 신라인의 솜씨
를 나타내고 있다.

글씨와 그림에도 뛰어나 김인문(金仁
間) · 김생(金生) · 요극일(姚克一) 등은 글
씨에 뛰어났으며, 김충의(金忠義)는 그림
에 뛰어났다. 옥보고(玉寶高)와 그의 제자
귀금(貴金)은 거문고에 뛰어나 많은 악곡
을 남겼다.

자연과학, 특히 농업과 천문학 분야에
서도 7세기에 첨성대가 만들어지고, 8세
기 이후 당나라의 과학 · 기술이 수입되

불국사

화엄사 4사자 석탑

감은사지 석탑

첨성대

어 천문·관측기구가 만들어졌으며, 수학과 의학이 발달하였다. 수학이 발달되었음은 석굴암이나 각종 탑, 무덤을 만들 때 응용한 것으로 알 수가 있다.

또한 통일 전에 나온 문학인 향가(鄕歌)는 더욱 서정적인 작품으로 발달되었으며, 진성 여왕 때 각간 위홍과 대구화상에 의하여 향가집인 《삼대목(三代目)》이 편찬되기도 하였다.

통일 신라 시대의 불교, 건축, 율령 제도 등은 일본의 하쿠호(白鳳) 문화[1] 성립에 큰 영향을 주었다.

• 요약정리 ― 남북국 시대의 문화

	통일 신라	발해
성격	귀족적, 사실적, 조화	고구려 문화 바탕+당 문화 흡수=독자적
불상	석굴암 불상	
미술, 공예	상원사 동종(가장 오래된 종), 성덕 대왕 신종(비천상), 감은사지 석탑의 사리 장치	정효·정혜 공주 묘 벽화 자기 공예 발달
석조	조화와 균형의 미(다보탑, 석가탑, 감은사지 석탑, 화엄사 4사자 석탑)	벽돌과 기와, 발해 석등
인쇄술	무구정광대다라니경 (불국사 3층 석탑-목판 인쇄)	

1 7세기 후반에 발달한 일본의 고대 문화로 당과 통일 신라의 영향을 많이 받았다. 불상, 가람 배치, 탑, 율령과 정치 제도 등에서 신라의 불교와 유교의 영향이 컸다.

10

독자적인 연대 年代 표기의 사용

→ 조선 시대 이전에는 독자적인 연호(年號)를 사용한 적이 있지만, 조선 시대 이후에는 실리적인 사대 외교 정책으로 중국 연호를 사용하였다.

오늘날 우리나라에서는 연대 표기 방법으로 서기(西紀)를 쓰고 있다. '서력(西曆) 기원후(紀元後)'에서 비롯된 것이다. 이것은 예수 그리스도가 태어난 해를 기준으로 삼은 서양식 연대 표기법이라 할 수 있다. 우리나라에선 사실상 단기(檀紀), 즉 단군이 태어난 해를 기준으로 하여 연대를 표기해야 타당할 것이다. 그렇지 않을 경우에는 한나라에서 기원전 140년에 처음으로 사용하기 시작한 연호를 사용해야 하나, 이는 군주국가에서 국가의 원수가 자기의 치세(治世) 연차에 붙이는 칭호이니, 오늘날 우리나라의 현실과는 맞지 않는다고 할 수 있다.

그러면 옛날에는 가능하지 않았을까?

연호(年號)란 황제(皇帝)[1]만이 사용하고, 제후(諸侯)[2]는 사용하지 못한다는 사대주의(事大主義) 사상으로 인하여, 우리나라에서는 주로 중국의 연호를 그대로 사용했다.

그러나 독자적인 연호를 사용한 적도 많았다. 우리나라에서는 광개토 대왕이 연호를 처음으로 제정하여 영락(永樂)이라 했으나, 본격적인 사용은 신라 법흥왕 23년(536)이며, 이전까지는 한 무제(武帝)의 연호인 건원(建元)을 그대로 사용했다. 그 후 진흥왕, 진평왕, 선덕 여왕, 진덕 여왕 때까지는 신라의 독자적인 연호를 사용했으나, 진덕 여왕 3년(649)에 당나라 태종이 신라에서 연호

1 왕이나 제후를 거느리고 나라를 통치하는 임금을 왕이나 제후와 구별하여 이르는 말.

2 봉건 시대에 일정한 영토를 가지고 그 영내의 백성을 지배하는 권력을 가지던 사람.

를 따로 사용함은 부당하다고 하여, 다음 해부터는 당나라의 영휘(永徽) 연호를 사용했다. 헌덕왕(憲德王) 14년(822)에 김헌창(金憲昌)이 장안국을 세우고 연호를 경원(慶元)이라 하였고, 이 밖에 발해국에서는 무왕(武王) 이후 역대 왕이 연호를 사용했다. 궁예(弓裔)의 태봉국(泰封國)은 처음부터 연호를 사용하고 네 차례나 개원(改元)했다.

고려에 와서 왕건(王建)이 등극하여 연호를 천수(天授)라 하여 자주적인 면을 과시했다. 그 후 광종(光宗) 때는 광덕(光德)으로 정하고, 한때 준풍(峻豊)이라고 쓴 때도 있었다.

조선에서는 처음부터 실리적 사대 외교를 추구하다 보니, 자주적 연호를 쓸 생각을 하지 못했으나, 고종 32년(1895)에 실시된 을미개혁(乙未改革) 때 비로소 건양(建陽)이라는 연호를 사용했으며, 고종 34년(1897)에 대한제국 황제가 되면서 후한(後漢)을 중흥시킨 광무제(光武帝)를 연상하여, 연호를 광무(光武)로 정했다. 우리나라에서 역대로 사용된 연호는 다음 표와 같다.

• 요약정리 — 우리나라의 역대 연호

연호	국명	왕명	연대
건원 (建元)	신라 (新羅)	법흥왕 (法興王)	536~550
개국 (開國)	〃	진흥왕 (眞興王)	551~567
대창 (大昌)	〃	〃	568~571
홍제 (鴻濟)	〃	〃	572~583
건복 (建福)	〃	진평왕 (眞平王)	584~633
인평 (仁平)	〃	선덕 여왕 (善德女王)	634~646
태화 (太和)	〃	진덕 여왕 (眞德女王)	647~650
경원 (慶元)	〃	헌덕왕 때 김헌창이 난을 일으켰을 때	822
무태 (武泰)	마진 (摩震)	궁예 (弓裔)	904~905
성책 (聖册)	〃	〃	905~910
수덕만세 (水德萬歲)	태봉 (泰封)	〃	911~913
정개 (政開)	〃	〃	914~917
천수 (天授)	고려 (高麗)	태조 (太祖)	918~933
광덕 (光德)	〃	광종 (光宗)	950~951
건양 (建陽)	조선 (朝鮮)	고종 (高宗)	1896~1897
광무 (光武)	〃	〃	1897~1907
융희 (隆熙)	〃	순종 (純宗)	1907~1910

신라 말기 호족豪族 세력의 성장

→ 혜공왕(惠恭王) 이후 왕권 다툼이 심하여 지방에 대한 통제력을 잃어 호족 세력을 비롯한 지방 세력들이 일어나 독자적인 세력을 형성하였다.

신라는 통일 후 안정된 왕권을 바탕으로 전성기를 구가했다. 그러나 혜공왕 이후 진골 귀족 간에 왕권 다툼이 치열하여 150여 년간 20여 명의 왕이 바뀌는 혼란을 맞았다. 신라는 992년간 왕 56명이 교체되어 평균 재위 기간이 17.71년이었다. 하지만 혜공왕 이후 임금의 평균 재위 기간은 7.5년이었다. 그만큼 임금의 교체가 심했다는 이야기이다. 임금의 교체가 잦을수록 왕권은 약화되었고, 왕권의 약화는 지방에서 군사력과 경제력, 그리고 선종 세력과 결합한 새로운 세력이 나타났다. 이들은 원래 중앙정부에서 권력 투쟁을 벌였으나 밀려나면서 지방에서 세력을 키운 몰락한 중앙귀족이나 무역을 통하여 군사력과 경제력을 키운 군진 세력, 지방의 토착 출신인 촌주들이었다. 이들은 중앙정부의 지배를 받지 않는 반독립적인 세력으로 성장하여 스스로 성주 또는 장군이라 부른 호족[1] 세력이 일어나 신라에 저항하였다. 중앙정부는 어려움을 타개하기 위하여 농민들에게 많은 세금을 거두어들여 몰락한 농민들이 반란을 일으켰다. 농민 원종과 애노, 양길이 반란을 일으켰으며, 견훤은 완산주에서, 궁예는 철원에서 각각 독자적인 세력을 형성하여 각각 후백제와 후고구려를 세웠다.

1 통일 신라 말기~고려 초기에 지방에서 성장하여 고려를 건국하는 데 이바지한 정치 세력. 대개 촌주(村主) 출신이며, 고려의 중앙 집권 체제가 이루어지면서 중앙 귀족으로 편입되거나 향리로 전락하였다.

• 요약정리 ― 신라 말기의 지방 세력

등장 배경	중앙 귀족의 왕위 계승 다툼 → 왕권 약화로 지방 통제 약화
출신	지방 호족, 해상 세력, 군진 세력
농민 지배	대토지 소유에 의해 농민 지배 → 농민들을 군대로 편성
사상 기반	선종과 6두품의 협력

• 요약정리 ― 후삼국 시대

	후백제	후고구려
건국	견훤(900, 상주 출신)	궁예(901, 신라 왕족 출신)
세력 확대	황해안 해상을 연결하여 전라도 일대 장악	초적에서 자립하여 경기, 강원, 충청 일대 장악→ 개성의 해상 세력과 연합
멸망	아들과의 분열로 고려에 멸망(936)	포악한 정치로 왕건에게 쫓겨남

Tip

신라 말기의 상황을 알려주는 사료

《삼국사기》

　　웅천주 도독 김헌창(金憲昌)은 왕이 되지 못한 이유로 반란을 일으켜 나라 이름을 장안이라 하고 연호를 경운이라 했다. 무진주, 완산주, 청주, 사벌주의 4주 도독과 서원경, 금관경의 사신과 여러 군현의 수령들을 위협하여 자기의 소속으로 삼았다. …… (중략)……

　　17년, 헌차의 아들 범문이 고달산의 적 수신 등 백여 명과 함께 반역을 꾀하여 평양에 수도를 정하고 북한산주를 공격해 왔다. 도독 등이 군사를 거느리고 가서 이를 잡아 처형하였다.

《삼국사기》

　　국내 여러 주군이 특산물에 대한 세금을 내지 않으므로 나라의 재정이 고갈되어 쓸 예산이 많이 부족하였다. 이에 사자를 보내어 독촉

하니 도적들이 들고 일어났다. 이때 원종과 애노 등이 사벌주(오늘날
의 상주)를 근거로 하여 반란을 일으켰다. 왕은 나마 벼슬의 영기에게
명령하여 잡게 하였다. 영기가 적진을 쳐다보고는 두려워하여 나아가
지 못하였다.

《삼국사기》

견훤은 상주 가은현(경북 문경시 가은읍) 사람으로 본래의 성은 이
씨였는데, 후에 견(甄)으로 성씨를 삼았다. 아버지는 아자개이니 농사로
먹고 살다가 후에 집안을 일으켜 장군이 되었다. ······ (중략)······

신라 진성왕 6년(892)에 아첨하는 사람들이 왕의 곁에서 나랏일을
흔들자 기강이 문란하여 해이해지고, 가뭄이 계속되어 백성들이 떠돌
아다니고, 도적들이 벌떼처럼 일어났다. 이에 견훤이 은근히 신라를
배반할 마음을 가지고 서울 서남쪽 주현들로 나아가니, 가는 곳마다
호응하여 따르는 무리가 한 달 사이에 5천여 명에 이르렀다. ······ (중
략)······

"지금 내가 도읍을 완산(전주)에 정하고, 어찌 감히 의자왕의 쌓인
원통함을 씻지 아니하랴." 하고, 드디어 후백제 왕이라 스스로 칭하고
관부를 설치하여 직책을 나누었다.

12

군역軍役의 의무

→ 남자의 군역은 유사 이래 변함이 없는 제도이다.
장교에게는 나라에서 정한 규정에 따라 봉급을 지급했으나 일반 사병에게는 봉급이 지급되지 않았다.

옛날의 군 제도는 그 시기에 따라 차이가 있다. 고대에는 집단적인 족병(族兵)과 모집병으로 국가에 대한 의무로서의 군역은 성립되지 않았던 것으로 보인다. 그러나 그 당시의 여러 가지 상황으로 미루어 평상시에는 농사를 짓다가 유사시에는 군인으로 출정하여 적을 막고 공격하는 역을 지는 형태였을 것으로 추측된다.

부족 국가에서 고대 국가로 발전하기 시작한 기원전 4세기부터는 사회적으로 신분이 다양해져 역을 지는 형태도 달라지기 시작했다. 점차 일부의 선택된 사람들만이 군역의 의무를 지게 된 것이다. 이는 바로 신분계층의 분화를 토대로 하여 현역으로서 군역을 지는 사람과 이를 돕는 하호(下戸)[1]가 존재함으로써 사회 조직과 군사 조직이 분리되는 현상이 나타났던 것이다.

삼국 시대에 오면 계급 분화가 더욱 뚜렷해져 중앙과 지방의 군대 구성원에 관한 지위와 국방에 관한 군역도 차이를 나타낸다. 그 당시의 사람들은 군역을 의무보다는 나라에 충성할 수 있는 영광스러운 권리로 생각하였다.

고려는 10세기 말기인 성종 때에 중앙집권적인 귀족 정치의 틀을 마련하고 군사 제도로 중앙에는 2군 6위, 지방군은 주현군과 상비군으로 편성하였다. 중앙군의 군인들은 군호(軍戸)에 편입되었는데, 일단 군호에 들어가면 귀족이나 향리, 농민과는 별도로 독자적인 호적인 군적(軍籍)에 등재되었으며, 군역

1 가난한 백성.

을 지는 대가로 군인전(軍人田)[2]을 지급받았다. 이들은 원래 농민이었으나 군역이 세습됨으로써 특정한 사회 신분이 되었다. 군적에 오르지 못한 일반 농민들 중 16세 이상의 남자들은 지방군에 포함되었으며, 별도의 봉급은 지급되지 않았다.

조선 시대에 오면 세조 때 완성된 5위와 진관 체제는 여러 신분을 망라하여 구성되었으나, 군역의 의무를 지닌 사람들이 기본이었다. 즉 16세에서 60세의 양인 정남은 군역의 의무가 있었으며, 주류는 양인 농민이었다.

그러나 양인 농민이 모두 현역으로 근무하면 농사를 지을 노동력이 부족하여 경제에 큰 지장을 초래하였다. 이러한 문제를 해결하기 위하여 신체가 건강한 사람을 정군(正軍, 정규 군인)으로 편제하고, 여기에서 제외된 사람은 봉족(奉足)이라 하여 정군을 뒷받침하였다. 보통 정군 한 명에 봉족 몇 명을 배치하였다.

봉족 제도는 세조 때에 이르러 보법(保法)으로 바뀌어 양반의 하층 및 평민이 속했던 갑사(甲士)는 4명의 보인(保人)을 배정받았고, 평민이 속했던 기정병(騎正兵)은 3명의 보인을 배정받아 군역을 맡았으며, 보인은 이들에게 한 달에 면포 한 필씩을 군역의 대가로 지급하여 병역의 의무를 대신하였다. 세조 때에 80만 명에서 100만 명이 군역을 졌는데, 이 가운데 정병이 30만, 보인이 60만 정도였다고 한다.

조선 시대에는 양란 이후에 중앙에는 5군영[3]과 지방에는 수영(수군절도사)과 병영(병마절도사)을 두어 방어하였다.

병역의 의무는 조선 후기에 이르러 1년에 면포 2필을 냄으로써 면제받았다. 군포가 너무 과중하다고 하여 영조 때에는 균역법(均役法)을 실시하여 1필로 줄였으며, 부족분은 왕족이나 귀족들이 거두어들이던 염세, 선박세, 어장세를 국가에서 거두어들였다. 흥선 대원군 때에는 양반에게서도 호포(戶布)를 거두어들였다.

군포의 부과로 군사의 숫자가 부족하자, 일부 모병제를 실시하게 되었다. 이때 군인의 선발 방법으로 쌀 다섯 말 정도 무게의 들돌을 번쩍 들어 옮기는

2 고려 시대 때 군인에게 군역(軍役)의 대가로 나누어 주던 토지. 퇴역하면 정남(丁男)인 자손에게 세습되고, 자손이 없으면 나라에 반환되었다.

3 조선 시대 때 오위(五衛)를 고쳐 둔 다섯 군영. 훈련도감, 총융청, 수어청, 어영청, 금위영을 이름.

일과 50센티미터 정도의 높이를 뛰어넘는 등의 시험이 있었다. 이때는 강제 징집과 달리 봉급을 지급했는데, 그 액수는 관리의 봉급 체계와 같았다.

Tip

조선 시대 지방군의 방어 체제 변천사

조선 초기에는 진관 체제였다. 진관 체제는 외적의 침입이 있을 때 군사상 중요 지역에 설치한 진에 수령들이 군사들을 모아서 싸웠던 방어 체제였다. 오늘날 향토예비군과 비슷하며 소규모의 외적 침입에는 효과적이나, 대규모 외적의 침입에는 효과가 없었다. 특히 조선 시대에 평화 기간이 길어짐에 따라 군역을 회피하려는 사람이 증가하여 지역마다 일정한 병력을 유지해야 하는 진관 체제를 유지하기가 힘들었다.

이를 보완하기 위한 제도가 16세기 후반에 실시한 제승방략(制勝方略)[4] 체제이다. 군사적으로 중요한 지역에 주변의 수령들이 군사를 이끌고 오면 중앙에서 파견되는 장수가 지휘하게 하는 체제이다. 이 제도는 평소에는 적은 병력을 유지하다가 유사시 중앙과 지방의 병력을 한 곳에 모아 전력을 극대화하여 대규모 적을 막을 수 있다는 장점이 있다. 하지만 패하면 이후에 외적을 막을 만한 군대가 없어 큰 위험에 빠지는 단점이 있다.

예를 들면 임진왜란(壬辰倭亂) 때에 신립이 이끄는 충주 방어선이 무너지자 서울이 왜군에 의해 점령당하고 선조(宣祖)는 의주로 피난을 가야만 했다.

왜란 후 다시 진관 체제로 복귀하였으나 진마다 일정 수 이상의 군사가 필요하게 되자 양반으로부터 천민까지 구성된 속오군(束伍軍)[5]이 탄생하였다. 그러나 시간이 흐르면서 속오군은 양반들이 회피하면서 상민과 천민으로 구성되었다.

4 군사적 요지에 지방 수령들이 군사를 모아 오면 중앙에서 파견된 장수가 지휘하게 하는 방어 체제.

5 역(役)을 지지 아니한 양인과 천민으로 편성한 군대. 선조 27년(1594)에 두었으며, 평시에는 군포를 바치게 하고 나라에 일이 있거나 훈련할 때에 소집하였다.

핵심문제 　　남북국 시대　　 단/원/마/무/리

1. 다음과 같은 사실을 처음으로 주장한 실학자의 저서는?

> **보 기**
>
> 신라의 통일은 불완전한 것이고, 북쪽에 발해가 있었으므로 이를 남북국이라고 불러야 한다.

① 발해고　　　　② 동사강목　　　　③ 해동역사
④ 택리지　　　　⑤ 아방강역고

2. 다음의 내용으로 알 수 있는 당시의 상황이 아닌 것은?

> ㄱ. 희강왕 3년, 상대등 김명이 군사를 움직여 난을 일으키고 왕의 좌우 측근들을 죽이니, 왕은 자신은 무사하지 못할 것을 알고 궁중에서 목을 매어 죽었다.
> ㄴ. 진성왕 3년, 나라 안의 여러 주와 군에서 공물과 조세를 보내오지 않아, 나라의 창고가 텅 비어 나라의 씀씀이가 궁핍하게 되었으므로 왕이 나마 영기에게 명하여 붙잡게 하였으나, 영기가 적의 보루를 멀리서 바라보고는 두려워 앞으로 나아가지 못하였다.
> ㄷ. 진성왕 6년, 완산의 도적 견훤이 그 주에 근거하여 스스로 후백제라 칭하였는데, 무주 동남쪽의 군과 현이 항복하여 소속되었다.　　《삼국사기》

① 중앙정부의 재정 상태가 악화되어 있었다.
② 골품제가 안정되어 왕권을 뒷받침하였다.
③ 중앙정부의 지방에 대한 통제력이 약화되어 있었다.
④ 왕위를 둘러싼 진골 귀족들의 싸움이 있었다.
⑤ 신라 정부의 권위를 인정하지 않는 지방 세력이 등장하고 있었다.

3. 서원경에서 발견된 신라장적을 보고 알 수 있는 사실은?

① 촌락의 내력　　　② 수리 시설의 실태　　　③ 성씨(姓氏)의 분포
④ 산천(山川)의 형세　　　⑤ 성별 · 연령별 인구수

4. 다음 중 남북국 시대의 경제 활동에 대한 설명으로 옳지 않은 것은?

① 신라의 국제 무역항인 울산항을 통하여 이슬람 상인이 내왕하였다.

② 발해와 신라는 전혀 교류하지 않았다.

③ 산둥 반도 일대에 신라방, 신라소, 신라관, 신라원 등이 만들어졌다.

④ 당은 산둥 반도의 덩저우에 발해관을 설치하고 발해 사람들이 이용하게 하였다.

⑤ 장보고는 청해진을 설치하고 남해와 황해의 해상 무역권을 장악하였다.

5. 다음에 관련된 신라의 신분층에 대한 설명으로 맞는 것은?

설계두는 신라의 귀족 자손이다. 일찍이 친구 네 사람과 술을 마시며 각기 그 뜻을 말할 때, '신라는 사람을 쓰는데 골품을 따져서 그 족속이 아니면 비록 뛰어난 재주와 큰 공이 있어도 한도를 넘지 못한다. 나는 멀리 중국에 가서 나의 뛰어난 실력을 발휘하고 큰 공을 세워 영화를 누리며, 높은 관직에 어울리는 칼을 차고 천자 곁에 출입하기를 원한다.' 라고 하였다. 그는 621년 몰래 배를 타고 당으로 갔다.' 에서 6두품의 불만을 알 수가 있다.　《삼국사기》

① 혜공왕 이후 왕위 쟁탈전에 참가하여 권력을 장악하였다.

② 신라 말기에 지방 세력으로 성장하여 반독립적인 세력이 되었다.

③ 주로 종교와 학문 분야에서 많은 활약을 하였다.

④ 신라 통일기에 권력의 최정점에 위치하고 있었다.

⑤ 주로 지방 촌주 출신으로 고을의 교육 및 조세를 담당하였다.

6. 다음 자료와 관계있는 나라에 대한 바른 설명은?

대조영은 본래 고구려의 별종이다. 고구려가 망하자, 대조영은 그 무리를 이끌고 영주로 이사하였다. ……대조영은 드디어 그 무리를 이끌고 동족 계루의 옛 땅으로 들어가 동모산을 거점으로 하여 성을 쌓고 거주하였다. 대조영은 용맹하고 병사 다루기를 잘하였으므로, 말갈의 무리와 고구려의 남은 무리가 점차 그에게 들어갔다.　《구당서》

① 선왕 때에 당과 친선 관계를 도모하였다.

② 당나라의 3성 6부를 그대로 모방하여 중앙정치 제도를 만들었다.

③ 문왕 때에 당나라의 산둥 반도를 공격하였다.

④ 문화는 고구려 미술의 전통에 당나라 문화를 가미하여 발달하였다.

⑤ 무왕 때에 전성기를 이루어 해동성국이라고 일컬어졌다.

7. 다음은 괘릉에 있는 유물이다. 이를 보고 알맞게 추론한 것은?

① 신라도를 이용하여 무역이 이루어졌다.

② 발해와 교류하는 일본과는 적대적이었다.

③ 황해안을 이용하여 국제 무역을 행하였다.

④ 상국으로 섬긴 고구려 무인상이다.

⑤ 아라비아 상인들이 경주에 머물기도 하였다.

8. 아래 그림에서 나온 유물을 통해 알 수 있는 사실은?

① 목판 인쇄술이 발달하였음을 보여주고 있다.

② 주로 나무로 탑을 만들었다.

③ 세계에서 처음으로 금속활자를 사용하였다.

④ 지방 세력이 강성함을 보여준다.

⑤ 당나라와의 활발한 무역이 이루어졌음을 보여준다.

9. 아래의 그림과 관련된 국가에 대한 서술로 적절하지 못한 것은?

① 대조영이 고구려 부흥 운동의 결과 세운 나라이다.

② 피지배층을 형성하는 여진족에 의하여 멸망하였다.

③ 고구려인과 말갈족의 다문화국가이다.

④ 고구려를 멸망시킨 신라와 관계개선의 노력을 보였다.

⑤ 당나라에 유학생을 보내 문화를 배우려고 하였다.

10. 다음은 신라의 변화된 시기를 표로 나눈 것이다. ⓛ 시기의 모습으로 적절하지 못한 것은?

박혁거세		무열왕		혜공왕		경순왕
	⑦		ⓛ		ⓒ	

① 상대등의 권한이 약화되고 시중의 권한이 강화되었다.
② 무열왕의 후손들이 왕위를 독점하여 진골 귀족들이 반발하기도 하였다.
③ 전시과를 실시하여 관리들에게 토지와 임야를 지급하였다.
④ 매소성과 기벌포에서 당나라군을 축출하였다.
⑤ 국학을 설립하여 유교 정치 이념을 보급하였다.

11. 다음 글은 중국의 '동북공정' 내용이다. 이에 대한 반론으로 적절하지 못한 것은?

중국은 1996년에 하상주단대공정(夏商周斷代工程)이라는 프로그램으로 중화(中華)문명사 5000년을 복원하는 일을 시작하여 우리 역사 환웅(桓雄) 시대와 대응하는 역사로 꾸미고 있다.
또한 중화문명탐원공정(中華文明探源工程)이라는 이름으로 이집트보다 오래된 1만년의 세계 최고(最古) 문명으로 중국역사를 끌어올리는 연구를 시작하였다. 이는 우리 역사 환인(桓因)시대와 대응하기 위한 역사로 조작하고 있는 것으로 사료된다.
나아가 고구려와 발해의 역사를 자국의 역사로 만드는 작업을 계속하고 있다.

① 발해가 일본에 보낸 국서에 발해왕이 자신을 고구려왕이라고 하였다.
② 고구려 유민이 발해 유민의 90% 이상이었다.
③ 발해의 미술 양식에 고구려의 영향이 강하게 나타난다.
④ 발해의 정치 제도는 당나라의 제도를 그대로 모방하였다.
⑤ 발해 지배층의 무덤 양식은 고구려의 돌방 무덤을 그대로 닮았다.

12. 남북국 시대의 대외관계에 대해 적절하지 않은 설명은?

① 장보고는 청해진을 중심으로 활발한 무역활동을 전개하였다.

② 신라인들이 당나라에 진출하여 신라인의 마을을 형성하였다.

③ 당나라에 유학하는 학생들 중 빈공과에 합격하는 사람도 있었다.

④ 신라는 발해를 견제하기 위하여 거란과 통교하였다.

⑤ 통일 신라 시대의 문화는 일본의 하쿠호 문화 성립에 큰 영향을 주었다.

13. 다음은 각 모둠별로 부과한 수행평가 제목이다. (가)~(라)에 알맞은 내용을 〈보기〉에서 고른 것은?

모둠	수행과제	유물
1분단	(가)	광개토 대왕릉비
2분단	(나)	무구정광대다라니경
3분단	(다)	민정문서
4분단	(라)	화랑세기

보 기

ㄱ. (가) 신라에 왜구가 침입하였는가?　　　ㄴ. (나) 인쇄술의 발달

ㄷ. (다) 발해의 인구수 파악　　　　　　　ㄹ. (라) 장보고와 청해진

① ㄱ, ㄴ　　② ㄷ, ㄹ　　③ ㄱ, ㄹ　　④ ㄴ, ㄹ　　⑤ ㄴ, ㄷ

14. 다음 시와 관련된 인물의 업적은?

삼매경에 주석 달아 그 책 이름 각승이라
호로병 들고 춤추면서 거리거리 쏘다니네.
월명공주 요석궁에 사랑을 속삭이다가
절문 닫고 생각하니 걸어온 길 허망도 하여라.

① 화랑도의 계율인 세속 오계를 만들었다.

② 정토종을 만들어 백성들이 쉽게 불교를 만나게 하였다.

③ 참선을 중시하는 선종의 창시자가 되었다.

④ 황룡사 9층 탑을 만드는 등 신라 불교를 발전시켰다.

⑤ 정혜결사를 주장하면서 조계종을 창시하였다.

15. **다음 글과 관련된 시대의 대표적인 문화재는?**

> 흐느끼며 바라보매 /이슬 밝힌 달이/흰 구름 따라 떠간 언저리에/모래 가른 물가에/
> 기랑의 모습이올시 수풀이여/일오내 자갈벌에서/낭이 지니시던/마음의 갓을 좇고 있노라/
> 아아, 잣나무 가지가 높아/눈이라도 덮지 못할 고깔이여.

① 부석사 무량수전   ② 월정사 8각 9층 탑   ③ 감은사지 3층 석탑

④ 경천사 10층 석탑   ⑤ 자운서원

16. **다음에 나타난 사상과 관련된 것을 〈보기〉에서 고르면?**

> 산의 형세나 땅의 모양, 물의 흐름이 인간의 행복과 불행, 좋고 나쁨에 영향을 준다는 사상이
> 다. 풍수지리설은 ○○ 말기에 ○○과 같은 선종 승려들에 의하여 중국에서 유행하던 것을 들
> 여왔다.

보 기
ㄱ. 왕권 강화   ㄴ. 지방 세력 강화   ㄷ. 교종 불교와 연합   ㄹ. 도선이 전래

① ㄱ, ㄴ   ② ㄷ, ㄹ   ③ ㄱ, ㄹ

④ ㄴ, ㄹ   ⑤ ㄴ, ㄷ

17. **다음 밑줄 친 것을 설명한 것 중 적절하지 않은 것은?**

> 요즈음에 한국인이 있는 곳이면 한국인의 외교업무와 사무 관계를 처리하는 공사관·영사관
> ·대사관이 있고, 그 밖에 종교시설, 한국인을 상대로 하는 여러 가지 부대 시설이 있는 것과
> 마찬가지로 당시에도 ㉠신라인들의 거주지에는 ㉡자치적 행정기관 겸 신라인을 다스리기 위한
> 관청, 종교 시설로는 ㉢사찰을 지었다. 대표적인 사찰은 ㉣장보고가 지은 절이 있었으며, 신라
> 인들이 머물 수 있는 ㉤숙박 장소도 지었다.

① ㄱ-신라방 　　　　② ㄴ-신라소 　　　　③ ㄷ-신라원
④ ㄹ-법화원 　　　　⑤ ㅁ-신라여

18. 다음 도표를 보고 50자 이내로 추론하시오.

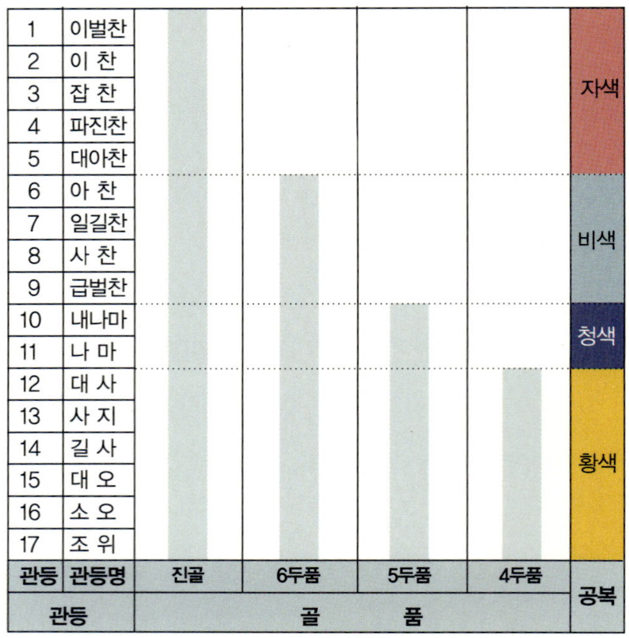

19. 다음과 같은 배경이 된 것을 〈보기〉에서 고르면?

- 우리나라의 유이민들이 일본에서 야마토 정권의 탄생에 기여하였다.
- 삼국의 문화는 일본의 고대 아스카 문화 형성에 이바지하였다.

보 기
ㄱ. 고구려는 담징을 보내 호류사 금당 벽화를 그렸다.

ㄴ. 신라는 축성술, 축제술, 조선술을 전해주었다.

ㄷ. 백제는 고흥을 보내 국사를 편찬하게 하였다.

ㄹ. 가야는 일본에 임나일본부를 설치하였다.

① ㄱ, ㄴ   ② ㄷ, ㄹ   ③ ㄱ, ㄹ

④ ㄴ, ㄹ   ⑤ ㄴ, ㄷ

20.

다음 제도와 관련된 설명을 〈보기〉에서 고르면?

춘추좌씨전이나 예기나 문선을 읽어 그 뜻을 잘 통하고 논어·효경에도 밝은 자를 상으로 하고, 곡례·논어·효경을 읽는 자를 중으로 하고, 곡례·효경을 읽는 자를 하로 하되, 만일 오경·삼사와 제자백가의 책을 능히 함께 통하는 자가 있으면 등급을 뛰어넘어 등용한다.

보 기

ㄱ. 통일신라 시대에 관리를 등용하기 위한 제도였다.

ㄴ. 성골 귀족들이 반발하여 제대로 실시하지 못했다.

ㄷ. 국학의 성적에 의하여 관리를 등용하는 제도였다.

ㄹ. 호족들이 성장하는 바탕이 되어 새로운 세력이 되었다.

① ㄱ, ㄴ   ② ㄷ, ㄹ   ③ ㄱ, ㄷ

④ ㄴ, ㄹ   ⑤ ㄴ, ㄷ

21.

다음과 같은 이유로 일어난 사건을 〈보기〉에서 고르면?

무열왕이 정관(당나라 2대 황제인 태종의 연호) 22년(648)에 중국에 들어가 태종 문황제의 은칙을 받자올 때, 가로되 "짐이 지금 고구려를 치는 것은 다름 아니라 그대 신라가 고구려·백제에 핍박되어 항상 편안할 때가 없음을 애달피 여김이니, 산천토지는 내가 욕심내는 것이 아니며, 옥과 비단과 여자도 내가 가지고 있는 것이다. 내가 양국을 평정하면 평양 이남, 백제 토지는 다 그대 신라에게 주어 길이 편안하게 하려 한다." 하고, 드디어 계책을 내리고 군사 동원을 약속했다. ……(중략)…… 진에 머무르는 당군은 집을 떠난 지 오래되어 의복이 해져 몸에 온전한 옷이 없으매, 신라는 백성에게 옷을 수집하여 철에 맞는 옷을 보내 주었다. 도호 유인원이 멀리서 고성(孤城)을 지킬 새, 사면은 모두 적이라 항상 백제인에게 포위당하고 또 항상 신라의 구조를 받았다. 이리하여 1만의 당군을 4년 동안 신라가 입히고 먹였으니, 인원 이하 병사까지 피골은 비록 중국에서 출생했으나 혈육은 모두 신라가 돌보는 바였다. 당나라의 은택도 한이 없지만, 신라의 충성을 다함도 또한 생각할 만한 것이다. …… 당이 1개의 사인을 보내어 원인을 묻지도 않고 곧 수만 명의 무리를 보내어 우리 근거지를 뒤엎으려 하여 병선이 바다를 덮고 배의 앞뒤가 바다에 이어져 있으며, 저 웅진에 정박하여 이 신라를 치니, 슬프다!……

《삼국사기》

보 기

ㄱ. 살수대첩　　　ㄴ. 황산벌 싸움　　　ㄷ. 매소성 싸움　　　ㄹ. 기벌포 싸움

---

① ㄱ, ㄴ　　　② ㄷ, ㄹ　　　③ ㄱ, ㄹ　　　④ ㄴ, ㄹ　　　⑤ ㄴ, ㄷ

22.

다음 글의 제목을 쓰시오.

- 견훤은 상주 가은현(경북 문경시 가은읍) 사람으로 본래의 성은 이씨였는데, 후에 견(甄)으로 성씨를 삼았다. 아버지는 아자개이니 농사로 먹고 살다가 후에 집안을 일으켜 장군이 되었다. ……(중략)…… '지금 내가 도읍을 완산(전주)에 정하고, 어찌 감히 의자왕의 쌓인 원통함을 씻지 아니하랴.' 하고, 드디어 후백제 왕이라 스스로 칭하고 관부를 설치하여 직책을 나누었다.
- 궁예는 신라 사람으로 성은 김씨이고, 아버지는 제47대 헌안왕 의정이며, 어머니는 헌안왕의 후궁이었다. ……(중략)…… 양길의 부하로 있다가 철원에 도읍을 정하고 스스로 왕이라 칭하였다.

1.

①

풀이▶ 유득공이 《발해고》에서 주장한 내용이다. 유득공은 발해의 역사를 처음으로 우리나라 역사로 받아들인 실학시대의 역사 학자이다. ②는 안정복, ③은 한치윤, ④ 이중환, ⑤ 정약용이 각각 쓴 저서이다.

2.

②

풀이▶ ①, ③, ④, ⑤ 신라 하대 상황－중앙정부의 재정이 어려워졌으며 진골 귀족 간에 왕위 다툼이 치열해졌으며, 호족 등 지방 세력의 등장으로 중앙정부의 지방에 대한 통제력이 약화되었다.

3.

⑤

풀이▶ 신라장적은 민정 문서라고도 한다. 민정 문서는 성별 · 연령별 인구 수, 가축 수, 유실나무 수 등 생산 자원을 파악하기 위함이었다.

4.

②

풀이▶ 신라와 발해는 관계 개선의 노력을 하기도 했으며, 신라도를 통하여 교류를 하기도 하였다.

5.

③

풀이▶ 6두품은 신라가 중앙집권 국가로 발전하면서 중앙귀족으로 편입되었다. 이들은 얻기 어려운 계층이라 하여 '득난'이라고 불리었으나, 6등급밖에 오를 수 없어 주로 종교와 학문 분야에서 활동하였다.

6.

④

풀이▶ ① 문왕, ② 당의 정치 제도를 모방했으나 독자적이었다, ③ 무왕, ⑤ 선왕

7.

⑤

풀이▶ 통일 신라 시대에는 울산항을 통하여 아라비아와 무역이 이루어졌다. 아라비아 인들은 신라를 이상향으로 여겼을 정도로 신라와 긴밀한 교류가 이루어졌으며, '처용가'에 나오는 처용도 아라비아 인으로 추정하고 있다.

8.

①

풀이▶ 석가탑을 보수하는 과정에서 무구정광대다라니경이 나왔으며, 가장 오래된 목판인쇄본이다.

9.

②

풀이▶ 사진은 동모산과 발해의 석등이다. 발해는 거란족에 의하여 멸망하였다.

10.

③

풀이▶ ㉠－상대 ㉡－중대 ㉢－하대, ③은 고려 시대 토지 제도이다.

11.

④

풀이▶ 발해는 당나라의 정치 제도를 모방했으나 운영이나 용어면에서 독자적이었다.

12.

④

풀이▶ 신라와 발해는 관계 개선의 노력을 하였으며, 신라도를 통하여 교류하기도 하였다.

13. ①

풀이▶ (다)는 성별·연령별 인구 수, 가축 수, 유실나무 수 등 생산 자원을 파악하기 위함이었다. (라)는 화랑의 열전이다.

14. ②

풀이▶ 원효대사를 찬미한 시이다. 원효대사는 백성들이 쉽게 접할 수 있는 정토종을 창시하였다. ①원광, ④자장, ⑤고려 시대의 지눌

15. ③

풀이▶ '찬기파랑가' 로 경덕왕 때 지어진 향가이다. 화랑 기파랑을 찬미한 노래이다. 통일 신라 시대의 문화를 찾으면 된다. ①, ②, ④는 고려, ⑤는 조선

16. ④

풀이▶ 풍수지리설로 신라 말기 도선에 의하여 전래되었다. 예언적인 도참사상과 결합되어 도읍, 주택, 묘지 등을 고르는데 영향을 주었으며, 경주 중심의 생각에서 벗어나 지방의 중요성을 깨닫게 하여 신라 정부의 권위를 약화시키는 구실을 하였다.

17. ⑤ − 신라관이라고 하였다.

18. 신라 사회를 이끌어간 골품 제도로, 골품의 등급에 따라 관리의 승진까지 제한하는 엄격한 신분 제도였다.

19. ①

풀이▶ 백제는 왕인이나 아직기를 통하여 유학과 천자문을, 그리고 한자를 받아들인 일본은 무령왕 때에는 단양이와 고안무를 통하여 유교 경전을, 성왕 때 노리사치계를 통하여 불교와 오경박사와 역박사를 통하여 유교와 천문 기술을 배웠다. 가야는 일본에 철을 만드는 기술을 가르쳐 주어 일본의 무기와 농기구의 발달에 크게 기여하였다.

20. ③

풀이▶ 통일 신라 시대에 실시된 관리 선발 제도인 독서삼품과이다. 독서삼품과는 국학의 성적을 상, 중, 하로 나누어 뽑는 제도로 왕권 강화와 유교적 정치 이념을 구현하기 위한 제도였으나, 진골 귀족의 반발로 효과는 없었다.

21. ②

풀이▶ 당나라의 한반도 지배 야욕에 대해 문무왕이 당나라를 쫓아내야 하는 이유와 의지를 밝힌 글이다. 문무왕은 당나라군을 매소성과 기벌포에서 물리쳤다. ㄱ은 고구려와 수나라의 싸움이며, ㄴ은 백제와 신라와의 싸움이다.

22. 후삼국의 성립, 또는 지방 독자 정권의 성립

IV
고려시대

01

태조의 훈요십조 訓要十條

→ 훈요 10조는 태조가 후세 왕에게 경계해야 할 사항을 남긴 교훈이다. 태조는 자신의 뜻이 후대 왕이 이어주기를 바랐던 것이다. 민심수습책과 불교 숭상, 외교 정책 등 다양한 국가 정책을 제시하였다. 8조의 금강이남 사람을 등용하지 말라는 내용은 위조되었다는 설이 있다.

고려 태조가 제시한 훈요십조[1]는 다음과 같다.

제1조 우리나라의 대업(大業)은 반드시 여러 부처의 힘을 입어야 하므로 선종과 교종의 사원(寺院)을 새로 짓고 주지들을 보내어 불교를 융성하도록 하되, 간신들이 승려들의 청탁을 들어 각 사원을 서로 다투어 빼앗는 일이 없도록 한다.

제2조 도선이 말하기를 모든 사원을 함부로 세우면 나라의 운수(運數)가 길하지 못한다고 하였으니, 후세에 마음대로 사원을 세우지 못하도록 한다.

제3조 맏아들이 왕위를 계승하는 것이 올바른 법도이지만, 만약 맏아들이 어리석으면 둘째 아들이 왕위를 계승하게 하고, 또 둘째 아들 역시 어리석을 경우에는 나머지 형제 가운데 많은 사람들이 추대하는 사람으로 왕위를 계승하게 한다.

제4조 우리나라는 예로부터 중국의 풍속을 따르려 하나, 사람도 땅도 중국과 다르니 반드시 중국의 제도를 따를 필요가 없다. 거란은 야만의 나라이고 풍속과 언어 또한 다르니 의관 제도를 본받지 않는다.

제5조 서경(西京)은 수덕(水德)이 고르고 순하여 우리나라의 중요한

1 고려 태조가 후손에 전한 신서(信書)와 훈계(訓戒) 10조로 이루어진 정치 지침서. 불교 신앙과 풍수지리 사상이 대부분이며, 역대의 왕들이 이에 의하여 정치를 하였다고 한다.

곳이 되니, 봄·여름·가을·겨울철마다 모두 100일 넘도록 서경에 머물러야 왕실의 안녕을 이룰 것이다.

제6조 연등(燃燈)은 부처를 섬기는 것이요, 팔관(八關)은 하늘의 신령과 오악(五岳)·명산(名山)·대천(大川)·용신(龍神)을 섬기는 것이니, 후세에 간신이 이를 더하거나 줄일 것을 건의하지 못하도록 한다.

제7조 신하의 곧은 말은 따르고 헐뜯는 말은 멀리한다. 요역은 농사철을 피하고, 어진 정치를 하되 상과 벌을 법에 맞게 하면 나랏일이 평안할 것이다.

제8조 차령이남과 공주강(錦江) 밖은 풍수가 모두 거슬리므로, 그곳의 인심도 또한 그러할 것이다. 따라서 그들을 등용하면 혹 반란을 일으킬 수 있다.

제9조 나라의 관직은 맘대로 늘이거나 줄이지 말며, 사사로이 관직을 주면 백성들의 신망을 잃게 된다. 이웃에는 위험한 나라가 있으니, 항상 주의하고 병졸들 가운데 뛰어난 자에게는 관직을 높여 준다.

제10조 옛 고전을 많이 읽어 나라 다스릴 때에 거울로 삼도록 한다.

제1조에는 불교를 숭상하는 정책을 실시하도록 했으며, 2조와 5조, 8조에는 풍수지리설에 대한 관심과 서경이 길지(吉地)이므로 중요하게 여겨야 하고, 호남 지방에 대한 차별도 담겨 있다. 하지만 8조의 내용은 후세에 조작되었다는 말도 있다. 3조에는 큰아들이 왕위를 계승해야 한다는 원칙과 함께 자격이 없으면 다른 아들에게 왕위를 잇게 해야 한다는 원칙을 제시하고 있다. 4조에는 사대적인 생각을 버리며, 거란에 대한 외교 정책을 엿볼 수 있다. 6조에는 나라의 큰 행사인 연등회와 팔관회를 꼭 하라는 뜻이 담겨 있다. 7조에는 민심수습책으로 농사를 중히 여기며, 농사철에는 함부로 부역에 동원하지 말 것을 당부하고 있다. 9조에는 공정하게 인사를 처리하며, 10조에는 독서를 통하여 옛 글에서 많은 교훈을 얻으라는 것이다.

풍수지리설(風水地理說)

산의 형세나 땅의 모양, 물의 흐름이 인간의 행복과 불행, 좋고 나쁨에 영향을 준다는 사상이다. 풍수지리설은 신라 말기에 도선(道宣)[2]과 같은 선종 승려들에 의하여 중국에서 유행하던 것을 들여왔다.

예언적인 도참(圖讖)[3] 사상과 결합되어 도읍, 주택, 묘지 등을 고르는데 영향을 주었으며, 경주 중심의 생각에서 벗어나게 하여 지방의 중요성을 깨닫게 하여 신라 정부의 권위를 약화시키는 구실을 하였다.

2 중국 당나라 때의 중(596~667). 계율종 남산파의 창시자로 각지에서 율(律)을 설법하고, 경전 한역 사업에 참여하였다. 저서에 《사분율행사초(四分律行事鈔)》, 《속고승전(續高僧傳)》, 《광홍명집(廣弘明集)》 등이 있다.

3 앞날의 길흉을 예언하는 술법. 또는 그런 내용을 적은 책. 《정감록》 등이 있다.

02

태조의 사성 賜姓 정책

→ 성(姓)은 출생의 계통을 표시하는 것으로, 각 개인은 성에 의하여 각자의 소속된 혈통을 분별할 수 있다. 씨(氏)는 분화된 혈통의 지연을 표시하는 표지로써 본관(本貫)에 해당한다.

성씨(姓氏)란 출생의 혈통을 나타내거나, 한 혈통을 잇는 겨레붙이의 칭호를 말한다. 그럼 성과 씨는 어떻게 다를까?

중국의 문자 구조에 관한 최초의 자전(字典)인 《설문해자(說文解字)》에 '성인지 소생야(姓人之 所生也)'라 하듯이 성은 출생의 계통을 표시하는 것으로, 모계 시대에는 여계(女系)의 혈통을, 부계 시대에는 남계(男系)의 혈통을 나타내는 표시이다.

또 《춘추좌씨전(春秋左氏傳)》에 '천자건덕 인생이사성(天子建德 因生以賜姓)'이라 한 것처럼 천자(天子)가 제후를 봉할 때 그 조상의 출생지로써 성을 주었다고 한다. 그러므로 각 개인의 성에 의하여 각자의 소속된 혈통을 분별할 수 있었다.

그러나 동일한 혈통을 가진 자가 각지에 분산하게 될 때, 각기 지역에 분산된 일파를 표시하기 위한 표지가 필요했는데, 이것이 곧 씨(氏)이다.

《춘추좌씨전》에 '조지토 이명지씨(胙之土 而命之氏)'라 한 바와 같이, 씨는 지명에 의하여 명명됨을 말하고 있다. 씨는 분화된 혈통(성)의 각기 지연(地緣)을 표시하는 표지인 것이 분명하므로, 그 본원적 의미는 성의 분파(分派)를 뜻한다.

그러므로 성(姓)은 중국의 고전에서 말하는 혈통의 연원을 표시하는 것으로 역시 우리의 성(姓)에 해당되며, 씨(氏)란 같은 성에서도 소유한 지역으로 분별한 것이므로 우리의 본관(本貫)에 해당된다. 경주 김씨, 전주 이씨, 밀양 박씨 등이라 할 때의 '씨'에는 존칭적 의미도 담겨 있지만, 본관을 표시하는 의미가 포함되어 있다. 씨는 또한 조선 시대 양반의 처(妻)에 대한 이름 대용의 경칭적 칭호로도 사용되었다.

우리 민족은 삼국 시대부터 중국 문화의 영향을 받아 중국식을 모방한 한자 성을 사용하기 시작했다. 역사의 발전과 궤도를 같이하여 각 시대가 전환하는 고비마다 성씨 제도에 획기적인 변화가 수반되어 새로운 성이 생겨나기도 하고, 또 그럴 때마다 기존의 성이 분열하여 분관(分貫), 분파(分派) 작용을 했는가 하면 소멸되기도 하는 등 많은 변천을 거듭해 왔다.

중국식 성씨 제도는 이미 삼국 시대부터 왕실, 귀족 순으로 수용되어 왔지만, 한국적 성씨 체계가 본격적으로 정착되는 시기는 고려 초기였다. 후삼국 시대의 격심한 사회적 변동에 따른 신분제의 재편성 과정에서 태조 왕건(王建)은 반도를 재통일한 다음, 당대의 실질적인 지배 세력을 대표했던 전국의 호족을 출신지, 거주지별로 나누어 각기 성과 본관을 하사했다. 이로써 우리나라의 성과 씨는 한층 늘어나게 되었던 것이다.

우리나라 성의 수는 《동국여지승람(東國輿地勝覽)》에는 277성으로 되어 있으며, 1908년에 발간된 《증보문헌비고(增補文獻備考)》에는 496성으로 되어 있다. 그러던 것이 광복 후 1960년 인구 조사에는 258성으로, 1985년에는 274성으로 나와 있다. 2003년 통계청 발표에 따르면 현재 286성이 있다고 한다.

태조의 호족 통합책으로 추진된 혼인 정책

태조는 호족 통합책으로 혼인 정책과 사성 정책, 호족 견제책으로 기인(其人)[1] 제도와 사심관(事審官) 제도[2]를 추진하였다.

    태조는 호족들을 통합하기 위하여 개국 공신과 지방 호족을 관리로 등용하였다. 그리고 호족들의 딸과 혼인을 하거나 호족들과 자신의 딸들을 혼인시키는 혼인 정책으로 호족들을 자신의 세력으로 편입시켰다.

    한편으로는 호족들을 견제하기 위한 정책도 펴나갔다. 지방 호족의 자제 중 일부를 서울에 있게 한 일종의 인질 제도인 기인 제도가 있다. 기인 제도는 통일 신라 시대의 상수리 제도[3]에서 유래가 되었다. 또한 신라 경순왕이 항복했을 때 태조는 신라를 없애고 경주로 바꾸었다. 그리고 경순왕으로 하여금 경주의 사심관이 되어 고을을 다스리게 하였다. 이를 뒤따라 고려를 건국하는 데 기여한 공신들이 이를 본받아 자기 출신 고장의 사심관이 되어 지방을 통제하게 하였다.

---

1 고려 · 조선 시대 때 지방 호족 및 토호의 자제로서 중앙에 볼모로 와서 그 출신 지방의 행정에 고문(顧問) 구실을 하던 사람. 또는 그런 제도. 지방 세력을 견제하고 중앙집권을 강화하기 위한 정책으로, 신라의 상수리 제도에서 유래하였다.

2 고려 시대 때 서울에 있으면서 고향의 일에 관여하던 벼슬아치. 각 지방의 호족 세력을 억제하고 중앙집권을 이루기 위해 둔 것으로, 부호장 이하의 향직을 임명할 수 있었고, 그 지방의 치안을 책임졌다.

3 신라 때 볼모 겸 고문으로 지방에서 경주에 와 있던 향리. 고려 시대 기인 제도의 기원이 되었다.

03

광종光宗의 개혁 정치

왕건의 위엄은 호족들을 통제하여 왕조의 기반을 굳혔다. 그러나 왕건이 세상을 떠나자 고려는 혼란에 빠졌다. 왕건은 동맹의 표시로 호족들의 딸을 후비로 맞이하여 50여 명의 자녀를 두었는데, 그 중의 누가 왕위를 계승하느냐 하는 것은 호족 중에서 누가 정권을 잡느냐 하는 문제였다.

왕건은 광주의 호족 왕규의 딸과 혼인하여 아들 광주원군을 낳았는데, 혜종(惠宗)이 즉위하자 왕규는 온갖 수단으로 광주원군을 임금으로 앉히려고 일을 꾸몄다. 마침내 2차에 걸쳐 혜종을 시해하려고 하였다.

혜종은 그의 죄상을 알고 있으면서도 힘이 없었기에 왕으로서 왕규의 역모를 없었던 일로 할 수밖에 없었으며, 불안 속에서 병을 얻어 재위 불과 2년 만에 세상을 떠났던 것이다. 왕규의 역모는 서경의 왕식렴(王式廉)이 정병을 거느리고 개경으로 들어와 처단되었거니와, 이 유력한 군사력의 후원 없이는 개경에서 강력한 사병을 거느리고 있던 왕규는 왕으로서도 숙청할 힘이 없었던 것이다.

제4대 영특한 광종이 즉위하자, 그는 비상한 노력으로써 '왕권은 약하고, 신하의 권력이 강한' 현상을 타파하고자 노력하였다. 신라 말기 이래 많은 전쟁으로 생긴 포로와 굶주리는 백성들을 호족들은 노예로 삼아 그 수요가 크게 늘어났는데 광종은 7년(956)에 노비안검법[1]을 실시하여 노비들을 조사하고 본래 양민이었던 사람은 해방시켰다. 이리하여 수많은 노비들이 해방되고 중신 호족들은 크게 재산상의 손실을 입었다. 이것은 과도하게 커진 중신들의 경제

1 고려 광종 7년(956)에 본디 양민이었던 노비를 해방시켜 주기 위하여 만든 법. 통일 신라 말기~고려 초기에 억울하게 노비가 된 사람을 해방시킨 것인데, 호족이 소유한 노비를 풀어 줌으로써 국가 재정을 튼튼히 하면서 왕권을 강화하고 호족의 세력을 약화하기 위한 것이었다.

력을 삭감하는 조치였다.

《고려사절요(高麗史節要)》에 보면 '광종 7년(956)에 노비를 조사해서 옳고 그름을 밝히도록 명령하였다. 이 때문에 주인을 배반하는 노비들을 억누를 수 없었으므로, 주인을 업신여기는 풍속이 크게 유행하였다.'

광종은 9년(958)에 노비안검법에 이어서 과거 제도를 창설하였다. 이것은 중신 호족들을 누르고 신라 계통의 문신 및 지방 호족의 자제들을 정권에 참여시키려는 취지에서 마련된 것으로 중대한 사회적·문화적 의의를 가진다. 과거 제도는 직권 체제 성립의 상징이며, 혈통 위주의 골품제(骨品制)보다 훨씬 넓은 범위의 인재를 수용하게 되었으니 이는 고려사회가 신라사회보다 진보한 사회라는 것을 보여준다. 광종은 자주·독립성이 강한 왕으로 개경을 황도, 서경은 서도라 이름붙이고 광덕, 중풍 등의 독자적 연호를 썼으며, 황제 폐하라고 칭하였고, 또 역대의 공신을 대량 숙청하는 등 왕권 확립에 크게 이바지하였다.

《고려사(高麗史)》에 보면 '광종이 쌍기의 의견을 받아들여 과거로 인재를 뽑게 하였다. 이때부터 문풍(文風)이 일어났고, 그 법은 대체로 중국 당의 제도를 따른 것이다.'

• 요약정리 ― 고려의 정치 변천 과정

임금	업적	지배층
태조	고려 건국, 후삼국 통일, 북진 정책·혼인 정책·민족 융합 정책 (발해 유민 포섭)	문벌 귀족 (음서, 공음전)
광종	왕권 강화책 (노비안검법과 과거제 실시)	
성종	최승로의 건의로 유교의 정치 이념화, 지방관 파견	
귀족사회의 모순	이자겸의 난 → 묘청의 서경 천도 운동 (고려인의 자주성 표현)	
무신정변	정중부 → 경대승 → 이의민 → 최충헌	무인

음서(蔭敍) 제도

관리를 선발하는 제도로 과거제가 문예와 경전을 시험 보면서 능력에 따라 선발하는데 비하여 가문에 의하여 또는 관리의 추천에 의하여 뽑는 제도가 있었다.

가문에 의하여 관리를 뽑는 제도는 신라 시대에서 그 기원을 찾을 수가 있다. 신라 시대에 나라에 큰 공로가 있는 사람의 아들은 특별히 관리로 선발하였다. 이를 계승하여 고려 시대에서는 공신의 아들을 관리로 특별히 선발하였으며, 5품 이상 관리의 아들을 특별히 선발하는 제도이다. 이 제도는 고려사회의 문벌 귀족사회가 형성되는 기틀이 되었다. 이러한 음서 제도[2]는 조선 시대에도 이어졌다. 2품 이상 관리의 아들을 과거 시험을 거치지 않고 관리로 등용하는 제도였으나, 승진에 많은 제한을 두어 환영받지 못했다.

관리의 추천에 의하여 관리를 선발하는 제도는 조선 시대에 실시되었다. 중종(中宗) 때 조광조(趙光祖)가 실시한 현량과(賢良科)[3]이다. 현량방정과의 준말로 천거과라고도 한다. 추천은 서울에서는 사관(四館, 과거에 관한 일을 맡아보던 성균관, 예문관, 승문원, 교서관을 가리킴)이 유생과 관리를 막론하고 성균관에 후보를 추천하면, 성균관은 이를 예조(禮曹)에 알리고, 육조(六曹) · 한성부(漢城府) · 홍문관(弘文館) · 사헌부(司憲府) · 사간원(司諫院)에서도 예조에 후보자를 추천할 수 있었다.

이 과정에서 후보자의 성명, 출생 연도, 자(字), 천거 사항(성품, 재능, 학식, 행실과 행적, 생활 태도와 현실 대응 의식)을 종합하여 의정부(議政府)에 보고하고, 그들을 궁궐 뜰에 모아 임금이 참석한 자리에서 대책을 시험하여 인재를 선발하였다.

이와 같은 절차에 따라 중종 13년(1519) 4월 13일 120명의 후보자 가운데 28명을 선발하였다. 그런데 그 중에 21명이 조광조와 관계 있는 사람이었기에 훈구파의 반발을 받아 기묘사화(己卯士禍)[4]가 일어나는 원인이 되기도 하였다.

　　추천에 의한 관리 선발은 기존의 관리 중에서 새로운 관직을 임명할 때 많이 거론되었다. 예컨대 유성룡(柳成龍)[5]이 임진왜란(壬辰倭亂)이 일어나기 1년 전에 이순신(李舜臣)을 정읍현감[6]에서 전라좌도 수군절도사[7]로 6등급을 파격적으로 승진한 것은 추천에 의한 벼슬이었기에 가능한 일이었다.

2　고려~조선 시대 때 공신이나 전 · 현직 고관의 자제를 과거에 의하지 않고 관리로 채용하던 일.

3　조선 중종 때 조광조 등의 제안으로 경학에 밝고 덕행이 높은 사람을 천거하여 대책(對策)으로 시험을 보아 뽑던 과거. 기묘사화로 인하여 폐지되었다.

4　조선 중종 14년(1519)에 일어난 사화. 남곤 · 심정 · 홍경주 등의 훈구파가 성리학에 바탕을 둔 이상 정치를 주장하던 조광조 · 김정 등의 신진파를 죽이거나 귀양 보냈다.

5　조선 선조 때의 재상(1542~1607). 자는 이견(而見), 호는 서애(西厓). 이황의 문인으로, 대사헌 · 경상도 관찰사 등을 거쳐 영의정을 지냈다. 임진왜란 때 이순신과 권율 같은 명장을 천거하였으며, 도학 · 문장 · 덕행 · 서예로 이름을 떨쳤다. 저서에 《서애집》, 《징비록》, 《신종록(愼終錄)》 등이 있다.

6　조선 시대 때 작은 현(縣)의 으뜸 벼슬. 품계는 종6품으로 고려 시대의 감무(監務)를 고친 것인데 감무보다는 권한이 강하였다.

7　조선 시대 때 각 도의 수군을 통솔하는 일을 맡아보던 정3품 외직 무관(外職武官)의 벼슬. 세조 12년(1466)에 수군도안무처치사를 고친 것으로 모두 당상관이었다.

최치원_{崔致遠}과 최승로_{崔承老}의 시무책_{時務策}

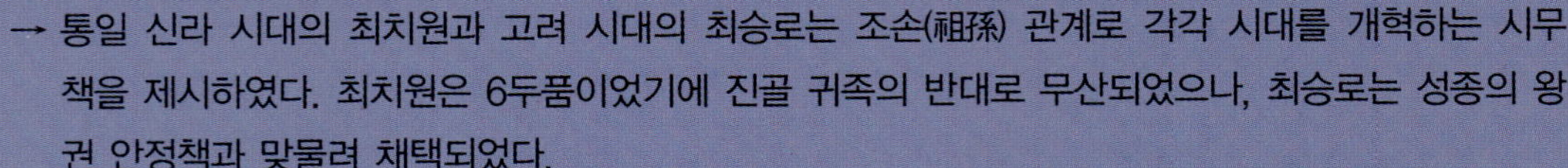

→ 통일 신라 시대의 최치원과 고려 시대의 최승로는 조손(祖孫) 관계로 각각 시대를 개혁하는 시무책을 제시하였다. 최치원은 6두품이었기에 진골 귀족의 반대로 무산되었으나, 최승로는 성종의 왕권 안정책과 맞물려 채택되었다.

통일 신라 시대에 당나라에서 빈공과에 합격하여 이름을 떨치던 최치원[1]은 6두품을 대표하던 인물이었다. 최치원은 진성 여왕 8년(894) 2월에 진성 여왕에게 시무책[2] 10여 조를 올렸다. 그가 올린 시무책의 내용을 확실히 알 수는 없으나 늘어난 관리의 숫자를 줄이고, 토지 제도를 바로 잡으며, 탐관오리를 처벌하며, 관리들의 사치를 금지하는 내용으로 여러 가지 문제점들에 대한 해결방안을 제시했을 것으로 보인다. 진성 여왕은 이를 실시하려고 하였으나 신라가 이미 중앙의 통제 능력을 상실하였고, 6두품인 최치원의 개혁안이었기에 진골 귀족들의 반발로 최치원의 시무책은 실효를 거둘 수 없었다.

최치원의 손자는 최승로[3]이다. 최승로는 경주 출신으로 신라가 항복할 때 아버지와 함께 경순왕을 따라 고려에 귀순하여 일찍부터 고려에서 벼슬을 한 학자 출신의 중앙 관료였다. 성종 1년(982)에 최승로는 성종에게 시무 28조를 올렸다. 경종 때의 혼란을 바로 잡으려는 성종이었기에 최승로의 시무 28조는 유교적 정치 질서를 강화하는 정책으로 채택되었다.

그러나 최승로의 시무 28조는 불교 중심의 고려사회에서 유교를 정치 이념으로 채택하는 계기가 되었다. 특히 백성들을 근본으로 하는 정치를 실현하려

1 통일 신라 말기의 학자·문장가(857~?). 자는 고운(孤雲)·해운(海雲). 12세에 중국 당나라에 유학하여 과거에 급제하고 황소의 난이 일어나자 격문(檄文)을 써서 이름을 높였다. 저서에 《계원필경》, 《사륙집(四六集)》 등이 있다.

2 그 시대에 중요하게 다룰 일에 대한 계책.

3 고려 초기의 문신·학자(927~989). 수문하시중(守門下侍中)을 지냈다. 왕명(王命)을 받고 시무책(時務策) 28조를 올려 고려 왕조의 기초를 다지는 데 기여하였다. 《동문선》에 한시(漢詩) 2수가 전한다.

고 민생안정책도 내세웠다.

최승로는 불교의 폐단을 비판하면서 호족 세력의 억제와 지방관[4] 파견을 주장하는 등 중앙집권을 위한 정책을 제시하였다. 최승로의 건의로 12목이 설치되어 고려에서 최초로 지방관이 파견되었다.

한편으로는 왕권이 비대해지는 것을 막기 위하여 친위 부대의 숫자를 줄이고 광종이 공신과 호족을 숙청한 것을 비판하는 등 왕이 교만하지 말 것을 경고하여 왕권이 지나치게 비대화되는 것을 견제하였다.

하지만 최승로의 시무 28조는 공신을 우대할 것을 주장하여 고려 전기가 문벌 귀족사회가 되는 기틀을 마련하기도 하였다.

《고려사》 '최승로전'에 나와 있는 시무 28조의 내용은 다음과 같다.

최치원

첫째, 우리나라가 삼한을 통일한 이래 47년이 지났는데 병사들이 아직까지 편안한 잠을 자지 못하고 군량을 많이 소비하는 것은 서북 지방이 미개 민족들과 국경을 맞대고 있어 경비할 곳이 많기 때문입니다. …… (중략)……

국경 지역의 사람들 중에서 말 달리고 활 쏠 줄 아는 사람을 선발하여 국경 경비를 맡게 하고, 또 그들 중에서 2~3명의 장수를 뽑아 통솔하게 하면 서울을 방어하는 군사들을 교대시킬 필요가 없습니다.

둘째, 불교 행사를 많이 갖게 된 것은 광종 때부터 시작된 일인 바 광종은 죄 없는 사람들을 많이 죽였기에 불교의 인과응보(因果應報)설에 따라 자신의 죄과를 제거하고자 백성들의 세금으로 불교 행사를 많이 가진 것입니다. 이제 불교 행사는 이익을 얻는 바가 없으므로 무

4 주(州) · 부(府) · 군(郡) · 현(縣)의 행정 책임을 맡았던 으뜸 벼슬.

익한 일을 하지 않으시기를 바랍니다.

셋째, 태조 시대에는 궁궐을 수비하는 군사들만 있어 그 숫자가 많지 않았으나, 광종 때에 죄 없는 사람들을 죽였기에 의심하는 마음이 생겨 병사들을 많이 늘렸습니다. 이제 용감한 사람들만 남기고 모두 돌려보내신다면 원망하는 사람도 없을 것이요, 나라에는 저축이 생기게 될 것입니다.

넷째, 상벌만 명확하게 시행하여 악을 징계하고 선을 권장하신다면 충분히 행복을 얻을 수 있을 것입니다.

다섯째, 우리 태조는 큰 나라를 섬기는 일에 많은 관심을 가졌습니다. 그러나 몇 해에 한 번씩 사신을 보내서 예방할 뿐이었는데 지금은 비단 예방하는 사신뿐만 아니라 무역으로 인하여 보내는 사신들도 매우 많으니, 중국에서 우리를 천하게 여기는 조건이 될까 염려됩니다. 또한 왕래하다가 배가 깨져 죽는 사람이 많으니 청컨대 지금부터는 예방하는 사신들로 하여금 무역을 함께 하게 하고 기타의 때 아닌 매매는 모두 금지시키십시오.

일곱째, 임금이 백성을 다스림은 집집마다 찾아가 날마다 돌보는 것이 아닙니다. 그러므로 수령을 나누어 보내 백성들의 이해를 살피게 합니다. 우리 성조께서도 삼한을 통합하신 뒤에 지방관을 두려 했으나 대체로 초창기에 일이 번거로워 시간이 없었습니다. 이제 지방의 호족들이 매번 나랏일을 핑계로 백성들을 수탈하여 그들이 견디지 못합니다. 지방에 관리를 파견하는데, 먼저 10여 주현에 한 명의 외관을 두고 그 아래 2~3명의 관원을 설치하여 백성들을 다스리는 일을 맡기소서……

열한 번째, 중국의 제도는 준수하지 않으면 안 됩니다. 그러나 사방의 풍속은 각기 지방의 성질에 따라 변화되기 어렵습니다. 그 중 예악(禮樂)·시서(詩書)의 가르침과 군신·부자의 도는 마땅히 중국을 본받아 잘못된 것은 고치도록 하고 그 밖의 수레와 의복 제도는 우리나라

의 풍속을 따르게 하여 사치와 검소를 적절하게 하면 됩니다. 모든 것
을 반드시 구차하게 중국과 같이할 필요는 없습니다…….

열네 번째, …… 성인이 하늘과 사람을 감동시키는 까닭은 그 순일
한 덕과 사사로움이 없는 마음 때문입니다. 만약 성상께서 마음을 겸
손하게 가지고 항상 임금이 신하들을 대할 때 공경하면서 두려워한다
면 누가 마음과 힘을 다하여서 계책을 말하며 바르게 보필하기를 생
각하지 않겠습니까? 이것이 이른바 임금은 예의로 대우하고 신하는
임금을 충성으로서 섬긴다는 것입니다. 바라건대 성상께서는 스스로
교만하지 말고 신하를 만남에 공손함을 생각하여 설사 혹 죄 있는 사
람이 있다고 하더라도 그 가벼움과 무거움을 법대로 처리한다면 태평
의 큰 업적을 이룰 것입니다.

스무 번째, …… 신이 듣건대 사람의 화복과 귀천은 모두 날 때부
터 타고난 것이라 하오니 마땅히 순수하게 받아들여야 할 것이옵니
다. 하물며 불교를 숭상하는 것은 다만 내생의 인과를 심을 뿐, 현세
의 응보에는 이익됨이 적다고 하니 나라를 다스리는 요체는 여기에
있지 않은 것 같사옵니다. …… (중략)……

불교를 행하는 것은 수신(修身)의 근본이요, 유교를 행하는 것은 치
국(治國)의 근원입니다. 수신은 내생의 복을 구하는 것이며, 치국은 곧
오늘날의 임무입니다. 금일은 지극히 가깝고 내생은 지극히 머니 가
까움을 버리고 먼 것을 구함은 또한 그릇된 것이 아니겠습니까?

05 고려 시대의 문화

→ 고려 시대 문화의 전기는 귀족 불교 중심으로, 후기는 불교와 성리학이 문화의 중심으로 자리 잡았다.

고려 전기는 귀족 불교 중심의 문화가 자리 잡았다. 그리하여 귀족들이 사용하는 그릇을 중심으로 상감청자가 발달되었다.

불교 중심의 문화는 섬세함과 정교한 기술을 엿볼 수 있는 석부도(石浮屠)와 같은 미술품이 발달되었으니, 그 예로 정토사 실상탑과 법천사 현묘탑을 들 수 있다.

신라의 양식을 이어받은 석탑으로 현화사 7층 탑이 있는데, 돌탑의 직선미보다는 둥근 모양을 띠고 있다. 중기 이후에는 라마 불교의 영향을 받은 팔각 탑 양식의 월정사(月精寺) 9층 탑이 있다. 불상은 통일 신라 시대보다 섬세한 부분이 떨어지니, 관촉사의 미륵불과 부석사 아미타불상이 있다.

회화도 상당히 발달하여 이영(李寧)은 '예성강도(禮成江圖)'를 남겼으며, 그 아들 이광필(李光弼)도 회화에 뛰어났다. 글씨는 신라의 김생(金生)과 함께 유신·탄연·최우를 신품4현(神品四賢)으로 일컬었다.

고려 후기의 문화는 무신정권이 보조국사 지눌(知訥)이 개창한 조계종(曹溪宗)[1]을 후원하니, 불교 미술이 교종의 화려함과 불사 작업이 나타나지 못했다. 오늘날 남아 있는 불교 예술로 주심포 양식의 목조 건축물인 부석사 무량수전(無量壽殿)과 수덕사 대웅전이 있으며, 특히 안동 봉정사 극락전은 가장 오래된 건물로 알려져 있다. 석탑으로는 원의 석탑 양식을 본뜬 경천사 10층 석탑이 있으며, 조선 시대까지 그 양식이 이어졌다. 그림에는 공민왕의 '천산대렵

[1] 우리나라 선종을 통틀어 이르는 말. 고려 시대에 보조 국사(普照國師)가 송광산 길상사에서 정혜사를 창건하고, 뒤에 '송광산'을 '조계산', '정혜사'를 '수선사'라고 고친 다음부터 붙인 이름이다. 1941년에 북한산 '태고사'를 현재의 자리에 옮겨 짓고 선교(禪敎) 양종(兩宗)을 통합하여 조선 불교 총본산을 설립하였다.

월정사 8각 9층 탑

부석사 무량수전

도(天山大獵圖)'와 일본에 전해오고 있는 혜허의 '관음보살도'가 대표적인 작품이다. 글씨는 원나라의 조맹부(趙孟頫)에 의한 송설체(松雪体)가 유행하였으니 이암이 대표적이다.

음악은 신라 시대 이래 전해 내려온 고유 음악인 속악(俗樂) 외에 당악(唐樂)과 송악이 수입되어 고려 음악이 발전하게 되었다.

고려 후기에는 성리학의 전래로 학문과 사상면에서 새로운 전환점이 되었다. 충렬왕 때 안향(安珦)[2]에 의해 수입된 성리학은 불교 배척의 기운이 나타났으며, 조선이 건국되는 바탕이 되었다.

• 요약정리 — 고려 시대의 문화

	고려 전기	고려 후기
성격	귀족적, 불교적	서민적, 불교적
불상	· 부석사 아미타소조여래상 · 관촉사 석조미륵보살 입상	
미술, 공예	용주사 동종	상감청자
석조, 건축물	· 월정사 8각 9층 탑 · 부석사 무량수전	경천사지 10층 석탑 (라마교 불탑 양식)
역사서	김부식의 삼국사기 (기전체)	일연의 삼국유사 (단군신화 수록)
인쇄술	목판 인쇄술 — 대장경 (거란 침입 때 초조대장경, 의천의 속장경)	· 직지심경 (현존 가장 오래된 금속 활자본) · 팔만대장경 (몽고 침입 때)

2 고려 충렬왕 때의 문신·학자(1243~1306). 자는 사온(士蘊), 호는 회헌(晦軒). 미신 타파에 힘썼고, 섬학전(贍學錢)이라는 육영 재단을 설치하고, 국학 대성전(國學大成殿)을 낙성(落成)하여 유학의 진흥에 힘썼으며, 우리나라에서 최초로 주자학을 연구하였다.

06

고려 시대 이민족과의 충돌

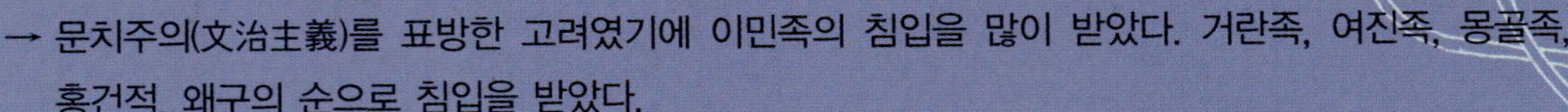

→ 문치주의(文治主義)를 표방한 고려였기에 이민족의 침입을 많이 받았다. 거란족, 여진족, 몽골족, 홍건적, 왜구의 순으로 침입을 받았다.

고려 시대는 문신 위주의 정치인 문치주의를 펼쳤다. 그리하여 과거 시험도 무과는 실시하지 않았다. 무과를 실시하지 않았기에 문신들이 무인들을 얕보고 차별하였으므로 고려 중기에 정중부(鄭仲夫)[1]를 비롯한 무인들이 정변을 일으킨 것이다.

문치주의는 국방력의 약화를 가져와 다른 이민족의 침입을 받았으며, 여진족이나 몽고족에게는 형제관계나 부마국으로 전락하기까지 하였다.

고려 시대에 침입한 주요 이민족들은 거란족→여진족→몽고족→홍건적→왜구의 순이었다.

고려 태조는 거란족이 발해를 멸망시켰다는 이유로 거란과의 친선관계를 거부하였다. 거란족은 요나라를 건국하면서 고려를 침입하였다. 3차례에 걸친 침입으로 고려는 한때 현종(顯宗)이 피난을 갈 정도로 나라가 위기에 몰리기도 하였다. 하지만 1차 침입은 서희(徐熙)[2]의 외교술로 오히려 강동 6주를 되찾음으로써 통일 신라 이후 우리나라의 영토를 압록강까지 넓히는 계기가 되었다. 2차 침입 때는 현종이 나주까지 피난을 갔으며, 나라가 위기에 처하자 하공진(河拱辰)이 외교 담판을 벌여 강화를 맺은 후에 돌아가는 거란군을 양규(楊規)가 귀주에서 물리쳤다. 3차 침입 때는 강감찬(姜邯贊)[3]이 소배압(蕭排押)의 10만 거란군을 귀주에서 물리쳤다.

이후 고려와 거란은 전쟁을 중단하고 강화를 맺어 사신을 교환하며 교류를

1 고려 시대의 무신(1106~1179). 무신을 학대하는 데에 불만을 품고 정변을 일으켜, 임금을 폐하고 정권을 잡은 후 무단 정치를 행하다가 경대승에게 피살되었다.

2 고려 전기의 외교가(942~998). 자는 염윤(廉允). 성종 12년(993) 거란이 침입하였을 때 적장 소손녕과 담판하고 유리한 강화를 맺었으며, 이듬해에는 여진을 몰아내었다.

3 고려 초기의 명장(948~1031). 현종 9년(1018)에 거란의 장수 소배압이 쳐들어오자 서북면 행영 도통사로서 상원수가 되어 흥화진에서 적군을 대파하였다. 또한 이듬해에는 회군하는 적을 귀주에서 크게 격파하여 추충협모안국공신의 호를 받았다.

하였다.

여진족은 원래 발해의 피지배계층인 말갈족의 후예들이다. 여진족은 고려를 부모의 나라라고 섬기며 말과 화살을 조공(租貢)하였고, 고려는 이에 대한 대가로 식량과 농기구를 주었다. 그러나 완옌부가 여진족을 통일하면서 고려와 국경을 맞대면서 충돌을 하게 되었다.

고려에서는 윤관(尹瓘)이 별무반(別武班, 신기군-기병, 신보군-보병, 항마군-승병)을 구성하여 예종(睿宗) 2년(1107)에 여진족을 물리치고 동북 9성을 설치하였다. 그러나 여진족이 돌려주기를 간청하고 거리가 멀어 방비하기도 어려워 예종 4년(1109)에 9성을 돌려주었다. 여진족은 강성해지면서 금나라를 건설하고 고려에 대해서 압력을 가해와 군신관계를 맺으면서 고려의 북진 정책은 중단되었다.

강감찬 영정(上)과 사당인 안국사(下)

13세기에 접어들어 칭기즈 칸[4]이 몽골족을 통일하면서 세력을 확장하였다. 거란을 매개로 공식적인 외교관계를 맺었던 고려와 몽골은 고려에 왔다가 귀국하는 몽골 사신 저고여가 압록강 국경 부근에서 피살되자 외교관계가 단절되었다. 이후 몽골은 1231년에 1차로 침입해온 것을 계기로 6차례에 걸쳐 침입하였다. 몽골이 침입하자 관리들은 도망을 쳤으나, 관노비와 초적들이 몽골군에 항전하며 싸웠다. 특히 처인성 전투에서는 김윤후(金允侯)가 몽골군 장수인 살리타(Salietai)를 사살하기도 하였다.

최씨 정권은 강화도로 피난을 가면서 끝까지 항전을 하려고 하였으나, 본토에 남아 있는 백성들의 고통은 컸다. 결국 최씨 무신 정권을 무너뜨린 임유무가 피살되고 몽골과 강화를 맺으면서 긴 전쟁은 끝이 났다.

몽골과의 강화에 반대한 삼별초는 강화도에서 진도로, 진도에서 제주도로 근거지를 옮겨가며 저항을 하다가 고려와 몽골의 연합군에 의해 진압되었다.

4 Chingiz Khan, 몽골 제국의 제1대 왕(1167~1227). 본명은 테무친. 한자식 이름은 성길사한(成吉思汗). 몽골족을 통일하고 이 칭호를 받아 몽골 제국의 칸이 되었다. 중앙아시아를 평정하는 한편, 서양 정벌로 동서양에 걸친 대제국을 건설하였다. 재위 1206~1227년.

삼별초의 항쟁은 고려인의 자주 정신을 보여준 사건이었다.

원나라의 지배에 항거한 반몽 한족 집단인 홍건적(紅巾賊)[5]은 공민왕을 멀리 안동까지 피난가게 할 정도로 위세를 떨쳤으나 정세운(鄭世雲)과 이방실(李芳實)의 활약으로 물리쳤다.

왜구는 쓰시마 섬에 근거를 둔 해적이었다. 이들은 식량을 얻기 위하여 고려를 침입하였다. 왜구의 침입으로 조세의 운반이 어려워지고 내륙까지 큰 피해를 보았다. 고려에서는 최영(崔瑩)이 홍산에서, 이성계(李成桂)는 황산에서, 그리고 최무선(崔茂宣)은 화약을 발명하여 왜구를 물리쳤으며 박위(朴葳)는 전함 100척을 이끌고 쓰시마 섬을 정벌하기도 하였다.

• 요약정리 — 고려 시대 이민족과의 충돌

이민족	내용	
거란족	1차 (서희 : 강동 6주) → 2차 (양규) → 3차 (강감찬 : 귀주대첩)	
여진족	윤관 (별무반)의 정벌 (동북 9성) → 금건국 → 동북 9성 반환 → 형제관계 (북진 정책의 좌절)	
몽골족	몽고의 침입 (1231) → 강화 천도, 대몽 항전, 팔만대장경 간행 → 몽고와 강화 → 삼별초 항쟁 → 원 간섭	
홍건적	정세운과 이방실의 활약	신흥 무인 세력의 성장
왜구	최영 (홍산싸움), 이성계 (황산싸움), 최무선 (화약 이용 – 진포싸움), 박위 (쓰시마 정벌)	

Tip

《고려사》에 실린 거란의 1차 침입 때 서희(徐熙)가 소손녕(蕭遜寧)을 설득한 장면

거란의 소손녕(蕭遜寧)[6]이 쳐들어오자 고려의 관리들은 모두 거란의 요구를 들어주자고 하였다. 그러나 서희(徐熙)는 이에 반대하고 소손녕의 진영으로 갔다.

소손녕이 서희에게 말하기를 "그대 나라가 신라 땅에서 일어났고, 고구려 땅은 우리의 소유인데 고려가 차지하였고, 또 우리와 국경을 접하였는데도 바다를 넘어 송과 교류를 하므로 오늘 군사를 이끌고 오게 된 것이다."라고 하자, 서희가 말하기를 "아니다. 우리나라가 곧 고구려의 옛 땅이다. 그러므로 국호를 고려라 하고 평양에 도읍하였으니, 만일 국경으로 논한다면 그대 나라의 동경은 다 우리 경내에 있거늘 어찌 우리가 차지했다고 하리오? 그리고 압록강 안팎 역시 우리 영토 내에 있는데, 여진이 도적질하여 차지하고 있다. 만일 여진을 내쫓고 우리의 옛 영토로 만들어 성을 쌓고 도로를 통하게 하면, 어찌 관계를 맺지 않겠는가?"

이렇게 우리나라의 국경선을 통일 신라 이래 압록강까지 확장한 서희는 이천에서 태조 25년(942)에 출생하였다. 서희의 탄생에 관련한 전설이 있는데, '하루는 서희의 할아버지가 효향산 기슭에서 나무를 하던 중 사냥꾼에게 쫓기는 어린 사슴을 나무속에 감추어 주었다. 얼마 후 사냥꾼이 급히 쫓아와 이곳으로 사슴이 뛰어오지 않았느냐고 물었다. 이에 방금 저쪽으로 달아났다고 말하니, 사냥꾼은 급히 그쪽으로 뛰어갔다. 새끼 사슴을 나무속에서 꺼내 살려 보내니 그날 밤 할아버지 꿈에 신령이 나타나 말했다.

"나는 이 효향산 신령인데 내 아들을 구해 주었으니, 머지않아 서씨네 집안이 번창하리라."

할아버지가 그와 같은 꿈을 꾸고 난 뒤 서희가 태어났다고 한다.

광종 11년(960) 문과에 급제한 후 여러 벼슬을 거쳤다. 성종 12년(993)에 거란이 침입해오자 중군사로 북계에 출전했다. 전세가 불리해지자 정부에서는 항복하자는 안과 평양 이북을 할양하고 강화하자는 안 중에서 후자를 택하기로 하였으나, 서희는 이에 극력 반대하여 자진해서 국서를 가지고 가 적장 소손녕과 담판을 벌였다. 이때 고구려 땅은 거란 소유라는 적장의 주장에 반박, 국명으로 보아도 고려는 고구려의 후신임을 설득하여 거란군을 철수시켰다.

성종 13년(994)에 평장사(平章事)로 청천강 이북의 여진족을 축출하고 장흥진, 곽주 등에 성을 쌓았으며, 압록강 진출의 전진기지로 삼았다.

6 거란의 장군(?~?). 고려 성종 12년(993)에 80만 대군을 이끌고 고려에 침입하였으나, 서희와의 담판에서 굴복하여 강동 6주를 고려에 넘겨주고 물러났다.

또 압록강 문제를 전담할 압강도구당사(鴨江渡勾當使)를 두게 하였으며, 이듬해 안의진 등지에 성을 쌓고, 선주 등지에 성보(城堡)를 쌓아 지금의 평안북도 일대의 국토를 완전히 회복하면서 통일 신라 시대 이래 북쪽 국경선을 압록강까지 확대하여, 고려 태조가 추진한 북진 정책(北進政策)을 계승, 발전시켰다.

목종 1년(998)에 신병으로 개국사(開國寺)에서 죽으니, 향년 57세였다.

07

고려 시대의 공무원 승진과 근무 성적

→ 고려 시대에 '포폄(褒貶)'이라는 제도가 있었으며, 조선 시대까지 이어졌다. 특히 지방 관리의 평가에 많이 이용되었다.

한때 우리나라 교육 공무원들이 근무 성적에서 좋은 점수를 받아 교감이나 교장으로 승진하기 위해 도서, 벽지로 가겠다고 치열한 경쟁을 한 적이 있다.

이러한 근무 성적에 따른 공무원 승진 규정은 고려 시대부터 적용이 되었다. 그리하여 고려 시대에 연말이 되면 관리들이 초긴장 상태에 들어갔다. 이를 포폄(褒貶)[1]이라 하였다.

우리나라에서 포폄에 의한 인사 행정 제도를 확립한 것은 고려 제6대 성종 8년(989)에 6품 이하의 관리에 적용할 때이다. 이후 현종 9년(1018)부터 연말에 연종 도력법이 시행되었고, 예종 즉위년(1105)에 지방관 평가 제도인 수령 전최법(守令殿最法)이 마련되었다. 공민왕 때에는 근무 일수를 기준으로 한 도숙법(到宿法)이 수립되었고, 공양왕 때에는 근무 월수를 기준으로 삼는 개월법(個月法)이 신설되었다.

포폄은 특히 지방관의 심사를 가장 중요시했는데 ① 전야(田野)의 개간 ② 호구(戶口)의 증가 ③ 부역의 균등 ④ 사송(詞訟)의 간결 ⑤ 도적의 근절 등 다섯 가지 면으로 성적을 판정하도록 하였다.

조선 시대에 들어와서는 태조 원년(1392)에 이미 지방관의 성적 평가 원칙을 정했는데 크게 4등급으로 나누었다.

1 옳고 그름, 선함과 악함 등을 판단하여 결정함.

① 최(最) – 농지의 개간, 호구의 증가, 부역의 균등, 학교의 흥성, 사송의 간결 ② 선(善) – 공정하고 청렴하며 부지런하고 겸손함. ③ 악(惡) – 게으르고 난폭하며 욕심이 많음. ④ 전(殿) – 농지의 황폐, 호구의 손실, 부역의 번잡, 학교의 폐지, 사송의 번잡…….

이러한 기준은 그 뒤 다소 변화가 있지만 관찰사가 매년 6월 15일과 12월 15일에 지방관의 실적을 왕에게 보고하면, 10회 포폄시사에서 모두 '최' 면 1계급 승진이요, 2번 '악' 에 해당하면 좌천이고, 3번이면 파직시켰다.

중앙의 관리도 세종 이후에 소속 관아의 책임자나 당상관이 등급을 매겨 왕에게 올려 지방관과 같은 상벌을 내렸다. 감찰 기관이었던 사헌부나 사간원의 관리들은 이와 같은 포폄에서 예외 대상이었다.

이러한 공무원 인사 점수 제도는 국가 행정을 원활히 해나가면서 복지부동(伏地不動)[2]의 안이한 근무 태도를 바로잡을 수도 있었지만, 자칫 학연, 지연, 혈연에 의한 정실(情實) 인사가 행해지는 부작용이 발생하기도 하였다.

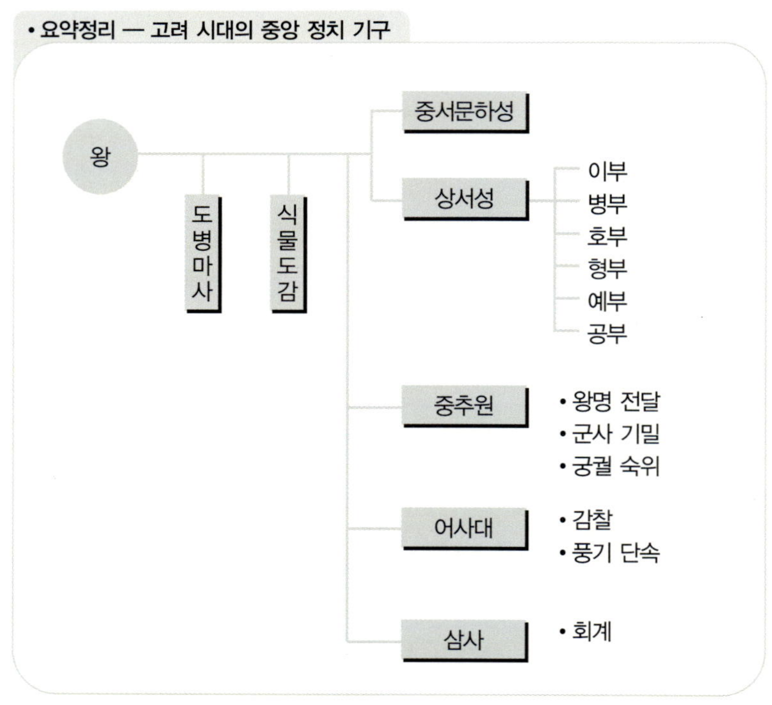

2 땅에 엎드려 움직이지 아니한다는 뜻으로, 주어진 일이나 업무를 처리하는 데 몸을 사림을 비유적으로 이르는 말.

08

임진왜란과 도자기 기술의 쇠퇴

→ 저장용기로 사용되던 토기가 고려 시대에 들어와 독자적으로 발달하여 상감청자(象嵌靑瓷)가 나왔으며, 조선 전기에는 분청사기(粉靑沙器), 조선 후기에는 청화백자(靑華白瓷)가 뒤를 이어 우리나라를 대표하는 도자기가 되었다. 임진왜란 이후 도자기 기술이 쇠퇴하였다.

우리나라 도자기의 발달을 보면 고려 시대의 상감청자에서 조선 전기의 분청사기, 조선 후기의 청화백자로 변화하였다.

그 이전에도 흙으로 만든 토기는 발달되었다. 구석기 시대에는 저장의 필요성을 느끼지 않아 토기가 필요 없었다. 그러나 신석기 시대에 접어들어 농경과 목축이 이루어지면서 수확물을 저장하고 보관할 필요가 있었다. 그리하여 브이(V)자 모양의 빗살무늬 토기를 만들어 사용하였다.

청동기 시대에는 민무늬 토기가 사용되었다. 무문토기(無文土器)라고 불리는 민무늬 토기는 생활공간이 바닷가나 강가에서 야산이나 언덕으로 옮겨지면서 바닥이 평평해졌으며, 그릇 표면에 아무런 무늬가 없는 토기이다. 민무늬 토기는 주로 붉은색이지만 갈색과 검은색이 종종 섞여 있다.

초기 철기 시대는 청동기 후기와 겹치는 시기이므로, 청동기 시대의 민무늬 토기가 그대로 사용되었다. 청동기 시대의 민무늬 토기의 전통이 계속되는 가운데 중국 한나라의 새로운 토기 굽는 기술이 받아들여져 보다 단단하고 다양한 형태의 토기가 만들어졌다. 한나라의 영향을 받은 토기를 경질무문 토기라고 부른다.

백제 잔과 잔받침
[허가번호 : 중박 200802-57]

백제 뼈단지와 돌함
[허가번호 : 중박 200802-57]

백제 금동대향로
[허가번호 : 중박 200802-42]

삼국 시대의 가장 큰 특징은 연질 또는 경질의 타날무늬(두둘긴 무늬) 회색 토기와 적갈색 타날무늬 토기이다.

고구려는 중국의 북조 문화의 영향을 받아 토기는 아가리가 크게 벌어지고, 손잡이가 네 개 달린 항아리(四耳壺, 사이호), 배부른 단지, 깊은 바리 모양이 대표적인데 대부분 밑이 납작한 모양이다.

백제 초기에는 밑이 둥근 단지와 항아리가 많지만, 생활용기인 바리, 대접, 잔, 접시, 합, 시루, 병 등이 고루 갖추어져 있다. 또 굽다리접시, 뚜껑접시, 세발토기, 방울잔, 그릇받침 등의 의례용(儀禮用) 토기도 있으며, 벼루, 등잔, 변기 등 특수 용기도 있어 그릇 종류가 매우 다양함을 보여준다. 중기 이후부터는 납작바닥 그릇이 많이 쓰였으며, 사비 백제 시대에는 불교의 영향으로 화장(火葬)이 유행하게 되면서 크고 작은 뼈단지도 많이 만들어졌다.

초기의 신라 토기는 가야 토기와 비슷했지만, 5세기가 되면 토기의 색깔이 회색을 띠며 그릇이 얇아지는 등 신라 토기로서의 특징이 나타난다. 가야 토기와 구별되는 특징으로 목항

고려 청자투각칠보무늬 향로
[허가번호 : 중박 200802-42]

고려 청자참외형병
[허가번호 : 중박 200802-57]

아리나 굽다리접시의 굽에 나 있는 구멍으로 가야 토기는 아래위 일렬로 배치
되는 경향이 많은데 비해, 신라 토기는 네모난 구멍을 서로 엇갈리게 뚫은 것
이 많다. 또한 목항아리나 굽다리접시의 뚜껑에 동물이나 인물을 조그맣게 만
들어 붙이는 것이 신라 토기만의 특징이다.

　고려 시대에 접어들어 초기에는 중국 청자의 영향을 받다가 12세기에 이르
러 독자적이면서 우수한 상감청자를 만들어냈다. 나전칠기와 금속 공예에서
사용하던 기술을 응용하여 고려도자기 장인들이 새롭게 상감기법으로 만든
것이다. 상감이란, 금속·도자기 등의 겉면에다 여러 가지 무늬를 파고, 파낸
자리에 다른 빛깔의 흙을 메워 무늬를 표현하는 기술 또는 그렇게 해서 만든
작품을 가리킨다. 상감기법을 도자기에 사용함으로써 유약은 얇고 투명해져
서 파르스름한 유약을 통해 상감 무늬가 드러나게 되었다. 상감청자의 아름다
움은 1123년(인종 원년)에 북송 휘종의 사신 중 한 명으로 고려에 왔던 서긍(徐
兢)이 자신이 쓴 책인 《선화봉사고려도경(宣和奉史高麗圖經)》에서도 '청자의
색은 청색으로, 고려인들은 비색(翡色)이라 부른다.'고 하여 고려청자의 아름
다움에 감탄하고 있다. 고려청자는 12세기 중엽까지 또 다른 면으로 발달하여
유약은 조금씩 더 밝아지고, 새롭게 정제된 음각과 양각 문양이 발전을 거듭
하여 보다 완성된 상태를 보여주고 있다.

고려 분청사기 상감 용무늬 항아리
[허가번호 : 중박 200802-57]

고려 분청사기 인화 국화무늬 병
[허가번호 : 중박 200802-57]

청화백자 구름 용무늬 항아리
[허가번호 : 중박 200802-42]

조선 16세기 분청사기 철화 물고기무늬 병
[허가번호 : 중박 200802-57]

조선 17세기 백자 달항아리
[허가번호 : 중박 200802-57]

조선 15~16세기 백자병
[허가번호 : 중박 200802-57]

상감청자가 고려 말기에 몽골의 침입으로 정치와 사회가 혼란에 빠지고, 더하여 왜구가 침입하여 강진과 부안 등의 상감청자 가마에서 생산을 할 수 없게 되자 새로운 그릇에 대한 필요에서 분청사기가 만들어지게 되었다. 분청사기가 전성기를 이룬 것은 세종대왕 때로 그릇의 질이나 형태 및 무늬의 종류, 무늬를 넣은 기법 등이 세련되면서 그 절정을 이루게 되었다.

기본 흙〔胎土〕에 흰 흙〔白土泥〕을 바르고 유약을 입힌 자기인 분청사기는 상감청자가 쇠퇴하기 시작하면서 나타나 청화백자가 나타나기까지 300여 년을 왕실과 일반 백성들이 쓴 그릇이다. 안정된 그릇 모양과 천진스런 무늬가 어우러져 구김살 없는 우리의 멋을 잘 나타내고 있다.

하지만 임진왜란으로 분청사기를 만드는 도공(陶工)들이 일본으로 잡혀가면서 더 이상 생산되지 못하였다. 더구나 나라에서는 직접 운영하는 관요(官窯)인 광주에서 청화백자를 만들면서 쇠퇴하였다.

임진왜란이 끝나고 분청사기가 쇠퇴하자 중국의 청화백자를 발달시켜 새로운 청화백자를 탄생시켰다. 17C 후반에는 양란의 혼란이 안정되어 백자가 전국적으로 확산되어 사용되었으며 청화백자가 만들어졌다. 청화백자는 백자에 푸른색의 굵은 필치로 자유롭게 그려진 구름과 용이 주로 등장하는 백자이다. 그 후 18C는 문화의 전성기로 백자에 있어서 고전적인 유백색(乳白色), 설백색(雪白色)의 백자와 간결한 청화백자가 제작되었다. 조선 시대의 백자는 검소하고 질박한 우리 조상의 평범한 모습이다.

09

이자겸 李資謙의 난과 지배층의 변화

→ 고려 귀족사회의 모순은 이자겸의 난으로 표면화되었고, 묘청(妙淸)의 서경 천도 운동으로 더욱 두드러지게 되었다.

고려 전기는 5품 이상 관리의 자제들은 과거를 거치지 않고 관리가 될 수 있는 음서제와 5품 이상의 관리에게 주어지는 토지인 공음전(功蔭田)의 세습으로 문벌 귀족사회가 형성되었다.

문벌 귀족들은 점차 자신들의 기득권을 유지하기 위하여 보수적이며 배타적 태도를 취하였다. 새롭게 지배 세력으로 편입하려는 지방 출신의 관료층은 개혁을 통해 자신들의 지위를 차지하려고 시도하였다. 하지만 문벌 귀족들은 이들의 중앙 귀족으로의 편입을 허락하지 않는 배타적·이기적인 모습을 드러냈다.

이에 이자겸(李資謙)[1]의 난과 묘청(妙淸)[2]의 서경 천도 운동으로 문벌 귀족사회가 무너지게 되었다.

이자겸의 경원 이씨 가문은 문종 때부터 왕실과 혼인 관계를 맺으면서 80여 년 동안 권세를 누리다가, 이자겸 때에 이르러 전성기를 맞이하였다. 이자겸은 자신의 둘째 딸을 예종과 혼인을 시키는가 하면, 외손을 인종으로 즉위시킨 후에 셋째 딸과 넷째 딸을 인종에게 출가시켰다. 자매가 하루아침에 고부(姑婦) 지간이 되었던 것으로 유교사회에서는 도저히 인정할 수 없는 일이었다.

[1] 고려 시대의 척신(戚臣)(?~1126). 둘째 딸이 예종의 비가 된 후 익성 공신(翼聖功臣)이 되고 인종이 즉위하자 셋째와 넷째 딸을 비로 삼게 하여 외척으로 권세와 부귀를 누리며 전황을 일삼다가 척준경에게 쫓겨나 귀양 가서 죽었다.

[2] 고려 인종 때의 중(?~1135). 도참설로 중앙 정계에 진출하여, 서경 천도 따위의 개혁 정치와 금국정벌론을 주장하다가 반대에 부딪치자 난을 일으켰으나 실패하였다.

때마침 여진족이 금나라를 세우고 고려에 군신(君臣)관계를 요구해왔다. 선왕인 예종 때 윤관에 의하여 개척된 동북 9성을 여진의 요구에 의하여 되돌려 주었다. 이것은 문벌 귀족들이 자신들의 정권을 유지하기 위한 것이었다. 그러므로 이자겸은 자신들의 정권을 유지하기 위해서는 강력한 군사력을 지닌 금나라의 군신관계 요구를 거절하지 못했다.

금나라의 군신관계 요구를 들어준 이자겸은 '이씨가 왕위에 오른다〔十八子爲王〕'는 내용의 도참설(圖讖說)[3]에 빠지게 되었다. 이자겸은 도참설을 믿고 자신이 왕위에 오르리라 생각하고 인종을 폐위하고 왕위에 오르려는 역모를 꾀하게 되었다. 인종도 이자겸의 계획을 눈치 채고 이자겸의 심복인 척준경(拓俊京)[4]을 회유하는데 성공하여 이자겸을 제거하는데 성공하였다. 인종은 정지상을 시켜 척준경을 탄핵하게 하여 척준경마저도 제거하여 이자겸의 난을 진압할 수가 있었다.

이자겸의 난으로 궁궐이 불타고 왕권은 땅에 떨어지게 되었다. 이를 빌미로 일어난 것이 묘청의 서경 천도 운동이다. 두 사건으로 문벌 귀족 중심의 고려사회는 무너지게 되었다.

• 요약정리 — 고려 시대 지배층의 변화

고려 전기	무신정변 이후	원 지배하	고려 말기
문벌 귀족 (음서제와 공음전이 뒷받침)	무신	권문세족	신진 사대부

[3] 고대 중국에서 비롯된, 음양오행설에 의하여 인간사회의 길흉화복을 예언하던 학설. =참위설

[4] 고려 시대의 무신(?~1144). 여진을 정벌하는 데 공을 세웠고, 이자겸과 함께 난을 일으켰으나 후에 왕의 설득으로 이자겸을 배신하고 도리어 그를 제거하였다. 문하시중에까지 올라 권세를 부리다가 정지상 등에게 축출되었다.

신채호 申采浩 선생이 평가한 묘청의 서경 천도 운동

→ 신채호 선생은 《조선사 연구초(朝鮮史研究草)》에서 고려인의 자주성을 나타낸 묘청의 서경 천도 운동을 우리나라에서 일어난 가장 큰 사건으로 평가하였다.

신채호[1] 선생은 《조선사 연구초》에서 '조선 역사상 일천 년래의 가장 큰 사건'으로 묘청의 서경 천도 운동을 꼽고 있다.

묘청의 천도 운동(고려 인종 13년)에 대하여 역사가들은 단지 왕사(王師)가 반란한 것으로 알고 있는데, 이는 겉으로 드러난 것만 보고 판단한 것이다. 그 실상은 낭가(郎家)와 불교의 연합 세력과 유교 세력의 싸움이며, 국풍파(國風派) 대 한학파(漢學派)의 싸움이며, 독립당 대 사대당의 싸움이며, 진취 사상 대 보수 사상의 싸움이니 묘청은 전자의 대표요, 김부식(金富軾)은 후자의 대표였던 것이다. 묘청의 천도 운동에서 묘청 등이 패하고 김부식이 이겼으므로 우리 역사가 사대적·보수적·속박적 사상인 유교 사상에 정복되고 말았다. 만약 김부식이 패하고 묘청이 이겼더라면, 우리 역사가 독립적·진취적으로 진전하였을 것이니 이것이 어찌 일천 년래 가장 큰 사건이라고 하지 아니하랴.

신채호 선생의 평가는 김부식에게도 적용되어 《삼국사기》가 신라 중심의 역사로 쓰였으므로 많은 오류가 있었을 것으로 판단하고 있다. 신채호 선생은 부여 → 고구려 → 발해 → 고려로 우리나라 역사의 계보를 밝히고 있다.

[1] 사학자·독립 운동가·언론인(1880~1936). 호는 단재(丹齋)·단생(丹生)·일편단생(一片丹生). 성균관 박사를 거쳐, 「황성신문」과 「대한매일신보」 등에 강직한 논설을 실어 독립 정신을 북돋우고, 국권 강탈 후에는 중국에 망명하여 독립 운동과 국사 연구에 힘쓰다가 일본 경찰에 체포되어 옥사하였다. 저서에 《조선 상고사》, 《조선사 연구초(朝鮮史研究草)》 등이 있다.

하지만 묘청의 서경 천도 운동은 지금까지 고려의 중심 세력이었던 문벌 귀족사회가 분열되었으며, 묘청을 중심으로 한 지방 세력과 풍수지리설이 결합되어 자주적 전통 사상과 김부식을 중심으로 한 사대적 유교 정치사상의 충돌, 고구려의 계승을 둘러싼 정치 세력 간의 대립으로 일어난 문벌 귀족사회의 내부 모순에서 발생한 사건이다.

신채호 선생은 일본이 식민사관을 도입하여 한국 지배를 합리화하기 위하여 역사를 왜곡하자, 새로운 민족주의사관을 계발하여 국민들에게 애국심과 자부심을 고취하기 위하여 많은 책을 썼다. 실학의 역사의식을 계승한 신채호는 실증적이고 비판적인 사관을 제시하였다. 나라를 빼앗긴 뒤에는 만주·중국으로 망명하여 독립 운동을 펼치면서 사적지를 답사하여 역사 연구를 계속하였다. 특히 만주에 널려 있는 고구려의 역사를 회복하는데 노력하였다. 이러한 민족주의 사관에 입각한 대표적인 저술이 《조선 상고사(朝鮮上古史)》와 《조선사 연구초》이다.

Tip

낭가 사상이란?

신채호가 1920년대에 체계화한 우리 민족 고유의 전통 사상이다. 신채호는 신라의 국선(國仙)이 고구려의 선인(仙人)과 서로 통한다고 주장하였다. 그리고 국선에서 발전한 신라의 화랑이 본래 삼한 시대에 제사를 주관하던 소도(蘇塗)의 무사이며, 당시에 이는 '선비'라고 불리었다. 그러므로 우리나라의 선은 도교의 선과 구분되므로, 우리나라의 전통적인 선 사상을 낭가 사상으로 불러야 한다고 주장하였다.

11

고려 시대의 불교 통합 운동

→ 고려 전기에는 대각국사 의천(義天)이 교종을 중심으로 선종을, 무신정변 이후에는 보조국사 지눌(知訥)이 선종을 중심으로 교종을 통합하였다.

통일 신라 시대에 백성들 사이에 널리 유행한 불교는 고려 태조가 숭불 정책을 추진하면서 더욱 확산되었다.

고려 시대에는 통일 신라 시대의 5교 9산이 5교 양종으로 통합이 되었다. 5교 양종이 되었으나 여전히 불교계는 분열의 양상을 띠고 있었다. 이에 문종의 넷째 아들로 불가에 입문한 대각국사 의천(義天)[1]은 교관겸수(教觀兼修)를 주장하며 교종 중심으로 선종을 통합하려고 하였다. 교관겸수에서 '교'는 교종에서 중요하게 여기는 경전을 말하고, '관'은 선종에서 중요하게 여기는 참선을 가리키는 것이며, '겸수'는 함께 공부한다는 의미이다. 대각국사는 기존의 교종이 마음으로 진리를 찾고 그 진리에 따라 실천하는 것이 부족하며, 선종은 경전 공부를 게을리 하는 것을 각각 비판하였다. 그리고 자신이 송나라에 유학하여 공부한 천태종(天台宗)을 교종과 선종의 교리를 실천하면서 불교를 하나로 통합할 수 있는 종파라고 하였다. 대각국사는 자신이 쓴 《대각국사 문집》에서 '나는 항상 글을 읽을 때마다 책을 덮고 크게 한숨을 쉬며 뉘우친다. 성인의 가르침이라고 하는 것은 단지 입으로만 말하는 것이 아니라 실천하는데 있다. 어찌 한쪽에 매달려 있는 박처럼 쓰임이 없어서 되겠는가?

왕자라는 신분을 벗어나 선을 공부하며 두루 사찰을 찾다가 진수대법사 아래에서 교관의 기본을 배웠다. 진수대법사는 일찍이 제자들에게 말씀하시기를 "관(觀)을 배우지 않고 불교 경전만 배우면 비록 5주의 인과를 들었더라도

1 고려 시대의 중(1055~1101). 이름은 후(煦). 자는 의천(義天). 중국 송나라에서 유학하고 돌아와 우리나라에 처음으로 천태종을 열었으며, 흥왕사에 교장도감을 세우고 《속장경》 4천여 권을 간행하였다.

3중의 성덕(性德)에는 통하지 못하며, 경전을 배우지 않고 관만 배우면 비록 3중의 성덕을 깨쳤으나 5주의 인과를 구별하지 못한다. 그러므로 관을 배우지 않고 경도 배우지 않을 수 없다.” 하였다. 내가 교관에 마음을 쓰는 까닭은 이 말을 듣고 깊은 감명을 받았기 때문이다.’ 와 같이 천태종의 개산 이유를 밝히고 있다.

천태종은 무신정변이 일어날 때까지 고려 불교를 이끌었다. 그러나 무신정변이 일어나 천태종을 중심으로 한 교종이 문벌 귀족과 힘을 합쳐 대항하자, 무신들은 선종에 관심을 가지게 되었다.

무신정변을 정리한 최충헌(崔忠獻)[2]은 지눌이 결성한 수선사(修禪社)를 지원하기에 이르렀다. 원래 수선사는 불교의 폐단을 개혁하자는 정화 운동이었다.

지눌[3]은 불교를 공부하는 사람은 참선과 지혜를 함께 공부해야 한다는 정혜쌍수(定慧雙修)를 내세웠다. ‘정’ 은 선종에서 중요하게 생각한 참선이며, ‘혜’ 는 교종에서 중요하게 생각하는 경전으로, ‘쌍수’ 는 참선을 중심으로 수행을 하되 지혜를 닦기 위해서는 불교 경전 공부에도 힘써야 한다는 것이다. 바로 선종을 중심으로 교종을 통합하자는 정혜결사를 명종 20년(1190)에 결성한 것이다.

이처럼 고려 시대 전기에는 대각국사의 천태종과 무신정변 이후에는 보조국사의 조계종을 중심으로 불교를 통합하려는 운동이 일어났던 것이다.

2 고려 시대 무신 정권기의 집권자(1149~1219). 초명은 난(鸞), 시호는 경성(景成). 1196년에 동생 최충수와 함께 권신 이의민을 죽이고 정권을 장악하였으며 폐정 개혁(弊政改革)을 위한 봉사 십조(封事十條)를 왕에게 올렸다. 이듬해 왕의 측근을 몰아낸 후 최씨 무단 정권을 확립하였다.

3 고려 시대 신종 때의 중(1158~1210). 속성은 정(鄭), 이름은 지눌(知訥), 호는 목우자(牧牛子), 시호는 불일보조(佛日普照). 선·교 양종(兩宗)의 합일을 주장하여, 그 전의 구산선문을 조계종으로 통합하였다. 저서에 《진심직설(眞心直說)》, 《수심결(修心訣)》 등이 있다.

Tip

대각국사(大覺國師) 의천(義天)은 경제 전문가?

[동전의 유통 등을 주장한 경제 전문가이다.]

의천은 불교뿐만 아니라 경제 문제에도 관심을 가졌다.

성종 15년(996)에 건원중보(乾元重寶)라는 철전을 만들어 사용하였으나, 자급자족 경제인 고려의 경제 구조상 널리 유통이 되지 못했다. 의천은 화폐 사

해동통보
[허가번호 : 중박 200802-57]

용의 이로운 점으로 첫째 운반하기 쉬우며, 둘째 쌀이나 포목처럼 속임수를 부릴 수가 없고, 셋째 봉급을 돈으로 주면 지금까지 봉급으로 줄 곡식을 바치기에 시달리던 가난한 백성들의 고통을 덜어주며, 넷째로 곡식의 저축으로 흉년에 대비할 수 있다고 주장하였다.

그리하여 숙종 7년(1152)에 1만5천 관의 해동통보(海東通寶)를 주조하였으나, 성종 때와 마찬가지로 국민들의 관심이 부족하여 결국 의천이 뜻한 대로 성과를 거두지는 못하였다.

의천은 당시에 분열, 대립하고 있는 불교계에 통합을 시도하면서 고려와 송의 불교 발전에 노력하다가 숙종 6년(1101)에 세상을 뜨고 말았다.

12

고려 시대의 신분 상승방법

→ 최충헌(崔忠獻)의 노비인 만적(萬積)을 비롯하여 공주의 망이·망소이, 전주 관노 등이 민란을 꾀하여 신분의 상승을 꾀했으나 실패하였다. 그러나 노비들도 큰 공을 세우거나 주인의 허락을 받은 경우에 신분 상승이 가능하였다.

신라 시대는 골품 제도(骨品制度)라는 엄격한 신분 제도가 있어 신분의 이동이 불가능하였다. 골품 제도라는 틀에 매여 있었기에 불만을 가진 6두품 세력은 당나라로 가거나, 반 신라적인 세력이 되어 후백제나 고려 건국의 중심 세력이 되었다.

하지만 고려는 신라에 비하여 좀 더 신분의 이동이 허용된 개방된 사회였다. 문벌 귀족 중심의 고려 전기는 신분의 이동이 자유롭지 못했다. 주로 음서 제도와 공음전(功蔭田)을 통해 자신들의 지위와 권리를 확실히 보장받은 문벌 귀족들은 그대로 세습이 되어 울타리를 넘기가 힘들었다.

그러나 이자겸(李資謙)의 난과 묘청(妙淸)의 서경 천도 운동을 계기로 무너지기 시작한 문벌 귀족사회는 무신정변을 계기로 새로운 지배 세력이 형성되었다. 특히 이의민(李義旼)이 천민 출신으로 최고 권력자가 되면서 농민이나 천민들 중에서 이의민을 동경하며 신분 상승을 꾀하게 되었다. 공주에서 망이와 망소이가, 전주에서는 관노들이, 청도(운문)에서는 김사미가, 초전(울산)에서는 효심이 각각 민란을 꾀하여 신분 해방 운동을 펼쳤다. 신분 해방 운동의 절정은 바로 최고 권력자인 만적[1]이 일으킨 만적의 난이다.

《고려사》를 보면 '만적 등 여섯 명이 북산에서 나무를 하다가 공·사노비를 불러 모아 모의하기를 "우리나라에서는 경인년(정중부의 난)과 계사년(김보

1 고려 신종 때 최충헌의 사노(?~?). 노비 해방을 위하여 난을 일으키려다가 체포되어 죽었다.

당의 난) 이래로 천한 무리에서 높은 관직에 오르는 경우가 많이 일어났으니, 장군과 재상이 어찌 종자가 따로 있느냐?'라고 하니 모든 노비가 그렇게 여겼다. 누런 종이 수천 장을 잘라 모두 '정(丁)' 자를 새겨 표지로 삼고, "우리들이 흥국사 뜰에서부터 구정(毬庭)에 이르는 사이에 일시에 집결해 북치고 소리를 지르면 궁궐에 있는 환관이 호응할 것이다. 관노들은 안에서 숙청할 사람을 죽이고, 우리는 성 안에서 봉기하여 우선 최충헌 등을 죽인 후 각각 그 상전을 때려죽이고, 노비 문서를 불살라 삼한에 천인(賤人)을 없애자. 그러면 공경장상을 우리 모두 할 수 있을 것이다."라고 약속했다.

약속한 날이 되어 모두 모였으나 무리가 수백에 지나지 않았으므로, 일이 이루어지지 못할까 두려워하여 다시 보제사에 모이기로 약속하고 명령하기를 "일을 비밀히 하지 않으면 성공하지 못할 것이니 삼가하여 누설치 말라."고 하였다.

그러나 율학박사 한충유의 집안 노비인 순정이 이를 주인에게 몰래 일러바치니, 한충유가 최충헌에게 일러바쳤고, 최충헌은 만적 등 100여 명을 잡아 강에 던졌다. 한충유에게는 합문지후의 벼슬이 내리고, 순정에게는 백금 80냥을 주고 양인으로 삼았다. 남은 무리는 모두 죽일 수 없어 조서를 내려 불문에 부쳤다.' 라고 나와 있다.

이렇게 신분 해방을 주장하는 경우 대개 받아들여지지 않았다. 그러나 큰 공을 세우거나 주인의 허락을 받은 경우에 신분 상승이 가능하였다.

몽골의 3차 침입이 있을 때 처인부곡에서 승장 김윤후(金允侯)를 비롯한 백성들이 살리타(Salietai)를 살해하는 등 큰 공을 세웠다. 이에 처인부곡의 천민들은 처인현으로 고을이 승급되면서 천민에서 벗어나게 되었다. 《고려사절요》에도 천민의 신분 상승의 예가 보인다.

'고종 45년 2월에 최의가 솔거[2] 노비인 이공주를 낭장으로 삼았다. 옛 법제에 노비는 비록 큰 공이 있다 하더라도 돈과 비단으로 상을 주었을 뿐 관작을 제수하지는 않게 되어 있다. 그런데 최항이 권력을 잡고 나서는 인심을 얻고자 처음으로 집안 노비인 이공주와 최양백, 김인준을 별장으로 삼고, 섭장구

---

2 주인집에 거주하면서 가내 노동이나 경작을 하던 노비.

3 주인집에 거주하지 않고 독립된 가정을 가지면서 자기의 재산을 소유할 수 있었던 노비. 주인의 토지를 경작하면서 조(租)만 바쳤다.

는 교위로 삼았다.'

또한 외거[3] 노비 중에는 재산을 모아 양인의 신분을 얻는 사람도 있었다.

Tip

고려의 신분 제도

고려의 신분제는 지배층인 귀족과 하급 관리, 피지배층인 양민과 천민 등으로 구분된다. 이 4개의 신분은 그 자손이 대대로 신분을 세습하였고, 신분 사이에 구별이 엄격하였다.

귀족은 왕족과 인주 이씨, 경주 김씨, 해주 최씨, 여흥 민씨 등 문벌이 좋은 일부의 가문으로 이루어졌다. 고려 시대에는 음서와 공음전의 혜택을 받는 5품 이상의 고관이 귀족이라고 할 수 있다. 고려 전기에는 문치주의로 다스렸으므로 문신이 우대받으면서 문신 중심으로 지배층을 이루었고, 무신은 극히 일부만이 지배 세력에 가담하였다.

지배 계급이면서도 양반 귀족에 들지 못하는 중인 계급의 하급 관리들이었다. 하급 관리는 중앙 행정 기관에서 행정 실무를 담당하는 6품 이하의 문반 관리와 무반의 하급 장교들을 가리킨다.

지방 행정의 실무를 담당한 향리도 중인 계급이었다. 이들 하급 관리는 정치권력을 장악한 귀족 양반에 대하여 행정 실무를 담당하는 사람들이었다.

양인은 주로 부, 목, 군, 현에 살면서 농업에 종사하는 농민층을 가리킨다. 그리고 농토가 없어 남의 땅을 소작하거나 품팔이를 하는 농민들도 있으니, 이들을 백정이라고 한다. 양인으로 상인과 수공업자가 있으나 농민보다 천시되었다.

천인 계급은 천민과 노비로 구성되었다. 천민은 특수 행정 구역인 향(鄕), 소(所), 부곡(部曲)에 사는 사람들로 일반 백성들에 비하여 천시되었다. 향과 부곡에 사는 천민은 농업에 종사하고 소의 주민은 수공업에 종사하였다.

교통 요지의 역과 숙박 시설인 관, 그리고 나루터에 설치된 진의 주민들도 모두 천민으로 취급되었다. 천민 중에서도 노비로 가장 천대받았는데 국가에 속하는 공노비와 개인에 속하는 사노비가 있었다. 공노비는 다시 궁중과 관청에 속한 공역 노비와 농경에 종사하는 외거 노비로 나눌 수 있었다.

사노비에는 귀족 등 개인이나 사원에 속하여 주인과 함께 사는 솔거 노비와 주인과 따로 살면서 농업에 종사하는 외거 노비가 있었다.

노비 외에 유기장이나 수렵 등의 천업에 종사하는 화척(禾尺)[4]과 광대인 재인(才人)[5] 등도 노비와 같이 천시되었다.

---

4 버드나무를 세공하거나 소 잡는 일을 직업으로 하던 천민. 뒤에 백정이라 불렀다.

5 고려~조선 시대에, 무자리 가운데에서 갈라져 나와 광대 일을 하던 사람. 재주를 넘거나 짓궂은 동작으로 사람을 웃기며 악기로 풍악을 울리던 광대로, 법제상 양인(良人)이었으나 사회 통념상 천인으로 취급되었다.

13

무신정변 때의 집권자와 정치기구

→ 정중부(鄭仲夫)와 이의민(李義旼)은 중방(重房)을 중심으로, 경대승(慶大升)과 최충헌(崔忠獻)은 도방(都房)을 중심으로 전제정치를 하였다.

고려 중기의 혼란스러웠던 모습과 신분 상승을 노리는 많은 사람들이 서로 죽이기를 반복하였다. 결국 나라를 제대로 이끌지 못하여 원나라의 침입을 받아 30여 년 간에 걸쳐 민초들은 고통을 겪어야만 했으며, 결국에는 원나라의 부마국(임금의 사위를 부마라고 함)으로 속국이 되고 말았다. 나라를 이끄는 지도자의 역할에 따라 민초들의 운명까지도 결정된다고 할 수가 있다.

12세기에 들어와 이자겸의 난과 묘청의 서경 천도 운동으로 지배층 상호간에 치열한 갈등이 나타났다. 치열한 싸움에도 불구하고 문신들의 정치적·사회적 권력 독점은 계속되었다. 이 때문에 하급 관리의 출세는 하늘의 별따기 만큼이나 어려워 그들의 활동 범위는 더욱 좁아졌다. 그들 중 가장 불만이 높았던 이들이 바로 무신들이었다. 의종(毅宗) 24년(1170)에 일어난 무신정변은 이러한 정세를 배경으로 발생한 것이다.

무신정변은 무신에 대한 차별대우 때문에 일어났다. 고려 시대에 무신은 문신과 더불어 지배층을 형성하고 있었다. 무신은 문신과 법적으로 동등한 대우를 받게 되어 있었다. 그러나 현실에 있어서 무신은 문신에 비해 여러 가지로 차별대우를 받았다.

고려를 건국한 태조 왕건은 문치주의(文治主義)[1]를 선택하였다. 문관 위주

1 무력을 배경으로 하는 무단 정치와는 달리 교화 또는 학문과 법령에 따라 정치를 펴는 태도. 중국 한나라 때 유교를 국교로 삼으면서부터 시작되었다.

의 정책은 과거 제도에서도 무과를 실시하지 않았으며, 무반들에 대한 차별이 매우 심하였다. 무반들에 대한 차별은 무신들의 불만을 가져왔다. 무반들이 오를 수 있는 최고위 관직은 정3품인 상장군이며, 군인들을 지휘하는 군사 지휘권은 문신에게 주어졌다. 또한 북진 정책의 포기와 묘청의 서경 천도 운동을 김부식이 진압한 후에 무신들에 대한 천대는 더욱 심해졌다.

인종(仁宗) 때에는 무신들의 교육 기관인 무학재(武學齋)[2]마저 없어지는 일이 벌어졌다. 무신은 승진에 있어서 제한을 받는 경우가 많았고, 같은 등급의 벼슬에서도 문신에 비하여 천대를 받았다. 심지어 군사 행정을 담당하는 병부의 판사나 상서는 모두 문신이 차지하였으며, 외적이 침입하여 이를 막고자 출전하는 군대의 우두머리인 원수(元帥)와 부원수(副元帥)까지도 문신이 맡았다. 그리고 북쪽의 오랑캐를 막겠다는 뜻에서 설치한 양계(兩界)의 장관인 병마사(兵馬使)도 문신이 차지하였으므로, 무신은 문신 정권을 지켜주는 일개 호위병에 불과했던 것이다.

문신들의 무신들에 대한 오만방자함은 의종(毅宗) 때에 절정을 이루었다. 무신의 큰 어른인 60세가 넘은 정중부(鄭仲夫)가 김부식(金富軾)의 아들인 30여 세의 김돈중(金敦中)에게 촛불로 수염을 그을리는 모욕을 당하기까지 하였던 것이다. 이렇게 고려 건국 이래로 정치·사회·경제적으로 차별대우를 받은 무신들은 이제 복수의 기회를 노리게 되었다.

무신정변 발생의 또 하나의 배경은 군인들의 불만을 들 수 있다. 군인들은 나라가 위기에 빠지거나 외적의 침입이 있을 때에는 동원되었고, 평소에는 각종 부역에 참가하였다. 그러나 봉급이 제때에 지급이 되지 않았기 때문에 그들 또한 무신란에 적극 협조를 하게 되었던 것이다.

무신정변은 의종 24년(1170) 8월 국왕의 보현원(普賢院) 행차를 계기로 일어났다. 보현원으로 가는 도중에 택견의 일종인 수박(手搏) 놀이를 시켰다. 대장군 이소응은 젊은 군사와 결투를 하다가 힘을 이기지 못하고 도망을 하였다. 그러자 문신인 한뢰가 도망가는 이소응의 뺨을 때렸다. 이것을 보고 평소에 당하던 차별과 분을 이기지 못하던 정중부, 이의방, 이고가 중심이 되어 순검

군(巡檢軍)을 모아 왕을 따라온 문신들을 모두 죽였다. 그리고 개경으로 가서 '무릇 문신의 관(冠)을 쓴 자는 서리(胥吏)라도 씨를 남기지 말고 모조리 죽여라.'라고 외치면서, 평소 무신들에게 오만했던 문신들을 닥치는 대로 죽였다. 다음 날 국왕은 거제도로, 태자는 진도로 내쫓았으며, 대신 왕의 동생인 익양후 호(晧)를 왕으로 삼았는데, 이가 명종(明宗)[3]이다.

무신들은 정치권력을 장악하고 왕을 능가하는 권력을 휘둘렀다. 그러나 무신들의 힘에 굴복하지 않고 반발하는 문신들도 끊이질 않았다. 과거에 문신과 가까웠던 사람들이 중심이 되어 반무신(反武臣)의 깃발을 올렸다.

무신정변이 일어난 3년 뒤 1173년에, 동북면 병마사인 김보당(金甫當)이 무신을 토벌하고 의종을 다시 세우려고 군사를 일으켰다. 그러나 이 김보당의 난은 다음 달 안북도호부에서 그를 붙잡아 보냄으로써 진압되었다. 이 김보당의 난 후에는 지방에 있는 문신까지도 죽음을 당하게 되었고, 이제 지방 관직까지도 무신들이 장악하게 되었다.

무신들의 정권이 안정될 무렵에 다시 서경유수 조위총(趙位寵)이 정중부와 이의방 등의 토벌을 목적으로 군사를 일으켰다. 이 사건은 무인정권에 상당한 위협을 주었지만, 결국 실패하고 말았다.

무신들은 권력을 잡았지만 권력다툼이 치열했다. 이의방은 이고를, 정중부는 이의방을 죽이는 등 치열한 정권 다툼이 이어졌다. 정중부, 경대승, 이의민으로 이어진 권력다툼은 최충헌에 의해 마무리되었다. 최충헌은 자신의 정권을 지키기 위하여 피를 나눈 동생 최충수(崔忠粹)까지도 죽였다. 하루아침에 임금이 바뀌고 형제간에 피를 흘리는 싸움이 벌어지면서 백성들도 흔들리기 시작했다. 최충헌의 노비인 만적은 노비의 신분을 벗어던질 때가 왔음을 느꼈다. 일찍이 경대승의 도방 장사들과 사귀면서 민란을 꿈꾸던 만적이었다. 도방이 해산되자 만적은 개경의 노비들을 끌어 모아 비밀단체를 만들면서 때를 기다려온 것이다. '왕후장상(王侯將相)의 씨가 따로 있을쏘냐!' 하는 선동으로 민란을 일으켰다. 그러나 순정의 배신으로 이미 매복하고 있던 진압군에게 모두 죽임을 당하게 되었다.

3 고려 제19대 왕(1131~1202). 이름은 호(晧), 초명은 흔(昕), 자는 지단(之旦). 1170년 의종을 몰아낸 정중부 등의 추대로 즉위하였으며, 재위 기간 중 무신들을 제거하려 노력하였으나 실패하고, 1197년 최충헌에 의하여 폐위되었다. 재위 1170~1197년.

최충헌에 대한 반감은 커졌고, 최충헌을 암살하려는 모의가 잇따랐다. 그때마다 최충헌은 정적들을 죽이고 귀양을 보냈다. 각지에서 일어난 민란도 무자비하게 진압했다. 정권이 안정되자, 최충헌은 인사 행정을 맡아보는 교정도감(敎定都監)[4]과 사병집단인 도방을 거느리고 독재 정치를 하였다. 그는 23년간 두 왕(명종, 희종)을 폐위시키고, 4명의 왕(신종, 희종, 강종, 고종)을 새로 세우는 등 최고 권력을 누렸다.

그의 힘은 아들인 최우(崔瑀)[5], 손자인 최항(崔沆)[6], 증손자인 최의까지 60여 년에 걸쳐 이어졌다. 그러나 최의가 김준에 의해 죽음을 당하자 최씨 정권은 무너졌으며, 그 후 10년간 무신들 간의 권력다툼이 있었으나, 1270년 몽고와 힘을 합친 원종에 의해 무신들이 제거되면서 왕권이 회복되었다.

무신정변은 문벌귀족이 지배하던 체제가 끝나는 계기가 되었으며, 귀족 중심의 문화가 무너지는 한 원인이 되었다. 이 때문에 무신정변은 고려사에서 그 시기를 전기와 후기로 나누는 분기점이 되기도 한다.

---

4 고려 시대 때 관리의 임면(任免) 및 감찰 업무를 맡아보던 최고 권력 기관. 희종 때에 최충헌이 설치한 무신 독재 정치 기관이다. 무신 집권 초기의 집단적 지도 체제가 일인 독재 체제로 바뀌었음을 보여준 기구이다.

5 고려 시대 무신 정권기의 집권자(?~1249). 시호는 광렬(匡烈). 최충헌의 아들로 전대(前代)의 부패를 없애기 위하여 노력하였으며 이름난 유학자를 등용하는 한편, 몽고의 침입에 대비하여 강화로 천도(遷都)하고 대장경판(大藏經板) 재조(再雕)를 완성하였다.

6 고려 시대 무신 정권기의 집권자(?~1257). 초명은 만전(萬全). 최우의 아들로 아버지의 뒤를 이어 집권한 후, 무고(誣告)를 믿어 계모 대씨(大氏)를 독살하고 많은 중신을 죽였으며, 몽고에 대하여는 강경 정책을 썼다.

14

남녀 구별 없는 재산상속

→ 조선 시대 성리학의 도입으로 형제·자매간에 재산을 물려주는데 차이가 있었으나, 고려 시대까지는 재산을 물려주는 데에 있어 아들, 딸의 구별이 없었다.

상속은 할아버지나 아버지 등 일정한 친족 관계에 있는 사람 사이에서 한쪽이 사망하거나 호주가 호주권을 잃은 때, 다른 쪽이 호주권 또는 재산적 권리·의무의 모두를 대를 이어 물려받는 일로 역사적 발전에 따라 그 모습이 달라졌다.

오늘날의 상속분은 호적에 함께 있느냐, 없느냐에 따라 차이를 두고 있다. 즉, 같은 호적에 없는 여자의 경우(혼인 등의 경우) 상속분은 남자의 상속분 4분의 1에 불과하다. 그러나 현재의 상속법이 나오기 이전까지는 큰 아들과 나머지의 형제·자매간에 차이가 있으니, 아마 조선 시대에 성리학이 도입되면서 남자 중심의 사고방식에 의하여 나타난 결과라 할 수 있다.

그러므로 조선 이전, 즉 고려 시대까지는 재산을 물려주는 데에 있어 아들·딸의 구별이 없이 똑같이 물려주는 것이 일반적인 풍습이었다. 《고려사(高麗史)》[1] 〈손변전〉을 보면 '손변이 한 남매의 재산상속에 관해 재판을 하게 되었다. 먼저 누이가 원님에게 말했다.

"아버지가 돌아가실 때 재산 전부를 나에게 주었으며 아우에게 준 것은 검정옷 한 벌, 미투리 한 켤레, 종이 한 권뿐입니다."

이에 고을 수령이 남매에게 물었다.

"부모님이 돌아가셨을 때 너희 남매의 나이가 몇인가?"

남매의 대답을 들은 원님이 다시 말했다.

1 조선 시대 때 세종의 명으로 정인지·김종서 등이 편찬한, 고려조에 관한 기전체 역사책. 문종 원년(1451)에 완성되었다. 139권.

"부모의 마음은 어느 자식에게나 같은 법이다. 어찌 장성해서 출가한 딸에게만 후하고 어미도 없는 미성년 아이에게는 박하게 했겠는가? 생각해 보니 너희 아버지는 아들이 의지할 곳은 누이밖에 없는데 재산을 나누어 준다면 혹시 누이의 사랑과 양육이 부족할까 염려했던 것 같다. 아이가 장성해서 분쟁이 생기면 이 종이에 소(訴)를 쓰고 검정 옷과 검정 갓, 미투리를 착용하고 관에 고소하면 이를 잘 분간해 줄 관원이 있을 것으로 생각해서 이 네 가지 물건만을 남겨 주었을 것이다."

이에 누이와 동생이 그 말을 듣고 비로소 깨달았다. 원님은 남매에게 재산을 똑같이 반으로 나누게 했다. 아들도 아닌 딸에게 모든 재산을 물려주어 문제가 일어난 이 사건은 재판관인 손변의 명판결로 끝났는데, 당시 고려사회의 가족 구조를 엿볼 수 있다.

《고려사》〈나유전〉을 보면 '어머니가 일찍이 재산을 나누어 줄 때 나익희에게는 따로 노비 40명을 남겨 주었다. 나익희는 "제가 6남매 가운데 외아들이라 해서 어찌 사소한 것을 더 차지하여 여러 자녀들을 화목하게 살게 하려 한 어머니의 거룩한 뜻을 더럽히겠습니까?"고 말하자 어머니가 옳게 여기고 그 말을 따랐다.' 고 나와 있으니, 노비도 재산으로 분배의 대상이며, 똑같이 나누는 것이 일반적이었음을 알 수 있다.

15

세계 최초의 대학

→ 세계 최초의 대학은 고려 시대에 세워진 국자감(國子監)이다.

우리나라의 발전에 있어 국민들의 교육열이 가장 큰 역할을 했다고 해도 과언이 아닐 것이다. 우리나라 사람들의 교육열은 세계에서도 알아줄 정도이다. 특히 대학에 가고자 하는 마음은 모든 사람들의 꿈이기에 가장 치열한 입시 시험을 치르고 있다. 이러한 대학이 어느 나라에서 가장 먼저 세워졌을까?

많은 사람들은 최초의 대학이 중세 말기 유럽에서 세워졌다고 생각할 것이다. 이탈리아의 살레르노 대학(의학)과 볼로냐 대학(법학), 프랑스의 파리 대학은 1100년대에 세워졌다고 한다. 처음에는 신학자가 교육을 담당하여, 유명한 신학자를 찾아서 학생들이 모여들어 대학이 시작되었다.

그러나 최초의 대학은 실질적으로 우리나라에서 생겼다. 우리나라에서 학교 교육이 시작된 것은 고구려 시대부터이다. 소수림왕(小獸林王) 2년(372년)에 태학(太學)을 세우면서부터이다. 그 후 서울을 평양으로 옮긴 후에는 경당(扃堂)[1]이라는 학교를 지방마다 세워 교육을 시켰으니, 우리나라 교육의 역사를 짐작할 수 있다. 고구려뿐만 아니라 백제나 신라에서도 교육에 힘을 기울였다. 백제는 학문이 높은 사람들에게 '박사' 라는 칭호를 주어 교육을 담당하게 했으며, 신라에서는 '화랑도' 라는 청소년 교육 단체가 있어 교육을 담당하게 했다.

신라가 통일을 한 후에 신문왕(神文王)은 국학(國學)[2]을 세워 교육을 시켰으며, 발해에서는 주자감(冑子監)[3]을 세워 교육을 하였다. 이때까지의 교육은 오늘날의 대학처럼 학사·석사·박사 등의 학위를 주었는지, 그리고 공부하는

1 고구려 때 각 지방에 세운 사학 기관. 평민층의 미혼 남자를 모아 경학(經學)과 문학, 무예를 가르쳤다.

2 신라 때 예부에 속한 교육 기관. 신문왕 2년(682)에 두어 경덕왕 때 태학감으로 고쳤다가 혜공왕 때 다시 이 이름으로 바꾸었다.

3 발해 때에 둔, 최고의 교육 기관. 유학 교육을 중심으로 하고 산학(算學) 등의 실무 과목도 가르쳤다.

성균관 명륜당 현판

분야를 전문적으로 나누었는지에 대한 기록이 없어 오늘날의 대학과 다소의 차이가 있다고 할 수도 있다. 그러나 고려 시대에 와서 우리나라에 세워진 대학은 본격적으로 공부하는 분야를 세분화하였다. 즉 성종 12년(992년)에 세워진 국자감[4]은 국자학(國子學), 태학(太學), 사문학(四門學), 잡학(雜學) 등 6개의 단과대학을 두면서 1,100여 명에 이르는 학생들을 가르쳤다. 특히 잡학에서는 법학·산학·외국어·천문학 등 기술학을 가르쳤다. 서양의 대학에서 신학이나 법학 등 특정 과목과 100여 명의 학생을 가르치는 것보다 훨씬 앞선 종합대학이라고 할 수 있다.

그러므로 세계 최초의 대학은 우리나라의 국자감이라고 할 수 있으며, 국자감은 조선 시대에 성균관으로 이어졌다. 국자감과 달리 성균관에서는 기술학을 교육하지 않았다. 성리학에서 불교와 기술학 등을 배척하고 천시하였기 때문이다.

지금은 우리나라의 대학이 세계적인 대학으로 위상을 떨치지는 못하지만, 이러한 오랜 역사를 자랑하는 나라라면 꼭 세계 최고의 대학으로 거듭나야 할 것이다.

[4] 고려 시대 때 유학을 가르치던 최고의 국립 교육 기관. 국자학·태학·사문학·율학·서학·산학 등의 전문학과를 두었는데, 성종 11년(992)에 종래의 경학(京學)을 개편하여 설치하였다가 뒤에 국학·성균감·성균관으로 이름을 바꾸었다.

성균관 명륜당 전경

16

상업의 발달–송상 松商

→ 고려 시대에는 국제 무역이 매우 활발했다. 고려 말기에 원나라의 위세를 타고 세계 각지의 상인 들이 개성에 들어왔으며, 고려 상인들도 중국, 일본, 아라비아 등 세계 각지에 진출했다.

개성 사람들은 고려, 조선 시대를 통하여 커다란 세력권을 이룰 정도로 상인들이 많았다. 그 이유를 밝혀 보자면 고려 건국 때로 거슬러 올라가야 하는데, 태조 왕건(王建)이 송악(松嶽, 오늘날의 개성) 지방에서 일어난 신흥 호족의 후예라는 점을 주목해야 할 것이다. 그의 조상은 대대로 당나라와 무역을 해서 부(富)를 축적함과 아울러 막강한 해상 세력을 이루었다. 이 해상 세력은 송악을 중심으로 황해도 일부와 강화도 및 한강 하류 일대에서 기세를 떨쳤다. 개경의 해상 세력은 왕건이 나라를 세우는데 커다란 힘이 되었을 뿐만 아니라 고려가 송나라, 아라비아의 다지국〔大食國〕 및 왜(倭)와 무역을 하는 데도 크게 기여했다.

이 당시 제일의 국제 무역항은 예성강 입구의 벽란도(碧瀾渡)[1]이다. 자연히 이곳에서 그리 멀지 않은 송악도 벽란도와 함께 번창하게 되었다. 외국 사신과 상인들의 빈번한 왕래에 의해 공무역(公貿易, 국가에서 공식적으로 행하는 무역)은 물론 사무역(私貿易, 개인이 국가의 허가 없이 하는 밀무역)도 번창해 송악은 상업 도시로서의 면모를 갖추어 나갔다. 또한 개국 초부터 설치한 시전은 국내 상거래뿐만 아니라 외국과의 교역도 활발히 했다. 일찍부터 고도의 상술을 터득한 개성상인들이 이러한 상업 활동의 주역을 담당한 것은 당연한 일이라 하겠다.

개성 시전(市廛)은 조선 왕조가 도읍을 한양으로 옮긴 후에도 몇 차례 어려

[1] 황해도 예성강 하류에 있는 고려 시대의 중요한 나루. 고려의 서울인 개경 가까이에 있던 국제 무역항으로, 외국 상인이 많이 왕래하였다. 사신을 영송하기 위하여 안산(岸山)에 세운 벽란정(碧瀾亭)에서 유래한 이름이다.

운 고비를 넘겼는데 휜전(廛, 옷의 장식물을 파는 상점), 백목전(白木廛, 무명을 팔던 시전), 청포전(靑布廛, 조선뿐만 아니라 주로 중국 등 외국의 화포(花布)와 홍포, 솜털로 만든 옷·담요·털모자 등 전(氈)을 전문으로 거래하였으며, 그 외 중침·세침 등 바늘과 고약·사탕 등도 거래), 어과전(魚果廛, 생선과 과일을 거래)의 4대전과 일반 시전이 서울의 육의전 등에 맞서며 꾸준히 발전을 거듭했다. 이들은 피혁·지물 등 물건을 사서 중국에 직접 수출하고, 중국에서는 바늘·모자·말총·채련피(采蓮皮, 당나귀 가죽)·백삼승(白三升, 흰 무명)·궤자(가마테) 등을 수입하였다. 이들이 수입한 물건들은 양반 지배층뿐만 아니라 일반 서민들도 즐겨 사용하였다.

이 당시 개성상인들 중에는 고려 왕조의 사대부 계층을 비롯하여 지식인 출신들이 있었다. 이들은 조선 왕조로부터 소외당한 아픔을 상업의 합리적 경영이나 상술 개발 등에 쏟아 부었는데, 이미 이탈리아의 복식 부기보다 2~3백 년이 앞섰다는 회계장부 작성법인 '송도사개부기(松都四介簿記)'를 사용할 정도로 발달했다. 또한 소유와 경영을 분리한 '차인(差人) 제도'도 실시하였다. 젊은이를 데려와 일을 시킨 뒤 능숙해지면 내보내는 '도제식(徒弟式)' 경영 방식은 요즘의 분사(分社)식 경영 방식이다. 그리고 보증인만 내세우면 대출인의 신용도에 따라 금리를 차등 적용해 대출하는 '시변제(時邊制)'까지 실시하였다.

고려 시대 무역의 전성기를 보낸 개성상인들은, 조선 시대에 와서는 공무역을 중심으로 한 대외 교역으로 큰 타격을 받기는 했으나 전국 상업계를 연결하는 행상 조직으로 이를 극복해 나갔다. 이들은 조선 초기부터 그들의 상업 기반을 확고히 다져나가는 한편, 근면과 성실, 높은 지식으로 자신들 고유의 장사 수완을 발휘해 서울상인들과 쌍벽을 이루었다.

조선 중기 이후 상품과 화폐 경제의 발달에 따라 개성은 전국 제일의 상업 도시로 발전했다. 그리고 지방에 객주(客主)[2], 여각(旅閣)[3]이 생기면서 상권을 전국적으로 확대하고 조직화하여 '송방(松房)'이라는 지점을 전국 주요 상업 중심지에 설치했다.

‘송방’ 또는 ‘개성상인’이라는 특수한 명칭은 이때부터 전국적으로 알려졌다. 특히 송방은 전국의 포목 상권을 장악하고 있어서 이들에 의해 포목 가격이 오르내릴 정도였다고 한다. 이들은 도고(都賈, 물건을 혼자 맡아서 파는 일)로 독점 상업을 함으로써 상업 자본을 축적할 수 있었다.

18세기에 이르러 개성상인은 중국 사신 일행으로 몰래 들어가 청나라 상인들과 은, 인삼 등을 교역하는 밀무역도 하였다. 개성상인은 삼포(蔘圃)에서 인삼을 재배하기 이전부터 자연삼을 사서 이를 일본에 수출하고, 은을 들여와 다시 중국에 수출하는 방법으로 큰 이익을 얻기도 했다. 개성상인은 이렇게 축적한 자본으로 인삼 재배와 가공업, 광산 등에 투자했다.

그러나 개성상인은 다른 어느 것보다도 나라에서 금지한 홍삼을 비밀리에 만드는 것과 밀무역을 통해 많은 돈을 축적할 수 있었다. 나라에서 단속을 강화했지만 이들은 관리의 눈을 피해 선박으로 밀수출을 했으며, 이를 위하여 다른 지방에 홍삼 제조장을 두기까지 하였다. 이렇게 축적한 자본은 국내 최대의 토착 민간 자본으로 성장해 개항 후 외국 자본의 침입에 대항하는 가장 강한 민간 자본으로 대두했다. 일제의 감시와 탄압 속에서도 철저한 상인 정신과 장사 수완, 부지런함으로써 경제적 침략에 대항하여 끝내는 그들을 개성에 얼씬도 못하게 하였다. 너무 철저하다 보니 ‘깍쟁이’라는 말까지 듣기도 했지만, 개성상인이야말로 우리나라 상업을 높은 수준으로 발전시킨 주역인 셈이다.

• 요약정리 — 고려 시대 수공업과 상업의 발달

	수공업	상업
고려 전기	관영 수공업 (공장 안)	개경 (시전, 경시서—시전 감독 등 불법상행위 단속)
	민영 수공업 (소규모, 공물로 납부)	대도시 (서경, 동경) 에 관영 상점 설치
고려 후기	사원 수공업 (고품질 상품)	벽란도 등 무역 발달
	민영 수공업 (농촌)	시전 규모 확대, 전매제 실시 (소금)

조선 시대의 대표적인 상인

> 한강을 중심으로 활동한 경강상인(京江商人), 동래를 중심으로 활동한 내상(萊商), 의주를 중심으로 활동한 만상(灣商)이 있었다.

경강상인(京江商人, = 江商)

조선 후기 한강변을 중심으로 나라의 세곡(稅穀)과 양반 지주층의 소작료를 운반하던 상인으로 강상(江商)이라고도 한다. 경강상인은 조선 초기에는 나라의 세곡을 운반해오다가, 17세기 이후 상품·화폐 경제의 발전과 함께 주요 상품으로 등장한 곡물을 이용한 곡물도매상으로 발전하였다. 숙종 28년(1702)에 강상은 1,000~2,300석을 실을 수 있는 배를 300여 척이나 가졌고, 1년 동안 받는 운임인 선가(船價)가 1만여 석의 비교적 큰 규모의 자본을 가진 사상(私商)으로 성장하여, 특권상인인 시전상인과 경쟁하였다.

경강상인은 곡물을 운반하는 수입보다는 여러 부정한 방법을 이용하여 자본을 축적하였다. 이들의 부정행위로는, 곡물에 물을 타서 붇게 하여 운반하면서 횡령하는 화수(和水)가 있으며, 운반 곡식의 일부 또는 전부를 가지는 투식(偸食), 곡식을 빼돌린 후 운반하던 배를 고의로 침몰시키는 고패(故敗) 등의 방법이 있었다.

나라에서는 경강상인의 부정을 막기 위하여 1789년에는 주교사(舟橋司)를 설치하여 조운(漕運)[4]의 감독을 강화했지만 효과는 미미하였다. 이러한 부정행위를 나라에서 단속할 수 없었던 것은 첫째는 강상이 나라와 대등한 위치에 있었으며, 둘째는 양반 지주들의 소작료를 운반하는 강상을 자극하면 운반이 곤란해졌으며, 셋째는 나라에서 조운선을 마련하기가 어려웠기 때문이다.

경강상인은 축적된 자본을 바탕으로 삼남지방과 황해도 등지의 곡물을 사들여 도고상인으로 성장하였다. 이들은 서울의 쌀시장을 지배했으며, 축적된 자본으로 선박 건조에 나서기도 하였다. 그리고 OEM방식에 의한 생산자를 지배하는 세력으로 성장하여 봉건적인 상업 체계에서 근대적인 체계로 발전

4 현물로 받아들인 각 지방의 조세를 서울까지 배로 운반하던 제도. 내륙의 수로를 이용하는 수운 또는 참운(站運)과 바다를 이용하는 해운이 있었다.

하였음을 뜻한다.

내상(萊商, =南商)

조선 시대에 일본과의 무역을 하기 위해 동래부 부산포에 설치했던 왜관(倭館)에서 대일무역에 종사하던 상인으로 남상(南商)이라고도 하였다. 내상은 동래부에서 허가를 받아 왜관무역에 종사했으며, 정원은 20명이었는데, 숙종 17년(1691)에 30명으로 늘었다. 내상은 조선 후기에 상공업이 발달하면서 국제무역이 증대함에 따라 개성상인과 연결하여 본격적인 무역에 나섰다. 이들은 중국ㆍ일본을 연결하는 무역에 종사하여 주로 인삼을 일본에 수출하고, 그 대금으로 받은 은을 중국에 수출했다. 내상의 활약으로 동래는 대일무역의 중심지로서, 동남해안을 연결하는 경상도 지역의 중심 포구가 되었다. 그리하여 감영 소재지인 전주와 다를 바 없다고 할 정도로 상업의 중심지가 되었다.

만상(灣商)

조선 후기 압록강 부근의 의주 지방에서 대 중국 무역활동을 하였던 의주 상인을 가리킨다. 의주의 옛 이름이 용만이었기에 만상이라고 하였다.

조선 시대는 공무역인 개시무역과 사무역인 후시무역으로 이루어졌다. 그 중에서 사무역은 밀무역 형태로 이루어졌다. 주로 사신을 따라가 책문에서 거래를 하였는데, 송상과 함께 은과 인삼을 중국 상인과 거래하였다. 그리하여 우리나라 상품을 주로 송상으로부터 공급받아 중국에 팔았으며, 중국에서 수입하는 상품을 송상에게 넘겨주어 국내에 팔게 하였다. 이러한 상업 활동을 바탕으로 만상은 조선의 상업 발전에 주도적 역할을 담당하였으나, 일본의 침략을 받으면서 일본인 거류지와 개항장 중심의 무역이 이루어지면서 점차 쇠퇴하였다.

이밖에 평양상인을 유상이라고 불렀는데, 평양에 버드나무가 많다고 하여 유경이라고 부른데서 나온 명칭이다.

17

부패한 불교

→ 국가적으로 불교를 장려한 고려는 절에 많은 특권을 주었으니, 그 중 하나가 술을 만들어 팔 수 있는 양조권(釀造權)이었다. 그러나 절에서의 상행위는 많은 부작용을 가져왔다. 이밖에 고리대금업에도 손을 대는 등 불교계의 타락은 더욱 늘어났다.

태조 왕건이 고려를 건국하였지만, 많은 호족들을 제압하는 것이 큰 문제였다. 이들 호족은 지방에 위치한 사찰과 협력 관계였다.

왕건은 호족의 힘을 약화시키는 한편으로 불교를 통해 흐트러진 민심을 하나로 통합시키는 수단으로 불교를 장려하는 정책을 펴나갔다.

신라 말기의 혼란한 사회는 절에도 많은 영향을 미쳤다. 그 중에 가장 대표적인 것이 재정 문제였다. 태조 왕건은 호족과 협력하는 사찰을 자신의 편으로 끌어들이면서 재정적인 문제를 해결해주기 위하여 술을 만들어 팔 수 있는 양조권(釀造權)을 주었던 것이다. 절에서는 이익을 위하여 특색 있는 술을 개발하는 데 힘을 기울였다. 그 결과 절을 대표하는 술이 나왔다. 이 술이 조선 시대에 불교를 억압하는 정책에 따라 절에 불공을 드리러 다니던 부녀자들에게 전해져 종갓집마다 전통주로 남게 되었던 것이다.

그러나 고려 시대에 절에 주었던 양조권은 절에 재정적인 안정을 가져다주면서 오히려 타락의 길로 빠지게 되었다. 양조권 뿐만 아니라 고리대금업에도 손을 댔던 것이다.

《고려사》를 보면 '지금 부역을 피하려는 무리들이 부처의 이름을 걸고 돈놀이를 하거나 농사와 축산을 직업으로 삼고 장사를 하는 것이 보통이 되었다. …… (중략) …… 어깨에 걸치는 가사(袈裟)는 술 항아리 덮개가 되고, 범패

를 부르는 장소는 파, 마늘밭이 되었다. 장사
꾼과 통하여 사고팔기도 하며, 손님과 어울려
술을 먹고 노래를 불러 절간이 떠들썩하다.' 고
적고 있다.

《고려사절요》[1]에도 '승려들이 심부름꾼을
시켜 절의 돈과 곡식을 각 주군에 높은 이자를
받고 빌려주어 백성을 괴롭히고 있다.' 고 표현
하였다.

이러한 불교의 타락은 고려 멸망의 한 원
인이 되었으며, 성리학을 공부한 신진사대부
들의 눈에 부정적으로 비쳐져 조선 시대에 와
서 불교를 억압하게 되었다.

---

1 조선 전기, 김종서 등이 왕명에 따라 편찬한, 고려 시대에 관한 편년체 역사책. 문종 2년(1452)에 간행되었다. 35권 35책.

18 인쇄술의 발달

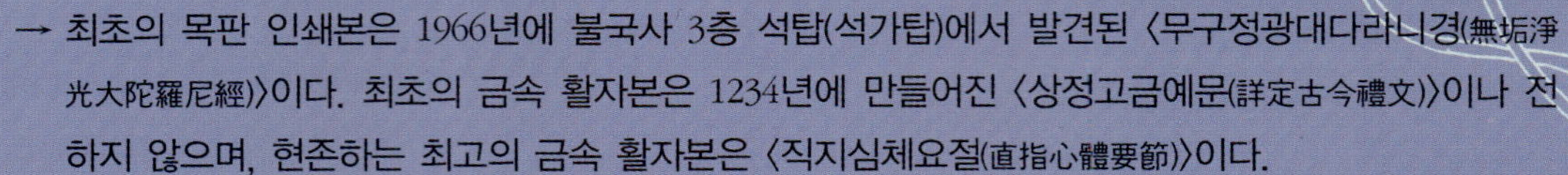

→ 최초의 목판 인쇄본은 1966년에 불국사 3층 석탑(석가탑)에서 발견된 〈무구정광대다라니경(無垢淨光大陀羅尼經)〉이다. 최초의 금속 활자본은 1234년에 만들어진 〈상정고금예문(詳定古今禮文)〉이나 전하지 않으며, 현존하는 최고의 금속 활자본은 〈직지심체요절(直指心體要節)〉이다.

인쇄술이 발명되기 이전에는 책을 손으로 베껴 쓰는 필사본(筆寫本)이 있었는데, 이는 두루마리 형태로 되어 있었다. 이러한 필사본만으로 수요를 충당하기 어렵게 되자 우리 조상은 목판 인쇄술을 발명했다. 최초의 목판 인쇄본은 1966년에 불국사 3층 석탑(석가탑)에서 발견된 〈무구정광대다라니경(無垢淨光大陀羅尼經)〉이다.

고려 시대에는 인쇄술이 더욱 발전했다. 불교의 힘을 빌려 거란의 침입을 막으려고 간행했던 〈초조대장경(初雕大藏經)〉을 비롯하여 의천의 〈속장경(續藏經)〉과 역시 몽골의 침입을 불교의 힘으로 막으려고 간행한 〈팔만대장경(八萬大藏經)〉을 통해 알 수 있다.

더욱이 이러한 목판 인쇄술뿐만 아니라 금속 활자 기술도 개발되었다. 1234년에서 1241년 사이에 간행된 것으로 추측되는 〈상정고금예문〉이 세계 최초의 금속 활자

해인사의 팔만대장경을 보관하는 장경판 전외부

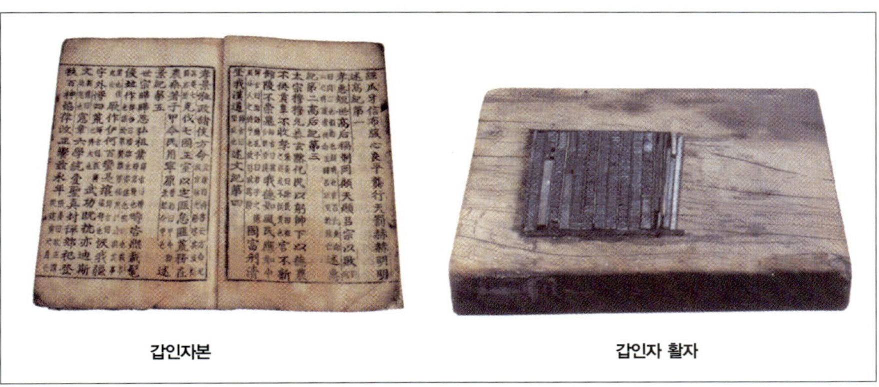

갑인자본   갑인자 활자

본인데, 아쉽게도 현재 전해지지 않고 있다.

고려 우왕 3년(1377)에는 청주목 흥덕사(興德寺)의 여러 문헌에서 선(禪)의 깨달음에 관한 내용을 뽑아 《직지심체요절(直指心體要節)》[1]이라는 책을 간행했다. 현재 이 책의 하권이 프랑스 국립도서관에 소장되어 있는데, 내용면에서도 귀중한 문헌이지만 세계 최고(最古)의 금속 활자본으로 더욱 유명하다. 1972년 파리에서 열린 세계 도서의 해 기념 전시회에 출품되어 세계 최초의 금속 활자본으로 공인받았다.

그 뒤 조선 시대에 와서는 인쇄 사업을 국책 사업으로 중시하여 고려 시대에 설치되었던 서적포(書籍鋪)[2]를 1393년에 새로이 서적원(書籍院)이란 이름으로 부활시켰다. 게다가 세종 때에는 많은 책을 간행하면서 금속 활자를 계미자(癸未字)[3]와 갑인자(甲寅字)[4]로 개량하였다.

1 고려 우왕 3년(1377)에 백운화상(白雲和尙)이 석가모니의 직지인심견성성불의 뜻을 그 중요한 대목만 뽑아 해설한 책. 세계 최초의 금속 활자본으로 공인된 불경으로, 1972년 프랑스 국립 도서관에서 유네스코 주최로 열렸던 '책의 역사' 종합전에서 발견되었다. =직지심경

2 고려 시대에, 국자감에 속하여 서적을 보관하고 인쇄하는 일을 맡아보던 곳. 고려 숙종 때 쇠퇴한 관학을 진흥시키고 국자감을 강화하기 위하여 설치하였다.

3 조선 태종 3년(1403)에 만든 구리 활자. 왕명에 의하여 주자소를 설치하여 고주(古註), 시(詩), 서(書), 좌전(左傳)을 표본으로 약 10만 자를 만들었다. 자체(字體)의 크기는 가로 1.4cm, 세로 1.4cm로, 우리나라에서 그 모양을 알 수 있는 활자 가운데서 가장 오래된 것이다.

4 조선 세종 16년(1434) 갑인년에 만든 구리 활자인 갑인자로 《전한서》를 내용으로 하여 인쇄한 책. 이천, 김돈, 장영실 등이 왕명으로 《효순사실(孝順事實)》, 《논어》 등을 글자본으로 하여 만든 것으로 인쇄본 《신간대자부음석문삼주》 1권이 전한다.

19

삼별초三別抄의 대몽 항쟁

→ 삼별초가 여·몽 연합군에 쫓기어 강화도 → 진도 → 제주도로 옮기면서 진도에 말을 몰기 위해 진 돗개를 키우기 시작했다.

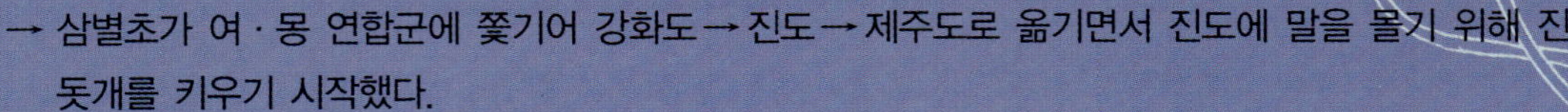

고종 12년(1225)에 몽골의 사신인 저고여가 고려에 왔다가 귀국하던 중 피살되는 사건이 일어나자, 몽골에서는 고려의 소행이라고 하여 고려를 침범하는 계기가 되었다.

고종 18년(1231)에 몽골이 침입해 온 것을 시작으로 40년에 걸쳐 6차례의 침입이 있었다. 당시 고려는 박서(朴犀)를 중심으로 한 관군이 귀주성에서 몽골군에 맞서 끝까지 싸웠으며, 백성들도 대몽 항쟁에 나섰다.

충주 지방에서는 몽골군이 침입하자 관리들은 도망하기에 급급했으나 관노비들이 싸워 성을 지켜냈다. 이때 정부에 반기를 들었던 초적(草賊)들도 대몽 항쟁에 나서기도 하였다.

최씨 정권은 백성들에게 성이나 산속으로 가서 대몽 항전을 하도록 하고 도읍을 개경에서 강화도로 옮겼다.

몽골의 침입으로 인한 피해는 너무나 컸다. 《고려사》에 의하면 '몽골에 사로잡힌 남녀가 무려 206,800여 명이며, 죽음을 당한 사람은 그 수를 헤아릴 수 없다.' 고 적고 있다.

몽골의 침입이 소강상태에 빠질 때 최씨 무신 정권의 마지막 집정자인 최의가 피살되어 최씨 정권이 무너졌다. 국제 정세에 어두운 원종(元宗)[1]은 무신 세력들의 반대를 무릅쓰고 몽골과 강화하고 개경으로 환도하였다.

무신 정권의 군사적 기반인 삼별초는 개경 환도에 반대하면서 관리들의 가

1 고려 제24대 왕(1219~ 1274). 이름은 식(植), 초명은 전(倎). 고종 46년(1259)에 왕의 대리로 몽고에 입조(入朝)하여 굴욕을 당한 뒤 즉위하였다. 재위 기간 중 임연(林衍)의 난, 삼별초(三別抄)의 난 등으로 편한 날이 없었다. 재위 1259~1274년.

족을 인질로 삼고 대몽 항전에 나섰다.

원래 삼별초(三別抄)는 최우(崔瑀)가 밤에 경비를 위해 설치한 야별초(夜別抄)가 확대되어 좌별초(左別抄), 우별초(右別抄), 그리고 몽골의 포로가 되었다가 탈출한 군사들로 조직된 신의군(神義軍)을 말한다.

원종 11년(1270) 6월 1일에 배중손(裵仲孫)[2]의 지휘 아래 강

진도 남도석성

화도에 정부를 세우고 기세 좋게 출발하였으나, 전쟁에 지친 백성들의 이탈로 군세가 줄어들었다. 이에 배중손은 강화도에서 진도로 근거지를 옮겨 해상 왕국을 건설하였다. 진도는 화원반도와의 사이가 좁아 개경으로 세곡을 싣고 가는 조운선을 탈취하여 고려 정부의 재정을 어렵게 하기도 하였다. 더불어 불안이 점점 더해진 몽골의 재촉으로 고려군과 몽골 연합군이 결성되어 삼별초 토벌작전이 전개되었다.

군사의 숫자와 무기에서 떨어진 삼별초는 고려군과 몽골 연합군에게 패배하고, 김통정(金通精)[3]의 지도로 제주도로 본거지를 옮겼다.

김통정의 격려로 군사들은 안팎으로 성을 쌓고 해안에도 긴 성을 쌓아 방비를 튼튼히 한 후에 고려군과 몽고군의 기습에 대비하였다. 고려 정부는 삼별초를 회유하려고 하였다.

그러나 김통정은 몽고의 회유책이 자신들을 속이는 것이라는 것을 알고 거부하였다.

고려 정부는 이 기회에 삼별초를 완전히 없애겠다고 제주도에 대한 총공격을 벌였다. 원종 14년(1273) 4월에 1만여 명의 고려군과 몽골군은 160여 척의 배를 나눠 타고 제주도에 상륙하여 진도에서와 같이 기습 공격을 하였다. 진

2 고려 원종 때의 무장(?~1271). 삼별초의 수령으로, 원종이 개성으로 환도한 후에 강화에 있던 야별초를 이끌고 몽고에 저항하여 왕온(王溫)을 임금으로 추대하였다. 후에 제주도로 들어가 싸우다가 여몽 연합군에 패하여 죽었다.

3 고려 원종 때의 무신(?~1273). 삼별초의 장수로, 배중손과 더불어 개경 환도를 반대하고 원나라와 고려에 저항하다가 탐라로 후퇴하였다. 그곳에서 재기를 꾀하던 중 김방경에게 정복당하자 자결하였다.

도에서 삼별초와 싸운 경험이 있는 김방경(金方慶)[4]을 총사령관으로 하였기에 삼별초와의 싸움에는 익숙해져 있었다.

순식간에 제주도는 핏빛이 되었다. 삼별초는 고려군과 몽고군에 맞서서 끝까지 싸웠으나 수적으로나 장비면에서 뒤떨어져 후퇴할 수밖에 없었다. 김통정은 70여 명을 이끌고 한라산으로 후퇴하였으나 이미 싸움이 기울었음을 알고 자신을 따르는 부하들에게 각자 살길을 찾으라는 말을 남기고 자결하였다.

이렇게 하여 삼별초는 1270년 6월 몽고에 대항한 싸움을 선언한 이후 만 4년 동안 치열한 싸움을 벌이다가 1273년 4월에 최후를 맞게 되었던 것이다.

삼별초의 대몽 항쟁은 고려 사람들의 자주성 표현이라고 할 수 있다.

고려 시대 때 몽골이 제주도에 탐라총관부를 설치한 후 오늘날의 조랑말을 기른 데서 유래되었듯이, 진돗개도 몽고에 끝까지 화해를 반대하며 투쟁한 삼별초가 강화도와 진도에서 대항하여 싸우다가 결국 제주도에서 여·몽 연합군에 의해 패하면서 제주도와 진도가 말을 기르는 목장으로 바뀌어 이를 지키며 보호하기 위한 목견(牧犬)으로 몽골개를 들여온 것이 진돗개가 되었다고 한다. 또 다른 설로는 삼국 시대에 남송(南宋)의 무역선이 진도 근해에서 조난을 당하였을 때 유입되었다는 설이 있다.

---

4 고려 시대의 명장(1212~1300). 자는 본연(本然). 삼별초의 난을 평정하였고 원나라가 일본을 정벌할 때 고려군 도원수로서 종군하였다.

20

몽고풍 蒙古風

→ 고려 때 원나라의 지배를 받으면서부터 몽골의 풍습이 고려에 유행하였다. 일찍 결혼하는 풍습부터 변발 등 많은 풍습이 생겨났으며, 조혼 등은 조선 시대에도 쉽게 사라지지 않았다.

옛날에는 남자나 여자나 10세 이전에 결혼하는 경우가 많았다. 이것을 흔히 조혼(早婚)이라고 한다.

우리나라의 조혼 풍습은 고구려의 데릴사위 제도와 옥저(沃沮)의 민며느리 제도에서 비롯되었다. 데릴사위 제도는 예서제(豫壻制)라고도 하며 일종의 처가살이를 말한다. 이것은 남녀가 10세가 되지 않았을 때, 남자를 부인이 될 처갓집 근처에 허름한 집을 지어 머물게 하면서 약속한 기간 동안 노동력을 제공하는 제도로 부계사회라기보다는 모계사회 쪽이 가까운 시대였다.(혹은 유목민족이라고 할 수 있는 고구려에서 여자가 부족하였기 때문이라고 주장하고 예로서 형사취수(兄死取嫂)[1] 제도를 들고 있다.)

민며느리 제도는 장래에 며느리로 삼을 어린 계집아이를 데려다가 키우는 것으로, 8~9세가 되면 신랑집에서 데려다가 길렀다고 한다.

이 두 가지 제도는 조혼 풍습의 먼 원인이 될 것이다.

이러한 조혼 풍습을 더욱 부채질한 것은 고려 시대에 와서 원(元)에 의해 우리가 지배를 받게 되면서부터이다. 고려에서는 원래 원을 건국한 민족은 야만인으로 생각을 하였는데 이들에게 한해에 500명에서 1000명에 이르는 여자를 바쳐야 했고, 이러한 여자들은 몽고족의 남자와 결혼을 하게 되었다. 하지만 야만인인 몽고족과 누가 결혼을 하려고 했을까?

그러다 보니 초기에는 고위층과 귀족사회는 빼고 승려의 딸, 역적의 처, 일

1 부여 때에 있었던 풍습의 하나. 형이 죽으면 형수를 부양하던 풍습으로 재산 상속과 관련이 있다.

반 여염의 과부들을 본인의 의사에 관계없이 끌어다 보냈다. 그러나 이러한 여자들은 대개는 얼굴을 가꾸지 않아 몽고에서 싫어하였고, 나아가 원 세조(쿠빌라이)는 미녀와 중류계급 이상의 처녀를 보낼 것을 강력히 요구하면서 사신까지 보내어 미녀를 뽑았으며, 고려왕이 직접 나서기도 했다고 한다. 이런 경우가 일 년에 두 번이나 2년에 한 번씩 약 50여 회에 걸쳐 매회 400~500명씩 공녀(貢女)로 바쳤던 것이다.

이에 고려인들은 딸의 나이 8~9세가 되면 원나라에 딸을 뺏기기보다는 짝지을 남자를 물색하여 결혼을 시키고, 큰머리[2]를 얹어 어른들 밑에서 살림을 가르침으로써 공녀 선출을 면하게 하였던 것이다.

이렇게 이루어진 조혼 풍습은 조선 시대에 들어오면서 자녀의 결혼을 앞두고 죽게 되면 부모의 할 도리를 못다한다 해서 자녀의 혼인을 서둘렀고, 한편으로는 자녀를 일찍 결혼시켜 며느리 손에 밥상을 받는 것을 행복으로 생각하는데서 조혼의 풍습은 쉽사리 고쳐지지 않았다.

조혼은 몽골의 영향으로 생긴 풍속이지만 우리나라가 몽골의 부마국(附馬國)이 되면서 우리 민족의 정기를 단절시키기 위해 왕은 의무적으로 원나라 왕녀에게 장가들도록 하였고, 그러다 보니 시간이 흐를수록 원나라의 피가 더 많이 섞이게 되었다. 이리하여 충렬왕(忠烈王)에서 공민왕(恭愍王)까지 7명의 원나라 왕녀가 고려 왕궁으로 시집을 왔고, 그들은 '겁련구(怯憐口)'라 하여 자국의 하인들을 많이 데리고 왔다. 그러는 동안 자연스럽게 몽골의 언어와 풍속이 따라 들어와 궁중과 상류사회에 적지 않은 영향을 끼치게 되었다.

수라(水剌)

임금의 진지를 가리키는 '수라'는 몽골 어의 '술런'에서 온 것으로 본다.

원나라의 지배를 받던 고려 때, 태자들이 원나라에 볼모로 잡혀갔다가 돌아와서 왕위에 올랐는데 이때 들어온 것으로 보인다. '水剌'는 '수라'를 한자식으로 표기한 것일 뿐, 별다른 뜻은 없었다.

2 예식 때 신부의 어여머리 위에 얹던 가발.

족두리

족두리라는 말은 고려 때 원나라에서 왕비에게 준 고고리(古古里)가 와전된 것으로 추정된다. 이 족두리가 사용되기 시작한 것은 원나라와의 혼인이 많았던 고려 시대 후기로 볼 수 있다. 몽골에서 족두리는 기혼녀가 나들이할 때 쓰는 모자였다.

고려 시대의 족두리는 조선 시대의 것보다 모양이 크고, 높이도 높았던 것으로 추측된다. 조선 시대에 와서는 그 양식이 점점 작아지고 위와 아래가 거의 밋밋하게 비슷해졌다. 영 · 정조 시대에는 가체(加髢)를 금지하면서 족두리의 사용을 장려했다.

곤지곤지

연지는 볼과 입술을 붉은 색조로 치장하는 화장품을 이르는 말이다. 이마에 둥그렇게 치레하는 것을 곤지라고 하는데 이것 역시 연지를 사용한다.

우리나라 사람들이 언제부터 연지를 치레에 이용했는지 확실하지 않으나, 평안남도 용강군에 전해오는 쌍영총 고분 연도(羨道, 현실로 들어가는 터널) 동쪽 벽에 우차와 말을 탄 군사 및 남녀 입상에 그려져 있는 것으로 보아 북방 민족의 공통된 풍속이 아닌가 추측된다. 몽골의 침략기에 본격적으로 사용되었으며, 가끔 아기의 재롱거리로 "곤지곤지" 하며 손가락 끝으로 볼을 찌르는 모습을 볼 수 있는데, 이것은 예뻐 보이라는 연지, 곤지 풍습에서 유래된 것으로 보인다.

마누라

마누라는 오늘날 허물없이 아내를 부르거나, 다른 사람에게 얘기할 때 아내를 낮추어 일컫는 말로 쓰인다. 그러나 마누라는 고려 후기에 몽골 어에서 들어와 조선 시대에 '대비 마노라', '대전 마노라' 처럼 마마와 같이 쓰이던 극존칭어이다. 그러다가 신분 제도가 무너지는 조선 후기에 들어와서는 늙은 부인이나 아내를 가리키는 말로 쓰이게 되었다.

보라

담홍색을 나타내는 보라색은 그 어원이 몽골어에서 왔다. 몽골의 지배를 받던 고려 시대에는 여러 가지 몽골의 풍습이 성행했는데 그 중의 하나가 매를 길들여 사냥을 하는 매사냥이었다.

이때 사냥을 잘 하는 새로 알려진 여러 종류의 매가 있었는데, 그 중에 널리 알려진 것이 송골매라 불리는 해동청과 보라매였다. 보라매는 앞가슴에 난 털이 담홍색이라 붙여진 이름으로서 몽골어 '보로'에서 온 말이다.

설렁탕

고기를 맹물에 끓이는 몽골 요리인 '슈루'가 우리나라에 들어와 설렁탕이 되었다고 한다. 《몽어유해(蒙語類解)》에는 고기 삶은 물인 공탕(空湯)을 몽골어로 '슈루'라 한다고 되어 있고, 《방언집석(方言輯釋)》에는 공탕을 한나라에서는 콩탕, 청나라에서는 실러, 몽골에서는 슐루라고 한다고 되어 있다. 따라서 이 '실러' '슐루'가 설렁탕이 되었다고 전한다.

고려 시대 25대 충렬왕(忠烈王)부터 30대 충정왕(忠定王)까지 묘호(廟號) 앞에 충(忠) 자를 붙인 까닭은?

철통 같던 고려 무인(武人) 정권은 몽골의 힘으로 몰락했다. 이에 따라 왕실이 무인으로부터 권력을 되찾기는 했지만 1270년에 삼별초가 개경 환도를 몽골에 대한 굴욕이라고 주장하면서 항쟁을 하자, 당시의 왕인 원종(재위 1259~1274)은 몽골에 구원군을 요청해 삼별초의 항쟁을 진압했다. 이때부터 고려는 약 백 년 동안 몽골의 지배를 받았다.

이렇게 몽골의 지배를 받던 백 년 동안에 바로 '충(忠)' 자를 묘호로 쓰는 기현상이 발생했다. 우리나라는 왕이 죽으면 묘호를 지어 종묘에 바치는 전통이 있었는데, 이때는 묘호를 원나라가 지어서 보냈다.

그러다 보니 무례하게도 원나라에 충성한 임금이라는 뜻으로 '충' 자를 머리에 붙였던 것이다. 그래서 원종부터 묘호를 받기 시작해서 충경, 충렬, 충선, 충숙, 충혜, 충목, 충정으로 이어졌던 것이다. 충경의 경우는 다행히 원나라에서 강제로 묘호를 주기 이전에 이미 원종이라는 묘호를 자체적으로 정해 올린 상태였기 때문에 '충' 자를 면했지만 나머지 왕들은 원에서 준 묘호로 계속 불리었다.

그러나 그 뒤 원나라의 속박에서 벗어나 자주 고려를 세우려고 노력했던 공민왕(恭愍王)[2]이 이들 여섯 명의 왕에게 다시 시호를 올렸다. 그런데도 조선이 건국하면서 고려를 폄하하기 위해 계속 원의 묘호를 썼을 뿐이었으므로 이제부터라도 자주적인 시호를 쓰는 것이 좋다.

충렬은 경왕(景王, 이하 모두 가운데에 孝자가 붙는데, 이것은 조선 시대 왕들도 대부분 받는 시호의 한 글자였으므로 생략한 것임), 충선은 선왕(宣王), 충숙은 의왕(懿王), 충혜는 헌왕(獻王), 충옥은 현왕(顯王), 충정은 저왕(眂王, 충정은 쫓겨나 독살당함으로써 공민왕에게 시호를 받지 못했으므로 그 뒤의 우왕, 창왕처럼 본명을 붙여 저왕이라고 함)이라고 불러야 한다.

2 고려 제31대 왕(1330~1374). 이름은 전(顓), 호는 이재(怡齋)·익당(益當). 왕위에 오른 뒤 중국 원나라를 배척하고 친원파(親元派)인 기씨(奇氏) 일족을 제거하였다. 쌍성총관부를 폐지하였으며, 빼앗긴 영토를 수복하여 국위를 떨쳤으나 나중에는 정치를 그르치고 최만생(崔萬生)과 홍윤(洪倫)에게 살해되었다. 재위 1351~1374년.

21

공민왕의 개혁 운동

→ 공민왕은 친원파를 쫓아내고 정방을 폐지하여 왕권을 강화하였으며, 정동행성(征東行省)을 폐지하고 관제를 문종 때의 것으로 되돌렸으며, 몽골식 생활 풍습을 금지하는 등 반원 개혁을 실시하였다.

'땡중' 이라는 말이 있다. 흔히 주색을 즐기고 고기를 마음대로 먹는 가짜 중을 말하는 것으로 알려져 있다. 그러나 '땡중' 의 어원을 살펴보면 '땡추' 에서 나왔으며, 이것은 고려 시대에 몽골에서 벗어나고자 개혁을 추진했던 공민왕이 신돈(辛旽)[1]에게 도움을 요청하여 개혁을 꿈꾸는 스님들을 규합한 모임이다. 즉, 고려 왕실에 흐르는 더러운 몽골의 피와 몽골에 아부해 온 조정 대신들을 모두 제거하고 순수한 고려를 일으키자는 공민왕의 뜻에 따라, 각 도에 1명씩 모두 7명의 스님과 신돈이 개혁 단체로서 만든 것이 당취(黨聚)다.

이들은 당시에 친원파(親元派)가 곳곳에 있었으므로 신변 안전을 위하여, 불교에 몸담고 있는 스님들의 행동으로는 이단(異端)인 술 먹고 고기 먹는 것을 서로를 확인하는 신표(信標)로 삼았다.

그러므로 이들 스님들의 비밀은 철저하게 지켜져 오늘날 국어사전에서조차 당취를 '조선 중기 이후에 학문이나 수행이 없는 중들이 만든 비밀 결사, 곧 땡추' 라고만 나온다. 다른 말로는 땡땡이중이라고도 하였다.

개혁의 중심인물이었던 신돈은 전민변정도감(田民辨正都監)[2]을 설치하여 부호들이 권세로 빼앗은 토지를 각 소유자에게 돌려주고, 노비로서 자유민이 되려는 자들을 해방시켰으며, 국가 재정을 정리하고 민심을 얻었다. 그러나 그의 급진적 개혁은 상층계급의 반감을 샀고, 그 자신도 왕의 신임을 기화로 점

1 고려 말기의 중(?~1371). 자는 요공(耀空), 호는 청한거사(淸閑居士). 공민왕에게 등용되어 국정을 장악하고, 전제개혁(田制改革), 노비 해방 따위의 개혁 정책을 폈으나, 상층계급의 반발로 실패하였으며, 후에 왕의 시해를 음모하다 발각되어 처형되었다.

2 고려 말기, 토지와 노비를 정리하려고 설치한 임시 관아. 권신들의 토지 겸병에 뒤따르는 농민들의 노비화를 막기 위하여 두었으나, 귀족들의 반발로 큰 성과를 거두지 못하였다.

차 오만해지고 방탕한 행동을 하므로 상층계급에서 배척 운동이 일어났다. 공민왕 18년(1369) 풍수도참설로 왕을 유혹하여 서울을 충주로 옮기고자 했으나 왕과 대신들의 반대로 실패하고, 왕의 신임을 잃게 되자, 역모를 꾸미다가 발각되어 수원에 유배된 후 공민왕 20년(1371)에 처형되었다.

그 뒤 당취의 개혁적인 성향은 점점 변질이 되었다. 즉, 조선 시대 숭유배불 정책으로 인하여 승려의 지위가 땅에 떨어지고, 성종(成宗) 이후 도승(度僧)과 승과 제도가 폐지되자, 민역(民役)과 병역(兵役)을 피하는 사람과 부모 없는 고아, 과부 등이 절에 들어가 중이 되었으므로 무자격 승려가 많아졌다. 수행에 크게 관심이 없었던 이들은 당파를 만들어 그들의 세력을 키웠다. 10인 또는 20인씩 패를 지어 다니면서 수행 스님이나 학승(學僧)을 괴롭히는가 하면, 식량과 의복 등속의 물자를 마음대로 가져다가 먹고 입었으며, 승려들을 모아 놓고 참회를 시킨다고 하면서 매질도 하였다. 땡추는 일종의 부랑 집단으로 전국적인 조직을 갖추고 통일된 행동을 했으며, 곤란한 일을 당했을 때는 서로 도와주고, 조직원 중 어떤 사람이 봉변을 당했을 때는 반드시 복수를 했다고 한다.

그러므로 원래 '개혁을 추진하는 스님의 모임'이라는 당취가 불교를 탄압하던 조선 시대에 땡중이라는 부정적 이미지로 의미가 변했다고 할 수 있다.

공민왕은 당취를 발판삼아 배원 정책과 왕권강화를 위한 정책을 실시하였다. 배원 정책으로는 원나라가 내정 간섭을 위해 설치하였던 정동행성(征東行省)[3]과 다루가치(darughachi)[4]를 폐지하고, 쌍성총관부(雙城摠管府)[5]를 공격하여 되찾았으며 친원파를 축출하였다. 또한 원나라의 풍속인 변발을 금지하였다. 왕권강화 정책으로는 정방을 폐지하고 전민변정도감을 설치하여 개혁 정치를 실시하였다.

공민왕의 개혁 정치가 실패한 것은 신돈을 비롯한 개혁 세력의 힘이 미약했고, 홍건적과 왜구의 침입으로 인해 국내외 정세가 불안했기 때문이다.

그러나 공민왕의 개혁 정치는 고려인들의 자주 의식을 나타내고 있다.

---

3 고려 충렬왕 때, 중국 원나라가 고려의 개경에 둔 관아. 원나라의 세조가 일본을 정벌하려고 개경에 정동행중서성을 설치하였다가 일본 정벌 계획을 그만둔 뒤로 이름을 고치고, 원나라의 관리를 두어 고려의 내정을 감시하고 간섭하게 하였다.

4 중국 원나라 때, 고려의 점령 지역에 두었던 벼슬. 점령 지역의 백성들을 직접 다스리거나 내정에 관여하였다.

5 고려 고종 45년(1258)에, 중국 원나라가 지금의 함경남도 영흥인 화주(和州) 이북을 통치하기 위하여 둔 관아. 공민왕 5년(1356)에 동북 병마사 유인우가 이끄는 고려의 군대가 탈환하여 이를 폐하고 화주목(和州牧)을 두었다.

공민왕의 개혁 정치에 대한 사료 - 《고려사》

　신돈이 전민변정도감 두기를 청하고 스스로 판사가 되어 다음과 같은 방을 내렸다.

　　요사이 기강이 크게 무너져 사람들이 탐욕스럽고 포악하게 되어 종묘, 학교, 창고, 사원 등의 세업 전민을 권문세족이 다 빼앗아 차지하고는 혹 이미 돌려주도록 판결난 것도 그대로 가지고 있으며, 혹 양민을 노예로 삼고 있다. 향리, 역리, 관노, 백성 가운데 역을 피해 도망한 사람들이 모두 숨어들어 크게 농장이 설치되니, 백성들은 병들게 하고 나라의 재정을 어렵게 하며 홍수와 가뭄을 부르고 질병도 그치지 않고 있다. 이제 도감을 두어 고치도록 하니, 잘못을 알고 스스로 고치는 사람은 죄를 묻지 않을 것이나, 기한이 지나 일이 발각되는 사람은 엄히 다스릴 것이다.

22

외적을 물리친 최영 崔瑩

→ 원나라의 지배 아래서 끊임없는 외침과 반란에 시달리던 고려를 구하기 위해 일평생 싸움터를 누볐으며 최고의 벼슬에 올랐을 때조차 결코 재물에 욕심을 내지 않아 백성들의 존경을 한몸에 받았다.

최영(崔瑩)[1] 장군은 고려 말기의 명장으로 여러 번 왜구를 토벌하여 공을 세웠으며, 공민왕 1년(1352) 9월에 조일신(趙日新)이 난을 일으켰을 때에는 그 일당을 소탕하기도 하였다.

한편 1354년에 중국의 산둥 반도 고우 지역에서 반란이 나자 출병하여 반란군을 토벌해 중국에까지 명성을 날렸다. 그는 많은 외적을 무찔렀는데, 그 가운데에 가장 빛나는 승리는 우왕 2년(1376)에 홍산에서 왜구를 크게 무찌른 싸움이다. 특별히 이 싸움은 최영 장군이 직접 왜구의 약탈을 막으려고 군대를 몰고 가 그들을 전멸시켰다는 데에 커다란 의의가 있다. 최영 장군은 입에 화살을 맞고서도 부하들을 진두지휘했으며, 이 공으로 시중이라는 벼슬을 받았다. 그러나 끝까지 사양을 했다고 한다.

그 뒤 명나라와 철령위 문제(고려와 명나라 사이에 있었던 문제로써, 명나라는 철령 이북이 본래 원에 속했던 곳이니, 이곳을 모두 요동에 귀속시켜 자신들이 통치하겠다고 고려에 통지했다.)가 발생하자 최영은 요동 정벌을 주장했다. 이에 고려는 이성계와 조민수로 하여금 3만 8천여 군사를 일으켜 명나라와 일전을 벌이도록 지시했다.

그러나 이성계는 위화도에 이르러 네 가지 이유를 들어 요동 정벌이 불가능함을 주장했다. 이 4대 이유로는 첫째로 작은 나라가 큰 나라를 친다는 것,

1 고려 말기의 명장·재상(1316~1388). 친원파(親元派)로서 1388년에 팔도(八道) 도통사가 되어 명나라를 치러 출정하였으나 이성계의 회군(回軍)으로 실패하고 후에 그에게 피살되었다.

둘째로 여름철 농번기에 군사를 일으킨다는 것, 셋째로 원정의 틈을 타서 왜구가 침입할 우려가 있다는 것, 그리고 무더운 장마철이라 활이 풀리고 군대 내에 질병이 심할 것이라는 점이다. 이성계는 이처럼 주장을 하고 나서 위화도에서 회군을 하여 그 칼날을 거꾸로 조정에 들이댔다.

이에 최영은 요동 정벌의 뜻을 이루지 못하고 고양(고봉)에 유배되었다가 살해되었으며, 고려 왕조는 멸망하게 된 것이다.

최영 장군은 대내외적으로 많은 공을 세우기는 했지만 새로운 왕조를 세우려는 야심에 찬 이성계(李成桂)에게 억울하게 살해되었다.

이 때문에 무당들은 최영 장군을 그들의 보호신으로 섬기는 것이다. 살아생전에 자신의 한을 풀지 못하고 죽은 사람이기에 저승으로 가지 못하고 이승에 가까이 있을 것이며, 기원하는 이들의 심정을 잘 이해하고 들어주리라 믿는 것이다. 그러기에 우리나라의 굿당이나 개인 신당 중에는 최영 장군의 영정이 걸리지 않은 곳이 드물다. 지금도 사람들은 최영 장군을 장수(長壽)와 태평을 가져다주는 신으로 믿고 있다.

이처럼 무당을 비롯한 전통 신앙을 추구하는 사람들이 모시는 신은 한이 많아서 저승으로 가지 못한 이들이다. 그러므로 큰 한을 품은 사람들이 대개 무당들의 신이 된다.

이 밖에 우리나라 인물로 굿당에 모셔져 있는 사람들은 왕위를 지키지 못했거나, 왕위에 오를 예정이었으나 비극적인 죽음을 당한 사람, 또는 왕위를 제대로 누리지 못하고 쫓겨난 사람이다.

예를 들어 연산군(燕山君)이나 광해군(光海君), 사도 세자, 그리고 한말에 일본인의 손에 참혹하게 죽은 명성 황후와 같은 인물이다. 그러니까 이성계, 이순신(李舜臣), 권율(權慄) 같은 장수는 무당들이 섬기는 귀신으로는 적당하지 않은 것이다. 왜냐하면 뜻을 이루고 잘 살다가 죽었으니 저승으로 다 올라갔다고 믿기 때문이다.

이성계의 4불가론이란?

공민왕이 즉위하던 1351년은 원나라 순제 11년으로, 유례없는 대제국을 건설했던 몽골족들도 이를 전후하여 이미 크게 흔들리고 있었다. 국가 재정이 궁핍해지고 백성들의 생활이 도탄에 빠진 틈을 타 각지에서 한인(漢人) 반란군이 봉기를 하였다. 이러한 세력 중에 두드러지게 성장한 세력이 주원장(朱元璋)[2]이었다. 그는 공민왕 17년(1368)에 응천에서 황제에 즉위하고 국호를 명(明), 연호를 홍무(洪武)라고 하면서 세력을 넓혀 갔다.

초기에는 원을 의식한 명나라가 고려에 대하여 우호적인 바탕 위에서 순조롭게 진행이 되었으나, 명이 요동으로 진출하면서 양국 간의 관계는 점차 악화되었다. 더구나 명나라의 고려에 대한 자세는 점차 위압적인 자세로 바뀌어 고려에 대하여 부당한 요구를 하기에 이르렀다. 세공을 납부하라거나, 말 5,000필을 사가겠다든가 하는 것이다. 그러나 당시 고려에서는 말 5,000필을 구하기가 어려운 일이었으므로 명의 요구를 들어주기에는 역부족이었다. 이에 명나라는 요동을 폐쇄하여 고려 사절의 내왕을 금지하였다.

고려 정부는 명나라가 일방적으로 억압과 위협을 가한데 대해 상당한 반감이 조성되어 있었다. 명나라 황제가 장차 처녀 및 환관 각 1천 명과 말·소 각 1천 필을 요구할 것이라는 소식을 듣고 최영은 관리들 앞에서 강경하게 대처하기로 하였다.

그리하여 우왕 13년(1387)에 요동 경영에 큰 진전을 보게 된 명나라는 고려에 대해 더욱 강경한 태도를 보였다. 즉, 우리나라가 차지하고 있는 철령 이북의 땅을 회수하겠다는 철령위(鐵嶺衛) 문제를 들고 나왔고, 이 소식은 이듬해인 우왕(禑王) 14년(1388) 2월에 명나라에 사신으로 갔던 설장수를 통해 고려에도 전해졌다. 이때에는 그간 잦은 부정부패를 일삼아 오던 이인임(李仁任) 일파가 조정에서 축출되고 최영이 집권하고 있었거니와, 그는 마지막으로 밀직

2 중국 명나라의 제1대 황제(1328~1398). 자는 국서(國瑞), 묘호(廟號)는 태조(太祖). 창장(長江) 강 일대를 평정하고 국호를 명(明), 연호를 홍무(洪武)라 하였다. 중국을 통일하였으며, 과거 제도의 정비, 대명률의 제정, 전국의 토지·호구 조사와 같은 많은 업적을 남겼다.

제학(密直提學) 박의중(朴宜中)을 청화사(請和使)로 파견하여 철령 이북으로부터 공험진까지의 땅은 본래 고려의 속령이었음을 설명하고 철령위 설치의 중지를 요청하게 하였으나, 별다른 소식이 없었다. 마침내 최영은 우왕과 비밀리에 명나라를 정벌하는 계획을 세워 나갔다. 3월에 명나라가 철령위(鐵嶺衛)를 설치한다는 보고를 받자 우왕은 8도의 정예병사 징발을 명령하고, 스스로 평안도로 행차하겠다고 나서며 요동 공격 준비를 본격화하였다.

4월 1일 우왕이 봉산에 도착하여 최영과 이성계를 불러 처음으로 요동 정벌 계획을 알리자 이성계는 '첫째, 작은 나라가 큰 나라를 거스르는 것은 옳지 않으며(以小逆大), 둘째, 여름철에 군사를 동원하는 것은 부적당하고(夏月發兵), 셋째, 요동을 공격하는 틈을 타서 남쪽에서 왜구가 침범할 우려가 있으며(擧國遠征 倭乘基虛), 넷째, 무덥고 비가 많이 오는 시기라 활의 아교가 녹아 무기로 쓸 수가 없고, 병사들도 전염병에 걸릴 염려(時方署雨 弩弓解膠 大軍疾疫)가 있어 불가하므로 만일 요동 정벌을 정한다면 가을에 하는 것이 합당하다.'고 하는 4불가론을 주장하였다.

하지만 우왕은 이성계의 말을 듣지 않고 요동 정벌을 강행하였다. 그리하여 우왕 14년(1388) 4월 3일에 드디어 최영 자신은 8도도통사가 되어 풍양에 나아가 군사들을 격려하면서, 조민수(曺敏修)를 좌군도통사로 삼고 심덕수·박위(朴葳) 등 여러 장수를 그 예하에 배속시켰으며, 이성계를 우군도통사로 삼고 정지(鄭地)와 지용기·배극렴(裵克廉)·이두란·이원계 등의 여러 장수를 그 예하에 배속시켜 좌우군 38,800명에, 지원 부대 11,600명의 5만여 명의 대군을 거느리고 출정하게 하였다.

이렇게 하여 4월 18일 출정한 이성계 일행은 5월 7일에 압록강 가운데어 위치한 위화도까지 진군하였지만, 도망하는 군사가 속출하고 비로 인하여 강물이 불어나 그것을 건너기도 쉽지 않았다. 이에 이성계와 조민수는 "강물이 불어 압록강을 건너기도 어려운데, 요동까지 가려면 큰 강을 몇 차례 건너야 하므로 곤란합니다. 군량도 다 떨어져 진군하기가 어려우니 퇴군을 윤허해주십시오."라고 우왕에게 요청하였으나, 우왕은 듣지 않았다.

이에 21일 두 장수는 최영에게 회군을 요청하였으나, 최영은 물론 그 건의를 받아들이지 아니하였다. 사태가 이렇게 되자 이성계는 조민수 등의 참모 등을 달래어 이튿날 새벽 스스로 회군을 단행하게 되었다. 쿠데타가 시작된 것이었다.

그리하여 개경에 돌아온 이성계 일행은 최영을 잡아 고양으로 귀양 보내고, 항거하는 우왕도 위협하여 강화도로 추방하였다. 이것이 무진 회군(戊辰回軍) 또는 위화도 회군(威化島回軍)이라 일컫는 사건으로, 이는 고려 몰락을 알리는 시작이라 하겠다.

위화도 회군으로 정권을 잡은 이성계는 위화도 회군의 동지인 조민수가 사전개혁 문제에 반대하자 귀양을 보낸 후, 고려의 전권을 잡는데 성공하였다.

위화도 회군으로 정치적·군사적인 정권을 장악한 이성계는 부패한 귀족들이 법을 어기고 많은 토지를 차지하고서도 세금을 내지 않아 국가 재정이 어렵게 됨을 알고 이를 극복하기 위하여 토지 개혁을 단행하였다. 이로써 이성계는 정치·군사·경제권을 모두 장악하게 된 것이다. 이어 고려를 마지막으로 지탱해주는 정몽주를 선죽교(善竹橋)에서 제거하고, 정부 관리를 자기네 세력 일색으로 채우고 이색을 비롯한 여러 옛 중신과 종실 등 새 왕조의 개창에 방해가 될 만한 인물들은 모두 멀리 귀양 보냈다.

그리고 이해 7월에 우시중을 맡고 있던 배극렴 등이 공민왕비인 정비(定妃)에게 지금 왕은 정사에 어두울뿐더러 덕이 없어 임금으로 삼을 수가 없다고 아뢰고, 그의 명령을 받는 형식을 빌어서 공양왕을 폐하여 원주로 추방하였다. 그 며칠 후 이성계가 개경 수창궁에서 새 국왕으로 즉위하니 이로써 고려는 34왕 475년 만에 멸망하고, 조선이 시작된 것이다.

왕위에 오른 이성계는 1394년에 서울을 한양으로 옮겼다. 그러나 1398년 제1차 왕자의 난으로 방과(정종)에게 왕위를 선양하고, 다시 1400년 방원(태종)이 즉위하자 상왕(上王)에서 태상왕(太上王)이 되어 왕자들의 권력다툼으로 1402년 동북면에 가서 은거생활을 하였다. 후에는 불가에 귀의하여 여생을 보냈다. 건국이념인 삼대국시(三大國是)를 사대교린 정책(事大交隣政策)[2], 숭유억불

선죽교

선죽교

정몽주 묘

정책(崇儒抑佛政策), 농본 정책(農本政策)으로 정해 조선 왕조의 근본 정책으로 삼게 했으며, 관제·병제·전제의 정비 등 여러 방면의 국가 기초를 다지는 큰 업적을 이룩하였다.

이성계는 태종 8년(1408)에 74세를 일기로 세상을 떠났다.

3 조공 관계로 맺어진 중국 중심의 동아시아 국제 질서 속에 나타난 외교 정책으로 서로의 독립성이 인정된 속에서 이루어진 것이므로 예속관계에 의한 것은 아니다.

단/원/마/무/리

고려 시대

핵심문제

1. 다음을 통해 고려가 새로 개척한 땅은?

> 우리나라는 곧 고구려의 땅이오. 그러므로 국호를 고려라 하고 평양에 도읍하였으니 만일 영토의 경계로 따진다면 그대 나라의 동경이 모두 우리 경내에 있거늘 어찌 침식이라 하리오. 그리고 압록강의 내외도 또한 우리 경내인데 지금은 여진이 가로막고 있어 바다를 건너는 것보다 더 심하오. 만일 여진을 내쫓고 우리 옛 땅을 돌려보내어 도로를 통하게 하면 감히 조빙은 닦지 않으리오.
>
> 《고려사》

① 간도　　　② 동북 9성　　　③ 4군　　　④ 6진　　　⑤ 강동 6주

※다음 표를 보고 물음에 답하시오. (2~4)

918	1170	1270	1351	1392
㉠	㉡	㉢	㉣	

2. ㉠ 시기의 지배층이 형성될 수 있는 기반이 된 제도를 두 가지 고르면?

① 공해전　　　② 전시과　　　③ 과거 제도　　　④ 공음전　　　⑤ 음서 제도

3. ㉠~㉣ 시기의 지배층을 차례대로 맞게 나열한 것은?

① 문벌귀족 - 무신 - 권문세족 - 신진사대부
② 무신 - 권문세족 - 신진사대부 - 문벌귀족
③ 권문세족 - 신진사대부 - 문벌귀족 - 무신
④ 신진사대부 - 문벌귀족 - 무신 - 권문세족
⑤ 문벌귀족 - 권문세족 - 무신 - 신진사대부

4. ㉣ 시기에 이루어진 일이 아닌 것은?

① 쌍성총관부를 공략하였다.
② 원나라의 침입을 받아 강화로 천도하였다.
③ 전민변정도감을 설치하여 개혁을 실시하였다.
④ 정동행성을 폐지하였다.

⑤ 위화도 회군을 통하여 이성계가 실권을 장악하였다.

5.

다음 글과 관련하여 당시의 시대 상황을 서술한 것으로 바른 것은?

① 과거제가 실시되어 모든 계층의 과거 응시가 가능해졌다.
② 거란의 침입으로 신분제가 흔들렸다.
③ 무인들 간의 권력다툼으로 하극상의 풍조가 일어났다.
④ 농민과 천민 사이의 대립으로 일어났다.
⑤ 신진사대부가 새로운 지배 계층으로 등장하였다.

6.

고려 시대의 경제에 대한 잘못된 설명은?

① 전시과는 관리를 18등급으로 나누어 농지와 임야를 나누어 준 것이다.
② 벽란도는 국제 무역항으로 번성하였다.
③ 고리대의 이자를 제한하고 의창을 실시하였다.
④ 민전의 조세율은 생산량의 10분의 1이 원칙이었다.
⑤ 16세에서 60세까지의 남녀는 군역과 요역을 부담하였다.

7.

다음 시대에 이루어진 풍속을 〈보기〉에서 고르면?

ㄱ. 장치기를 하였다.　　　　　ㄴ. 서경과 개경에서 팔관회를 열었다.

ㄷ. 백성들이 담배를 즐겼다.　　　ㄹ. 고춧가루를 뿌린 김치를 먹었다.

① ㄱ, ㄴ　　　② ㄷ, ㄹ　　　③ ㄱ, ㄹ　　　④ ㄴ, ㄹ　　　⑤ ㄴ, ㄷ

8. **다음에서 알 수 있는 태조의 정책은?**

……남자들은 모두 전쟁에 나가고 여자들이 오히려 부역에 종사하게 되니, 노고를 견디지 못해 혹은 산 속으로 도망쳐 숨고, 혹은 관청에 호소하는 자가 얼마나 되는지 알 수 없도다. 왕의 친족이나 권세가들이 방자하고 횡포하여 약한 자를 억눌러서 나의 백성들을 괴롭히는 일이 어찌 없다고 할 수 있겠는가? ……너희들 공경·장상으로 나라의 녹을 먹는 사람들은 마땅히 내가 백성 사랑하기를 아들같이 여기는 뜻을 잘 알아서 자신들 녹읍의 백성들을 불쌍히 여겨야 할 것이다.　　　　　　　　　　　　　　　　　　　　　《고려사》

① 고구려의 옛 땅을 회복하여 민심을 안정시키려는 북진 정책이다.

② 불교를 나라를 다스리는 근본으로 삼아 민심을 안정시키려는 숭불정책이다.

③ 호족들과 혼인을 통하여 백성들을 안정시키려고 하였다.

④ 권세가나 관리들이 백성의 수탈을 막으려는 민심안정책이다.

⑤ 삼정의 문란을 시정하려고 암행어사를 파견하였다.

9. **다음과 같은 정책을 실시한 목적과 같은 성격의 정책을 〈보기〉에서 고르면?**

● 노비를 조사해서 옳고 그름을 밝히도록 명령하였다. 이 때문에 주인을 배반하는 노비들을 억누를 수 없었으므로, 주인을 업신여기는 풍속이 크게 유행하였다.　　　《고려사절요》

● 쌍기의 의견을 받아들여 과거로 인재를 뽑게 하였다. 이때부터 문풍(文風)이 일어났고 그 법은 대체로 중국 당의 제도를 따른 것이다.　　　　　　　　　　　　《고려사》

ㄱ. 정방 폐지　　　ㄴ. 녹읍 부활　　　ㄷ. 교정도감 설치　　　ㄹ. 세도정치 타파

① ㄱ, ㄴ　　　② ㄷ, ㄹ　　　③ ㄱ, ㄹ　　　④ ㄴ, ㄹ　　　⑤ ㄴ, ㄷ

10. 다음과 관계된 사상에 대한 설명으로 적당한 것은?

관(觀)을 배우지 않고 불교 경전만 배우면 비록 5주의 인과를 들었더라도 3중의 성덕(性德)에는 통하지 못하며, 경전을 배우지 않고 관만 배우면 비록 3중의 성덕을 깨쳤으나 5주의 인과를 구별하지 못한다. 그러므로 관을 배우지 않고 경도 배우지 않을 수 없다.

   ① 신라 통일기에 찬란한 불교문화를 만드는데 공헌하였다.
   ② 신라 말기에 나타나 호족과 결합하여 새로운 사회를 건설하려고 하였다.
   ③ 고려 전기에 교종과 선종을 통합하면서 귀족들의 사상적 뒷받침을 하였다.
   ④ 고려 후기에 선종과 교종을 통합하면서 무신들의 후원을 받아 성장하였다.
   ⑤ 자연과 하나가 되어 세상을 바라보려고 하였다.

11. 다음과 관련된 계층과 관련된 사항으로 적절하지 못한 것은?

고려 왕조의 사대부 계층을 비롯하여 지식인 출신들이 있었다. 이들은 조선 왕조로부터 소외당한 아픔을 상업의 합리적 경영이나 상술 개발 등에 쏟아부었다.

   ① 이탈리아의 복식 부기보다 앞선 회계장부 작성법인 '송도사개부기' 를 사용했다.
   ② 소유와 경영을 분리한 '차인(差人) 제도' 도 실시하였다.
   ③ 젊은이를 데려와 일을 시킨 뒤 능숙해지면 내보내는 '도제식' 경영 방식을 취했다.
   ④ '유상' 이라고도 불리며, 개항 후에는 외국과의 무역에 종사하였다.
   ⑤ 보증인이 있으면 대출인의 신용도에 따라 금리를 차등 적용하는 '시변제' 를 실시하였다.

12. 다음 글을 보고 추론한 것을 〈보기〉에서 고르면?

……무릇 사람이 자식을 낳아 사랑하며 기르는 것은 그 자식에게 봉양받기를 바라기 때문입니다. 이것은 존귀한 사람이거나, 중국이거나 오랑캐거나 차이가 없는 것이니 그것은 천성이 다 같기 때문입니다. 그런데 저희 고려의 풍속은 사내자식은 따로 내보내더라도 딸은 집에 두고 내보내지 않으니, 진나라 때의 데릴사위 제도와 비슷합니다. 무릇 부모를 봉양하는 것은 딸이 맡아서 하는 일입니다. ……그런데 하루아침에 딸자식을 품 안에서 빼앗겨 4천 리 밖으로 보내게 되고, 한 번 문 밖을 벗어나게 되면 죽을 때까지 돌아오지 못할 것이니 그 심정이 어떻겠습니까? ……처녀를 모아놓고 선발하는데 ……이런 것이 1년에 두 번, 혹은 2년에 한 번 있는

데, 처녀의 숫자가 많을 때는 40~50명에 이르렀습니다. 《고려사절요》

보 기

ㄱ. 송나라에 처녀들을 바친 제도이다.　　　　ㄴ. 조혼 풍습이 유행하였다.

ㄷ. 왕후가 되어 권력을 행사하기도 하였다.　　ㄹ. 고려로 돌아와 '몽고풍'을 유행시켰다.

① ㄱ, ㄴ　　② ㄷ, ㄹ　　③ ㄱ, ㄹ　　④ ㄴ, ㄹ　　⑤ ㄴ, ㄷ

13. 다음에서 변화된 내용이 아닌 것은?

……왕이 아직 왕이 되지 않았을 때에는 ○○라 칭하지 않고 ○○라 할 것이고, 국왕의 명령은 옛날에는 성지라 했으나 지금은 선지라 하는데, 관직의 호칭이 원나라 조정과 같은 것도 역시 그런 종류인 것이다. ……그리하여 임술일에 관제를 개정하였다. 《고려사》

① 도평의사사 → 도병마사　　② 3성 → 첨의부　　③ 중추원 → 밀직사

④ 6부 → 4사　　⑤ 태자 → 세자

14. 다음 글과 같은 시대에 이루어진 개혁 내용을 〈보기〉에서 찾으면?

○○이 전민변정도감 두기를 청하고 스스로 판사가 되어 다음과 같은 방을 내렸다.
"요사이 기강이 크게 무너져 사람들이 탐욕스럽고 포악하게 되어 종묘, 학교, 창고, 사원 등의 세업 전민을 권문세족이 다 빼앗아 차지하고는 혹 이미 돌려주도록 판결난 것도 그대로 가지고 있으며, 혹 양민을 노예로 삼고 있다. 향리, 역리, 관노, 백성 가운데 역을 피해 도망한 사람들이 모두 숨어들어 크게 농장이 설치되니, 백성들은 병들게 하고 나라의 재정을 어렵게 하며 홍수와 가뭄을 부르고 질병도 그치지 않고 있다. 이제 도감을 두어 고치도록 하니, 잘못을 알고 스스로 고치는 사람은 죄를 묻지 않을 것이나, 기한이 지나 일이 발각되는 사람은 엄히 다스릴 것이다. 《고려사》

보 기

ㄱ. 사병을 폐지하였다.　　　　ㄴ. 원의 간섭으로 바뀌었던 관제를 복구하였다.

ㄷ. 정방을 폐지하였다.　　　　ㄹ. 쌍성총관부를 설치하였다.

① ㄱ, ㄴ　　② ㄷ, ㄹ　　③ ㄱ, ㄹ　　④ ㄴ, ㄹ　　⑤ ㄴ, ㄷ

15

다음 그림을 보고 설명한 것 중 적당한 것은?

ㄱ.    ㄴ.    ㄷ. 

① 그림을 시대 순으로 하면 ㄱ, ㄴ, ㄷ이다.

② ㄱ은 주로 귀족들이 사용하거나 사찰에서 사용하였다.

③ ㄴ은 병자호란으로 도공들이 청나라에 잡혀가므로 쇠퇴하였다.

④ ㄴ은 구김살 없는 우리의 멋을 나타내고 있다.

⑤ ㄷ은 성리학의 영향으로 선비들의 의식이 반영되었다.

16.

다음과 관련된 인물에 대한 적절한 설명은?

ㄱ. 우리나라에 처음으로 성리학을 소개하였다.

ㄴ. 국자감을 부흥시켜 학문의 중심으로 삼았다.

① 공민왕을 도와 원나라의 지배에서 벗어나기 위해 노력했다.

② 주세붕이 풍기에 백운동서원을 지어 제사를 지냈다.

③ 이성계를 도와 조선을 세우는데 앞장섰다.

④ 왜구가 침입했을 때 홍산에서 물리쳤다.

⑤ 《삼국사기》를 짓고 유학을 정치의 근본으로 삼고자 했다.

17.

다음 두 제도의 이름과 실시 목적을 40자 이내로 쓰시오.

ㄱ. 태조 18년 신라왕 김부(경순왕)가 항복해오니 신라국을 없애고 경주라 하였다. (김)부로 하여금 경주의 사심이 되어 부호장 이하를 임명하게 하였다. 《고려사》

ㄴ. 나라를 세우고 얼마 지난 후 향리의 자제를 뽑아 서울에 볼모로 삼고, 또한 출신지의 일에 대하여 자문에 대비하게 하였다. 《고려사》

18. 다음과 관련된 계층과 이들을 뒷받침한 사상을 쓰시오.

> ㄱ. 지방의 향리 자제들로 무신집권기 이래 과거를 통하여 중앙 관리가 되었다.
>
> ㄴ. 공민왕의 개혁 정치 때 지배 세력으로 등장하였다.

19. 조선 시대 교육과 비교한 고려 시대 교육의 가장 큰 특징은?

① 유학을 정치 이념으로 삼기 위하여 교육하였다.
② 양인 이상의 백성들은 교육을 받을 수 있었다.
③ 서울과 지방에 각기 교육기관을 두었다.
④ 기술 교육을 성균관과 달리 국자감에서 실시하였다.
⑤ 조선 시대와 달리 고려 시대에는 사학(私學)이 없었다.

20. 다음 중 성격이 다른 한 사람은?

① 홍경래   ② 만적   ③ 김사미   ④ 효심   ⑤ 망이 · 망소이

21. 다음과 같은 일로 나라에서 세운 대책을 〈보기〉에서 고르면?

> 문종 때 대사 중서령 최충이 후진을 모아교육하기를 게을리하지 아니하니 선비와 평민의 자제가 최충의 집과 마을에 가득하였다. 마침내 9재로 나누어 낙성 · 대중 · 성명 · 경업 · 조도 · 솔성 · 진덕 · 대화 · 대빙이라 하였다. 이를 일컬어 시중최공도라 하였으며, 양반 자제들로 과거에 응시하려는 자는 반드시 무리 가운데 속하여 공부하였다. 매년 여름철에는 여름에 공부하여 과거에 응시하였으며…… 9경과 3사를 학습하였다.…… 그 후부터 과거에 나아가려는 사람은 9재에 들어갔으니, 문헌공도라 불리었다.

<table>
<tr><td colspan="2" align="center">보 기</td></tr>
<tr><td>ㄱ. 시무 28조 건의</td><td>ㄴ. 양현고 설립</td></tr>
<tr><td>ㄷ. 독서삼품과 설치</td><td>ㄹ. 전문강좌 7재 설치</td></tr>
</table>

① ㄱ, ㄴ   ② ㄷ, ㄹ   ③ ㄱ, ㄹ   ④ ㄴ, ㄹ   ⑤ ㄴ, ㄷ

22

다음과 같은 시기에 쓰여진 역사책을 〈보기〉에서 고르면?

- 김윤후는 처인성에서 장수 살례탑을 살해하여 물러나게 하였다.
- 충주부사 우종주와 판관 유홍익은 몽골병이 오자 성을 버리고 도망하고, 노군과 잡류만이 힘을 합해 이를 쫓았다.

보 기
ㄱ. 삼국사기　　ㄴ. 삼국유사　　ㄷ. 제왕운기　　ㄹ. 구삼국사

① ㄱ, ㄴ　　② ㄷ, ㄹ　　③ ㄱ, ㄹ　　④ ㄴ, ㄹ　　⑤ ㄴ, ㄷ

23.

다음에서 잘못된 부분을 찾고, 그 이유를 설명하시오.

신라에는 매년 음력 2월이 되면 초8일에서부터 15일까지 도시의 젊은이들이 다투어 흥륜사의 전탑을 돌며 복을 비는 풍속이 있었는데, 마지막 날인 15일 밤에는 탑돌이를 끝마치고 나서 화약으로 불꽃놀이를 하였다는 기록이 있다.

24.

다음은 고려와 이민족의 관계를 나타낸 도표이다. 기호에 대한 설명으로 적합하지 않은 것은?

ㄱ. 거란족	ㄴ. 여진족	ㄷ. 몽골족	ㄹ. 홍건적	ㅁ. 왜구

① ㄱ-세 차례에 걸쳐 침입하여, 이를 물리치고 천리장성을 축조하였다.
② ㄴ-집권 세력이 사대 요구를 받아들이면서 북진 정책이 좌절되었다.
③ ㄷ-6차례에 걸친 침입을 물리치기 위하여 속장경을 간행하였다.
④ ㄹ, ㅁ-이들을 물리치는 과정에서 신흥무인 세력이 성장하였다.
⑤ ㅁ-최무선이 화약을 만들어 관음포에서 물리쳤다.

25.

다음 글에서 추론할 수 있는 것을 70자 이내로 쓰시오.

'어머니가 일찍이 재산을 나누어 줄 때 나익희에게는 따로 노비 40명을 남겨 주었다. 나익희는 "제가 6남매 가운데 외아들이라 해서 어찌 사소한 것을 더 차지하여 여러 자녀들을 화목하게 살게 하려 한 어머니의 거룩한 뜻을 더럽히겠습니까?"고 말하자 어머니가 옳게 여기고 그 말을 따랐다.'

〈고려사〉

26. 〈보기〉는 고려 시대 문화의 특징을 나타낸 것이다. 알맞게 짝지은 것은?

보 기

ㄱ. 대장경을 간행하는 등 목판 인쇄술이 발달하였다.

ㄴ. 송의 기술을 받아들여 금속활자 기술을 발달시켰다.

ㄷ. 부석사 무량수전 등 주심포 양식으로 건물을 지었다.

ㄹ. 이슬람 역법을 수용하여 독자적인 역법을 만들었다.

① ㄱ, ㄴ　　② ㄱ, ㄷ　　③ ㄱ, ㄹ　　④ ㄴ, ㄹ　　⑤ ㄴ, ㄷ

27. 다음 도표의 (가)에 해당하는 시대의 중심 기구로 적당하지 않은 것은?

정중부	경대승	이의민	(가)

① 교정도감 : 최고 통치 기구로 장관인 교정별감이 최고 집권자가 되었다.

② 중방 : 무신들로 구성된 회의 기구이자 최고 권력 기구이다.

③ 도방·삼별초 : (가)정권을 유지하는 군사적 기반이다.

④ 정방 : 독자적인 인사 행정 기구로 모든 관직에 대한 인사권을 행사하였다.

⑤ 서방 : 문학적인 소양과 함께 행정 실무 능력을 갖춘 문신을 등용한 것이다.

28. 다음은 고려 시대 토지 제도의 변화 과정이다. 옳게 설명한 것으로 짝지은 것은?

ㄱ. 역분전 : 후삼국의 통일 과정에서 기여한 공헌도에 따라 토지를 지급하였다.

ㄴ. 시정전시과 : 관직의 높고 낮음만을 가지고 전지와 시지를 지급하였다.

ㄷ. 개정전시과 : 18등급으로 관직을 나누고, 인품을 더하여 전지와 시지를 지급하였다.

① ㄱ, ㄴ   ② ㄱ, ㄷ   ③ ㄱ, ㄹ   ④ ㄴ, ㄹ   ⑤ ㄴ, ㄷ

29. 다음과 같은 역사적 사실을 입증하는 사실을 〈보기〉에서 알맞게 고른 것은?

고려가 후삼국을 통일하면서 새로운 국가로 발전한 것은 단순한 왕조 교체가 아니라, 고대 사회에서 중세사회로 넘어가는 전환기인 것이다.

보 기

ㄱ. 호족 세력이 중심 계층이 되었다.　　ㄴ. 유교가 정치 이념으로 수용되었다.
ㄷ. 풍수지리설이 사회를 지배하였다.　　ㄹ. 문화의 폭이 지방으로 확대되었다.

① ㄱ, ㄴ, ㄷ   ② ㄴ, ㄷ, ㄹ   ③ ㄱ, ㄷ   ④ ㄱ, ㄴ, ㄹ   ⑤ ㄴ, ㄷ

30. 신라 말기의 최치원과 고려 성종 때의 최승로는 조손(祖孫) 관계로 각각 시대를 변화시키려는 개혁을 주장하였다. 최치원과 달리 최승로의 개혁안은 국가 정책에 반영되었다. 그 이유를 60자 이내로 쓰시오.

1.

⑤

풀이▶ 위의 내용은 서희가 거란족이 1차로 침입하였을 때 소손녕과 담판한 내용이다. 그 결과 강동 6주를 새로 우리나라 영토로 편입하였다. ①조선 숙종 때, ②윤관 – 여진족, ③과 ④는 세종 때 여진족

2.

④ ⑤

풀이▶ ① 관청의 경비를 마련하기 위해 내린 토지, ② 관리의 등급에 따라 토지와 임야를 준 토지 제도, ③ 광종 때 관리를 등용하기 위해 실시한 제도

3.

①

풀이▶ ㉠ 시기의 지배층은 문벌 귀족이며, 이들의 기반은 음서제와 공음전을 통해 형성되었다.

4.

② – ㉢ 시기

5.

③

풀이▶ 최충헌의 사노비인 만적이 일으킨 민란이다.

6.

⑤ – 양인 정남

7.

①

풀이▶ ㄷ, ㄹ은 조선 시대 임진왜란 이후의 일이다.

8.

④

풀이▶ 태조는 백성들을 끌어안기 위해 민심수습책을 내놓았다. 백성들에 대한 수탈의 억제를 내세웠다.

9.

③

풀이▶ 고려 광종이 노비안검법과 과거제를 실시한 것을 보여준다. 두 제도는 모두 호족 세력을 억누르고 왕권을 강화하기 위한 조치였다. ㄱ은 공민왕 때 왕권강화 조치, ㄴ 신라 경덕왕 때 왕권의 약화, ㄷ 최충헌이 무신정권의 최고기구로 설치, ㄹ 조선 흥선 대원군이 왕권강화를 위한 조치

10.

③

풀이▶ 교종을 중심으로 선종을 통합하고자 한 대각국사 의천의 천태종을 말한다. 천태종은 귀족들의 사상적 뒷받침을 하였으며, ①은 교종의 5종파, ②는 선종의 9종파, ④는 보조국사 지눌의 조계종을 말한다.

11.

④

풀이▶ 유상은 평양 상인을 가리킨다.

12.

⑤

풀이▶ 고려는 몽고족의 침입을 받은 이래 몽고로부터 인적·물적 자원을 수탈당하였다. 그 중 처녀를 원나라에 바치는 공녀 제도가 있어서 조혼이 유행하였으며, 기황후처럼 원 황실과 혼인하여 그 가족이 고려에서

막강한 권력을 누리기도 하였다.

13. ① 도병마사 → 도평의사사로

14. ⑤

풀이▶ 공민왕의 개혁정치에 관한 내용이다. 공민왕은 배원 정책과 왕권강화를 위한 정책을 실시하였다. 배원 정책으로는 원나라가 내정 간섭을 위해 설치하였던 정동행성과 다루가치를 폐지하고, 쌍성총관부를 공격하여 되찾았으며 친원파를 축출하였다. 또한 원나라의 풍속인 변발을 금지하였다. 왕권강화 정책으로는 정방을 폐지하고 전민변정도감을 설치하여 개혁정치를 실시하였다. 공민왕의 개혁정치가 실패한 것은 신돈을 비롯한 개혁 세력이 힘이 미약했고, 홍건적과 왜구의 침입으로 인해 국내외 정세가 불안했기 때문이다.

15. ④

풀이▶ 시대순으로 하면 ㄷ, ㄴ, ㄱ이며, 청화백자는 흰 바탕에 푸른 물감으로 그림을 그려 넣었으며, 분청사기는 실용성과 예술성을 겸비하였으며, 상감청자는 귀족과 불교의 용구로 사용되었다.

16. ②

풀이▶ 안향에 대한 설명으로 조선 시대에 주세붕이 백운동서원을 세워 제사를 지냈다.

17. ㄱ은 사심관 제도이고, ㄴ은 기인 제도이다. 이 제도는 호족 세력을 견제하고 통합하기 위한 것이다.

18. 신진사대부로 성리학을 수용하면서 불교의 폐단을 비판하였다.

19. ④

풀이▶ 고려 시대에 최충의 문헌공도를 비롯한 12도가 있어, 나라에서 양현고와 전문 강좌인 7재 등 관학을 진흥시킬 목적의 각종 제도를 설치할 정도로 융성하였다. 무신정변 이후에 사학은 쇠퇴하였다.

20. ①

풀이▶ 홍경래는 조선 순조 때 민란을 일으켰으며, 사회적 자각운동의 하나였다. 그러나 ②, ③, ④, ⑤는 고려 시대 민란으로 신분해방 운동이다. ②, ⑤는 천민이고, ③, ④는 농민 출신이다.

21. ④

풀이▶ 최충의 문헌공도를 비롯한 사학 12도가 융성하자, 예종과 인종이 전문 강좌인 7재와 장학재단인 양현고를 설립하여 적극적인 관학 진흥책을 시행하였다.

22. ⑤

풀이▶ 원나라가 고려에 침입한 시기에 민족의식을 높이기 위하여 쓰인 역사책이다. 《삼국사기》는 인종 때 김부식이, 《삼국유사》는 일연이, 《제왕운기》는 이승휴가 썼다.

23. 화약

풀이▶ 화약은 송나라 때 발명되었으며, 우리나라에 전해진 것은 고려 말기에 최무선이 도입하였다. 그러므로 신라 시대에는 화약을 사용하지 않았다.

24. ③

풀이▶ 속장경이 아니라 8만대장경을 간행하였다. 고려 시대에는 거란 침입 때 초조대장경을, 의천이 속장경을 간행했으나, 몽골의 침입으로 불에 타서 몽골이 침입했을 때 팔만대장경을 간행한 것이다.

25. 조선 시대 이전에는 노비도 재산으로 분배의 대상이며, 아들과 딸을 구분하지 않고 똑같이 나누는 것이 일반적이었다.

26. ②

풀이▶ ㄴ은 송나라의 영향이 아니라 최초로 금속활자 기술을 선보였다. 상정고금예문은 최초의 금속활자본이며, 직지심체요절은 현재 전하는 가장 오래된 금속활자본이다.

27. ②−중방은 무신 정변 직후부터 최충헌이 권력을 잡을 때까지 최고 권력 기구였다.

28. ③

풀이▶ 시정전시과는 인품이란 주관적 평가 기준이 있었으며, 이를 고친 것이 개정전시과이다.

29. ④

풀이▶ 신라 말기에 호족과 6두품이 고려의 중심 세력으로 성장하였다. 정치 이념으로 유교가 채택되었으며, 호족 세력을 중심으로 지방 문화가 성장하는 등 문화의 폭이 확대되었다.

30. 최치원은 6두품이었기에 진골 귀족의 반대로 무산되었으나, 최승로는 성종의 왕권 안정책과 맞물려 채택되었다.

V
조선시대

01

조선 시대의 법전

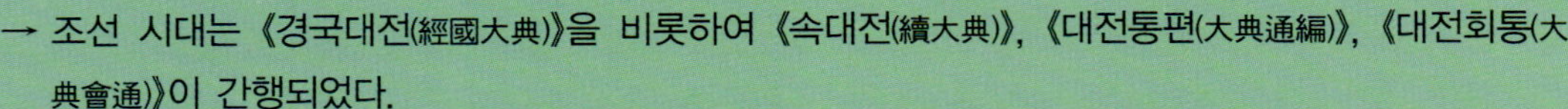

→ 조선 시대는 《경국대전(經國大典)》을 비롯하여 《속대전(續大典)》, 《대전통편(大典通編)》, 《대전회통(大典會通)》이 간행되었다.

조선이 건국되면서 통치의 기본 질서를 바로 잡기 위하여 많은 법전(法典)[1] 이 편찬되었다. 가장 먼저 편찬되어 후대의 법전 편찬에 기본이 된 것은 《조선경국전(朝鮮徑國典)》이다. 이 책은 태조 3년(1394)에 정도전이 지은 것으로, 임금의 할 일로써 정보위(正寶位)·국호·정국본(定國本)·세계(世系)·교서(敎書)로 나누고, 신하의 할 일로써 치(治)·부(賦)·예(禮)·정(政)·헌(憲)·공(工)의 6전을 설치하여 각 전의 관할 사무를 규정하고 있다고 정도전(鄭道傳)의 문집인 《삼봉집(三峰集)》에 전하고 있다.

《조선경국전》이 나라의 통치 질서 기본을 규정한 것이라면, 구체적인 법령집으로 처음 만들어진 것은 태조 6년(1397)에 조준(趙浚)과 하륜(河崙) 등이 편찬한 《경제육전(經濟六典)》이다.

조선 왕조 5백년 간 정치 질서의 기준이 된 법전은 세조 때 편찬되기 시작한 《경국대전(經國大典)》이다. 세조가 최항(崔恒)과 노사신(盧思愼) 등에게 명하여 편찬하기 시작하여 성종 때 완성되었다. 내용은 6조(六曹)로 구성된 관제에 의하여 6전(六典)으로 나누고, 각각 해당 관청의 관장 사무와 그 직제 등을 규정하고 있다. 《경국대전》은 성리학 중심의 정치 질서로 재정비한 것을 나타낸 것이다.

영조 22년(1757)의 《속대전(續大典)》 편찬은 《경국대전》 이후 변화된 사회의 여러 모습에 따라 새롭게 법을 개정한 것이다. 즉 300년 가까이 지난 《경국대

1 국가가 제정한 통일적·체계적인 성문 법규집.

전)에서 규정한 법률이 현실과 맞지 않으면서, 경종 이래로 약화된 왕권을 공고히 하면서 탕평책으로 정치를 쇄신할 필요에서 《속대전》이 편찬된 것이다. 영조 22년(1746) 영조의 뜻에 따라 편찬된 《속대전》은 《경국대전》의 총 213항목 가운데 76항목을 제외한 137항목을 개정, 증보했으며 특히 우리나라의 실정에 맞는 새로운 형률을 만들고, 형량에 있어서도 가볍게 다룬 것이 특징이라 할 수 있다.

《속대전》이 《경국대전》의 내용을 완전하게 소화하지 못했다고 생각한 정조는 다시 법전 편찬 작업에 착수하였다. 정조 9년(1785)에 《경국대전》과 《속대전》 및 그 뒤의 법령을 통합해 편찬한 통일 법전이다. 조선 시대는 국가의 기본 질서를 규정한 《경국대전》과 《속대전》이 있으면서 유교 질서의 예법을 규정한 《국조오례의(國朝五禮儀)》나 《속오례의(續五禮儀)》가 있어 여러 어려움이 많았다. 그리하여 1781년 2월 당시의 법전을 통합하기로 결정하고, 1784년에 편찬하기 시작하여 1785년에 완성한 것이다.

《대전회통(大典會通)》은 숫자나 명칭이 뒤바뀌거나 잘못된 것이 확실한 것만 바로잡는 것 외에 《경국대전》과 《속대전》의 조문은 그대로 수록하였다.

《대전통편(大典通編)》에는 이전(吏典) 212개조, 호전(戶典) 73개조, 예전(禮典) 101개조, 병전(兵典) 265개조, 형전(刑典) 60개조, 공전(工典) 12개조 등 도합 723 개 조문이 그 전의 법전에다가 새로 조문을 넣었다. 《대전통편》의 편찬으로 《경국대전》 이후 300년 만에 새로운 통일 법전이 이룩되었다.

고종 2년(1865) 9월에 흥선 대원군(興宣大院君)에 의해 만들어진 조선 시대 최후의 법전인 《대전회통》은 《대전통편》을 약간 증보한 것에 지나지 않았다.

• 요약정리 — 조선의 기틀 확립 과정

왕	업적
태조	조선 건국, 한양 천도
태종	사병 폐지, 호패법 실시(공평한 부역과 군역의 부과)
세종	집현전 설치(학문 연구 기관), 훈민정음 창제, 4군 6진 개척, 과학 기기의 발명
세조	직전법 실시(현직 관리에게 토지 지급 – 국가 재정 확보), 왕권 강화
성종	《경국대전》 완성(조선의 기본 법전 – 통치조직 정비)

02

옛날 사람들의 여가 활동

→ 씨름, 축국(蹴鞠), 격구(擊毬), 포구(抛球), 물미장(勿尾杖), 중하(重荷), 택견, 경조(競漕) 등 다양한 스포츠 경기가 있었다.

우리들은 항상 스포츠와 함께 살고 있다. 주위를 살펴보면 신문이나 라디오, TV 등에서 스포츠가 중요한 기사로 자리 잡은 지 오래다. 그렇다면 옛날에는 어떤 스포츠를 즐겼을까?

가장 오래된 스포츠로는 씨름을 들 수 있다. 고구려 각저총[1]에 있는 '씨름도'를 통해 씨름의 역사가 오래되었다는 것을 알 수 있다. 고구려에서 씨름이 인기 스포츠임을 나타내는 그림이라고 하겠다. 또한 외국인까지 씨름에 참여할 정도이면 대단한 인기 스포츠일 것이다.

지난 2002년 우리나라에서 월드컵 축구대회가 열렸다. 오늘날 인기 스포츠로 자리잡은 축구는 우리나라 역사에서도 오래되었다. 축국(蹴鞠)이라고 불리던 축구에 대한 기록이 이미 《삼국유사》에 있다. '김유신과 김춘추가 함께 자기 집 앞에서 공을 차다가 춘추의 옷을 밟아 옷고름을 떼어 자기 누이와 결혼을 시키는' 내용에서 신라 시대에 축국을 했음을 알 수 있다. 이때의 경기는 두 기둥을 세우고 그 위에 망을 얹어놓고, 공을 높이 띄워 망 위에 얹는 것으로 승부를 가리는 경기였다.

오늘날 인기 있는 농구나 배구와 비슷한 스포츠는 격구(擊毬)이다. 서양의 폴로(Polo)와 비슷한 종목이다. 여자들도 할 정도로 격구의 인기는 높았다. 고려 예종(睿宗) 11년(1116)에 임금이 지켜보는 가운데 부녀자들이 격구 시합을 했다는 기록도 나와 있다. 처음에 페르시아에서 시작한 격구는 당나라를 거쳐

1 만주 지안 현(集安縣) 퉁거우(通溝)에 있는 고구려 때의 무덤. 흙무덤으로, 묘실 벽에는 각저도가 있다. 고구려 때의 민속·음악 등을 연구하는 데 귀중한 자료이다.

7세기경에 우리나라에 들어온 것으로 추측하고 있다. 조선 시대에는 장치기라고 했으며, 서양의 하키처럼 홍(紅)·백(白) 두 개의 공을 양편이 공채로 떠서 자기편의 골문에 먼저 넘겨 승부를 겨루는 경기이다. 《조선왕조실록》에는 왕위를 자신에게 넘긴 태종과 세종대왕이 함께 장치기 경기를 즐겼다고 나와 있다.

지금 큰 인기를 누리는 농구와 비슷한 종목으로는 포구(抛球)가 있다. 두 기둥 위에 구멍 뚫린 판자를 얹고 그 구멍에 망을 얹어 늘어뜨린 후, 양편이 공을 던져 그 망 위에 담는 경기이다. 오늘날 응원의 열기를 치어걸을 통해 알 수 있듯이, 옛날 포구를 할 때도 '포구악'이라는 멋진 음악이 연주되었다고 한다.

단체 종목 이외에 개인 종목도 있었다.

'물미장(勿尾杖) 놀이'는 육상의 멀리뛰기와 높이뛰기 경기와 비슷하다. 이 종목은 등짐·봇짐장수인 보부상들이 하는 스포츠이다. 보부상들은 무거운 짐을 지고 다니느라 지팡이가 꼭 필요했다. 이 지팡이를 '물미장'이라고 하는데, 이것을 짚고 멀리뛰기와 높이뛰기를 하였으므로 '물미장 놀이'라고 한다.

'장애물 육상 경기'로는 '중하(重荷)'가 있었다. 이것은 물장수들이 소속 단체별로 물짐을 지고서 그 물을 흘리지 않고 보다 빨리 달리기를 겨루는 경기이다.

우리나라의 대표적인 개인 경기로 인기가 있었던 것은 태권도[2]이다. 한데 옛날에는 택견이라고 했다. 택견의 역사는 안악과 집안에 있는 고구려 고분 벽화에 택견을 하는 것이 그려져 있기에 삼국 시대부터 있었다는 것을 알 수가 있다. 이후 고려 시대에 무신의 난이 일어났을 때 택견 챔피언인 이의민(李義旼)과 두경승(杜景升)이 큰 공을 세웠다. 조선 시대에는 단종을 복위시키려고 했을 때, 세조가 군사를 뽑을 때 택견을 기준으로 하였다고 한다.

조정 경기와 비슷한 것으로는 경조(競漕)가 있으니, 김해 앞바다에서 비가 오기를 기원하는 뜻에서 다섯 가지 색으로 장식한 배를 타고 경기를 하는 것이다.

이 밖에 오늘날 추석이나 설날에 행하는 그네나 널뛰기도 스포츠의 일종으로, 그네는 굴러서 보다 높이 날기를 겨루며, 널뛰기는 반동으로 보다 높이 오르기를 겨루는 경기이다. 또한 초등학교 운동회에서 즐겨 하는 줄다리기도 전통 스포츠로써 인원수를 제한해 잡아당기는 경기이다.

앞으로 우리의 전통 스포츠에 재미를 곁들여 바꾼다면, 야구나 농구 못지않은 인기 스포츠가 되지 않을까?

2 우리나라 고유의 전통 무예를 바탕으로 한 운동. 또는 그 경기. 손과 발, 또는 몸의 각 부분을 사용하여 차기, 지르기, 막기 따위의 기술을 구사하면서 공격과 방어를 한다. 단체전과 개인전이 있으며 개인전은 체급별로 이루어진다.

03

세금 제도

→ 왕조 시대의 백성들은 현대 민주주의 국가의 국민보다 더 많은 세금을 내야 했다.

고려 시대와 조선 시대에도 물론 세금이 있었다. 그러나 오늘날과 같이 모든 사람이 세금을 내는 제도가 아니라 지배층을 제외한 평민만 세금을 냈다. 평민으로는 농민, 장인(匠人), 상인이 있었는데 농민이 전체의 90퍼센트를 차지했으니, 농민이 세금의 대부분을 부담했던 것이다.

과세의 근거로 중국의 당나라 때 완성된 조(租), 용(庸), 조(調)의 원칙이 적용되었다. 그러나 이것은 시대에 따라 조금씩 다르게 운영되었다.

일반적으로 조(租)는 토지에 부과하는 것으로 전세(田稅)라고 할 수 있다. 이 전세는 고려 시대에는 국가에서 나누어 준 토지를 농민이 경작할 경우에는 1/10을, 개인의 사유지를 경작할 경우에는 2/5 ~ 1/2을 세금 겸해서 토지의 소유자에게 주었다. 1결(약 9,900㎡)당 1/10세의 경우 약 30두(斗)를 내야만 했다. 이것이 조선 시대 세종대에 이르러 연분9등법(年分九等法)과 전분6등법(田分六等法)으로 확정되었다. 연분9등법은 그 해의 풍·흉에 따라 세금을 거두어들이는 것이며 전분6등법은 땅의 질에 따라 거두는 것이다. 그러므로 54종류로 세금을 거두어들였다고 할 수 있다.

전분6등법은 1결을 수확량으로 구분한 것이기 때문에 면적은 같으나 내는 세금의 양이 달랐고, 연분9등법은 상상년 20두를 시작으로 차례로 내려오면서 2두씩 감해져서 하하년에 4두를 내게 한 제도이다. 그러나 이 제도는 관리의 사적인 욕심이 개입될 위험이 높았는데, 실제로도 관리들이 부정을 저지름에 따라 애초에 의도한 대로 추진되지 않았다. 따라서 임진왜란 후 효종(재위

1649~1659) 때 영정법(永定法)이라고 하여 전세를 개혁하기에 이른다. 영정법은, 전분6등법은 그대로 둔 채 연분9등법을 폐지하여 일률적으로 1결당 4두씩 거두게 한 제도이다.

용(庸)은 사람에게 부과해 역역(力役) 또는 그 대신 물건으로 내게 하는 것으로, 잡역(雜役)과 군역(軍役)으로 구분하고 있다. 세금을 현금이나 현물로 받아들이지 않고 단지 노동력으로 징수한 것이 오늘날과 다른 점이라고 할 수 있다. 당시에는 국가 기관의 건물을 새로 짓는다거나 도로를 닦는다거나 성을 새로 쌓거나 보수할 때에 현금이나 현물로 세금을 거둘 경우 문제가 있었기 때문에 생겨난 제도다. 세금을 내야 하는 평민의 입장에서도 그 많은 양을 전액 현금이나 현물로 낼 경우 전체 생산물을 내도 모자랄 지경이었으므로 현금 및 현물 세금과 노동력에 의한 세금의 적절한 조화가 필요했던 것이다. 그러므로 역의 노동력 부과는 옛말대로 '누이 좋고 매부 좋은 격'이었다.

• 요약정리 — 전분6등법에 의한 1결당 (結當) 수확량

구 분		조세액
1등전	수전 (水田)	쌀 40섬 (벼 80섬)
	한전 (旱田)	콩 40섬 · 조 20섬
2등전	수전 (水田)	쌀 34섬 (벼 68섬)
	한전 (旱田)	콩 34섬 · 조 17섬
3등전	수전 (水田)	쌀 28섬 (벼 56섬)
	한전 (旱田)	콩 28섬 · 조 14섬
4등전	수전 (水田)	쌀 22섬 (벼 44섬)
	한전 (旱田)	콩 22섬 · 조 11섬
5등전	수전 (水田)	쌀 16섬 (벼 32섬)
	한전 (旱田)	콩 16섬 · 조 8섬
6등전	수전 (水田)	쌀 10섬 (벼 20섬)
	한전 (旱田)	콩 10섬 · 조 5섬

역의 대상은 16세 이상 60세까지의 정남(丁男)이었다. 공정한 역의 시행을 위해서는 호구를 정확히 파악할 필요성이 있었으므로, 조선 시대 태종 때에는

호패법을 실시하기도 했고, 숙종 때에는 다섯 가구를 한 통씩으로 정한 호적 제도인 오가작통법(五家作統法)[1]을 실시하기도 했다.

구 분	조세액
상상년 (上上年)	20말 (斗)
상중년 (上中年)	18말 (20말×0.9)
상하년 (上下年)	16말 (20말×0.8)
중상년 (中上年)	14말 (20말×0.7)
중중년 (中中年)	12말 (20말×0.6)
중하년 (中下年)	10말 (20말×0.5)
하상년 (下上年)	8말 (20말×0.4)
하중년 (下中年)	6말 (20말×0.3)
하하년 (下下年)	4말 (20말×0.2)

• 요약정리 — 연분9등법에 의한 결당(結當) 조세액

*오늘날의 계량 단위로는 1말 = 18L, 0.018m²

이렇게 제도를 보완했는데도 역은 여러 가지 불합리한 요소와 관리의 부정으로 개혁을 할 수밖에 없게 되었다. 즉 못된 관리들이 족징(族徵, 군포세가 부족할 때 이를 보충하기 위하여 세금을 내야 할 사람의 친척에게 세금을 내게 하는 것), 인징(隣徵, 세금 부담을 두려워한 세금 부담자가 도망을 갔을 때 이웃에게 세금을 내게 하는 것)이라든가, 백골징포(白骨徵布, 죽은 사람을 살았다고 하여 군역과 세금을 부담시키는 것), 황구첨정(黃口簽丁, 16세 이하의 어린아이나 젖먹이에게 군포를 부담시키는 것) 등으로 강제 수탈을 해갔던 것이다.

그러자 영조(英祖)는 이를 시정하기 위하여 균역법(均役法, 종래에 1년에 군포 2필을 내던 것을 1필로 줄여주는 대신에, 부족분을 왕가나 권력자가 징수하던 염세·선박세·어장세를 나라에서 거두어들이는 제도)을 시행했으나 효과가 없었고, 고종 때 흥선 대원군이 호포(戶布, 양반에게 군포를 내게 하는 제도)를 실시함으로써 역의 부담이 골고루 이루어졌다.

조(調)는 가구에 부과해 지방의 특산물을 거두어들인 제도이다. 이는 자작

1 조선 시대 때 범죄자의 색출과 세금 징수·부역의 동원 등을 위하여 다섯 민호(民戶)를 한 통씩 묶던 호적 제도. 성종 16년(1485)과 숙종 원년(1675)에 시행하였으며, 헌종 때에는 천주교를 탄압하는 데 이용하였다.

농이 농업과 수공업으로 얻는 생산물의 일부를 납부하면 각 지방별로 모아 중앙으로 보내는 조세 제도다. 그 종류는 매우 다양해 곡물이나 해산물은 물론 생활에 필요한 물품뿐만 아니라 얼음이나 송충이까지도 거두어들였다. 그런 만큼 수납과 운반, 보관에 많은 어려움이 뒤따라 납세자들에게 많은 어려움을 안겨 주었다. 예를 들어 따뜻한 겨울이 지나면 평양 사람과 화성 사람이 운다고 한다. 그 이유는 평양 사람들의 특산물은 얼음인데 겨울이 따뜻하면 얼음을 보관하고 운반하는데 어려움이 있었으며, 화성 사람들은 사도 세자(思悼世子, 후에 장조로 추존됨)의 무덤인 융릉에 송충이가 들끓게 되어 융릉 주변의 백성들에게 큰 고통이 되었다. 또한 실무 관리들의 부정과 부패로 더욱 큰 어려움을 맞게 되었다.

이를 방지하기 위해 임진왜란 이후부터 대동법(大同法)을 시행하여 현물 대신에 쌀[大同米], 베[大同布], 돈[大同錢]으로 납부하게 하였다. 이에 따라 전문적으로 국가가 필요로 하는 물건을 진상하는 상인이 등장하니 이들이 곧 공인(貢人)이다.

그러나 이렇게 제도를 개혁했는데도 농민의 부담은 줄어들지 않았다. 과거에는 백성들을 나라의 주인으로 여긴 것이 아니라 지배층에 봉사하려고 있는 존재로 생각했기 때문이다.

• 요약정리 — 조선의 통치 제도

제도	기능
정치 제도	의정부와 6조 중심, 삼사(사간원, 사헌부, 홍문관－왕권 견제) 승정원(왕의 비서 기관), 의금부(국왕 직속의 사법 기관)
지방 행정 제도	8도－군·현, 수령(조세 징수, 농업·교육 장려, 재판·지역 방어), 향리(행정 실무 담당), 유향소(향리 감찰, 수령 보좌, 풍속 교정)
교육 제도	• 서당－서울(4부 학당), 지방(향교) • 성균관(최고 교육 기관), 기술 교육은 해당 관청에서 실시
관리 선발 제도	과거 제도(문과·무과·잡과), 문음과 천거를 통해 선발 가능
군사 제도	군역 의무(16~60세의 양인 정남) 서울(5위), 지방(수군절도사·병마절도사), 잡색군(예비군)
교통·통신 제도	• 조운 제도(잉류 지역: 평안·함경·제주) • 역원 제도－중앙집권 강화

04

조선의 한양 천도

→ 조선이 한양을 도읍으로 옮긴 이유는 고려 세력에 대한 견제이다. 그리고 한반도의 중앙부에 위치해 있으며, 주변이 높은 산과 강으로 둘러싸여 있어 방어에 유리하고 한강을 통해 조운(漕運)을 운반하기 쉽기 때문이다.

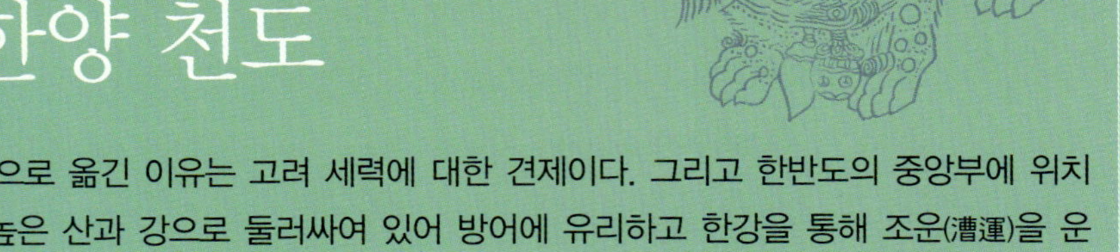

고려를 무너뜨리고 조선을 건국한 이성계는 한양[1]을 도읍으로 정하였다. 이성계가 도읍을 한양으로 옮긴 이유는 개경의 고려를 추종하는 세력을 견제하면서 새로운 세력을 육성하기 위함이다.

한양은 고려 시대에 개경, 서경과 더불어 3경 중의 하나로 풍수지리설에서도 명당으로 불리던 곳이다. 우리나라 지리도참 사상[2]의 시조라고 볼 수 있는 신라 말기의 승려 도선의 계승자라고 일컫는 고려 숙종 때의 술사(術士)인 김위제(金謂磾)는 "한강의 어룡이 사해(四海)에 통한다.", "내외의 상객이 보물을 바친다."는 등의 말을 하여 한강이 국내 및 국제 교역의 중심지가 될 수 있다는 지정학적인 이점을 주장하고 있다. 또한 김위제는 한양의 산세가 방어상 개경보다 유리하며, 한양에 수도를 정할 경우 36개의 나라가 조공을 바칠 것이라고 주장하였다. 이러한 예언은 민중들 사이에 널리 퍼져 이성계가 한양에 도읍을 정함으로써 백성들의 민심을 얻고자 함이었다.

이성계가 조선을 건국하고 나서 개경을 그대로 도읍으로 삼으려고 하였으나 여전히 고려를 지탱하려는 세력이 있었다. 이들은 왕씨를 기반으로 기회를 보아서 다시 부흥하려고 시도하였다. 그리고 고려를 무너뜨린 이성계와 그의 추종 세력들을 위협하였다. 이성계는 도읍을 한양으로 옮겨 이들 세력의 힘을 약화시키고자 하였던 것이다.

1 서울의 옛 이름. 1308년(충렬왕 34년) 한양부(漢陽府)로 불리던 수도가 1395년(태조 4년)에 의해 한성부(漢城府)로 불리게 되었다. 그 후 1910년에 경성부(京城府)로, 1945년에 서울시(市), 1946년에 서울특별시로 불리게 되어 오늘에 이른다. 그러나 일반적으로 신라 때부터 서울로 불리었고, 한성과 한양으로 함께 불리었다.

2 통일 신라 시대 후기에 인문 지리적인 인식과 예언적인 도참 신앙이 결부되어 이루어진 학설. 도선(道詵) 대사가 제창한 사상으로, 지리는 곳에 따라 쇠왕과 순역(順逆)이 있기 때문에 왕처와 순처를 택하여 살 것을 주장한다.

　　또한 이성계는 한양이 한반도의 중앙부에 위치하여 사통팔달로 전국을 오가기가 쉬우므로 전국을 통치하기가 쉬웠다. 더구나 한양은 한강을 통해 전국에서 거두어들인 세곡을 운반하기가 쉬웠다. 지방의 조창(해창이나 강창)에서 서울의 경창(京倉)으로 세곡을 운반하는 것을 조운이라고 한다.

　　황해도와 전라도, 경상도의 세곡은 황해를 통해 한강을 거쳐 서울의 경창으로 옮길 수가 있었다.

　　더구나 한양은 남쪽에 한강이 있고, 북쪽으로 북한산이 가로막고 있어 외적의 침입을 막거나 주변을 감시하기가 유리하였다.

　　이성계는 고려의 추종 세력 견제와 한반도의 중앙부에 위치해 있으며, 주변이 높은 산과 강으로 둘러싸여 있어 방어에 유리하고 한강을 통해 조운을 운반하기 쉽기 때문에 한양을 도읍으로 했던 것이다.

• 요약정리 — 우리나라의 행정 조직의 변화

시대	삼국 시대			남북국 시대		고려	조선
	고구려	백제	신라	통일 신라	발해		
중앙	5부	5부	6부		5경		
지방 (지방장관)	5부 (욕살)	5방 (방령)	5주 (군주)	9주 5소경 (도독, 사신)	15부 62주	5도 양계 (안찰사, 병마사)	8도 (관찰사)

호패법 號牌法 의 실시 목적

→ 조선 시대에는 16세 이상의 양인 남자는 의무적으로 호패를 차고 다니게 했다. 이것이 오늘날의 주민등록증과 같은 신분증 구실을 했으며, 공정한 군역을 부과하기 위한 것이었다.

오늘날 만 18세가 되면 남녀를 구분하지 않고 주민등록증이 발급된다. 이 주민등록증을 받음으로써 국가에 대한 의무나 국민으로서의 권리를 행사할 수 있게 되는 것이다. 그리고 사진이 부착되어 주민등록증을 소지한 사람의 신분을 확인하는 수단이 되기도 한다.

오늘날에는 남녀 구분하지 않고 주민등록증을 발급하지만 조선 시대에는 16세 이상의 양인 남자에게만 호패(號牌)라는 신분증명서를 발급했다.

호패 제도는 원나라 때부터 실시되었다. 우리나라에서는 고려 공민왕 3년(1354)에 이 제도를 받아들였으나 잘 시행되지 않았고, 조선 태종 13년(1413) 9월에야 비로소 사용 범위가 확대되어 전국적으로 시행되었다.

호패 제도의 목적은 호구를 분명히 하여 전체 인구를 파악하고, 직업과 계급을 분명히 하며, 신분을 증명하려는 것이었으나, 가장 중요한 목적은 군역과 부역의 기

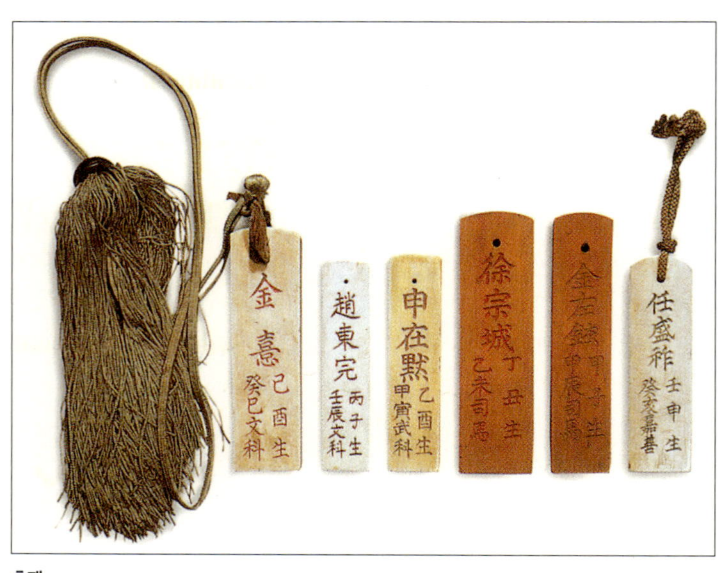

호패
[허가번호 : 중박 200802-42]

준을 밝혀 유민(流民)[1]을 방지하여 조세 수입을 증대시키기 위한 것이었다.

이리하여 나라에서는 호패를 위조하면 극형에 처했으며, 호패를 빌려준 사람은 곤장 100대를, 호패를 소지하지 않았을 때에는 곤장 50대를 치는 등의 법을 마련했다.

한편 세조 때는 호패청을 두어 사무를 전담하도록 했으며, 숙종 때는 쉽게 간직하고 위조를 방지할 겸해서 호패 대신 종이로 지폐(紙牌)를 만드는 등의 편리한 방법을 취하기도 했으나 실제로는 별 효과를 얻지 못했다. 《성종실록(成宗實錄)》[2]에는 흐패를 받은 사람 가운데에 사실상 군역의 의무를 다한 사람은 10~20퍼센트에 불과했다고 기록하고 있다.

호패는 왕실, 사대부로부터 양민, 천민에 이르기까지 16세 이상의 모든 남자가 사용했는데, 양반들은 호패도 사치스러워 상아나 녹각 등의 재료를 썼고, 평민들은 나무를 썼다. 호패 크기는 길이 3치 7푼, 폭 1치 3푼, 두께 2푼으로 되어 있다.

호패에는 2품 이상은 관직과 성명을, 3품 이하의 관리나 공이 큰 관리의 아들은 관직과 성명, 그리고 거주지를 기록했다. 일반 백성들은 성명과 거주지 외에 얼굴빛과 수염의 유무를, 5품 이하의 군인은 소속 부대와 키를, 잡색군(雜色軍)[3]은 직역과 소속을, 노비는 주인 · 연령 · 거주지 · 얼굴빛 · 키 · 수염의 유무 등을 기록했다. 신분이 낮을수록 훨씬 구속하는 것이 많았다.

호패에 관한 업무는 서울은 한성부가 담당했고, 지방은 관찰사 및 수령이 담당하였고, 실제 사무는 이정(里正) · 통수(統首) · 관령(官領) · 감고(監考) 등이 하였다. 지급 방법은 각자 호패에 기재할 사항을 종이에 적어 제출하면 2품 이상과 삼사(三司)의 관원들 것만 관청에서 만들어 주었으며, 나머지 사람들은 각자 만들어 발급 관청으로 가지고 가면 신상명세를 기록한 종이와 대조한 후에 도장을 찍고 발급하였다.

오늘날 우리나라에서 사용하고 있는 주민등록증은 1962년 5월 10일에 제정된 '주민등록법'에 근거하고 있다. 이로써 우리나라의 모든 주민은 시군 단위로 주민등록증을 만들게 되었다.

1 군역과 부역, 세금을 피해 신분을 감추고 이 고을 저 고을로 떠돌아다니는 사람.

2 조선 연산군 5년(1499)에 신승선(慎承善) 등이 편찬한 성종 재위 25년간의 실록. 297권 47책의 인본(印本).

3 조선 시대 군대 편제의 하나로 생원 · 진사 · 품관 · 교생 등의 지방 유력자와 향리 등은 평상시에는 병역의 의무가 없었으나 나라가 다른 나라의 침입을 받았을 때를 대비한 예비군이지만 실제로 활동은 하지 않았다.

신문고 申聞鼓 의 실시

→ 백성들에게 억울한 일이 생기면 지방 사람은 관찰사에게 찾아갔고, 서울 사람은 해당 관청에 찾아가 서신을 제출하거나 억울함을 호소했다. 그러고 나서도 해결이 되지 않는 문제여야만 신문고를 칠 수 있었다.

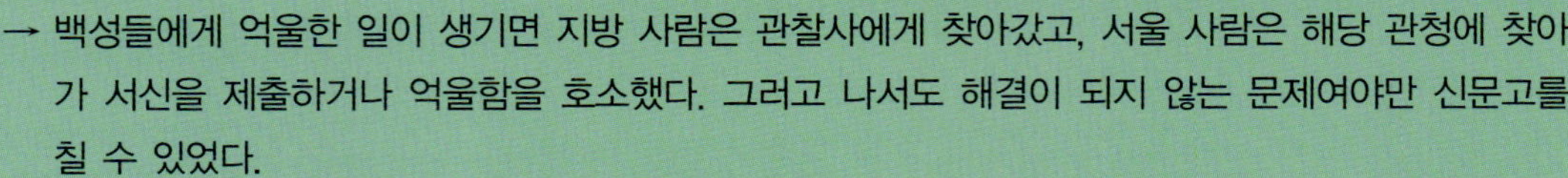

조선 왕조는 백성을 바탕으로 한 민본정치(民本政治)요, 국민의 의견을 상소라는 형태로 받아들인 언론정치(言論政治)라고 할 수 있다. 이 민본과 언론의 복합적인 요인을 가진 것이 신문고이다.

신문고라면 도덕 교과서의 예에서 '억울한 사람이 궁궐 밖에 매달아 놓은 북을 치니, 관리가 그 사람을 임금 앞에 데려가 주어 자기의 억울함을 호소하는 내용'이 있는데 이렇게 절차가 간단하였을까?

이렇게 간단했다면 혼란스러울 경우도 있겠고, 오늘날의 민주제도와 거의 다름이 없다고 할 수가 있다. 그러나 이 신문고는 백성들이 언제, 어디서나 칠 수가 있는 것이 아니었다. 신문고는 서울에만 설치되어 있었다. 그러므로 오늘날처럼 교통 · 통신시설이 발달되지 못한 옛날에는 서울로 간다는 것이 간단한 일이 아니었다. 그래서 지방에 있는 사람은 관찰사에게, 서울에 있는 사람은 해당 관청에 서신 또는 직접 찾아가 억울함을 호소하였던 것이다. 여기에서 해결이 안 될 때에 비로소 신문고를 두드릴 수 있었다.

신문고를 두드릴 때에도 담당 관리에게 억울한 내용을 말하여 글로 작성한 뒤 신청자의 이름과 주소를 확인한 다음에 북을 쳤으니 매우 복잡한 절차를 거쳐야 했던 것이다. 더구나 그 사용에도 제한을 두었으니, ①중앙 관청의 하급 관리(서리나 아전)나 노비들이 그의 상관을 고발할 경우, ②지방의 향리, 백

성들이 관찰사나 수령을 고발할 경우, ③남을 사주하여 고발하게 하는 경우에
는 오히려 벌을 주었으며, 나중에 무질서하여지자 규정을 더욱 엄격히 하여
자손이 조상을, 아내가 남편을, 아우가 형을, 노비가 주인을 위하는 일 및 지
극히 원통한 일과 살인 사건에 한해서만 신문고를 치게 하였으니, 일반 백성
이 접근하기는 어려워 제대로 시행되지는 않았을 것이다. 그리고 일반 백성보
다는 양반의 이용 횟수가 많았다고 하니 지배층을 위한 제도였지, 일반 백성
에게는 크게 효용 가치가 없는 제도라고 할 수 있다.

　신문고(申聞鼓) 제도는 중국 송나라의 법을 모방하여 태종(1402) 때 실시되
었으나, 설립 취지와 다른 제도로 변하자 연산군 때 폐지되었고, 다시 영조 47
년(1771)에 부활되었다.

　신문고의 단점을 보완하기 위하여 상언(上言)과 격쟁(擊錚)을 운영하였다.
상언은 자신의 억울함을 글로써, 격쟁은 자신의 억울함을 꽹과리 등의 악기를
쳐서 눈길을 끈 뒤 임금에게 호소하는 것이다.

Tip

《태종실록》에 수록되어 있는 신문고 실시의 배경

　'자신의 억울함을 알리지 못하는 백성으로 원통하고 억울한 일을 품은 사
람은 나와서 등문고(登聞鼓)[1]를 치라고 명령하였다. 의정부에서 상소하기를
"서울과 외방의 억울함을 알리지 못하는 백성이 소재지의 관청에 고발하여도
소재지의 관청에서 이를 다스려 주지 않는 사람은 나와서 등문고를 치도록 허
락하소서. 또한 법을 맡은 관청으로 하여금 등문한 일을 추궁해 밝히고 아뢰
어 처리하여 억울한 것을 밝히게 하였다. 그 중에 사사롭고 남에게 원망을 품
어서 없는 일을 거짓으로 꾸며 관청에 고소하는 사람은 반좌율(反坐律)을 적용
하여 참소하고 간사하게 말하는 것을 막으소서." 하여 그대로 따르고, 등문고
를 고쳐 신문고(申聞鼓)라 하였다.'

1 조선 시대 때 임금이 백
성의 억울한 사정을 듣기 위
하여 매달아 놓았던 북. 태
종 원년(1401)에 처음으로
두었다가 이후 '신문고'로
이름을 고쳤다.

07

조선 시대의 농본 정책

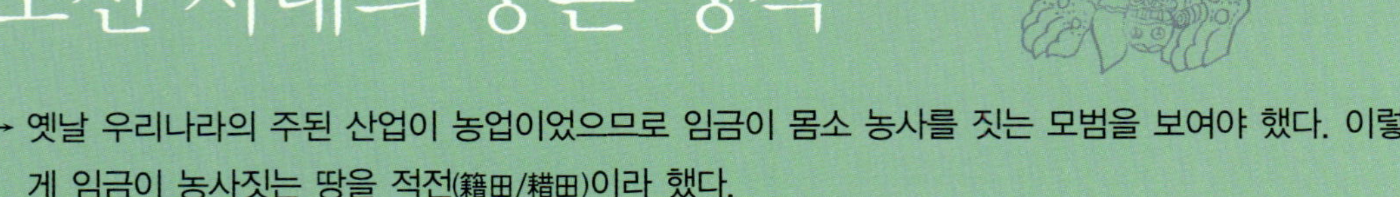

→ 옛날 우리나라의 주된 산업이 농업이었으므로 임금이 몸소 농사를 짓는 모범을 보여야 했다. 이렇게 임금이 농사짓는 땅을 적전(籍田/耤田)이라 했다.

조선 시대에는 3대 국시(國始)[1]가 있었다. 사상적으로는 숭유억불 정책(崇儒抑佛政策)이요, 외교는 사대교린 정책(事大交隣政策)이고, 산업은 농본 정책(農本正策)이다. 농업이 천하의 근본임을 말하는 것이다. 《조선경국전》에서 '농사와 양잠은 의식(衣食)의 기본이니, 왕도정치에서 우선이 되는 것이다.' 라고 하였다. 그리하여 임금이 농사의 모범을 보여야 했다. 그러기 위해서는 임금이 몸소 농사를 지어야 했으니, 임금이 농사를 짓는 땅을 적전(籍田)이라 했다. 이것은 고대 중국에서 시작된 제도로써 농업국가에서 볼 수 있는 제도이며, 왕비도 친잠소(親蠶所)에서 양잠을 몸소 행했던 것이다. 이를 '친잠례' 라고 하는데, 양잠의 중요성을 널리 백성들에게 알리고, 이를 장려하기 위함이었다. 친잠에 관한 기록은 태종 11년(1411)부터 보이나, 실제로 본격화된 것은 성종 2년(1471) 왕궁 후원에 선잠단을 쌓으면서부터이다.

왕비는 매년 3월 누에의 신으로 알려진 서릉씨의 위패를 모시고 제사를 지낸 뒤, 이 제단의 남쪽에 뽕나무를 심어 세자빈과 함께 직접 뽕잎을 따 누에를 먹였다. 그 뒤에는 누에고치를 거두고 명주실을 뽑았다.

기록에 의하면 고려 시대 성종 2년(983)부터 적전이 있었으며, 조선 시대에는 법전(法典)에 규정하여 임금이 경작하는 것을 원칙으로 하되, 부근의 농민들 중에서 차출하여 3명이 1결(結, 약 9,900㎡)을 경작하게 했다. 동원된 농민은 요역을 면제받았으며, 제도는 정전법(井田法)[2]에 따랐고, 곡식을 바쳐 나라의

1 백성들의 지지도가 높은 국가 이념이나 국가 정책의 기본 방침.

2 땅을 우물 정(井) 자 모양으로 9등분하여 가운데는 나라에 바치고 나머지는 경작자가 차지하였다.

제사에 사용하였다. 그러므로 적전이나 친잠소는 임금이나 왕비가 농사와 양잠을 직접 한다는 상징성을 띠었으며, 이것으로 농민들에게 모범을 보였다.

창덕궁(昌德宮)에는 청의정이라는 정자가 있는데, 그 주변에 논이 있었다. 정자의 지붕은 초가(草家)이니 주변의 논에서 나는 짚으로 지붕을 이은 것이며, 이것으로 일반 농민의 풍흉을 가늠한 임금의 농토였다.

임금이 적전에 파종하기 전에 서울시 동대문구 제기동에 위치한 선농단(先農壇)에서 제(祭)를 지냈다. 선농단은 사방 4미터쯤 되는 석축단으로 조선 태조 이성계(李成桂)가 서울에 도읍을 정한 뒤 제사를 지내고 친히 밭을 갈아 농사의 소중함을 백성에게 알린 곳이다.

조선의 9대 임금인 성종은 이곳에 나가 태조 이래의 농사 시범을 보인 뒤 음식을 나누어 먹었다. 이 음식이 바로 설렁탕으로, 친경(親耕) 행사가 끝나면, 미리 준비해 둔 쌀과 기장으로 밥을 하고 소고기로는 국을 끓였는데, 이렇게 끓인 희생 소고깃국을 구경꾼 가운데 50세 이상의 노인을 불러 대접했다.

설렁탕에 대한 또 다른 설은 고기를 맹물에 끓이는 몽골의 조리법이 우리 나라에 들어와 설렁탕이 되었다는 설이다. 《몽어유해(蒙語類解)》[3]에는 고기 삶은 물인 공탕(空湯)을 몽골 어로는 '슈루' 라 한다고 되어 있고, 《방언집석(方言集釋)》[4]에서는 공탕을 한나라에서는 콩탕, 청나라에서는 실러, 몽골에서는 슐루라 했다고 나온다. 따라서 이 실러, 슐루가 설렁탕이 되었다는 것이다.

어쨌든 조선 시대에는 농업을 장려하기 위해 임금, 왕비가 모범을 보이는 한편, 측우기를 만들어 우량을 관측했고, 《농사직설(農事直說)》[5]과 같은 농업 서적도 간행했다.

조선 시대 이전인 고려 시대에도 농업을 장려하였다. 고려 시대에는 수리 시설을 개축하고 농기구와 종자를 개량하였다. 그리고 우경에 의해 깊게 논밭을 간다든가 비료를 농사에 이용하였다. 밭농사는 2년 3작을 하였고, 일부 남부 지방에서는 이앙법도 보급되었다. 농사법을 백성들에게 소개하기 위한 《농상집요》도 편찬하였다. 고려 시대에 가장 특기할 만한 것은 문익점(文益漸)이 원나라에서 가져온 목화로 의복 혁명을 가져온 것이다.

3 조선 영조 44년(1768)에 이억성(李億成)이 엮어 펴낸 몽골 어 학습서. 천문·지리·시령·인륜 따위로 나누어 한자로 낱말을 쓰고 그 밑에 한글로 풀이한 다음 다시 한글로 몽골 음을 표기하였다. 역과 초시의 강서로 사용되었다. 2권 2책.

4 조선 정조 2년(1778)에 홍명복(洪命福) 등이 지은 외국어 학습서. 낱말을 한자로 적고, 그 밑에 우리말로 근대 중국어, 청어(淸語), 몽골 어, 일본어를 각각 써넣었다. 4권 1책의 사본(寫本).

5 조선 세종 11년(1429)에 정초 등이 지은 농서. 각 도(道)의 관찰사가 경험 많은 농부들에게서 들은 농사에 관한 지식을 모아 엮었다. 오늘날 전하는 가장 오래된 농서이며, 우리말로 된 곡식 이름을 향찰과 이두로 적었다. 1책.

암행어사暗行御史의 파견

→ 마패는 역참에 있는 말을 탈 수 있는 이용권으로써 암행어사가 아니어도 공무집행 중인 관리라면
누구나 가지고 다니던 것이다.

마패
[허가번호 : 중박 200802-42]

고려는 통신 수단으로 역참제(驛站制)[1]와 파발제(擺撥制)[2]를 실시했다. 주요 지점에 역참을 두어 말을 기르게 했고, 중요한 소식이나 왕명을 전할 때에는 역참의 말을 타고 목적지까지 달려갔다. 이때 역참에 있는 말을 마음대로 이용할 수 있는 이용권이 발급되었는데, 그것이 바로 마패(馬牌)다.

이 제도는 그대로 조선 시대에 계승되어 세종 17년(1435)에는 새로 마패를 만들어 왕족, 관찰사, 수군절도사, 개성유수 등에게 발급하고 구패(舊牌)는 회수했다. 이 신패는 조선 후기까지 똑같은 형태로 유지되고, 다만 주조(鑄造)만 거듭되었다. 지름이 10센티미터쯤 되는 구리쇠로 만든 둥근 패에 연호 및 연월일과 '상서원인(尙書院印)'이라 새기고, 뒤쪽 면에는 말을 새겨 넣었다. 말의 수가 한 마리 새겨진 것에서 열 마리 새겨진 것까지 여러 종류가 있었는데, 이는 급마(給馬) 규정에 따라 지급되었다.

조선 시대는 선조 이전까지만 하더라도 상당히 오랫동안 평화가 지속되었으며, 백성들은 살기가 좋았고 관리의 부정부패도 많지 않았다.

그러나 시대가 지남에 따라 지방관들의 잘못이 나타났으며, 이에 왕은 백

1 조선 시대 때 관원이 공무로 다닐 때에 숙식을 제공하고 빈객(賓客)을 접대하기 위하여 각 주(州)와 현(縣)에 객사(客舍)를 둔 제도.

2 조선 시대 때 공문을 급히 보내기 위하여 설치한 역참 제도.

성의 실생활을 파악할 필요를 느끼게 되어 암행어사를 파견하기에 이른 것이다. 암행어사를 파견하는 일은 철저히 비밀을 유지하기 위하여 파견될 당사자도 미리 언제 어디로 파견될 지 알 수 없었다. 어느 날 갑자기 왕이 불러서 입궐해 보면 임금은 아무런 설명 없이 봉서(封書)를 주었다. 다만 "도성 밖에서 볼 것이로되, 곧바로 시행하라!"는 어명만 받을 뿐이었다.

이 봉서를 받은 사람은 도성 밖으로 나가 뜯어보아야 했으므로 봉투를 열어 보고 나서야 비로소 자신이 갈 목적지와 수사 대상을 확인할 수 있었다.

바로 이때 암행어사가 의정부에서 별도로 지급받는 것 중에 마패가 있었다. 이 마패는 암행어사가 국가의 공적인 일을 수행하러 가는 출장자이므로 당연히 지급받는 것이다. 그러나 특히 이것은 말의 대여 말고도 역에 딸린 포졸들을 부릴 수 있는 권한을 증명해주는 것과 아울러 암행어사로서의 공무를 하는데 없어서는 안 되는 중요한 신분증이었다.

암행어사 제도는 고종 29년(1892)에 폐지되었다. 이로써 조선 후기 상하이에서 김옥균(金玉均)[3]을 살해하고 돌아온 자객 홍종우(洪鍾宇)[4]가 전라북도 순창에서 마패를 훔쳐 서울까지 도망친 일은 마패에 얽힌 최후의 사건이었다.

---

3 조선 고종 때의 정치가(1851~1894). 자는 백온(伯溫), 호는 고균(古筠)·고우(古愚). 근대 부르주아 혁명을 지향했던 급진 개화파의 지도자로 갑신정변을 주도하였으며, 우리나라 개화사상의 형성에 크게 기여하였다. 고종 31년(1894)에 중국 상하이(上海)에서 자객 홍종우(洪鍾宇)에게 살해되었다. 저서에 《기화근사(箕和近事)》, 《치도약론(治道略論)》, 《갑신일록(甲申日錄)》 등이 있다.

4 조선 후기 수구파의 정객(政客, 1854~?). 김옥균을 중국 상하이로 유인하여 암살하고, 황국협회를 조직하고 보부상을 동원하여 독립 협회의 활동을 방해하였다.

09 화폐 제도

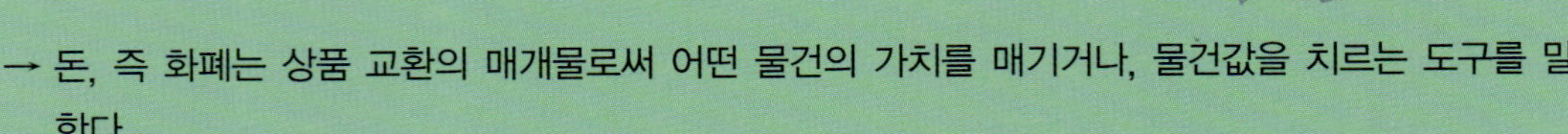

우리나라는 고조선 시대에 이미 화폐를 사용한 것으로 보고 있다. 이는 고조선의 〈8조 법금〉에 '도둑질한 자는 노비로 삼는데, 만약 용서를 받으려면 많은 돈을 내야 한다.'는 조항이 있는 것으로 알 수 있다. 또한 마한과 진한, 동옥저에서도 동전을 사용했다고 하지만 확실한 근거는 없다.

삼국 시대에도 상품의 거래는 물물교환으로 이루어져 화폐가 사용되었다고 보기는 어렵다. 신라에서는 금이나 은, 무문전을 화폐로 사용했지만 오늘날의 화폐와는 성격을 달리하고 있다.

우리나라에 본격적으로 화폐가 등장한 것은 고려 시대로, 송나라 화폐의 영향과 산업의 발달로 화폐의 필요성이 제기되어 성종 15년(996)에 건원중보(乾元重寶)라는 철전(鐵錢)을 만들었다. 그러나 자급자족 경제이기에 많이 사용되지는 않았다.

그 뒤 숙종 때에 송나라에서 유학하고 돌아온 대각국사(大覺國師) 의천(義天)에 의하여 화폐가 만들어졌다. 은 한 근으로 만들어진 은병은 최하 쌀 10섬에서 최고 50섬에 이르는 높은 가치를 지닌 화폐였다. 실생활에는 은병의 가치가 너무 높아 적은 가치를 지닌 동전인 해동통보·해동중보·삼한통보·삼한중보·동국통보·동국중보 등이 만들어졌다.

은병은 처음에는 많이 사용하는 듯하였으나, 위조 은병이 나타나자 가치가 떨어졌다. 이를 대신할 화폐로 지폐인 저화(楮貨)가 공양왕 때 만들어졌으나

조선통보

[허가번호 : 중박 200802-57]

상평통보

이 또한 위조지폐가 만들어져 오래 사용되지 못하였다.

이처럼 화폐를 만든 목적은 중앙집권의 강화에 있었다. 법전인 화폐를 사용하게 하고 국가 재정을 늘리기 위함이었다. 그러나 자급자족 경제에서 백성들은 화폐의 필요성을 느끼지 못했으므로 고려의 화폐 정책은 실패했던 것이다.

조선 시대 초기에도 화폐는 널리 사용되지 못했다. 성리학이 지배하던 조선 시대는 상공업을 천시하였다. 그러므로 상공업이 발달하지 못해 화폐의 필요성을 백성들은 느끼지 못했다. 하지만 나라에서는 화폐를 꾸준하게 주조하였다. 유사시에 대비한 전폐(箭幣)[1]를 만드는가 하면 조선통보(朝鮮通寶)와 십전통보 등을 주조하였다.

본격적으로 화폐가 등장한 것은 조선 후기이다. 인조 11년(1633)에 김육(金堉)이 화폐의 사용을 주장하면서 상평통보(常平通寶)가 주조되었다. 초기에는 사용이 부진하다가 대동법이 확대 실시됨에 따라 공인이 등장하고, 나아가 상공업이 발달하는 계기가 되어 상평통보가 필요했다. 상공업이 발달함에 따라 화폐가 필요해져 유통이 활발해졌다.

최초의 서양식 화폐는 고종 때 만들어졌으며, 나중에 전환국(典圜局)을 설치해서 독일에서 기계와 기술을 도입해 신식 화폐를 만들었으나 이 역시 널리 유통되지 못했다.

현재 우리가 사용하는 화폐는 1962년 6월에 시행된 화폐 개혁에 따라 유통 단위를 '원'으로 한 것으로, 그 종류는 1만원, 5천원, 1천원, 500원, 100원, 50원, 10원, 5원, 1원의 9종이다.

1 조선 세조 때에 유엽전의 살촉 모양으로 만든 철전(鐵錢). 평시에는 화폐로 쓰고 전시에는 화살촉으로 쓰도록 만든 것으로, 한 닢이 저화(楮貨) 석 장과 맞먹었다.

예비군 제도

→ 조선 시대의 잡색군(雜色軍)은 오늘날의 예비군이었다.

1968년 1월 21일 북한의 무장 간첩이 청와대를 쳐들어온 사건과 2일 후인 1월 23일의 푸에블로 호가 북한으로 끌려가는 사건 등으로 북한이 쳐들어올 위험이 높아지자, 우리나라를 스스로 지키기 위해 1968년 4월 1일 향토예비군(鄕土豫備軍)이 만들어졌다.

오늘날은 군대에서 임무를 마친 뒤에 5년까지 예비군으로 병역의 의무가 주어지고 있다. 이러한 지역을 방위하는 예비군 제도는 조선 시대에도 있었다. 조선 시대 군대 구성의 하나로 잡색군(雜色軍)이 곧 오늘날의 예비군이라고 할 수 있다.

생원(生員), 진사(進士), 품관(品官), 교생(校生) 등 지방의 힘있는 사람들과 향리(鄕里), 공사천(公私賤) 등의 역(役)을 가진 사람들은 평상시에는 병역의 의무가 없었으나, 유사시(有事時)에 대비하여 잡색군이라는 형식상의 군대에 편입되어 있었다. 따라서 잡색군은 중앙에 번상(番上, 시골 군사를 골라 뽑아 서울의 군영으로 보내는 일)도 하지 않았거니와 매달 한 번 각 진(鎭)에서 진법(陣法) 연습을 하는 것도 면제되었다. 서울에서도 1467년(세조 13)에 잡색군 제도를 두기로 했으나 활발히 운영되지는 못했다.

이러한 제도는 해방 후 1948년에 생업에 종사하면서 정규군에 편입할 수 있는 호국군으로 계승이 되었다. 1년 후인 1949년 8월 병역법이 공포됨에 따라 호국군이 해체되었고, 그 해 11월 초에 청년 방위대가 예비군의 성격을 띠고 편성되기 시작해 1950년 5월 말에 전국적인 조직으로 완성되었다. 한국전쟁 중의 예비군으로는 국민 방위군[1]이 있었는데, 중간에 이들의 부정부패 사건이 터지자 1951년 국회 결의에 의하여 해산되었다가, 1968년에 다시 만들어져 오늘날까지 지속되고 있다.

1 전시에 신속하게 병력을 동원하기 위하여 1950년 12월에 제정한 국민 방위군 설치법에 의하여 편성하였던 군대. 1951년 5월에 해체하였다.

Tip

우리나라는 언제부터 해외 파병을 했을까?

우리나라에서 해외에 군대를 파견한 것은 고려 시대부터이다. 원나라의 세조는 원종 15년(1274) 34,000명의 여·몽 연합군을 구성했다.(그러나 대부분 고려의 군사였다.) 연합군은 합포를 떠나 대마도를 점령했으나 때마침 폭풍우를 만나 돌아오게 되었다. 그 뒤 원나라는 남송인 10만 명, 고려군 25,000명에 전함 3,500척으로 일본군을 60일 동안 공격하다가 일본 상륙을 눈앞에 두고 또다시 거센 태풍을 만나 패퇴했다.

조선 시대에 접어들어 광해군 때 명나라가 여진족의 추장인 누루하치를 정벌하기 위하여 우리나라에 원병을 청했다. 이에 광해군은 명에 대한 의리보다 국가의 방위를 먼저 생각해 도원수 강홍립에게 2만 명의 군사를 주어 군대를 파병하면서 항복하라는 밀명을 내렸다. 이에 따라 강홍립은 1차 전투에서 항복했다.

해외 파병은 효종 때 러시아의 남하 정책에 위협을 느끼던 청이 러시아 해군 함대가 만주 헤이룽 강을 건너 침략해 오자 우리나라의 명사수 152명을 골라 파병하여 러시아를 패주시켰다. 4년 후에 청나라가 2차 원정을 요구해 왔고, 조선에서는 200명의 조총수를 다시 파병해 러시아의 스테파노푸 사령관을 비롯한 270명을 전사시키고 10여 척의 배를 파괴하는 등 크게 이겼다.

현대에 와서는 1965년에 베트남 파병부터 쿠웨이트와 소말리아, 동티모르, 아프카니스탄, 이라크에 의료진과 공병대를 파견하였다.

11

공무원(관리)들의 봉급

→ 일 년에 네 번, 계절이 바뀔 때마다 봉급을 받았다. 조선 시대 숙종 때부터 달마다 받는 월급으로 바뀌었다.

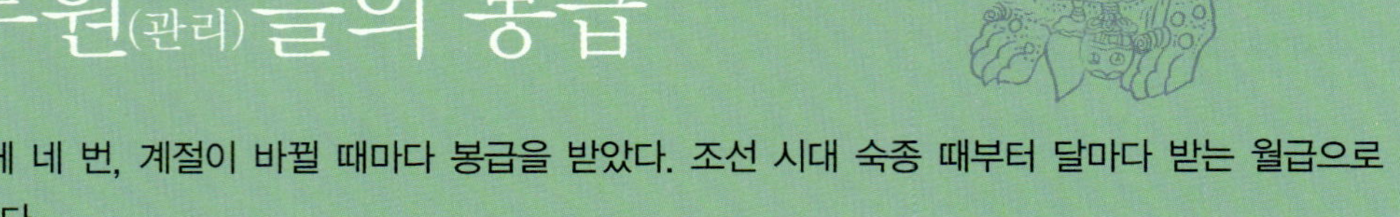

'월급쟁이' 라는 말이 있다. 매달 정해진 날이 되면 자신이 일한 대가를 받는 사람들을 일컫는 말이다. 공무원이나 각 회사의 회사원이 이에 해당된다.

옛날에도 매달 월급이 지급되었을까?

《삼국사기》에 보면, 신라에서는 왕권이 약할 때에는 식읍(食邑)[1]이나 녹읍(祿邑)[2]을 주었는데, 이는 토지뿐만이 아니라 그 토지를 경작할 노비까지 주는 것이니 오늘날의 공무원과 비교해볼 때 매우 높은 수준의 대우라고 할 수 있다. 녹읍이나 식읍은 정복 국가에서 전해 내려오는 풍속으로, 전쟁에서 승리한 장군에게 정복한 땅의 일부분과 그곳에 사는 정복민의 일부분을 노비로서 하사한 것에서 비롯되었다. 그 뒤 점차 왕권이 강화되면서 노비를 제외한 토지만이 지급되었으니, 신문왕 때의 관료전(官僚田) 제도가 그것이다. 그러나 신라 말기에 왕권이 약화되면서 다시 녹읍과 식읍이 부활되었다.

고려 시대에는 태조 23년(940)에 역분전(役分田)을 만들어 관리에게 봉급을 지급했다. 국가 체제가 정비되는 경종 1년(976)에 관리의 등급에 따라 토지와 임야를 봉급으로 지급하는 전시과(田柴科)를 제정했는데, 이는 문종 30년(1076)에 완전히 정비되었다.

그러나 이러한 관리의 봉급 제도는 무신이 집권한 뒤부터 매우 문란해졌다. 고려 말기까지 문란한 토지 제도는 이성계가 위화도 회군으로 집권한 후 실시한 과전법(科田法)으로 정비되었다.

1 공신에게 내리던 채읍(采邑). 봉작과 함께 대대로 상속되었다.

2 신라에서 고려 초기까지, 벼슬아치에게 직무의 대가로 일정 지역의 수조권을 주던 일.

과전법은 오늘날의 연금과 비슷하게 퇴직자에게도 지급하여 낭비가 많았으므로 지급할 토지가 부족해 재정비가 필요했다. 그리하여 세조 12년(1466)에 현직 관리에게만 봉급을 지급하는 직전법(職田法)을 실시하게 되었다.

나중에 관리의 수가 증가함에 따라 토지가 부족해지자 직전도 제대로 실시하지 못하고 성종 때 나라에서 조세를 거두어 관리에게 지급하는 관수관급제(官需官給制)가 실시되었다. 토지 대신 봉급을 주었으니, 쌀·보리·명주·베·돈 따위로 지급하는 녹봉(祿俸)으로 바뀌었다.

녹봉에는 중앙의 관원에게 국고(國庫)에서 주던 관록(官祿)과 지방의 관원에게 그 지방 수입에서 주던 관항(官項)이 있었다. 숙종 27년(1701)에는 급여 주기가 바뀌어 매삭(每朔, 매월)을 기준으로 지급하되 전월(前月)에 미리 주었다.

녹봉으로 준 물건은 쌀·현미·콩·밀·명주·정포(正布)·저화(楮貨) 등이었다. 그러나 후기에 이르러 저화와 정포의 지급은 중단되었다.

고종 32년(1895)에는 관리의 봉급을 정할 때 책임관은 1등에서 4등까지, 주임관은 1등에서 6등까지, 관임관은 1등에서 8등까지 합 18등으로 나누어 지급하였다.

• 요약정리 — 과전법의 과전 분급 액수

등급	지급 결수	등급	지급 결수
1과	150결	10과	65결
2과	130결	11과	57결
3과	125결	12과	50결
4과	115결	13과	43결
5과	106결	14과	35결
6과	97결	15과	25결
7과	89결	16과	20결
8과	81결	17과	15결
9과	73결	18과	10결

12

과학 기술의 발달⑴

→ 앙부일구(仰釜日晷)라는 해시계를 주로 사용했으며, 밤이나 비가 올 때에는 물시계인 자격루와 추
  시계로 시간을 알 수 있었다.

양부일구(앙부일영)

옛날부터 시간을 알려고 하는 사람들의 노력은 동서양을 막론하고 끊이질 않았다. 이 때문에 물이나 모래 또는 해의 방향을 이용한 자연 시계가 많이 발달했다.

우리나라에서 시계에 관한 기록이 처음으로 보이는 문헌은 《삼국사기》이다. 삼국 시대에 물시계가 사용되었으며, 이때에 자연 시계가 널리 보급되었던 것으로 미루어 생각할 수 있다.

이러한 시계 문화는 조선 시대에 들어와 획기적으로 발전하게 되는데, 세종 16년(1434) 앙부일구(仰釜日晷)라는 해시계를 만들면서부터이다. 앙부일영(仰釜日影)이라고도 하는 이 시계는 공을 반으로 잘라놓은 반구형으로 둥근 면 한가운데로 솟아 나와 있는 바늘이 구면(球面) 안에 이동하는 그림자를 만드는 것을 보고, 그때그때 시각을 알 수 있게 되어 있었다. 또한 24절기를 알려주는 선이 그어져 있어 농사에도 많은 도움을 주었다. 그 뒤에 서울 종로에 앙부일구 두 개가 설치되어 백성들에게 시간을 알려주었다. 그런데 해시계는 해가 없을 때, 즉 밤이나 날씨가 흐리거나 비가 올 때 시간을 측정하기가 곤란한 점이었다.

이에 세종은 같은 해에 자격루(自擊漏)를 만들었다. 이것은 오늘날 만 원짜리 지폐에 그려져 있어 우리가 흔히 접할 수 있다. 물을 이용하여 만든 자격루

자격루

혼천의

는 '스스로 울려주는 물시계'란 뜻을 가지고 있듯이, 4개의 물 항아리와 2개의 원통형 청동 물받이로 구성되어, 항아리에 물이 가득 차면 살대가 올라가 격발 장치를 건드려 시간을 알려주는 소리를 낸다. 게다가 오늘날의 디지털 시계처럼 그 시각을 나타내주는 동물 인형이 솟아나와 있다. 세종 때의 자격루는 자시(子時), 오시(午時) 등으로 십이간지를 시간으로 나타냈다. 경회루 남쪽에 설치되어 여기에서 시간을 알리면 경복궁 정문의 문지기에게 이어지고, 이것을 종루(鐘樓)에서 다시 받아 종을 쳐서 시간을 알려주었다.

이런 종류의 시계와 함께 추가 움직이게 하여 시간을 잰 추시계도 있다. 여러 개의 톱니바퀴를 장치해 시각을 나타내 주는 추시계는 필요한 수만큼 종을 울려주는 멋진 시계로써 1669년에 만들어졌다고 한다. 이 시계는 시간뿐만 아니라 해와 달의 움직임, 24절기 등 천체 운동 상황을 알려주고 있다. 또 간단하게 세계 지도도 그려져 있어 일명 '혼천시계(渾天時計)'라고도 하는데 외국인도 이 시계를 보고 우리 천문학의 우수성에 감탄을 했다고 한다.

우리나라에 처음으로 서양식 시계가 소개된 것은 1631년으로, 명나라에 사신으로 갔던 정두원(鄭斗源)[1]이 귀국하면서 자명종을 가지고 왔다. 그 뒤 사신으로 갔던 많은 사람들이 자명종을 들여오기 시작했고, 또한 그것에 대한 연구도 활발해졌다.

1 조선 인조 때의 문신 (1581~?). 자는 정숙(丁叔), 호는 호정(壺亭). 중국 명나라에 사신으로 가서 홍이포(紅夷砲), 천리경, 자명종 따위의 기기와 마테오리치의 《천문서》, 《직방외기》 등의 서적과 화약의 제조법을 들여왔다.

13

과학 기술의 발달⑵

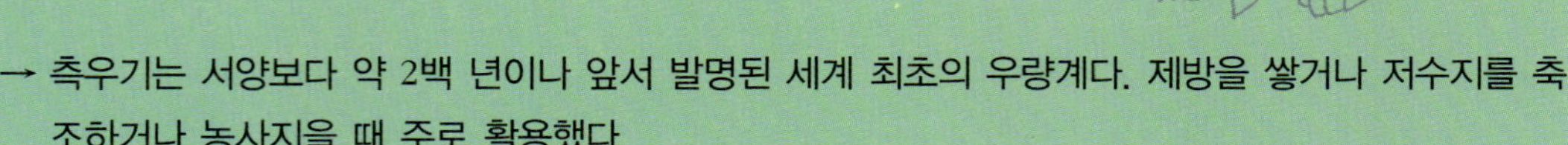

→ 측우기는 서양보다 약 2백 년이나 앞서 발명된 세계 최초의 우량계다. 제방을 쌓거나 저수지를 축
조하거나 농사지을 때 주로 활용했다.

예로부터 우리나라는 농업을 다른 어느 산업보다 중요하게 여겼다. 특히 농업 중에서도 벼농사가 주된 산업이었으므로 비가 온 뒤의 강우량을 측정하는 것은 더욱 중요했다.

측우기(測雨器)는 세종 23년(1441) 8월에 호조(戸曹)에서 우량계 설치를 건의함으로써 개발에 들어갔는데, 2년 동안 여러 차례 실험을 하고 나서야 완성했다.

세종은 측우에 관한 제도를 제정해 서운관(書雲觀)에서 이 기구로 우량을

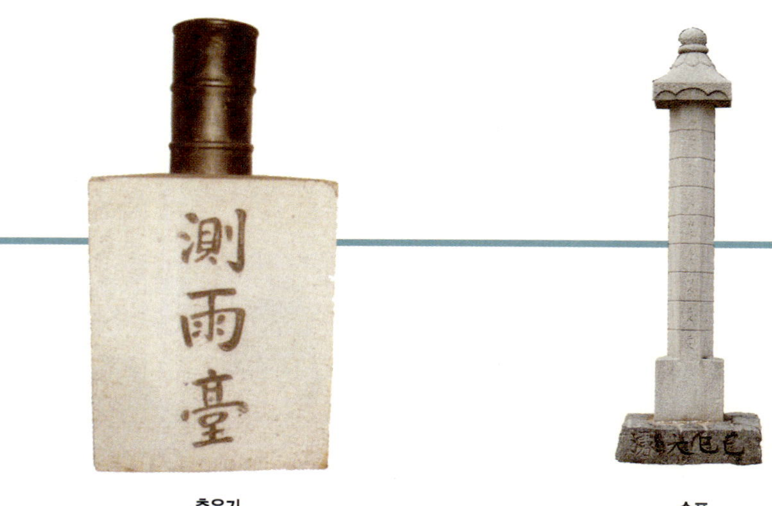

측우기   수표

측량해 기록하게 하였다. 또한 지방에도 각 관가의 뜰에 측우기를 설치해 수령이 직접 우량을 측정, 기록하게 하였다.

측우기가 쓰이기 이전에는 각 지방의 강우량을 알아내고 통계를 내기가 매우 불편했다. 즉 비가 내림으로써 흙속 깊이 몇 치까지 빗물이 스며들었는지를 일일이 조사해보아야 하는데, 이때 흙의 마르고 젖은 정도가 일정치 않아 강우량을 정확히 알아낼 수 없었던 것이다. 이러한 단점을 한꺼번에 해결한 기구가 바로 측우기이다.

서양에서 우량계는 1639년에 이탈리아의 가스텔리에 의해 발명되었다. 이를 놓고 볼 때 우리가 사용한 측우기는 서양의 우량계보다 약 2백 년이나 앞서는 것으로 세계 최초의 우량계라 할 수 있다.

세종 때의 측우기는 안지름이 14.7센티미터, 높이 약 30센티미터의 원통형이다. 예로부터 우리나라에서는 자연현상을 수량적으로 측정해 통계를 내는 방법을 택했다. 그래서 우리나라의 우량 관측 기록은 세밀하고 자세했던 것이다.

조선조의 측우 기록인 《풍운기(風雲記)》를 보면 비오는 강도를 8단계로 구분해서 기록하고 있으니, 미우(微雨)·세우(細雨)·소우(少雨)·하우(夏雨)·쇄

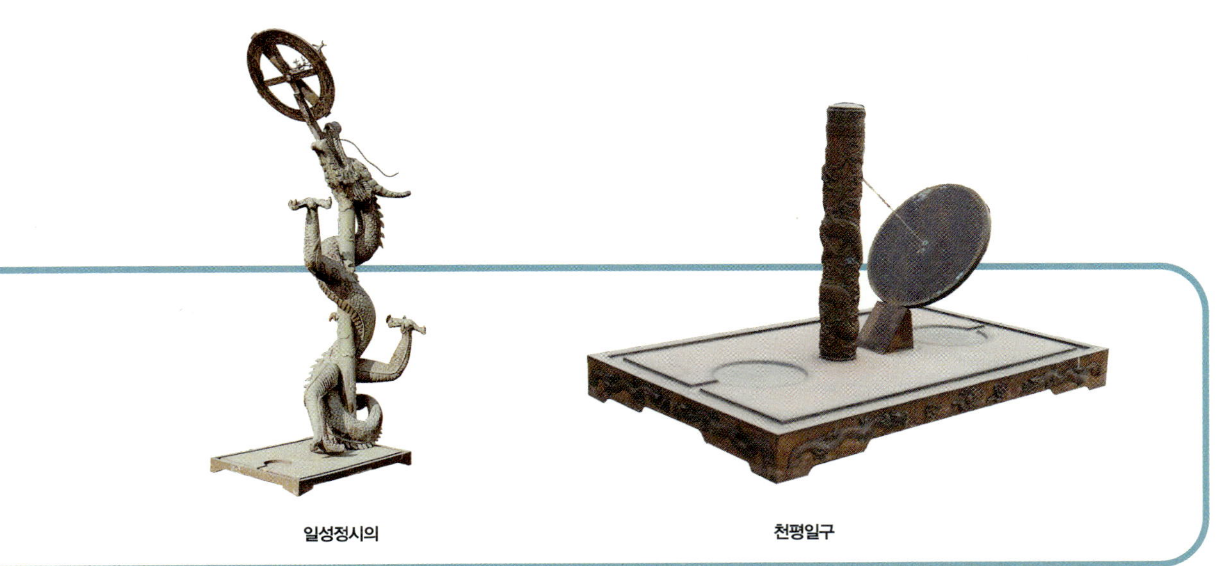

일성정시의   천평일구

우(瑣雨)·취우(翠雨)·대우(大雨)·폭우(暴雨)가 그것이다. 여기에 비가 땅속 어느 정도 스몄는가 하는 우택도(雨澤度)까지 측정했으니, 이를 통해 우리나라의 우량 관측 기록이 얼마나 세밀했는지를 알 수 있다.

이러한 것은 모두 농사와 관계가 있으며 농본 정책의 결과라고 할 수 있다. 농업, 특히 벼농사를 잘 지으려면 물을 충분히 확보해야 하므로 비가 오면 강수량을 측정한 다음 이 기록을 이용해 제방을 쌓고, 규모를 정하여 저수지를 축조했던 것이다.

세종이 측우기를 발명한 날은 5월 19일인데, 이를 기념해 발명의 날로 정했다. 이것은 측우기가 우리나라의 대표적인 발명품이라는 것을 증명하는 것이다.

세종대왕 동상

세종대왕릉 (영릉)

14

조선 전기의 편찬 사업

→ 조선 전기에는 나라의 기틀을 확립하고 훈민정음(訓民正音)을 널리 보급하기 위하여 많은 서적들이 편찬되었다.

한자를 문자로 쓰던 세종대왕 이전에는 주로 지배층을 중심으로 한 한문학이 발전하였다. 세종대왕에 의하여 만들어진 훈민정음은 우리나라 국문학이 발전하는 계기가 되었다. 세종대왕은 훈민정음을 창제한 뒤에 실험과정에서 책을 간행하였다. 바로 〈용비어천가(龍飛御天歌)〉와 〈월인천강지곡(月印千江之曲)〉이다.

이에 백성들 중에서 글을 아는 인구가 늘어났으며, 백성들은 더 알고자 하는 마음에 책을 읽게 되어 많은 책들이 만들어지는 계기가 되었다.

조선 전기에 편찬된 서적은 나라의 기틀을 안정시키기도 하였다. 정치의 거울로 삼은 역사책으로는 《조선왕조실록》을 비롯하여 《동국통감》, 《고려사》, 《고려사절요》 등이 편찬되었다.

또한 조창(漕倉)이나 봉수(烽燧)의 설치에 필요한 지리를 얻기 위하여 《팔도지리지》, 《동국여지승람》 등의 지리책을 편찬하였다. 그리고 숭유억불 정책에 따라 유교 질서를 확립하기 위하여 《경국대전》, 《국조오례의》, 《치평요람》, 《삼강행실도》 등을 간행하였다.

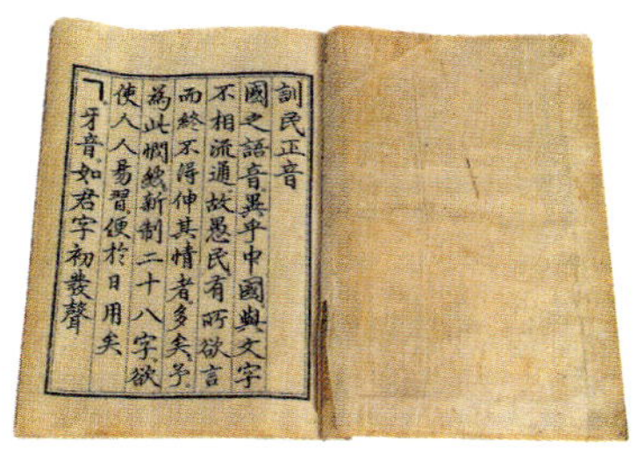

훈민정음해례본

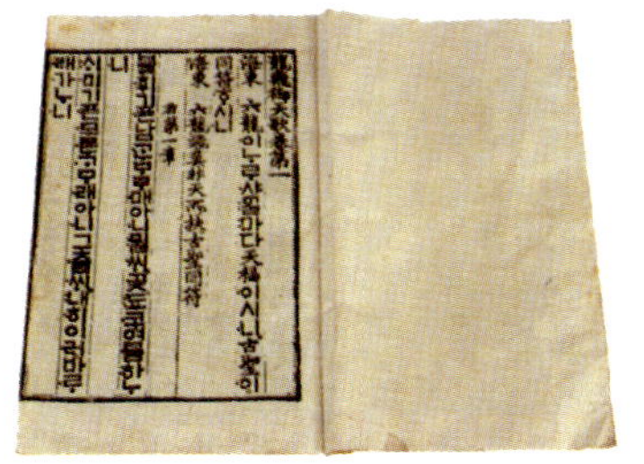

용비어천가

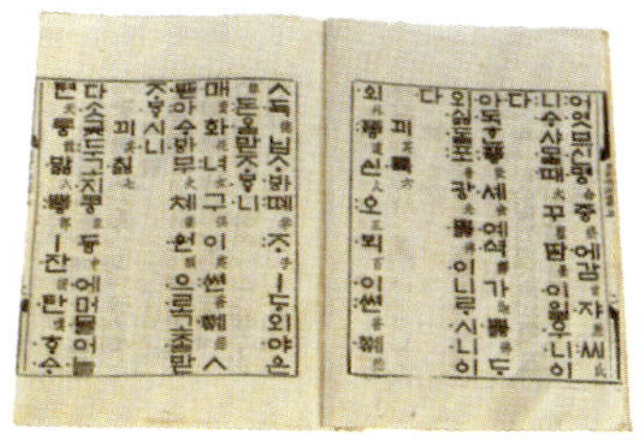

월인천강지곡

　우리 문학에 대한 관심도 높아졌다. 중국 문학이 최고인 것으로 생각한 양반들에게 우리 문학의 우수성을 알려주어 주체성을 일깨우기 위한 작품으로 《동문선(東文選)》이 간행되었다.

　농업을 장려하기 위한 것으로 전국 농민들의 경험담을 수령으로 하여금 수집하게 하여 《농사직설》도 간행하였다.

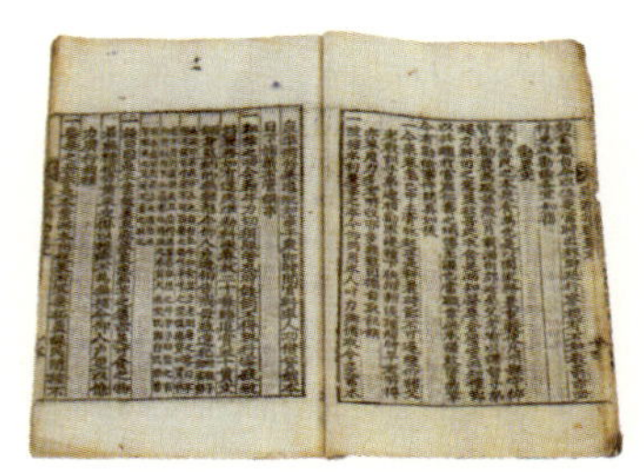

농사직설

• 요약정리 — 조선 전기의 문화	
분야	**내용**
문학	• 15세기 : 훈구파 중심, 왕조 찬양 (용비어천가, 월인천강지곡), 자주의식 (서거정의 동문선) • 16세기 : 경학을 중시하여 한문학 쇠퇴
건축	• 15세기 : 궁궐, 관아, 학교 건축 중심 • 16세기 : 서원 건축
그림	• 15세기 : 독자적 화풍 – 안견 (몽유도원도), 강희안 (고사관수도) • 16세기 : 선비들의 이상 세계 표현 – 이상좌 (송하보월도), 신사임당 (초충도)
자기	• 15세기 : 분청사기 • 16세기 : 순백자
서예	• 15세기 : 안평 대군 (조맹부체) • 16세기 : 양사언, 한호 (왕희지체)
과학	• 과학 기구 : 혼의, 간의, 자격루, 앙부일구, 측우기, 인지의 · 규형 (토지 측량 및 지도 제작) • 천문도와 역법서 : 천문도 (천상열차 분야지도), 역법 (칠정산) • 의학 : 향약집성방, 의방유취 (의학백과사전) • 활자 인쇄술 : 금속 활자 개량 (계미자, 갑인자)
농서	농사직설, 금양잡록 (강희맹)

15

봉수 제도

→ 사적으로는 편지를 보냈고, 공적으로는 파발을 띄웠다. 그것보다 더 급한 일이나 정기적인 상황 보고는 봉수(烽燧)로 했다.

오늘날에는 급한 일이 있으면 전화나 전신으로 연락을 한다. 그러나 전화나 전신이 없던 옛날에는 봉수를 이용해 급한 소식을 전했다. 봉수는 낮에는 연기로, 밤에는 불빛으로 신호를 했는데 이러한 제도는 삼국 시대부터 실시되었다고 한다.

봉수에 관한 가장 오래된 기록은 《삼국사기》에 나와 있는데 '백제 온조왕 10년에 왕이 친히 군대를 거느리고 봉현(烽峴)에서 말갈족을 격파했다.'고 기록되어 있다. 그곳이 어디인지는 모르나 '봉현(烽峴)'이라는 지명의 한자 표기로 보아 봉수대가 설치된 언덕으로 생각할 수 있다.

고려 시대 의종 3년(1149)에 서북면 병마사 조진약(曺晋若)의 제의에 따라 봉수 제도가 정식으로 실시되었다. 그 뒤 북방 민족과 왜구가 여러 번에 걸쳐 자주 침범해 오자 봉수 제도는 더욱 강화되어 이들의 침입을 막아내는 데 가장 중요한 노릇을 하였다.

봉수 제도는 조선 시대에 들어와서는 세종 때에 더욱 정비되어, 평시에는 횃불을 한 개, 적이 나타나면 두 개, 적이 국경에 접근하면 세 개, 국경을 넘어오면 네 개, 접전을 하면 다섯 개를 올리기로 하였다. 구름이 끼거나 바람이 불어서 연락을 할 수 없을 때에는 봉수대 관리 병사가 차례로 말을 달려서 연락을 취했다. 평화시에도 변방의 소식을 전하기 위해 하루에 한 번씩 봉화를 올렸다고 한다.

수원 화성의 봉수대

변방 국경에서 서울까지 봉수가 도착하는 데에는 열두 시간쯤 걸렸다고 한다. 그렇기 때문에 처음 변방에서 보낼 때는 연기로 신호를 보내기 시작해 서울에 가까워질수록 날이 어두워져 봉화로 바뀌었다고 한다.

조선 시대에 봉수가 서울로 올라오는 길은 다섯 군데였는데, 북쪽에서는 함경도와 평안도에서 출발하는 길이 있었고, 남쪽에서는 동남, 서남 해안에서 출발하는 길 등이 있었다. 이 길은 전국을 돌아 서울에 이르도록 되어 있었다.

변방의 봉화가 서울에 올라오는 동안 각 지방의 봉수대에서는 그날의 봉수 결과를 그 지방의 군지휘관이나 수령에게 보고했다. 서울에서는 병조(지금의 국방부)에서 목멱산(지금의 남산)의 경봉수대(京烽燧臺)를 지켜보고 아무 일이 없으면 그 다음날 아침에 왕의 비서 기관인 승정원(承政院)[1]에 알려 보고했으며, 만약에 병란이 있으면 밤중에라도 보고를 해야 했다.

이러한 국가의 중요한 통신 기관인 봉수대는 국방과 밀접한 관련이 있었으므로 서울에서는 병조에서 맡아보았고, 지방에서는 군 지휘관들이 관장했다.

봉수대는 20리~40리 정도의 사이를 두고 주변에서 잘 보이는 산봉우리에 설치했는데, 시대에 따라 약간의 차이는 있으나 전국적으로 약 630개소가 있었다. 높이가 3미터 정도이고, 밑면은 사각형으로 널찍하며 위로 가면서 좁아지고, 불을 때는 아궁이는 밑에 있었다. 조선 성종 5년(1475) 이후 모든 봉수에 반드시 연통(煙筒)을 만들어 바람이 불어도 연기가 흐트러지지 않도록

[1] 조선 시대 때 왕명의 출납을 맡아보던 관아. 정종 2년(1400)에 중추원을 고쳐 도승지 이하의 벼슬을 두었는데, 고종 31년(1894)에 승선원(承宣院)으로 고쳤다.

하였다.

　또한 국경 지대에 설치된 연변 봉수대는 높이 7.7미터, 둘레 21미터의 대를 쌓고, 대 주위에 폭 9미터 정도의 공간을 두고 그 바깥에 적의 침입을 막기 위하여 깊이 3미터, 폭 3미터 정도의 정사각형 참호를 파고, 다시 그 바깥에는 폭 3미터 정도의 지대에 위를 뾰족하게 깎은 나무를 꽂았다. 그러나 내륙 봉수대는 적의 침입 위험이 없었으므로 높은 대와 참호 등을 설치하지 않았다.

　봉수대 관리 병사(봉군 또는 봉졸이라고 한다.)는 다른 군역에 종사하지 않으며, 오직 망보는 일에만 종사했다. 이들 봉졸을 연대지기라고 하는데, 등대지기에 못지않게 고독한 직업으로 불이나 연기가 꺼지면 곤장 백 대를 맞고 유배를 당했다. 만일 통신을 게을리하거나 거짓으로 봉화를 올리면 참형을 당했다.

　이들은 비나 바람에도 연기를 유지하려고 늑대 똥을 줍거나 염소 뿔, 물고기 머리뼈를 가루로 만들어 비축하였다가 연료로 사용했다.

　이 봉수대는 국가를 지키는 중요한 역할 말고도 모든 국민들은 자기 지방의 가장 높은 산봉우리에서 매일 피워 오르는 봉화를 바라보며 국가에 변란이 없는 편안함 속에서 자신의 생활에 열중하도록 하는 상징적 의미도 매우 컸다고 한다.

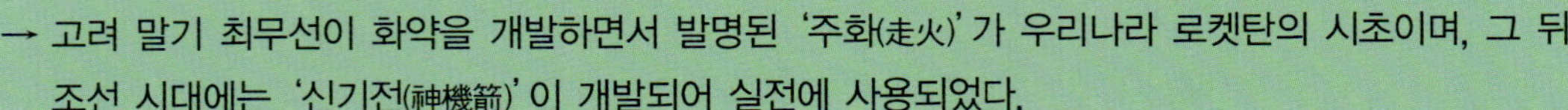

16 무기의 발달

→ 고려 말기 최무선이 화약을 개발하면서 발명된 '주화(走火)'가 우리나라 로켓탄의 시초이며, 그 뒤 조선 시대에는 '신기전(神機箭)'이 개발되어 실전에 사용되었다.

우리나라 사람들은 걸프 전쟁이 한창일 때 언론을 통해 '패트리엇'이라는 단어를 수도 없이 들었다. 이 패트리엇 미사일은 정확도가 매우 뛰어난 요격 미사일로 전 세계인이 그 기능에 감탄을 했었다.

로켓이란, 고체 또는 액체 연료를 폭발시켜 다량의 가스를 분사하여 그 반동으로 추진되는 비행체를 가리키는 말이다. 로켓의 시초는 중국에서 1232년에 '날아다니는 불의 창'이라는 뜻의 비화창(飛火槍)에서 시작되었으며, 뒤이어 아랍과 이탈리아에서 꽁지에 불을 붙인 채 적진을 향해 날아가는 로켓이 개발되었다.

옛날에는 화약을 분사 장치로 하여 로켓을 쏘아 올렸다. 우리나라에서 화약을 발명한 사람은 고려 시대의 최무선(崔茂宣)이다. 이전에 화약이 필요할 때는 중국에서 수입하여 썼다. 중국에서는 화약 제조법을 일급 비밀로 하였기에 화약 만드는 방법을 알아내는 것이 매우 어려웠다.

최무선은 화약 제조법을 알아내기 위하여 중국에서 오는 상인을 통하여 염초(焰硝) 만드는 법을 알아냈으며, 많은 실패를 극복하고 화약 만드는 법을 터득하게 되었다. 그리하여 세계에서 네 번째로 '주화(走火, 달리는 불)'라는 로켓 병기를 개발하였다. 기록으로 남아 있는 중국의 비화창에 비하여, 설계도가 남아 있는 주화는 조선 시대에 더욱 발달된 로켓을 만들 수 있었다.

'신기전(神機箭)[1]'이라고 불리는 로켓은 조선 시대에 만들어졌다. 세종의

1 화약을 장치하거나 불을 달아 쏘던 화살. 신호용으로 사용하였다.

아들인 문종을 책임자로 종이로 약통(藥筒)을 만들었는데 성능과 종류에 따라 대(大)신기전, 산화(散華)신기전, 중(中)신기전, 소(小)신기전으로 나뉘었다.

대신기전은 길이가 5미터 58센티미터이며 사정거리는 1킬로미터를 넘었다. 앞부분에 원통형 종이통을 부착하여 로켓 엔진 역할을 했다. 화약을 채운 종이통과 그 아래에는 분사 구멍이 뚫려 있어 이곳으로 종이통 속 화약의 연소 가스가 밖으로 분출되며 로켓이 스스로 날아가는 것이다. 종이통의 앞부분에는 종이통 폭탄인 대신기전 발화통이 부착되어 있어서 목표 지점에 가서 터지도록 했다. 기록에 의하면 북방의 국경 지역에 약 90개가 배치되어 압록강 건너편의 적진을 향해 발사했다고도 한다.

중신기전과 소신기전은 사정거리가 각각 150미터와 100미터로 추정되는데, 이 중에서 소신기전은 폭발물은 없었으나, 약통의 분사력을 이용하여 화살을 발사함으로써 보통의 화살보다 위력적인 화살이었다.

1451년에는 신기전을 발사하는 화차(火車)가 만들어졌다. 화차는 두 개의 바퀴가 달린 수레 위에 신기전기(神機箭機)를 장착해 중신기전과 소신기전을 한 번에 백 발씩 장전하여 발사했다. 신기전기는 백 개의 소신기전을 장전한 나무통을 7층으로 쌓은 것으로 발사 각도를 정한 뒤 각 통의 점화선에 불을 붙이면 15개씩 맨 위층에서 아래층까지 차례로 발사되도록 하였다.

이 로켓은 임진왜란 때 권율 장군이 행주산성에서 싸움에 이용해 왜적을 물리치는데 크게 공헌하는 등 실제 전투에 이용되었다.

읍성(邑城)의 설치

조선 시대에는 군사상 중요한 지역에 읍성(邑城)[2]을 설치하였다. 특히 왜구의 침입에 대비하여 읍성을 건설하였다. 건설 후 5년 안에 무너지면 죄로 삼았으며, 견고히 쌓으면 상을 주는 규정까지 마련한 것으로 읍성의 중요성을

2 한 도시 전체를 성벽으로 둘러싸고 곳곳에 문을 만들어 외부와 연결하게 쌓은 성.

화성의 화서문

화성의 장안문

고창 읍성

낙안 읍성 동문

알 수 있다.

읍성에는 옹성(甕城, 출입문을 공격하는 적을 제압하기 위해서 문의 주위를 둘러쌓은 작은 성), 치성(雉城, 성벽에 근접한 적을 성곽 위에서 공격할 수 있도록 성벽 바깥에 네모꼴로 튀어나오게 쌓은 시설), 해자(垓字, 성벽의 둘레에 판 도랑) 등을 갖추도록 중앙정부에서 지시하였다.

현존하는 읍성으로는 정조 때에 건설된 화성이 대표적이며, 이밖에 충청남도 서산의 해미 읍성, 전라북도 고창의 모양성, 전라남도 순천의 낙안 읍성, 부산의 동래성, 충청남도의 홍주성, 경상남도의 진주성 등이 있다.

일단 외적이 침입하면 고을 백성들이 이곳으로 피난하게 하였으므로 대피 인원의 생활을 위한 활동 공간과 충분한 식수원, 그리고 수령이 고을 일을 돌보는 행정 기관인 동헌(東軒)과 수령과 가족이 생활하던 내아(內衙), 지방에 공무상 출장 오는 관리나 사신들이 숙박할 수 있는 객사(客舍), 향리들의 집무처인 작청(作廳), 지방 양반들이 수령을 보좌하면서 향리들을 감시하는 향청(鄕廳)이 갖추어져 있다.

조선 중기 이후 대외 정세가 안정되어감에 따라 읍성은 군사 시설로서의 기능보다는 지방 행정 기능의 중심지 역할을 하게 되었다.

17

모내기의 보급

→ 고려 후기부터 보급된 모내기가 조선 초기에는 법으로 금지했다. 모내기를 할 시기에 비가 오지 않으면 한 포기의 모도 심을 수 없었기 때문이었다.

옛날에는 계절에 따라 좋은 날을 택하여 여러 가지 행사를 거행했는데, 이것을 가일(佳日) 또는 가절(佳節)이라 하며 시간이 지남에 따라 명절로 바뀌었다.

우리나라에선 거의 매달 명절이 있었으니, 정월의 설날과 대보름, 이월의 한식, 사월의 초파일, 오월의 단오, 유월의 유두, 칠월의 백중, 팔월의 추석, 십일월의 동지 등을 들 수 있다. 이 중에서 단오는 씨앗을 뿌리는 파종제(播種祭)에서, 추석은 추수 감사제에서 유래된 명절이다.

우리나라에 벼농사가 도입된 것은 청동기 시대이다. 모내기(이앙법)를 실시하기 전에는 직파(直播)라 하여 직접 볍씨를 논에 뿌렸다. 밭 상태의 논을 고르고 볍씨를 뿌리는 것이다. 이것은 가뭄으로 인한 피해가 적다는 장점이 있다.

그러나 모판에서 모를 길러 논에 옮겨 심는 이앙법(移秧法)이 우리나라에 도입된 것은 고려 후기이다. 《세종실록》에 '이앙법이 오래전에 전해온 것'이라고 적고 있으며, 고려 시대 공민왕 때의 학자인 백문보(白文寶)도 이앙법에 대해 거론한 적이 있는 점으로 미루어 알 수 있다.

고려 시대에 도입된 이앙법을 조선 초기에는 법으로 금지시켰다. 왜냐하면 모를 내려면 물이 있어야 하는데, 만약 비가 오지 않으면 한 포기의 모도 심지를 못해 큰 피해를 입었기 때문이다. 그래서 경상도 일부 지역을 제외하고는 이앙법이 이용되지 않았다.

　이앙법이 널리 보급된 것은 임진왜란이 끝나면서부터이다. 이앙법의 보급으로 각지에서는 '이앙가' 가 유행하기도 하였다. 경상도 기장 지방에 전해오는 이앙가의 일부는 다음과 같다.

- 아침나절에

마당 같은 이 논자리 장구판만 남았구나.
판이사 있다마는 어느 장부 장구떠리.

전나라 댓잎은 이슬받아 스러졌네.
맹앗대 후아잡고 이슬 털러 가자스라.

- 점심나절에

서울이라 남정자야 점심참이 더디온다.
미나리야 수금채야 밧본다고 더디온다.

서울이라 양대밭에 금비둘기 알을 낳아
그 알 한 개 주었던들 금년가게 내할거로

서울이라 멍이 없어 죽절 비녀로 다리를 놓아
그 다리로 건너가니 정절쿵쿵 소리난다.

찔레꽃은 장개가고 석류꽃은 상각가네.

만 인간아 웃지마라 씨동자 하나 보러가네.

구월이라 국화꽃은 구름 속에 피어나네.
미나리야 세필꽃은 가지가지 은빛이네.

- 저녁나절에

서울 갔던 선부님요 우리 선부 오시던가.
오기사 온다마는 칠성판에 실려온다.

해 다지고 저문 날에 어떤 행상 떠나오노.
이태백이 본처 죽고 이별행상 떠나온다.

해 다지고 저문 날에 산골 마주 연기나네.
우리 할미 어디 가고 저녁할 줄 모르는고.

이앙법이 널리 보급된 데에는 광작의 경영에 따른 일손의 부족을 해결하기 위해서다. 이앙법은 벼 포기와 포기 사이가 넓어 잡초를 제거하기가 적합하여 일손을 줄이는 효과가 있었다. 그리고 이앙법 기술의 발달로 생산량이 증가함으로써 많은 지주들이 이앙법을 선호하게 되었다.

그러나 지주들 아래에서 소작을 하던 농민들은 땅을 잃게 되고 일을 할 곳마저 없어져 실업자가 되었다. 결국 이앙법은 부농의 출현을 가져와 농촌사회의 분화를 촉진시켰다. 그리하여 소작농이었던 농민들은 화전민이 되거나 도둑의 무리가 되어 각종 사회적 문제를 발생시켰다.

18

과거 科擧 제도

→ 과거는 3년마다 실시하는 식년시(式年試)와 나라의 경사가 있을 때 보는 별시(別試)가 있었다. 또 문관을 뽑는 문과와 무관을 뽑는 무과, 그리고 기술직 관리를 뽑는 잡과가 있다.

과거(科擧)란, 옛날 중국과 우리나라에서 시행한 관리 채용 시험 제도다. 즉, '과목(科目)에 의한 선거(選擧)'를 말하는 것으로, 여기서 선거란 관리 등용법을 뜻한다. 일찍이 이 제도는 중국의 한대(漢代)에 매년 지방에서 선발한 약간 명을 중앙정부에 추천하여 시험을 통해 우수한 사람을 뽑아 관리로 임명한 것에서 비롯되었다. 그 뒤 위(魏)나라 때에 '구품중정(九品中正)'이라 하여 덕행이 있는 사람을 뽑으려고 제도를 만들어 놓았으나 선발 기준이 주관적이어서 정실에 흐르는 경우가 많았다. 이에 수나라 때에 이르러서 '선거'라는 객관적이고 공평한 시험 제도를 시행하게 되었다. 이후 중국에서는 원나라 때를 제외하고는 거의 모든 시대에 이 과거 제도를 실시했다.

우리나라 과거 제도의 시초는 신라 원성왕 4년(788)에 실시한 독서출신과(讀書出身科)이다. 왕권 강화에 목적을 둔 이 제도는 국립대학인 국학(國學)의 성적을 3품(상·중·하품)으로 구분하여 인재 등용의 원칙을 등용했지만 진골 귀족의 반대로 실패하고 말았다. 이후, 고려 광종 9년(958)에 후주(後周) 사람 쌍기(雙冀)의 건의로 본격적인 과거 제도가 실시되기에 이르렀다.

고려 시대에는 제술과(製述科, 진사과), 명경과(明經科), 잡과(雜科)를 두고 이 가운데 제술과를 가장 중시했다. 이 밖에 승과(僧科)가 있었으나 관료 선발 기능과는 거리가 멀었다.

과거 응시 자격은 양인(良人) 이상에게 주어졌으나, 사실상 농민은 응시하기가 어려웠다. 1년에 한 번 실시하였으나, 성종 때에는 식년시로 3년에 한 번씩, 현종 때는 한 해 걸러 한 번씩, 그 뒤에는 매년 또는 격년으로 실시했다.

조선 시대의 과거 제도는 고려 시대와 약간의 차이가 있었다. 그 중요성이 훨씬 높아져 크게 문과(文科), 무과(武科), 잡과(雜科)로 나뉘었다. 다시 문과는 생원과 진사를 뽑는 소과(小科)와 3차(초시·복시·전시)에 걸쳐 시험을 보는 대과(大科)로 구분이 되었으며, 무과는 문과의 대과처럼 3차에 걸쳐 실시했다.

응시 자격은 수공업자, 상인, 무당, 승려, 노비, 서얼(庶孽)을 제외하고는 누구에게나 주어졌다. 실시 시기는 3년마다 보는 식년시가 원칙이었으나, 1401년 태종 때부터 큰 경사가 있을 때 증광시(增廣試)[1]가 실시되었고, 1457년 세조 때는 별시(別試)[2]가 있었다.

고려 시대의 제술과와 조선 시대 진사과의 시험 문제는 문예(文藝)를 보는 것이었다. 이 시험에선 시(詩)와 여섯 글자로 하나의 구(句)를 만드는 한시(漢詩)를 짓는 부(賦), 임금이나 충신의 공덕을 기리는 송(頌), 정치에 관한 대책을 물어보는 책(策), 논설식으로 글을 적게 하는 논(論) 등이 있었다.

이러한 과거 제도는 이조에서 실시하여 관리를 임용하였다.

고려 시대에는 과거 이외에 관리 채용 방법으로 음서(蔭敍) 제도가 있었다. 음서 제도는 할아버지와 아버지가 세운 공에 따라 그 자손을 벼슬에 임명하는 제도로 고려 전기가 문벌 귀족사회였음을 규정하는 근거가 되고 있다. 《고려사》 권75, 선거 3 전주 '범음서'를 보면 다음과 같은 기록이 있다.

현종 5년 12월에 양반의 직사(職事) 5품 이상 자손 이하 제질(弟姪)들 한 명에게 벼슬길에 나가는 것을 허락하였다. 또 예종 3년 2월에 조서를 내려, 양경(兩京)의 문무반 5품 이상의 관료에게 각기 자식 한 명의 음관(蔭官)을 허락하고, 직계 아들이 없는 자는 수양아들 및 손자에게 허락하게 하였다.

신종이 즉위하여 조서를 내리길, 선대의 6공신과 삼한 공신의 자손에게는 다같이 벼슬길에 나설 수 있도록 하라고 하였다.

숙종이 즉위하여 조서를 내려, 태조의 후예로 군적에 들어 있는 자는 군역을 면제해주고 무직자는 벼슬길에 나갈 수 있도록 하였다.

1 조선 시대 때 나라에 큰 경사가 있을 때 실시하던 임시 과거 시험. 태종 1년(1401)에 처음 실시하였으며, 생진과의 초시와 복시, 문과의 초시·복시·전시 5단계로 나누었다.

2 조선 시대 때 천간(天干)으로 '병(丙)' 자가 든 해, 또는 나라에 경사가 있을 때에 보이던 임시 과거 시험.

19

도화서 圖畫署의 변천

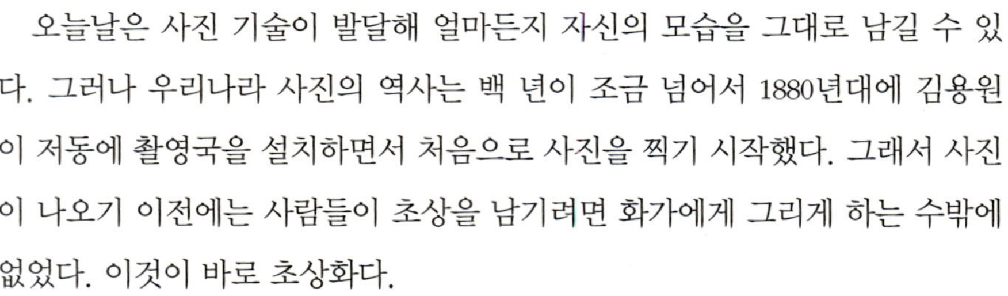

→ 임금의 초상화인 어진(御眞)을 그리기 위해 화가를 양성하였다.

오늘날은 사진 기술이 발달해 얼마든지 자신의 모습을 그대로 남길 수 있다. 그러나 우리나라 사진의 역사는 백 년이 조금 넘어서 1880년대에 김용원이 저동에 촬영국을 설치하면서 처음으로 사진을 찍기 시작했다. 그래서 사진이 나오기 이전에는 사람들이 초상을 남기려면 화가에게 그리게 하는 수밖에 없었다. 이것이 바로 초상화다.

초상화 가운데 특히 중요한 것이 왕의 초상화다. 왕의 초상화를 그리기 위해 고려 시대와 조선 시대에는 공식 관청을 두어 화가를 양성했다. 왕의 초상화는 어진(御眞)이라고 하는데 그 제작 과정이 크게 셋으로 구분된다. 도사(圖寫), 추사(追寫), 모사(模寫)가 그것이다. 도사는 왕이 살아 있을 때 왕의 얼굴을 직접 보면서 그리는 것이요, 추사는 왕이 승하(昇遐, 임금이 세상을 떠나는 것)한 뒤에 그리는 것이며, 모사는 이미 그려진 어진이 훼손되었거나 새로운 진전(眞殿, 조선 시대 역대 임금의 초상을 보관하던 전각)에 봉안하게 될 경우 기존본을 토대로 다시 그리는 것이다.

어진을 도사하거나 모사할 때에는 도감(都監, 고려·조선 시대에 국상이 나거나 궁궐을 짓는 등 큰일이 있을 때 임시로 설치했던 관아)을 설치했다. 왕의 어진에 대해서는 《왕조실록》이나 《승정원 일기》 등의 문헌에 제작 과정이나 참여 화가 등이 자세히 씌어 있다. 이 기록을 보면 어진을 제작할 때에는 당시의 도화서(圖畫署) 화원 이외에 전국에서 그림에 뛰어난 사람들을 모아 그 가운데서 화가를 선정했다. 당대의 가장 뛰어난 화가에게 왕의 얼굴을 그리게 했던 것이다.

태조
영조
철종
고종
연잉군 시절의 영조

단오풍정 (신윤복)

서당도 (김홍도)

하지만 이러한 복잡한 과정을 거쳐 그린 왕의 어진 가운데 오늘날까지 남아 있는 것은 고종 9년 (1872)에 그려 전주 경기전에 남아 있는 태조 전신상과 광무 4년(1900)에 다시 옮겨 그린 영조의 반신상, 그리고 철종과 고종의 어진 그리고 영조의 연잉군 시절 도사본 등 몇 점 안 된다.

거의 모든 왕이 자신의 초상화를 그리게 했지만 왜란과 호란, 그리고 최근의 한국전쟁으로 소실되었던 것이다.

이들 어진을 당대 최고의 화가가 그렸다고는 하지만 실질적으로는 주로 도화서에 소속된 화가가 그렸다.

　도화서는 고려 시대에는 도화원이라고 했으며, 조선 시대에 와서도 이 이름을 그대로 쓰다가 1392년에 도화서로 이름을 바꾸었다. 주로 그림에 관한 업무를 맡았던 도화서의 가장 주요한 임무는 역대 왕의 어진과 진영(眞影)의 제작, 개국 공신의 초상을 그리고 제작하는 것이었다. 따라서 화원들은 초상에 관해서만큼은 조선에서 제일이 되려고 노력했다. 이와 함께 화원의 육성을 위하여 도화서에서 그림을 가르치기도 했다.

몽유도원도 (안견)

　도화서 출신의 화원 중 유명한 인물로 조선 전기의 안견(安堅)과 후기의 정선(鄭敾, 1676~1759), 김홍도(金弘道, 1745~?), 신윤복(申潤福, 1758~?) 등이 있다. 그 당시에는 일반적으로 ‘화가’는 ‘그림쟁이’라 하여 천대를 받았는데도, 이들은 별제(別提)라든가 교수(敎授), 선화(善畫), 선회(善繪) 등 궁정화가로 재임하면서 중인의 대우를 받으며 안정된 생활을 보장받았다.

20

조선 시대의 지방 자치제

지방 자치는 단체 자치(團體自治)와 주민 자치(住民自治)가 결합된 것으로써 자신이 속한 지역의 일을 주민 자신이 처리한다는 민주정치의 가장 기본적인 요구에 기초를 두고 있다. 그렇기 때문에 J. 브라이스는 '지방 자치란 민주주의 최상의 학교이며, 민주주의 성공의 보증서라는 명제를 입증해준다.'고 하였다. 이 밖에도 J. S. 밀은 '지방 자치는 자유의 보장을 위한 장치이고, 납세자의 의사표현 수단이며, 정치의 훈련장이다.'라고 하였으며, J. J. 스미스는 '지방 자치 정부는 민주주의의 고향이다.'라고 하였다.

이와 같이 민주주의의 결정판이라고 하는 지방 자치제를 우리나라에선 1949년 지방 자치법이 제정되면서 시작됐다. 전쟁 중이던 1952년 시 · 읍 · 면 의회 의원선거와 시 · 도의회 의원선거가 실시된 것이다. 4년 후 1956년에는 시 · 읍 · 면장을 선출하는 기초 자치 단체장 선거가 치러졌다. 그러나 1960년 시장과 도지사 선거를 실시함으로써 명실상부한 지방 자치의 틀을 갖추기까지는 4년의 시간이 더 걸렸다. 이처럼 6 · 25 전쟁과 4 · 19 혁명 등 역사의 격동기를 거치면서 태동한 지방 자치의 싹은 다음 해인 1961년 5 · 16 군사 정변으로 실시가 미루어지고 말았다. 중단된 민주주의가 35년 만인 1995년에야 실시되었다. 우리나라에서는 지방 자치 단체의 장과 이들을 견제하는 지방 의회로 구성되어 있다. 지방 자치 단체장에는 서울특별시와 6개 광역시[1]의 시장, 그리고 9개 도의 도지사를 뽑는 광역 단체장과 이들을 견제하는 시, 도의원으로 구성된 광역 자치의회와 시, 군, 구의 단체장과 시, 군, 구의 의원으로 구성

1 상급 지방 자치 단체의 하나. 1995년 1월에 '직할시'를 고친 것으로, 현재의 광주, 대구, 대전, 부산, 울산, 인천이 이에 해당한다.

된 기초 자치의회로 구성되어 있다.

2006년부터 제주에서는 기초 단체장과 교육, 그리고 경찰 부문까지 지방 자치를 실시하여 진일보한 모습을 보이고 있다.

그렇다면 조선 시대에도 지방 자치제가 실시되었을까? 물론 실시되었으나 지금과 달리 자치 단체의 장은 임금이 임명하였고, 이들을 견제하는 의회의 역할을 하는 지방 양반으로 구성된 유향소(향청)가 있었다. 유향소는 고려 시대 지방 호족을 감시하기 위해 파견했던 사심관(事審官)[2] 제도이다.

조선 초기만 하더라도 수령의 임기는 3년이었다. 하지만 《경국대전》이 완성된 성종 이후 수령의 임기는 5년이었다.

그러나 5년의 임기를 다 채우는 수령은 드물었다. 대개 6개월 이상이면 근무지를 바꾸는 경우가 많았다. 즉, 자신이 다스리는 지역을 알 만할 때면 다른 지역으로 이동하는 것이다. 그러므로 고을의 행정실무는 향리라는 사람이 맡아서 처리하였다. 흔히 6방으로 불리는 향리들은 수령의 통치 스타일에 따라 백성들을 가렴주구(苛斂誅求)[3]하는 일이 있었다. 이러한 향리들의 횡포를 견제하면서 수령을 도와주는 역할을 하는 사람들이 바로 유향소에 소속된 지방 양반들이었다. 이들은 대개 덕망이 높고 집안이 좋은 사람을 임명하였다. 유향소의 대표는 벼슬을 한 경험이 있는 양반이 되었다.

이처럼 중앙정권과 대립되는 유향소이다 보니 태종 6년(1406)에 한때 폐지되기도 하였으나, 세종 10년(1428)에 다시 부활되었다. 그리고 세조 13년(1467)에 함경도에서 일어난 이시애(李施愛)의 난이 유향소와 관련되어 다시 폐지하였다가 성종 19년(1488)에 다시 부활되었다.

유향소에는 향임(鄕任), 혹은 감관(監官)·향정(鄕正)의 임원을 두게 되었는데, 이들 임원은 주(州)·부(府)에 4~5명, 군에 3명, 현에 2명의 정원을 두었으나 후대에는 창감(倉監)·고감(庫監) 등의 직책이 생겨 10명이 넘는 경우도 있었다.

유향소에서는 자주 바뀌는 수령들에게 그 지방의 특성을 설명하며 도와주고, 향리들을 감시·감독하며, 잘못된 풍속은 고치는 역할을 하였다. 특히 향

2 고려 시대 때 서울에 있으면서 고향의 일에 관여하던 벼슬아치. 각 지방의 호족 세력을 억제하고 중앙 집권을 이루기 위해 둔 것으로, 부호장 이하의 향직을 임명할 수 있었고, 그 지방의 치안을 책임졌다.

3 세금을 가혹하게 거두어들이고 무리하게 재물을 빼앗음.

리들의 잘잘못을 감시하는 기능은 오늘날 지방의회의 역할과 같다 하겠다.
장현광이 지은 《여헌 선생 문집》에 유향소의 성격에 관한 글이 있다.

국가가 향소를 설치하고 향임을 둔 것은 그것을 중요히 생각해서
이다. 수령이란, 나랏일에 대한 걱정을 나누어 어떤 지역의 사람을 다
스리는 사람이다. 그러나 수령의 임기는 한정되어 있어 늘 바뀌고 있
다. 늘 새 사람이라는 것은 일을 함에 잘못을 저지르기 쉬운 것이다.
비록 백성의 일에 뜻을 둔다 하여도 먼 곳을 거쳐 상세히 살필 겨를
이 없다. 그러므로 반드시 각 고을에 명령을 내려, 충성스럽고 부지런
하고 일을 익숙하게 처리할 수 있는 사람을 택하여 한향의 기강을 바
르게 하고 그 맡은 바를 살피도록 한다 ……(중략)……
백성들에게 이로워 마땅히 일으킬 것은 일으키도록 하고, 백성들에
게 해로워 없앨 것은 반드시 알려 없애도록 하는 것이 그 할 바이다.

20

훈구파 勳舊派와 사림파 士林派

→ 고려 말기에 도입된 성리학은 신진사대부(士大夫)라는 새로운 계층을 출현시켰다. 신진사대부는 조선이 건국되면서 훈구파와 사림파로 분열되었다.

고려 충렬왕 때 안향(安珦)에 의하여 도입된 성리학은 고려 26대 충선왕이 연경(燕京, 중국 베이징(北京)의 옛 이름)에 만권당(萬卷堂)[1]을 세워 원나라의 성리학자인 요수·염복·조맹부(趙孟頫) 등과 교류하고, 고려의 이제현(李齊賢)을 초청하여 이들과 교류하게 하면서 성리학이 발전하였다.

성리학을 공부한 학자들은 주로 지방의 중소 지주 출신들이었다. 이들은 실력을 바탕으로 과거에 합격하여 관리가 되었다. 성리학자들 중에 관리가 된 사람들을 일컬어 신진사대부(士大夫)라고 불렀다. 신진사대부는 몰락하는 고려를 중흥시키려는 온건 세력과 고려를 무너뜨리고 새로운 국가를 세우려는 급진 세력으로 나뉘었다. 전자는 정몽주(鄭夢周)와 이숭인(李崇仁)·길재(吉再) 등을 가리키며, 후자는 조준(趙浚)·정도전(鄭道傳) 등을 가리킨다. 전자를 사림파라고 하며, 후자를 훈구파라고 한다.

훈구파는 조선의 건국에 참여하면서 자신들의 학문적 성과를 정치에 반영하였다. 이들은 막대한 토지를 소유하였으며 조선 초기에 문물을 정비하는데 크게 기여하였다. 시가와 문장을 중시하고 타 학문에 대하여 관대하였기에 조선의 문화 발전에 기여하였다.

사림파는 조선 건국에 반대하고 자신의 고향으로 내려와 후학을 양성한 학자들로 도덕과 의리를 바탕으로 왕도 정치를 주장하면서 타 학문을 배척하였다. 이들은 성종이 기존의 훈구파들의 정치에 회의를 갖고 새로운 정책을 펴

1 고려 충선왕이 중국 원나라에 있을 때에 연경에 세운 독서당. 그곳에 많은 책을 갖추고 원나라의 학자들과 사귀었다.

고 온건한 유교 정치를 회복하기 위하여 김종직과 그 제자 등 사림 세력을 삼사(사헌부, 사간원, 홍문관)를 비롯한 언론 기관에 배치하였다.

사림파가 정치에 나서면서 훈구파들의 비리가 드러나자, 훈구파들은 불안을 가지면서 사림파들을 정권에서 쫓아내려고 하였다. 바로 연산군 4년(1498)에 무오사화(戊午士禍)[2]로 사림파들은 모두 조정에서 쫓겨나게 되었다. 연산군의 아버지인 성종이 승하하자, 김일손은 성종의 실록을 편찬하면서 조선의 7대 임금이며 조카인 단종을 쫓아내고 임금이 된 세조의 잘못을 지적하기 위하여 스승인 김종직(金宗直)이 지은 '조의제문(弔義帝文)'을 실록에 끼워 넣었다. '조의제문'은 김종직이 세조 3년(1457) 10월에 밀양에서 경산(오늘날의 성주)으로 가다가 답계역에서 잠을 자게 되었는데, 그날 밤 꿈에 신인이 칠장복을 입고 나타나 전한 말을 듣고 슬퍼하며 지은 글이다. 서초패왕 항우를 세조에, 의제를 노산군(단종)에 비유해 세조가 단종을 쫓아내고 임금에 오른 것을 비난한 내용이다.

세조는 연산군에게는 증조할아버지가 되는 사람이었다. 이 사실을 김일손(金馹孫)에게 원한을 가졌던 유자광(柳子光)이 알게 되었다. 유자광은 연산군에게 말하여 김일손을 비롯한 사림파들을 죽이거나 귀양을 보냈다. 심지어는 이미 세상을 떠난 김일손의 선생님인 김종직의 무덤을 파내어 목을 베는 부관참시를 하였다. 이를 '무오사화(戊午士禍/戊午士禍)'라고 한다.

연산군은 박원종(朴元宗) · 성희안(成希顏)이 일으킨 중종반정(中宗反正)[3]에 의하여 쫓겨났다. 임금이 된 중종은 박원종을 비롯한 반정 공신들이 간섭하자, 이를 피하기 위하여 조광조(趙光祖)를 비롯한 사림파들을 등용하였다. 조광조가 중종의 신임을 두터이 받으며 새로운 정책으로 국민들의 신망을 받자, 노골적으로 조광조를 미워하고 적대시하는 사람들이 있었으니 그들은 바로 훈구세력으로서 관직을 가지면서 토지와 노비를 대규모로 소유하고 있는 남곤(南袞)과 심정(沈貞) 일당들이었다. 자신들의 뜻으로 귀양을 가게 된 김정(金淨)과 박상(朴祥)이 조광조의 한마디 말에 의하여 풀리게 되고, 나랏일을 온통 조광조의 무리들이 점령하다시피 하게 되었으니 자기들의 자리가 자못 불안하고 초조한 것이었다. 더군다나 형조판서에 임명되었던 심정이 별안간 조광조

2 '사화'란 '사림의 화'를 줄인 말로, 조선 시대 연산군 4년(1498)에 유자광 중심의 훈구파가 김종직 중심의 사림파에 대해서 일으킨 사화. 4대 사화 가운데 첫 번째 사화로, 《성종실록》에 실린 사초 〈조의제문〉을 트집 잡아 이미 죽은 김종직의 관을 파헤쳐 그 목을 베고, 김일손을 비롯한 많은 선비들을 죽이고 귀양 보냈다.

3 조선 연산군 12년(1506)에 성희안, 박원종 등이 연산군을 몰아내고 성종의 둘째 아들인 진성 대군(晉城大君), 곧 중종을 왕으로 추대한 사건.

에 의하여 하루아침에 쫓겨나는 신세가 되었고, 조광조는 중종 14년(1519)에 부정한 관리들을 찾아내는 사헌부의 수장인 대사헌에 임명되자, 이들은 중종의 후비로 있는 홍영주의 딸이 거처하는 처소의 나무에 '주초위왕(走肖爲王)'의 글자를 새겨 넣어 벌레가 파먹자, '조광조가 왕이 된다.'는 사실을 허위로 중종에게 보고하였다. 그리하여 조광조는 능주에 귀양을 갔다가 곧 사약을 받고 죽었으며, 조광조와 함께 개혁을 주도하였던 김구(金絿) 등 많은 젊은 학자들이 귀양을 가거나 벼슬에서 쫓겨나게 되었다. 이를 '기묘사화(己卯士禍)[4]'라고 한다.

4차례의 사화로 쫓겨났던 사림파들은 농업의 발달과 향약, 서원과 유향소를 기반으로 선조 때 다시 정계에 진출하여 주도권을 잡게 되었다. 정계에 진출한 사림파들은 주도권을 가지고 다투게 되니 바로 붕당이 발생하게 된 것이다.

• 요약정리 — 훈구파와 사림파

구분	출신	기반	정치 형태
훈구파	조선 건국에 참여(정도전, 조준)	대지주	중앙집권, 부국강병
사림파	조선 건국에 불참(정몽주, 길재)	중소지주 · 서원 · 향약	향촌 자치, 왕도 정치

• 요약정리 — 사림의 계보

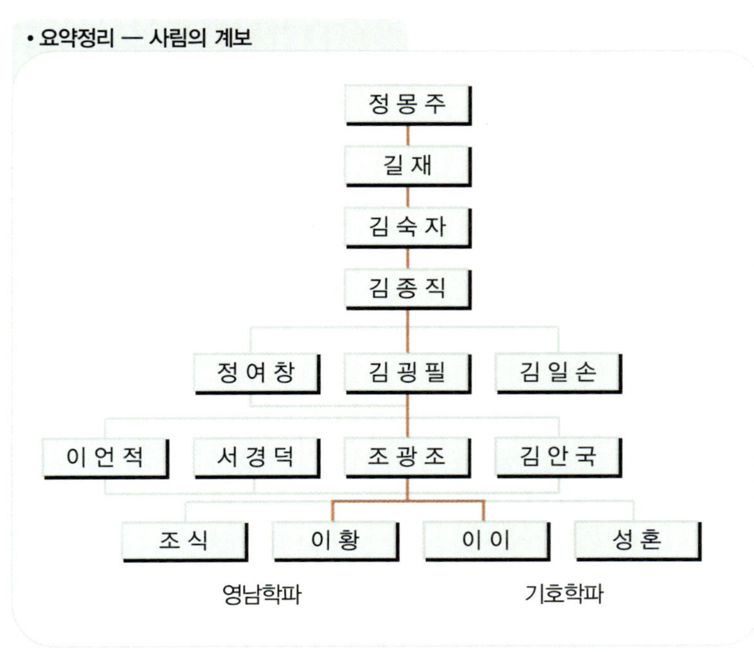

4 조선 중종 14년(1519)에 일어난 사화. 남곤, 심정, 홍경주 등의 훈구파가 성리학에 바탕을 둔 이상 정치를 주장하던 조광조, 김정 등의 신진파를 죽이거나 귀양 보냈다.

22

이황 李滉 의 이기이원론 理氣二元論 과
이이 李珥 의 이기일원론 理氣一元論 의 차이

→ 퇴계는 사단(四端)은 이(理)에서 일어나고 칠정(七情)은 기(氣)에서 일어난다는 이기이원론을, 율곡은 사단칠정이 '발하는 것은 기이며, 발하는 까닭이 이' 라는 이기일원론을 주장하였다.

사단은 《맹자》에서 인간의 본성이 선하다는 사실을 증명하기 위해 제시된 것으로 측은지심(惻隱之心)=인(仁)의 단서, 수오지심(羞惡之心)=의(義)의 단서, 사양지심(辭讓之心)=예(禮)의 단서, 시비지심(是非之心)=지(智)의 단서 등 4개의 정을 말한다. 칠정은 《예기》〈악기〉편에 나오는데, 인간의 자연스러운 정감으로서 희로애락애오욕(喜怒哀樂愛惡欲)을 가리킨다.

퇴계는 사단은 이에서 일어나고 칠정은 기에서 일어난다고 하였다. 퇴계는 〈사칠논변〉 제2서에서 "사단은 이가 발함에 기가 따르는 것이고, 칠정은 기가 발함에 이가 타고 있는 것이다.(四則理發而氣隨之 七則氣發而理隨之)"라고 말했다. 사단은 이와 기가 함께 있는 가운데에 '이를 주로 하여 말한 것(主理而言)' 이며, 칠정은 '기를 주로 하여 말한 것(主氣而言)' 으로써 이를 귀하고 기를 하찮게 생각하였다. 퇴계는 도덕 수양의 이론적 근거가 감성을 중시하는 칠정보다 이성을 중시하는 사단에 근거를 해야 한다고 보았

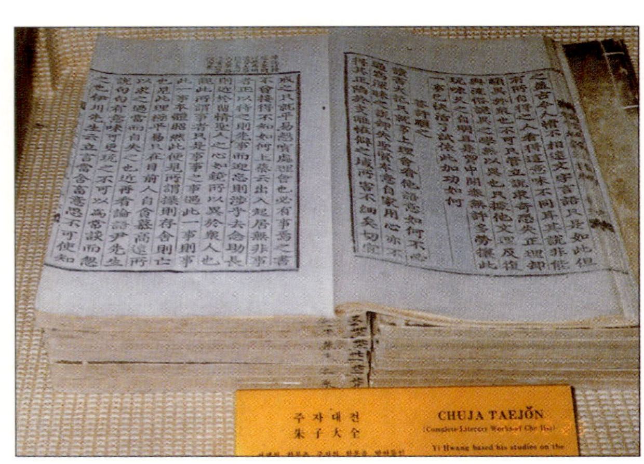

이황 《주자대전》

다. 이것은 연산군 이후 훈구 세력에 의한 사림 세력의 탄압으로 일어난 사화로 말미암아 무너진 유교적 도덕 윤리를 바로 세우려는 시대 배경을 담고 있다. 이황의 사상은 정구(鄭逑)와 허목(許穆)을 거쳐 이익(李瀷), 그리고 북인의 안정복(安鼎福)과 남인의 권철신(權哲身), 정약용(丁若鏞)으로 계승되었다.

어제와 어필(오죽헌)

이이는 사단칠정에 관하여 '발하는 것은 기이며 발하는 까닭이 이'라고 하여 '기발이이승지'의 한 길〔一途〕만을 주장하면서 사단칠정이 모두 이것으로부터 생기는 것이라고 하였다. 단지 칠정은 정(情)의 전부이며, 사단은 칠정 중에서 선한 것만을 가려내 말한 것이라고 하여 칠정이 사단을 포함한다는 '칠정포사단'의 논리를 전개하였다.

이이의 경우 이와 기는 논리적으로는 구별할 수 있지만 현실적으로 분리시킬 수 있는 것이 아니며, 모든 사물에 있어 이는 기의 주재(主宰) 역할을 하고, 기는 이의 재료가 된다는 점에서 양자를 분리의 관계에서 파악하고, 하나이며 둘이고 둘이면서 하나인 이들의 관계를 '이기지묘(理氣之妙)'라고 표현하였다.

이러한 이이의 사상은 인식과 실천의 통일이라는 개혁사상으로 나타난다.

이이의 제사를 지내는 자운서원 (경기도 파주시 법원읍 동문리 소재)

이이가 태어난 오죽헌 뜰의 오죽

이이는 당대를 '경장기(更張期)' 즉 개혁의 시대로 규정했다. 그는 선조에게 올린 〈진시폐소(陳時弊疏)〉에서 '오늘 전하께서는 전 시대의 폐단을 이어받으셨기 때문에 마땅히 경장의 정책을 실행하셔야 함에도 불구하고 전 시대의 폐법을 고치기가 어렵다고만 하시면서 폐법의 변혁을 전혀 받아들이지 않고 계십니다.'라고 하여 전 시대의 모순을 척결하고 현실과 거리가 먼 법과 제도를 개혁할 것을 강력히 건의하였다. 그는 구체적으로 파벌·신분을 초월한 인재의 등용, 세제의 개혁, 지방장관의 장기 근속제 등을 제시하였다.

그러나 제도를 만들고 개혁하는 것은 인간이다. 그러므로 참다운 개혁은 의식의 전환을 통하지 않으면 불가능하다. 이이는 〈진시폐소〉에서 '모든 것은 결국 전하의 마음가짐에 달렸을 뿐인데 누가 억제하고 있기에 훌륭한 전치를 못하는 것입니까?'라고 하여 군주의 마음가짐이 개혁의 열쇠가 된다고 단언하고 있다. 즉 의식의 개혁을 토대로 제도의 개혁을 비롯한 정치·경제적인 개혁이 이루어지며, 여기에서 사회의 참다운 경장이 가능하다고 본 것이다. 이이의 사상은 김장생(金長生)과 김집(金集)을 거쳐 송시열(宋時烈)로 이어져 노론과 소론으로 나누어졌다.

23

붕당 정치

→ 붕당은 현대식 정당보다 더 발달한 정치 이념 집단이었다. 붕당 정치를 단지 비생산적인 당쟁으로만 인식하는 것은 식민사관의 영향을 받은 탓이다.

'당(黨)' 이란 말은 중국의 주나라에서 5백 호를 가리키는 말이었다. 이때에는 향당(鄕黨)이란 말을 썼다. 그런데 이와는 달리 현대적인 정당(政黨)의 의미는 '정치적 의견을 같이하는 사람들의 집합체' 라는 뜻이다. 그러므로 정당원은 사상이나 이념, 정책 등을 같이하는 사람들이라고 할 수 있다.

우리나라에서도 조선 시대에 접어들면서 붕당(朋黨)이 형성되었다. 붕당이란, 이해(利害)나 주의(主義) 따위를 함께 하는 사람끼리 뭉친 정치적 동아리라고 할 수 있다.

붕당이 일어난 것은 선조 때 김효원(金孝元)을 이조전랑으로 임명하려 하자 심의겸(沈義謙)이 반대하여 뜻을 이루지 못하였다. 후에 심의겸의 동생인 심충겸을 이조전랑에 임명하려 하자 이번에는 김효원이 반대하였다. 이조전랑은 정랑과 좌랑으로 삼사의 관리를 추천할 수 있는 자리였기에 서로 견제를 하였던 것이다. 김효원의 집이 궁궐에서 동쪽에 있어 따르는 무리를 동인, 심의겸의 집은 궁궐의 서쪽에 있어 따르는 무리를 서인이라고 불렀다.

선조 때는 동인이 집권을 하였다. 그러나 정여립(鄭汝立)[1] 사건이 일어나자 동인은 이황의 제자를 중심으로 한 남인과 조식의 제자를 중심으로 한 북인으로 나누어졌다.

북인은 광해군 때 정권을 잡아 실리적인 중립외교 정책을 추진하고, 임진왜란 후의 나라를 안정시키려고 노력하였다. 하지만 후금과 명나라 사이를 동

1 조선 중기의 역신(逆臣, 1546~1589). 자는 인백(仁伯). 수찬(修撰)을 지냈다. 정권을 잡으려는 야심으로 대동계(大同契)를 조직하고 도참설을 퍼뜨려 모반을 꾀하려다 탄로나자 도주하여 자살하였다.

등하게 대우하는 정책에 반대한 서인이 인조반정을 일으키면서 서인이 집권을 하게 되었다.

서인의 집권으로 북인에 눌려 지내온 남인들에게 정권에 참여할 기회가 주어졌다. 비록 소수였지만 남인들은 서인과 함께 정권에 참여하여 중립 외교가 아닌 친명배금 외교를 펼쳐나갔다. 정묘호란과 병자호란을 맞이하면서 정권에 큰 타격을 받았지만 인조가 지원하였기에 큰 위기는 없었다. 사이좋게 정권을 이끌던 서인과 남인 사이에 분열이 생긴 것은 1659년의 효종의 죽음이었다. 효종은 인조의 둘째 아들로 조선의 17대 임금이었다. 큰 아들이 죽으면 어머니도 아들과 똑같이 상복을 입었지만 둘째 아들부터는 경우가 달랐다. 효종이 죽자 인조의 계비인 자의대비의 상복을 송준길(宋浚吉)과 송시열(宋時烈) 등 서인은 큰 아들이 아니라는 이유로 1년을, 허목을 비롯한 남인은 3년을 입어야 한다고 주장하여 남인이 승리하였다. 이를 '기해예송' 이라고 한다.

15년 후인 1774년에 효종의 비인 인선 왕후(仁宣王后)가 죽자 서인은 9개월을, 남인은 1년을 주장하여, 남인의 의견이 채택되었다. 이를 '갑인예송' 이라고 한다.

두 차례의 예송을 거치면서 서인과 남인은 치열하게 대립하였으며, 현종은 왕권 확립을 위하여 붕당의 대립을 이용한 것이다.

붕당의 대립이 다시 시작된 것은 숙종 때이다. 남인 출신의 영의정 허적(許積)이 궁중의 천막을 마음대로 사용하였기에 남인들은 모두 처벌을 받게 되었다. 이때 같은 서인에서도 송시열을 중심으로 한 세력은 강경한 처벌을 주장하였으며, 윤증(尹拯)을 중심으로 한 세력은 관대한 처벌을 주장하였다. 송시열을 따르는 무리는 나이가 많은 송시열로 인하여 노론(老論), 윤증을 따르는 무리는 윤증의 나이가 어려 소론(少論)이라고 부르면서 서인의 분열을 가져왔다. 이를 '경신대출척(庚申大黜陟)'[2] 이라고 한다.

그 뒤 노론과 남인은 인현 왕후와 장희빈을 내세워 세력 다툼을 벌이며 정권 교체를 이루었으나, 숙종의 왕권 강화를 위해 이루어진 것이다.

붕당의 대립이 다시 나타난 것은 영조 38년(1762)에 사도 세자의 폐위와 아

융릉(사도 세자의 묘)

사(餓死)를 둘러싸고 일어났다. 세자가 억울하게 뒤주 속에서 굶어 죽은 소위 임오사건(壬午事件)이 있자, 세자를 동정하는 파와 세자의 죽음을 당연하게 여기는 파로 갈라지게 되었다. 전자를 시파(時派), 후자를 벽파(僻派)라고 하는데, 이에 따라 붕당 정치는 더욱 악화되었다는 것이다. 정조 때에는 시파가 득세하고 벽파가 물러갔으나, 순조 때에는 벽파가 정권을 잡고 시파를 억누르게 되었다.

위에 적은 세 가지의 붕당은 전부 지배층과 관련된 것으로써 일반 백성과는 상관없는 문제였다. 다시 말하면 성리학의 형식적인 면이 지나치게 명분과 의리를 내세워 융합하지 못했기 때문에 일어난 것이다. 그러나 이것은 겉으로 드러난 모습이고 실제로는 국가 정책을 결정하는 데 각기 다른 주장과 의견을 활발하게 내놓아 장점을 수렴하는 쪽으로 나아간 사례가 훨씬 많았다.

정권을 잡고 있는 붕당은 언제나 잡지 못한 붕당의 견제를 받았다. 반대당에게 약점을 잡히지 않으려고 부정부패가 거의 없었던 것이다. 다시 말해 붕당 정치는 공도(公道)와 공론(公論)을 존중하는 사림(士林)의 정치 이념에 바탕을 둔 것으로, 관료들의 정치 비판 기능이 커지고 개인의 의견보다 집단의 의사인 공론이 정치를 주도하게 되어 정치의 부패가 그만큼 줄어들 수 있었던 것이다. 이 같은 사실은 순조 이후의 일당 독재가 있기 전까지는 민란이 발생하지 않은 사실로 증명이 된다. 이런 면에서 볼 때 오늘날의 여당과 이를 견제하는 야당의 관계로 보아도 될 것 같다. 붕당의 폐해라고 지적되는 것들도 대변인들의 상스러운 욕설로 범벅이 되는 요즈음의 정당 싸움에 비하면 오히려 깨끗했다.

물론 붕당 정치에도 감투싸움과 권력싸움이 있었다. 정당이 곧 정권을 차지하기 위한 모임이라는 측면에서 보자면 너무나 자연스러운 일이었다. 또한 일부 도당(徒黨)이니 해서 비판을 받은 붕당도 있었지만 요즘 무조건 출신 지역만 따지는 지역당보다는 훨씬 더 일반적이고 보편적인 정치 이념을 가지고 있었던 것이다.

붕당 정치를 감투싸움이라고 본 이익은 《곽우록》에서 다음과 같이 말했다.

붕당은 싸움에서 생기고, 싸움은 이해관계에서 생긴다. 이해관계가 절실하면 붕당이 깊어지고, 이해관계가 오래될수록 붕당이 견고해지는 것은 당연한 형세이다. 이렇게 되는 이유는 무엇인가? 지금 열 사람이 함께 굶주리고 있는데 한 그릇의 밥을 같이 먹게 되면 그 밥을 다 먹기도 전에 싸움이 일어날 것이다. ……(중략)……

조정의 붕당도 어찌 이와 다를 것이 있겠는가? ……(중략)……

대개 과거를 자주 보아 인재를 너무 많이 뽑았고, 총애하고 미워함이 치우쳐서 승진과 퇴직이 일정하지 못하였기 때문이다. ……(중략)……

이 밖에도 벼슬에 드는 길이 어지럽게 많으니, 이것이 이른바 관직은 적은데 써야 할 사람이 많아서 모두 조처할 수 없다는 것이다.

24

양반 제도

→ 족보는 고려 시대부터 만들어진 것으로 보인다. 그러나 한 동족 또는 분파를 포괄하는 족보가 만들어진 것은 조선 시대부터다.

족보(族譜)는 씨족 간의 계통을 기록한 책으로, 같은 씨족의 시조로부터 족보 편찬 당시의 자손까지의 계보(系譜)를 기록하고 있다. 이때의 씨족이란, 성과 본관이 같은 부계 친족을 가리키는 말이다. 다른 말로 종보(宗譜), 가보(家譜), 세보(世譜)라고도 한다.

족보는 서양에도 있었다고 하나 동양의 족보와 같은 것이라기보다 대체로 개인의 가계사(家系史)와 같은 것이다. 동양에서 족보는 중국 한나라 때, 우리나라에서는 고려 때 등장하고 있다.

처음에 족보는 왕실의 계보에서 시작되었다. 이른바 '왕조실록' 같이 왕실의 계통을 기록한 것으로 시작되었으며, 그 뒤 귀족사회에서 계보 만드는 일이 유행했던 것으로 보인다. 왜냐하면 문벌 귀족이 형성되어 신분에 따라 사회 활동과 출세의 제한은 말할 것도 없고, 문벌이 낮은 가문과는 혼인을 하지 않기 위해서였다. 《고려사》에 의하면 한 동족 또는 분파 전체를 포함하지는 않지만 소규모의 가계를 기록한 계보가 고려 시대 이래로 귀족사회에서 작성되고 있었음을 알 수 있다. 이 당시의 계보는 출판 사정이 쉽지 않아 필사로 만들어졌다.

조선 시대에 와서는 초기부터 족보가 더욱 절실하게 필요해져 족보 제작이 급속히 퍼져 나갔다. 나라에서 유교를 통치 이념으로 삼은 데다가 붕당 정치의 영향으로 혈연·학연·지연의 단결을 견고히 할 필요에서 족보가 간행되었다.

　최초로 간행된 족보는 문화 유씨의 족보인 〈영락보(永樂譜)〉로 세종 5년 (1423)에 간행된 것으로 알려져 있지만 현재 남아 있지 않다. 현재 전해오는 족보 중에서 가장 오래된 것은 성종 때인 1476년에 간행된 안동 권씨의 〈성화보(成化譜)〉[1]이다.

　이러한 조선 시대의 족보는 일종의 혈연적 신분 보장 장치로써 고려 시대와 달리 신분의 이동이 거의 없는 조선사회의 신분적 폐쇄성을 보여주다 보니 족보 간행에 따른 폐단도 많이 발생했다.

　즉 조선 시대에는 양반이 그 후손에 이르기까지 대우를 받게 되자 족보를 위조했고, 또 족보 위조를 중개하는 일종의 사기꾼까지 등장했으며, 신분적 폐쇄로 사회 계급이 고정화됨으로써 지배층과 피지배층의 대립을 조장하는 면도 나타났다.

　그러나 오늘날 우리나라뿐만 아니라 일본, 더 나아가 서구 각국에서도 조상에 대한 뿌리 찾기의 일환으로 족보에 대해 많은 관심을 가지고 있다.

---

1 조선 성종 7년(1476)에 만든 안동 권씨의 족보. 명나라 성화 연간(1465~1487)에 만들어졌다고 하여 붙인 이름으로 그 서문만 전한다.

25

임진왜란 壬辰倭亂 의 발발 勃發

→ 우리나라와의 무역에서 많은 적자를 보고 각종 무역제재를 당하니, 이의 해결과 도요토미 히데요시(豊臣秀吉)의 무모한 정복 야욕이 임진왜란의 한 원인이 되었다.

오늘날 세계는 가히 무역 전쟁을 벌이고 있다고 해도 과언이 아닐 것이다. 무역에서의 이익과 손해에 따라 상대국에게 위협을 가하기도 하고 우호적이기도 한다. 예컨대 거대 공룡이라고 할 미국이 우리나라에 '슈퍼 301조'를 내세우며 위협과 협박하는 것을 우리는 자주 본다.

가공 무역국이면서 중계무역국인 우리나라로서는 여간 곤혹스러운 일이 아닐 수 없다. 우리나라가 중계무역을 통하여 이익을 올린 것은 오래전부터의 일이다. 즉 고조선 시대에 한반도 남부 지역과 중국과의 사이에서 중계무역을 함으로써 한나라의 침입을 받게 되었으니, 이것으로 미루어 알 수 있다.

조선 시대에 접어들어서는 일본과 명나라 사이에서 중계무역을 했다. 일본으로부터 우리나라에 수입된 상품은 남방산의 소목(蘇木), 후추와 일본산 구리, 납, 은 등이었다. 반면에 명나라에서 수입된 것은 비단, 면포, 도자기류였다. 일본산 은(銀)과 구리는 우리나라 상인에 의해 압록강변의 의주로 운반되어 중국으로 수출되었다. 그 대신 중국에서 들여온 생사(生絲)와 고급 견직물은 부산의 왜관을 거쳐 일본으로 수출되었다.

또한 일본으로 수출된 것은 비단뿐 아니라, 면포와 곡물도 주요한 품목이었다. 이러한 수출에 대한 대가는 구리로 지불되었다. 그러나 일본에서 무역대금으로 지불할 수 있는 구리의 양은 한정되어 있었으므로 부족할 수밖에 없었다. 정상적인 무역으로는 적자를 보완하기가 어렵게 되자 일본은 을묘왜변

1 조선 명종 10년(1555)에 전라남도 해남군에 있는 달량포(達梁浦)에 왜선(倭船) 60여 척이 쳐들어온 사건. 이 사건을 계기로 비변사가 설치되었다.

명나라로 가는 비단길
[허가번호 : 중박 200802-57]

(乙卯倭變)[1]과 삼포왜란처럼 부산 지역을 침범하거나, 해안 지역에서 노략질 행위를 하였다. 이에 조선에서는 일본과의 무역을 반란이나 약탈을 막기 위해 규제를 하였고, 명나라에서는 조공무역을 중지시키게 되었다. 일종의 무역 규제인 셈이었다.

일본은 무역 적자인데다가 우리나라와 명나라와의 무역 관계에서 고립을

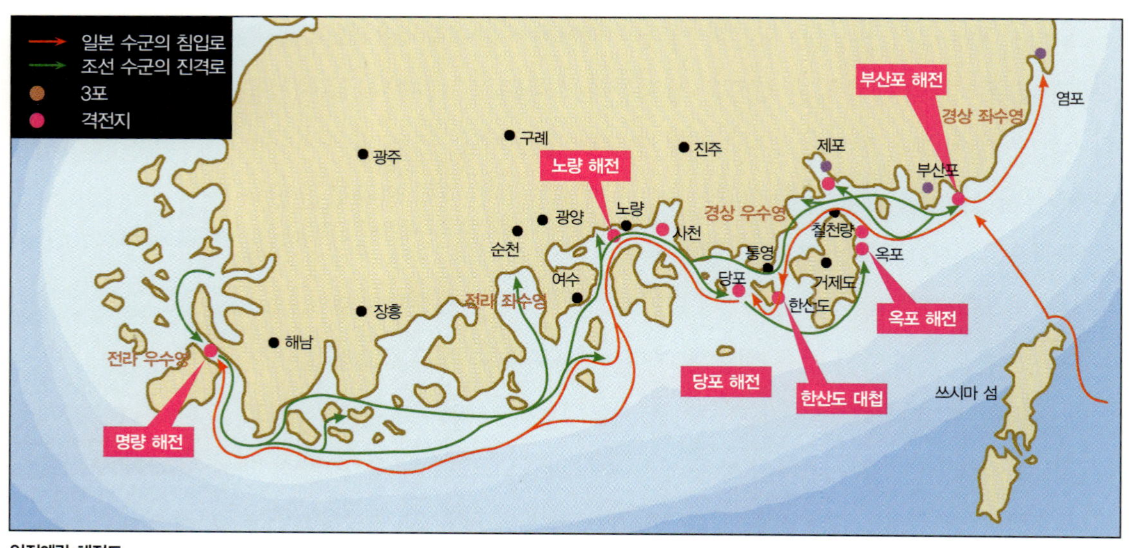

임진왜란 해전도

당하니 경제 사정은 더욱 어렵게 되었다. 이것을 타개하기 위하여 해안 지역에서 왜구의 행위를 중지시켜 주는 조건으로 조공무역과 무역 규제를 해제해 줄 것을 협의하고 있었다. 그러는 와중에 명나라를 정복하여 어려움을 해결함과 아울러 일본 전국을 통일하려는 야망을 불태우던 도요토미 히데요시가 무사들의 관심을 해외로 돌리고자 임진왜란을 일으켰던 것이다. 한 사람의 무모함이 평화적인 무역 재개를 무역 전쟁으로 바꾸는 계기가 되었으며, 많은 희생자를 낳게 한 것이다.

• 요약정리 — 임진왜란

국제 정세		• 조선 — 붕당 정치로 인한 사회 혼란 • 중국 — 여진족의 성장 • 일본 — 도요토미 히데요시의 전국시대 통일
왜란의 극복	수군	이순신의 활약 — 한산대첩, 명량대첩, 노량대첩 : 제해권 장악 (왜군의 보급로 차단과 전라도 곡창 지대의 보호)
	의병	농민 중심, 전직 관료 · 유학자 · 승려 주도 : 곽재우 (최초의 의병장), 조헌 (금산), 정문부 (길주), 휴정 (묘향산), 유정 (금강산) — 익숙한 지형을 이용
	관군	김시민 (1차 진주성싸움), 권율 (행주대첩)
결과		• 조선 : 경작지 · 인구 감소, 신분제 동요 (납속 · 공명첩에 의한 신분 상승), 문화재 손실 • 일본 : 정권 교체, 조선에서 통신사 파견 • 명 : 명의 쇠퇴, 여진족의 부상

Tip

김치는 언제부터 먹었을까?

김치는 상고 시대부터 먹어 온 우리 고유의 음식이다. 그러나 예전에도 오늘날과 같이 고춧가루를 넣어서 만들지는 않았다. 김치에 고춧가루가 들어가기 시작한 것은 조선 시대 중기부터다.

김치는 우리나라 특유의 채소 가공 식품으로 아주 오랜 옛날부터 즐겨 먹던 반찬이다. 배추, 무, 오이 등을 소금에 절여서 고추, 마늘, 파, 생강, 젓갈

등의 양념을 넣어 자연 발효를 시킨 뒤 먹는다. 오늘날에는 다이어트 식품이며 영양의 보고(寶庫)라 하여 세계인들이 즐겨 먹는 음식이 되었다.

김치는 상고 시대부터 먹기 시작했다. 겨울이 긴 동북아시아에서 썩기 쉬운 채소를 오랫동안 보관하면서 먹을 수 있도록 개발해낸 식품인 것이다. 당시에는 무, 오이, 가지, 부추, 죽순, 마늘 등을 소금으로 절이거나 술이나 술지게미, 소금을 함께 넣어 절였는데, 오늘날의 김치와는 달리 거의 장아찌에 가까웠다.

문헌에 나오는 최초의 김치는, 고려 고종(재위 1213~1259) 때의 문장가 이규보(李奎報)[2]가 지은 〈가포육영〉이라는 시 속에 나오는 것이다.

> 무장아찌, 여름철에 먹기 좋고
> 소금에 절인 순무, 겨우내 반찬 되네.

위의 구절로 보아 고려 시대에 오늘날의 물김치 같은 무소금절이가 있었음을 알 수 있다. 이 밖에 고려 시대에는 나박김치와 동치미도 개발되었다고 한다. 이때 양념으로는 천초(川椒, 산초나무 열매의 껍질), 생강, 귤껍질 등이 쓰였다.

고려 시대의 김치는 원나라에도 전해져, 고려 여인으로서 원나라의 황후가 된 기황후를 중심으로 퍼진 고려양(高麗樣, 원나라에 유행한 고려식 풍습으로 한복, 버선, 신발 등이 원나라의 귀족 문화를 이루었다.)의 하나가 되었다.

김치에 고춧가루를 넣기 시작한 것은 임진왜란 이후의 일이다. 고춧가루를 사용하기 전에는 김치에 맨드라미꽃을 넣어 붉은 색을 띠게 하는 정도였다고 한다.

고추의 원산지는 원래 열대 아메리카로 임진왜란을 전후해 우리나라에 들어왔다.

고추의 등장으로 김치 담그는 방법은 다양해졌다. 고추의 매운 성분이 비린내를 없애주었기 때문에 젓갈류가 양념으로 사용되기 시작한 것이다. 궁중에서는 조기젓, 육젓 등 비교적 비싸고 귀한 것을 넣었고, 민간에서는 멸치젓이나 새우젓을 주로 사용했다.

1715년에 홍만선(洪萬選)[3]이 지은 《산림경제(山林經濟)》[4]에는 오늘날의 김치가 거의 보이지 않으나, 그로부터 50년이 지나 편찬된 《증보산림경제(增補山林經濟)》[5]에는 오늘날의 김치 종류가 거의 다 등장한다. 배추김치, 오이소박이, 동치미, 겨울가지김치, 전복김치, 굴김치 등이 소개되어 있다.

이로 미루어 보아 처음에는 딱딱한 오이나 무 등속만 김치 재료로 쓰이다가 조선 시대 후기에 이르러서야 배추 등 부드러운 재료도 이용하게 되었음을 알 수 있다. 그리고 보면 우리가 잘 먹는 배추김치는 그 역사가 3백년도 안 되는 셈이다.

김치는 필요할 때마다 그때그때 담가 먹기도 하고, 겨우내 먹기 위해 가을철에 한꺼번에 많이 담그는 김장이 있다. 김장의 종류로는 배추김치, 동치미, 깍두기, 총각김치 등이 있으며, 고춧가루, 마늘, 파, 생강, 젓갈류가 양념으로 들어간다.

김치는 '영양의 집합체' 로써 장내 소화를 돕는 유산균 성분까지 들어 있어 현대에 와서 그 진가를 더욱 높이 인정받고 있다.

3 조선 숙종 때의 실학자(1643~1715). 자는 사중(士中), 호는 유암(流巖). 성리학에 반대하고 실용 후생(實用厚生)을 중시하여 농예, 의학 따위를 연구하였다. 저서에 《산림경제》 4권이 있다.

4 조선 숙종 때 홍만선이 농업과 의약 및 농촌의 일상생활에 관하여 쓴 책. 4권 4책의 필사본.

5 조선 영조 42년(1766)에 서유구가 홍만선의 《산림경제》를 증보한 농가 일상의 필수적인 보감. 16권 12책.

26

의병義兵의 활약

→ 임진왜란은 의병과 관군, 그리고 명군의 원병으로 승리를 거두었다.

임진왜란은 조선 건국 후 200년 만에 일어난 전쟁이다. 이 전쟁은 사전에 여러 가지 징후를 보였으나 오랫동안 평화를 유지하던 조선에서는 전혀 신경을 쓰지 않았고, 특히 붕당에 의한 국론의 분열로 전쟁에 임했을 때 더욱 어려움을 당하게 되었다.

일본에 의한 과대망상으로 일어났던 임진왜란은 1592년~1598년까지 계속된 전쟁으로 초반에는 일본이 우세하다가, 중반에는 소강상태를 맞이했으며, 종반에는 도요토미 히데요시의 죽음으로 쫓겨나는 일본군에게 철퇴를 내리는 큰 승리를 거두었다.

이순신 영정

그러나 초반에도 일본군이 부산에서 서울로 진격하는 기간, 즉 부산진 전투, 동래성 싸움, 이일과 신립의 패배 후에는 우리나라가 전세를 뒤집었다.

초반 열세의 배경으로는 일본군의 조총에 대한 부적응과 국방 대비책의 부진 그리고 장수들의 전략 부족을 들 수 있다. 더욱이 신립의 탄금대(彈琴臺) 전투가 패배로 끝나자, 선조는 백성들의 생사는 아랑곳하지 않고 혼자 줄행랑을 쳐버리니 백성들의 사기는 땅에 떨어지게 되었다.

전쟁에서는 수도를 정복하면 항복을 의미하는데, 조선은 그렇지 않은데다가 온 국민이 벌떼처럼 일어서니 일본도 전략의 차질로 많은 문제에 부닥치게 되었다.

이런 와중에 이순신과 원균(元均)이 남해안에서 왜군의 진입과 군량 수송을 차단하니, 일본의 사기는 떨어진 반면 우리 나라의 사기는 올라가게 되었다. 관군이 거둔 임진왜란의 3대 승리는 이순신의 한산도 싸움, 권율의 행주 싸움, 김시민의 1차 진주성 싸움을 말한다.

더욱이 국가가 위기에 처하면 백성들이 앞장을 섰으니, 이들이 바로 의병이다. 의령의 곽재우(郭再祐), 나주의 김천일(金千鎰), 광주의 김덕령(金德齡), 담양의 고경명(高敬命), 금산의 조헌(趙憲), 길주의 정문부(鄭文孚) 등이 자기 고을의 백성과 협력하여 익숙한 자연 지리를 이용하여 때로는 유격전을 전개하기도 하고, 때로는 직접 맞아 싸웠다.

이에 일본인은 식량 부족과 추위, 그리

관군과 의병의 활동

고 의병의 기습에 곤경을 당하게 되자 승기를 우리나라에 넘겨주는 척하면서 계책을 썼다. 그것은 다름 아닌 휴전 협상이었다. 그러나 이것은 우리를 제외한 일본과 명나라의 휴전 협상이었으니 어처구니가 없는 일이다. 일본이 명나라에 '명나라의 황녀를 왜왕의 후궁으로 줄 것, 무역을 재개할 것, 조선 8도 중 4도를 할양할 것, 조선 왕자와 신하들을 인질로 보낼 것' 등의 무리한 요구를 하니 협상은 결렬되었고, 소강상태에 빠졌던 전쟁은 일본의 침략 재개로 다시 발발하니, 이것이 곧 정유재란(丁酉再亂)[1]이다.

정유재란이 일어났을 당시 조선에서는 힘의 대결이 벌어져 이순신이 쫓겨나고 원균이 등장했는데 그의 부대가 칠천량 해전에서 패배하자 한때 승기가

1 조선 시대 때 임진왜란 휴전 교섭이 결렬된 뒤, 선조 30년(1597)에 왜장(倭將) 가토 기요마사(加藤淸正) 등이 14만의 대군을 이끌고 다시 쳐들어와 일으킨 전쟁. 이순신 등의 활약으로 큰 타격을 입은 왜군은 도요토미 히데요시(豊臣秀吉)가 죽자 철수하였다.

일본에 기우는 듯했으나, 이순신의 재기용으로 명량과 노량에서 일본군을 격퇴하고 도요토미 히데요시의 죽음으로 전쟁은 우리나라의 승리로 끝났다.

임진왜란에서의 해전 승리는 해양국으로의 발전을 꾀하는 우리 민족의 진취적 기상을 보여주는 쾌거였다.

〈조헌전서〉에 나오는 의병 모집 통문

만력 20년(1592) 6월 12일에 조헌(趙憲)은 고하노라.

남의 아이들을 고아로 만들고, 남의 아내를 과부로 만드는 것도 나라의 화평을 손상시키고 천재지변을 불러오게 하는 것인데, 민족을 죽이고 백성들의 재산을 불태우면서, 어찌 악(惡)이 극심하면 죄에 죽는 줄을 생각 못하는가?

요즈음 우리 군사를 지휘하는 사람은 그 대부분이 황금 허리띠만 띠고 있을 뿐이며, 교지만 중하게 여길 뿐이다. 영남과 호남 사이를 돌아다니면서 임금과 아버지의 걱정은 알지 못하고, 서울, 경기에 머뭇거리면서 원수들의 군사력만 강하게 만들고 있다. 삼도의 임무를 가지고도 먼저 싸움에 나아간 사람을 구원하지 않고, 한차례 싸우면서 패전한 뒤로는 다시 일어날 기세마저 잃었다.

나는 원하노니 우리 동지의 의사(義士)들은 이 얻기 어려운 기회를 아끼라. 무리들이 활시위를 저들에게 당기면 저들은 스스로 놀라 흩어질 것이고, 백성들은 다시 고향에 돌아와 밭을 갈고 집을 수리하게 될 것이다. 우리가 싸움을 할 때 힘을 다하는 것은 후손들에게 좋은 결과를 끌어내는 업보가 될 것이다.

27

정문부 鄭文孚 와 북관대첩비 北關大捷碑

→ 일본은 러·일 전쟁 중에 임진왜란 중 관군도 아닌 의병에게 당한 치욕적인 패배를 감추려 북관 대첩비를 가져가 침략 역사의 상징인 야스쿠니 신사에 그대로 방치하였다.

2005년 10월 20일 오후 4시 12분 인천공항에 도착하여, 드디어 100년 만에 조국의 품안에 무사히 돌아온 북관대첩비[1], 이 역사적인 감격은 우리 민족의 영광이요, 100년 동안 잊고 살아온 민족의 자존심을 되찾은 계기라 할 것이다.

임진왜란이 일어나고 선봉장인 가토 기요마사(加藤淸正)는 함경도 해안선을 따라 북쪽으로 진군하였다. 선조는 의주로 피난을 가고, 선조의 첫째 아들인 임해군(臨海君)은 함경도 회령으로 피난을 갔다. 이때 죄를 짓고 이곳에서 귀양살이를 하던 아전 국경인(鞠景仁)·국세필(鞠世弼) 숙질(叔姪)이 왜군과 내통하여 임해군을 가토에게 넘겨주고, 그 대가로 일본의 병사(兵使) 벼슬을 얻어 회령과 경성 고을을 다스렸다.

이를 보고 평사(評事) 정문부(鄭文孚)[2]는 의병 100여 명을 모집하여 국경인과 국세필 숙질을 비롯하여 일본과 결탁한 두만강 근처의 친일파들을 모조리 잡아 처형했다. 그러자 정문부를 따르는 의병수가 7천여 명으로 늘어났다. 정문부는 길주성에 머무는 왜군을 공격하러 가다가, 조선 의병이 온다는 소식을 듣고 성을 빠져나오던 왜군을 크게 물리쳤다. 이에 왜군이 길주성으로 들어가자 정문부는 성을 완전 포위하였다. 성 안에 갇힌 일본군은 추위에 동사한 사람이 나왔고, 땔감과 군량이 부족하여 길주성을 버리고 마천령으로 넘어가는 적을 쫓아 단천 말티 고개에서 세 번에 걸친 싸움 끝에 왜군을 물리쳤다. 이로

1 함경북도 길주군 임명(臨溟)에 있던 비석. 조선 숙종 때 북평사(北評事) 최창대(崔昌大)가 고장 노인들과 함께 세운 것으로, 임진왜란 때의 북관대첩을 기린 비이다.

2 조선 선조 때의 문신·의병장(1565~1624). 자는 자허(子虛), 호는 농포(農圃), 시호는 충의(忠毅). 임진왜란이 일어나자 의병을 일으켜 국경인(鞠景仁) 등의 반란을 평정하였다. 저서에 《농포집》이 있다.

써 정문부가 함경도 지방을 왜군으로부터 완전히 회복했는데 이를 통틀어 '북관대첩(北關大捷)'이라 한다. 당시 이들 길주 지역에서의 전투는 정문부 의병대장의 탁월한 지략과 전술에 의해 임진왜란 전쟁사에 길이 남을 만한 큰 승리로 평가받고 있으며, 조선조 숙종 때 이 전투를 기념하여 함경북도 길주에 북관대첩비가 세워졌다.

정문부는 왜군을 몰아낸 후 백성들에게 공평한 세금과 부역을 부과하면서 어려운 백성들을 살피는데 힘썼다. 원래 함경도는 이징옥(李澄玉)[3]과 이시애(李施愛)[4]가 반란을 일으킨 후에 중앙으로부터 차별을 많이 받아 의병이 일어나기 어려운 지역이었다. 그러나 정문부의 신망을 바탕으로 의병이 일어났고, 왜군을 물리칠 수가 있었던 것이다.

정문부는 임진왜란 이후에 장례원판결사, 호조참의, 예조참판, 동지중추부사 등의 벼슬을 했으며, 1615년 병조참판에 임명되었으나 당시의 당쟁에 몰두하는 정치를 비판하며 거절했다. 1624년에 이괄(李适)[5]의 난 때 윤탁연(尹卓然)의 모함으로 모진 고문을 받던 중 이를 견디지 못하고 60세의 일기로 끝내 숨을 거두었고, 후에 신원되어 좌찬성(左贊成)에 추증되었다.

일본은 러·일 전쟁 중에 임진왜란 중 관군도 아닌 의병에게 당한 치욕적인 패배를 감추려 북관대첩비를 가져가 침략 역사의 상징인 야스쿠니 신사에다 그대로 방치하였다. 역사를 왜곡하는 일본의 속내를 그대로 드러내는 행위이다. 우리나라의 영광과 아픔을 간직했던 북관대첩비뿐만 아니라 해외에 유출된 7만4천여 점의 소중한 우리 문화재가 하루빨리 돌아와야 할 것이다.

---

3 조선 세종 때의 무인(?~1453). 육진 개척에 공이 커서 함길도 도절제사가 되었다. 단종 원년(1453)에 수양 대군이 김종서 쪽의 인물임을 꺼려 파직하자, 이에 불만을 품고 의병을 모아 반란을 일으켰으나 실패하여 피살되었다.

4 조선 세조 때의 무신(?~1467). 회령 부사(會寧府使)를 지냈으며 세조 13년(1467)에 북방민의 등용을 억제하고 지방관을 중앙에서 파견하자 이에 불만을 품어 함흥을 점거하고 반란을 일으켰으나 실패하였다.

5 조선 인조 때의 무신·반란자(1587~1624). 자는 백규(白圭). 인조반정에 공을 세웠으나 김류와 반목하여 평안 병사(兵使)로 좌천되자 이에 불만을 품고 인조 2년(1624)에 서울로 쳐들어와 새로운 왕을 세우나 불과 하룻만에 관군에게 패하여 도망치다가 부하에게 피살되었다.

28 조선 통신사

→ 임진왜란 이후 일본에 문화를 전해주기 위해 파견된 사절단이다.

전쟁이 끝난 뒤 조선과 일본의 외교는 단절되었다. 따라서 경제적으로 큰 타격을 받은 쓰시마 도주가 우리나라와의 무역 재개를 요청해 왔다. 도쿠가와 막부에서도 포로로 잡아간 조선인을 보내주면서 통상을 요청하였다. 이에 조선 정부는 승려인 사명대사를 보내 조선인 포로를 돌아오게 하고 외교 협상을 한 뒤에 선조 40년(1607)에 국교를 재개하였다. 이후 조선은 일본에 통신사(通信使)를 파견하여 조선과 일본은 19세기에 일본에서 메이지 유신[1]이 일어나 막부 정권이 무너질 때까지 평화적인 관계를 지속하였다.

조선 통신사 행렬도

[허가번호 : 중박 200802-42]

그러나 일본 사신들은 서울로 올라오지 못하게 하고 동래에만 머물도록 제한하였다. 우리나라의 통신사가 일본에 파견된 횟수는 12회나 되었다. 통신사 일행은 대표인 정사를 포함하여 300명에서 500명 내외로 에도 막부로부터 국빈(國賓)으로 대접받았는데, 통신사 영접은 막부의 가장 크고 성대한 의식이었다.

이 사실은 통신사 일기와 함께 일본 측에서 그려놓은 현존하는 40미터 내

1 19세기 후반 일본의 메이지 천황 때 에도 바쿠후(江戸幕府)를 무너뜨리고 중앙 집권 통일 국가를 이루어 일본 자본주의 형성의 기점이 된 변혁의 과정.

외의 원색 두루마리로 된 통신사 행렬도에서도 엿볼 수 있다.

그러나 일본으로 가는 통신사는 그리 환영받지 못했다. 중국으로 가는 사행길은 육지길이라 위험하지도 않았으며, 중국의 발달된 문화와 귀중한 책자를 가져올 수 있는데 비하여, 일본은 위험한 뱃길에다가 우리가 얻을 만한 것이 없었기 때문이었다.

조선 통신사는 오사카와 같은 큰 도시에서는 보통 6~7일을 머물렀는데, 상업이 발달한 지역이기에 문화에 관심이 많았던 지역이었다. 그리하여 자신들보다 선진문화를 지닌 조선 학자들에게 유학과 시문(詩文), 그림, 서예 등을 배우기 위해 통신사가 머무는 객사에 줄을 서서 기다리곤 하였다. 신유한(申維翰)[2]이 쓴 기행문인 〈해유록(海遊錄)〉에 '통신사들은 새벽닭이 울 때까지 잠을 못자는가 하면 배우고자 하는 사람이 많아 밥을 먹지 못할 지경이다.'고 할 정도로 많은 일본인이 우리나라의 문화를 배우려고 하였다.

2 조선 후기의 문장가(1681~?). 자는 주백(周白), 호는 청천(靑泉). 숙종 45년 (1791)에 제술관으로 일본을 다녀왔다. 문장에 매우 능하였다.

29

양반의 증가

→ 양반의 숫자는 그리 많지 않아 조선 초기에는 전체 인구의 3~4%에 지나지 않았다.

양반이란 오늘날 점잖고 예의바른 사람을 일컫는 말로 널리 쓰인다. 또한 나이 든 남자를 일컫는 일반 호칭으로도 쓰이고 있다.

그렇다면 양반은 어떤 사람을 지칭하는 것이며 언제부터 사용되기 시작한 말일까?

양반은 고려, 조선 시대의 지배 계층을 가리키는 말로, 문반(文班)과 무반(武班)의 두 반열을 통칭한다. 이러한 관제상의 문·무반이라는 의미의 양반 개념은 양반 관료제를 처음으로 실시하기 시작한 고려 시대 초기부터 있었다.

훗날 문반과 무반은 조회(朝會)를 받을 때 남쪽을 향해 앉은 국왕에 대하여 동쪽에 서는 반열인 문반을 동반(東班), 서쪽에 서는 무반을 서반(西班)이라고 부르기도 했다.

조선 시대 초기만 해도 양반은 고려 시대와 같은 뜻으로 문·무반 관직자를 가리키는 말이었으나, 이후에는 '벼슬할 수 있는 신분' 이라는 의미로 바뀌게 되었다.

조선 초기에 양반 계층은 전 인구의 3~4퍼센트 정도에 지나지 않았다. 이 당시 양반은 4민(四民), 즉 사(士), 농(農), 공(工), 상(商) 가운데 사족(士族) 곧 선비에 해당되었다. 이들은 대개 유학(儒學)을 직업삼아 공부하면서 관리가 되고자 노력하는 지식층이었다.

양반들에게는 기득권(既得權)[1]이 많이 부여되었다. 높은 벼슬길에 나아가

1 특정한 자연인과 법인, 국가가 정당한 절차를 밟아 이미 획득한 권리.

권력을 잡을 수 있었으며, 조세 혜택 등 경제적인 이득도 많았다. 그러자 이들은 기득권을 계속 유지하면서 평민, 천민과 차별화하기 위하여 가계(家系)별로 족보(族譜)를 만들기 시작했다. 서자로 태어난 사람을 차별한 것도 양반의 숫자가 늘어나는 것을 막기 위한 방책이었다. 그러다 보니 자연히 조상의 가문과 혈통을 중시하게 되었던 것이다.

이러한 양반 개념은 조선 후기에 이르러 크게 변화했다. 즉 납속책(納粟策, 군량 등 궁핍한 국가 재정을 메우기 위해 돈이나 물건을 내게 하고 그 대신 관직을 주거나 신분을 해방시키거나 형을 감면해주는 정책), 공명첩(空名帖, 궁핍한 국가 재정을 보충하거나 빈민을 구제하기 위하여 국가에서 명예직을 팔아 이에 충당하려는 목적으로 실시한 제도로, 그 명예직이 쓰여 있는 임명장), 관직 매매, 족보 위조 등을 통하여 양반의 수가 크게 증가했다. 그래서 '돈이 양반이다.' 라는 말이라든가 '양반이면 다 같은 양반인 줄 알아!' 하는 등 양반을 얕잡아보는 말이 나돌 정도였다.

이렇게 숫자가 계속 늘어난 양반은 점점 세분화되었다. 즉 대가(大家)[2], 세가(世家)[3], 향반(鄕班)[4], 잔반(殘班)[5] 등이 그것이다. 나라에 공로가 없다거나 벼슬을 하지 못한 양반은 제대로 대우를 받지 못했으며, 조선 후기에 이르러 잔반, 곧 몰락 양반들이 민란(民亂)을 주도하기도 했다. 또한 이들을 중심으로 동학(東學, 천도교)과 서학(西學, 천주교)이 널리 유행하게 되었다.

특히 잔반은 평민이나 천민들에게 관직이나 족보를 팔기도 했는데, 잔반들의 이러한 양반 매매 행위로 양반이 급격히 늘어났다.

서자처럼 멸시와 차별을 받은 계층으로 중인을 들 수가 있다. 중인은 넓은 의미로는 양반과 상민의 중간 계층으로 조선의 통치 체제 속에서 지배층의 말단을 차지하였다. 중인은 좁은 의미로는 기술직 관리만을 뜻한다. 넓은 의미의 중인은 15세기부터 형성되어 조선 후기에 이르면 하나의 독립된 신분층으로 나타났다. 중인들은 관청과 가까운 곳에 거주하였으며 자손 대대로 직역을 세습하였다. 중인은 대개 통역이나 의술 등 전문 기술이나 행정 실무를 담당하였다. 특히 통역을 담당하는 역관들은 중국을 왕래하면서 밀무역을 통해 많은 돈을 벌어 조선 후기에 큰 부자가 많이 나왔다.

이 당시 양반이 어느 정도로 급격히 증가했는가는 다음 자료를 보면 알 수 있다.

일본 사람 시카다가 조사한 대부분 호적 조사에 따르면 1760년에 9.2퍼센트이던 양반 호(戶)가 그로부터 백 년쯤 뒤인 1858년에는 70.3퍼센트로 대폭 늘어났다.

김영모(金泳謨) 교수가 조사한 신분 변화의 자료를 보면, 1684년에 4.6퍼센트이던 양반 호가 약 2백 년 뒤인 1870년에는 0.8퍼센트로 감소한 데 비해 준양반 호가 14.8퍼센트에서 41.7퍼센트로 증가했다고 나온다.

양반은 1894년의 갑오개혁(甲午改革)[6]으로 신분제가 타파되면서 공식적으로는 사라졌지만, 그 관습은 1945년 해방이 될 때까지 계속 남아 있었다.

---

6 조선 고종 31년(1894) 7월부터 고종 33년(1896) 2월 사이에 추진되었던 개혁 운동. 개화당이 정권을 잡아 3차에 이르는 개혁을 통하여, 재래의 문물제도를 근대식으로 고치는 등 정치·경제·사회 전반에 걸쳐 혁신을 단행하였다.

30

교육 제도

→ 사립 초등 교육기관인 서당을 졸업하면 지방 학생은 향교로 진학했고, 서울 학생은 사부학당으로 진학했다.

서당은 지금의 초등학교와 같은 교육 기관이다. 오늘날 초등학교를 졸업하면 중학교에 진학하듯이, 옛날에는 서당을 졸업하면 지방 학생은 향교(鄕校)[1]로, 서울의 학생은 사부학당(四部學堂)[2]으로 진학했다. 향교는 지방에 설립된 관학 교육 기관으로 지금도 지방에 가면 조선 시대의 향교가 많이 남아 있다.

고려 인종 5년(1127) 3월에 '제주(諸州)는 학교를 세워 널리 교도하라.' 는 조서가 내려졌다고 《고려사》에 기록되어 있는 것으로 보아 이때부터 향교가 설립되기 시작한 듯하다.

향교에는 문묘(文廟)와 명륜당(明倫堂)이 있다. 문묘는 공자 등 선현을 모시는 제사 기능을 가졌으며, 명륜당은 학생들이 유학(儒學)을 배우고 연구하던 곳이다.

이러한 기능은 조선 시대 향교에도 그대로 계승되었다. 학생의 수는 부·목에 90명, 도호부(都護部)에 70명, 군에 50명, 현에 30명으로 정하고 직원으로는 교수(敎授)와 훈도(訓導) 각 1명과 교예(校隸)가 있었다. 향교의 입학 자격은 양반의 자제 또는 향리로서 16세 이상을 원칙으로 하나, 16세 이하가 입학하기도 하였다.

교육과정(교과서)은 《소학(小學)》, 사서인 《논어(論語)》, 《맹자(孟子)》, 《중용(中庸)》, 《대학(大學)》과, 오경인 《시경(詩經)》·《서경(書經)》·《역경(易經)》·《예기(禮記)》·《춘추(春秋)》가 주였고, 《근사록(近思錄)》 등이 추가되기도 했다.

1 고려~조선 시대 때 지방에 있던 문묘(文廟)와 그에 속한 관립(官立) 학교. 중앙의 사부 학당과 같은 역할을 하였으며, 조선 중기 이후 서원(書院)이 발달하자 기능이 약화되었다.

2 조선 시대 때 나라에서 인재를 기르기 위하여 서울의 네 곳에 세운 교육 기관. 위치에 따라 중학(中學)·동학(東學)·남학(南學)·서학(西學)이 있었는데, 태종 11년(1411)에 설립하여 운영하다가 고종 31년(1894)에 폐하였다.

최초의 서원인 백운동서원이 사액으로 받은 현판 소수서원

　향교의 모든 교육 활동을 평가하는 책임은 수령과 관찰사가 맡고 있었는데, 여기에는 학생들의 성적 평가도 포함되어 있었다. 수령은 학생의 일과와 학습 결과를 매월 말에 관찰사에게 보고하고, 관찰사는 시험을 치르게 하여 학생을 평가함과 동시에 교사의 근무도 평가했다.

　향교의 운영 경비는 국왕이 하사한 학전(學田)과 이 밖에 지방의 유지로부터 희사받은 기부금으로 사들인 땅과 어장, 산림 등의 수세(收稅)로써 충당했다. 이에 따라 향교의 학생들은 수업료를 내지 않아도 되었다.

　그러나 조선 중기 이후 향교는 서원이 생겨나면서 쇠퇴의 길로 접어들었다. 그 뒤 향교는 교육 기관으로써의 기능을 잃어버리고, 선현을 모시는 문묘로서의 기능만 가지게 되어 지금까지 남아 있다.

　한편 서울에 설립된 사부학당은 고려 시대의 오부학당이 발전된 것이다. 《고려사》에 '원종 2년 3월에 동서학당을 세워 별감을 두어 학문을 가르치며 지도했다.' 고 기록되어 있는 것으로 보아 고려 후기에 설립되었음을 알 수 있다. 그러나 이것은 강화도에 설립된 것이고, 개경에는 원종 13년(1272)에 세워졌다. 이후, 고려 말기 공양왕 3년(1391)에 정몽주(鄭夢周)의 건의로 동서남북과 중앙에 오부학당이 세워졌다고 《고려사》에 전해진다.

　학당은 향교와 달리 문묘로서의 기능은 없었고, 학생을 교육하는 기능만 있었다. 고려 시대의 오부학당이 조선 시대에도 계승되어, 비로소 세종 때에 사부학당이 완전한 모습을 드러냈다. 이 사부학당은 다른 말로 사학(四學)이라고도 했다.

　　교육 내용은 향교와 동일하고, 직원으로는 교수 2명과 훈도 2명이 있었으며, 주로 성균관 직원이 겸임하였다. 학생 정원은 100명이며 입학 자격은 10세 이상의 양반과 서민의 남자아이로 제한되었다. 수업료는 향교와 마찬가지로 무료였으므로 나라에서 교육비 조달을 위해 학전을 지급했다. 학생들은 5일마다 시험을 치렀으며, 매월 시험도 치렀다. 일 년 동안의 성적이 왕에게까지 보고되었다고 한다.

　　이들 학당은 입학하는 학생의 수가 정원보다 적었다고 하는 기록으로 미루어 교육 활동은 다소 부진했던 것으로 보인다. 그 뒤 임진왜란 때 불에 탄 학당 건물을 다시 지었으나 학생 수가 줄어듦에 따라 유명무실해졌다.

　　향교나 사부학당의 학생 중 우수한 학생에게는 생원 및 진사과의 복시(覆試)[3]에 응시할 자격이 주어졌다.

• 요약정리 — 교육 제도의 변천

시대		중앙	지방	기타
삼국 시대	고구려	태학	경당	
	백제	의박사, 역박사, 오경박사를 두어 교육		
	신라	청소년 교육 단체로 화랑도에서 교육(세속오계)		
남북국 시대	통일신라	국학		
	발해	국자감		
고려		국자감	향학	사학(私學)의 발달 −최충의 문헌공도를 비롯한 12도가 있음
조선		성균관(최고학부) − 사부학당(중등교육기관)	향교(중등교육기관) − 서당(사립초등교육기관)	지방에 서원발달(최초의 서원 − 주세붕의 백운동서원)

3　조선 시대 때 과거에서 초시에 합격한 사람이 2차로 시험을 보던 일. 또는 그 시험을 말함.

31

경제 조직

→ 대출하는 곳으로 고리대금과 전당포가 있으며, 예금하는 곳으로는 전재가(廛在家)가 있었고, 대출과 예금을 함께 하는 곳으로는 객주(客主)가 있었다.

돈을 필요로 하는 사람에게 빌려 주거나 여유 있는 사람이 이자를 받기 위하여 맡겨 두는 장소를 은행(銀行)이라 한다.

철기 시대 이후 화폐의 대종을 이루던 것은 은(銀)이었다. 이 때문에 은본위(銀本位) 제도가 널리 자리를 잡게 되었고, 은 자체가 화폐와 동일시되어 '돈행'이 아닌 '은행'이 된 것이라 한다.

옛날에도 은행이 있었을까? 금융의 대표적인 형태는 고리대금(高利貸金)이다. 고리대금이 발생한 원인으로는 과중한 세금의 부담을 들 수 있다.

전 근대사회에서 고리대금은 소농민, 수공업자, 노비 등의 잉여 생산물을 수탈하는 수단으로 이용되었다. 빌려 주는 것은 쌀과 베였는데, 쌀인 경우 흔히 장리(長利)로 불렸다.

우리나라에서는 고려 시대부터 고리대금이 성했다. 자비(慈悲)를 행해야 할 승려가 불보(佛寶)의 전곡(錢穀)을 각 주군(州郡)에 나누어 주고 장리 행위를 하여 백성들을 괴롭혔다. 고리대는 사찰, 국가의 공공기관, 왕실, 관료들이 행했다. 심지어는 국가에서 빈민 구제를 목적으로 설치했던 의창(義倉)[1] 또는 흑창(黑倉)[2]과 상평창(常平倉)[3]까지도 고리대금 행위를 하였다.

은행 업무를 했던 또 다른 곳으로 전당포(典當鋪)와 객주(客主)를 들 수 있다. 전당포는 물품, 유가증권 등 유가물(有價物)을 보관하고, 이를 담보로 하여 자금을 빌려주고 이자를 얻는 금융 기관이었다. 전당이라는 어원에 관하여 중

1 고려 시대 때 곡식을 저장하여 두었다가 흉년이나 비상시 가난한 백성들에게 대여하던 기관. 성종 5년(986)에 흑창(黑倉)을 고친 것으로, 처음에는 순수한 구호 기관으로 출발하였으나 나중에는 이자를 붙여 받는 대여 기관이 됨에 따라 관리들이 백성들을 착취하는 기관으로 전락하였다.

2 고려 태조 때에 설치한 빈민 구제 기관. 성종 5년(986)에 의창(義倉)으로 고쳤다.

3 고려~조선 시대 때 물가가 내릴 때 생활 필수품을 사들였다가 값이 오를 때 내어 물가를 조절하던 기관. 조선 선조 41년(1608)에 선혜창으로 고쳤다.

국의 기록은 《삼국지(三國志)》에서 볼 수 있으며, 우리나라 역사상에 전당이라는 용어가 보이는 것은 고려 시대부터다.

이때는 인신(人身)을 채무의 담보로 하여 생계의 수단으로 이용했다. 그리하여 인신의 전당에 의한 대차 관계를 방지하기 위하여 충렬왕 3년(1308), 충숙왕 5년(1318), 공민왕 1년(1352)에 각각 인신의 전당에 대한 금령을 반포하고 있다. 그러므로 이때부터 인신의 전당에서 물품의 전당으로 바뀌었으리라 추정된다.

그 이후 근대적 · 전업적 전당업이 발생한 것은 조선 후기 이후의 일이며, 전당포가 발전하는 계기가 된 것은 갑오개혁이었다. 당시의 군국기무처의 개혁안이나 홍범 14조 개혁안의 대부분이 전당업 발달의 전제 조건이어서 갑오개혁 이후 종래 대금업자와 상공업자의 겸업 내지 부업이었던 전당업이 분리하여 독립하는 경향을 가지게 되었으며, 1898년 11월에 전당업에 관한 법규가 처음으로 제정되었다.

객주는 기원이나 유래는 확실하지 않지만, 고려 시대부터라고 추정된다.

본래 객상주인(客商主人)이란 뜻으로 물상객주(物商客主)와 보행객주(步行客主)의 두 종류가 있다. 그 중에서 물상객주가 금융 기관의 역할을 했다. 이들은 입체(立替), 대부(貸付), 어음(於音) 발행과 인수, 환표(換票, 지금의 수표와 비슷함)의 발행 · 인수 · 예금 등의 금융 업무를 담당하여 자본을 축적함으로써 개항 후 새로운 자본 계급을 형성하게 된다.

돈을 맡겨 두는 곳도 있었다. 대개 전재가(廛在家)에 맡겼으며, 특별한 거액(巨額)은 제일 큰 재가인 선전재가(縇廛在家), 백목전재가(白木廛在家)에 맡겼다. 이때에 이자는 없었으며, 재가에서 그 돈으로 장사하여 이익이 많으면 물품으로 선사를 많이 하였다. 돈을 맡기면 재가에서는 유치표를 써주었다. 예를 들면 액면 중간에 '선전재가조(廛廛在家組)' 인(印)을 찍는다. 그런 뒤에 액면 중간을 분할하여 오른쪽 반분은 재가에서, 왼쪽 반분은 돈을 맡긴 사람이 가져갔다. 또한 예전에는 사문서에 붉은 인주를 쓰지 않고 솜에다 먹물을 놓고 치유(雉油)를 부어 사용하므로 빛이 누르스름했다. 도장은 정방형이고, 전서로

‘○○廛在家之組’라고 양각한 것이고, 수결(手決)[4]은 사람마다 다른 것이 현대인의 사인(sign) 제도와 똑같으며, 유치표에 수표를 하는 것도 지금 은행의 책임자가 서명 날인하는 제도와 같으나 다만 성만 쓰고 이름은 쓰지 않았다. 출금표의 예는 예금한 사람의 도장이 있으면 액면에 찍는다. 이것도 유치표와 같이 액면에 반할하여 왼쪽은 재가에 두고 오른쪽은 지참인이 가져다가 전주(廛主)에게 준다. 출금표를 받은 사람은 그 수표가 정확한 것인가 전주에게 물어본 뒤에 돈을 내었다. 이때 돈에 대한 숫자는 본자(本字)를 쓰지 않고 별자를 사용했다. 즉, 일(壹), 이(貳), 삼(參), 사(肆), 오(伍), 륙(陸), 칠(柒), 팔(捌), 구(玖), 십(拾), 백(佰), 천(仟)으로, 만(萬) 등의 본자를 썼다.

우리나라에 근대적 은행 제도가 도입된 것은 1878년 부산에 일본 제일은행이 들어오면서부터다. 이때부터 민족 자본으로 생겨난 은행이 곳곳에 생겨났는데 1897년의 한성은행(지금의 조흥은행), 1899년의 대한천일은행(지금의 상업은행) 등이 그것이며, 1909년 10월에는 우리나라 최초의 중앙은행인 한국은행이 설립되었다.

4 자기의 성명이나 직함 아래에 도장 대신 자필로 글자를 직접 쓰던 일. 또는 그 글자.

Tip

옛날에도 가게가 있었을까?

[조선 시대에 이미 가게가 있었으며, 이전에는 장시에서 난전(亂廛)을 하였다.]

가게는 조선 시대 태조 1년(1392)에 서울에 처음 설치되었다. 이 말은 본래 한자어 ‘가가(假家)’에서 온 말이다. 가가(假家)란, 제대로 지은 집이 아니라 임시로 지은 가건물을 가리키는 말이다. 조선 시대 종로의 저잣거리로 유명한 종로통에 관청 물품을 조달하는 지금의 도매상격인 전(廛)과 조금 큰 상점인 방(房), 그리고 소매상격인 가가(假家)들이 많았는데, 이 가가들은 번듯한 상점이 아니라 허름하게 임시변통으로 지어놓은 가건물들이었기에 여기서 나온 이름이다.

그러나 반론도 있다. 원래 '가개'가 쓰이다가 '가가'로 바뀌고, 또 '가게'로 바뀌었을 때에 '가가'나 '가게'를 한자로 적으려고 그것을 취음하여 '가가(假家)'를 끌어다 쓴 것이라는 주장이다. '가가(假家)'는 '가게'라는 뜻보다는 임시로 지은 집이라는 본뜻대로 쓰이는 것을 20세기에 들어서 《조선어사전》(1938년)에 '가게'의 뜻으로 쓰인다고 한 것이다.(정재도, '국어사전 바로잡기')

실제로 농가월령가 10월령에 양지에 '가가(假家) 짓고 짚에 싸 깊이 묻고'라는 가사가 나오고, 임진왜란 때 한양으로 돌아온 선조가 환도한 후 경복궁에 가가(假家)라도 지을 것을 명하였다는 기록이 있는 것으로 보아 어느 정도 타당성이 있는 주장이다.

이전에는 장시를 중심으로 난전이 벌어졌다. 조선 시대에 들어서서 서울에서는 육의전(六矣廛)[5]과 시전상인들에게 국가에서 필요로 하는 물건을 납품하는 대신에 난전을 금하는 금난전권(禁難廛權)이라는 특권을 부여함으로써 상공업의 발전을 가로막았다. 그리하여 조선 중기 이후에 잉여 농산물이 생기면서 장시가 들어섰고, 이곳을 중심으로 보부상들이 활동을 했다. 보상은 상품을 보자기에 싸서 들고 다니거나 질빵에 걸머지고 다니며 판매하였고, 부상은 지게에 얹어 등에 짊어지고 다니면서 판매했다. 이에 따라 보상을 '봇짐장수' 부상을 '등짐장수'라고도 했다.

부상의 기원은 고대사회에서부터 비롯된 것으로 보이나 부상단(負商團)이 조직된 것은 조선 초기이다. 상점 점포가 발달하지 않았던 조선 시대에 행상은 상품 유통의 주된 담당자였다. 장시(場市)가 없었던 조선 초기 행상은 촌락을 돌아다니며 매매하였고, 장시가 발생한 이후에는 점막(店幕)에서 잠을 자고 5일마다 열리는 장날에 맞추어 장시를 순회하면서 매매했다. 객주가 발생한 이래에는 객주를 주인으로 삼고 긴밀한 유대관계를 유지했다.

보부상은 단체를 이루어 행상 활동을 조직적으로 영위하기도 했다. 보부상단은 거부(巨富)에 의해서, 또는 영세한 행상들의 자구적인 노력에 의해서 조직되었다. 보부상의 조직에서 가장 특징적인 것은 민주적인 투표를 통해 임원을 선출하였고 안건 심의를 위해 정기총회를 개최하였다는 사실이다. 보상단은 1879년에, 부상단은 1881년에 정부의 주도에 의하여 전국적인 조직을 결성하기에 이른다. 1883년에는 혜상공국(惠商公局)[6]을 설립하여 보상과 부상을 완전 합동하여 관장하게 했다.

1885년에는 혜상공국이 상리국(商理局)[7]으로 전환되면서 부상단은 좌단(左團), 보상단은 우단(右團)으로 재정비되었다.

정부가 이처럼 보부상단의 활동에 직접 개입한 것은 행상업을 관장하고 장시세(場市稅)와 같은 상품 유통세를 징수하기 위해서였다.

한편 보부상은 정부의 보호를 받음으로써 관리의 수탈을 피할 수 있었고, 전국적인 조직으로 발전함에 따라 보부상의 지역 조직이 한층 강화되고 보부상단의 가입자도 증가했다. 그러나 1895년 상리국과 각 도의 임방을 폐지한 이래 보부상의 세력은 약화되었다. 이즈음의 보부상은 보수적인 집단으로 자리했는데, 갑오 농민전쟁 때에는 농민군과 대립했는가 하면, 황국 협회가 독립 협회를 분쇄하는 데 관여하기도 했다.

서울에서 상공업이 발달한 시기는 대동법 실시 이후이다. 대동법의 실시는 특산물을 현물로 내는 대신에 쌀이나 베, 돈으로 내게 하는 제도이다. 그리하여 국가에서 필요로 하는 물건을 전문적으로 납품하는 상인이 나타났으니, 바로 공인(貢人)이다. 공인의 등장으로 상공업이 발달하게 된 것이다. 또한 정조 15년(1791)에 실시한 육의전을 제외한 시전상인들의 금난전권을 폐지했기 때문이다. 금난전권의 폐지로 상품 · 화폐 · 경제가 발달하는 계기가 되었다.

---

6 조선 시대 때 통리군국사무아문에 속하여 전국의 보부상을 단속하는 일을 맡아보던 관아. 고종 20년(1883)에 설치한 것으로 뒤에 상리국, 황국 중앙 총상회, 황국 협회, 상무사로 고쳤다.

7 조선 시대 때 보부상을 관할하던 관아. 고종 22년(1885)에 혜상공국을 고친 것으로, 내무부에 두었다가 31년(1894)에 농상아문 관할로 옮겼다.

32

광해군 光海君 의 외교 정책

→ 광해군은 명나라와 청나라의 복잡한 국제관계 속에서 자주적이고 이익을 얻는 외교를 펼쳐 전쟁이 일어나는 것을 미리 막았다. 이 밖에 대동법의 실시, 호패법의 실시 등 국가 경제를 튼튼히 하고 국민들의 생활을 안정시키는 등 많은 업적을 남겼다.

조선 시대 27명의 왕계표를 보면 묘호가 없는 왕이 2명이 있다. 곧 10대 연산군(재위 1494~1506)과 15대 광해군(재위 1608~1623)이다. 연산군은 왕위에서 쫓겨날 만한 여러 가지 이유가 있었다고 하지만, 광해군은 별다른 이유가 없었다. 오히려 왜란 이후에 왕권과 국력을 공고히 하고자 노력했던 왕이었으며, 왜란 중에는 분조(分朝, 임시로 의주의 행재소에 기거하던 원조정의 선조와 별도로 두었던 조정)의 책임자로 맹활약을 하였다.

왜란 중에 그의 활동은 관군을 동원하여 왜군을 무찌르는가 하면, 함경 · 전라도 등지에서 의병을 모집하고 독려하면서 민심을 수습했으며, 군량미의 조달 등으로 왜란의 수습을 위해 힘썼다. 바로 이때에 광해군은 세자가 되었던 것이다.

그러나 세자가 된 광해군에게는 왕위에 오르기에 앞서 두 가지 해결해야 할 난관이 기다리고 있었다. 첫째는 광해군이 선조의 둘째 아들이라는 점이었다. 즉 광해군에게는 임해군이라는 형이 있었다. 그러나 임해군은 성질이 난폭하여 민심이 광해군에게로 돌아갔다. 당시에 영의정이며 임진왜란이 일어났을 때 총지휘자였던 유성룡(柳成龍)[1]의 《서애문집(西厓文集)》[2]에 '선조가 피난을 가자 서울 사람들이 여러 왕자의 궁을 모두 불태웠지만, 광해군의 궁만

1 조선 선조 때의 재상(1542~1607). 자는 이견(而見), 호는 서애(西厓). 이황의 문인으로, 대사헌 · 경상도 관찰사 등을 거쳐 영의정을 지냈다. 임진왜란 때 이순신과 권율 같은 명장을 천거하였으며, 도학 · 문장 · 덕행 · 서예로 이름을 떨쳤다. 저서에 《서애집》, 《징비록》, 《신종록(愼終錄)》 등이 있다.

2 조선 선조 때의 문신 유성룡의 시문집. 〈징비록〉이 들어 있어 귀중한 자료이다. 인조 11년(1633)에 유삼(柳衫)이 펴냈다. 24권 13책의 인본(印本).

은 태우지 않았다.'고 기록된 것으로 알 수 있다.

두 번째 난관은 선조의 후비인 인목 대비(仁穆大妃)[3] 김씨가 적자인 영창 대군을 낳음으로써 서자인 광해군의 왕위 계승에 논란이 생기게 된 것이다. 이러한 난관을 뚫고 왕위에 오른 광해군은 왕권을 위협하는 요소인 임해군과 영창 대군을 제거하기에 이르렀다.

일단 왕권을 안정시킨 광해군은 제일 먼저 민심을 수습하는 데 나섰다. 당시에 농민에게 가장 부담스러웠던 공납의 폐단을 시정하여 공물 대신 현물로 세금을 바치게 하는 대동법을 경기도에 시험적으로 실시했다.

그리고 나서 외교에 관심을 돌려 쇠퇴하는 명나라 대신 중국의 새로운 지배 세력으로 등장한 후금에 대하여 등거리 외교를 펼침으로써 전쟁을 막았다는 점이다. 후금의 침입을 받고 속수무책이던 명나라는 조선에 구원군을 요청했다. 이때 광해군은 임진왜란 때의 의리로 구원군을 보내주긴 했지만 구원군의 총사령관인 강홍립(姜弘立)에게 적당한 시기가 되면 후금에 항복하면서 구원병이 온 뜻을 정확히 전달하라고 특명을 내렸다. 이것은 약소국이 강대국에게 취한 실리적인 외교라 할 수 있다.

광해군을 내쫓고 왕위에 오른 인조(仁祖)가 시대착오적으로 친명 외교를 펼치는 바람에 정묘호란(丁卯胡亂)[4]과 병자호란(丙子胡亂)[5]이 야기되었으니 광해군의 외교 전술이 적절했다고 할 수 있다.

광해군의 외교·민생 안정책과 더불어 《신증동국여지승람(新增東國輿地勝覽)》의 찬술, 《동의보감(東醫寶鑑)》 편찬의 문화적 업적과 인경궁(仁慶宮)·경덕궁(慶德宮)의 개축, 성곽과 병기의 수리, 호패법의 실시 등 여러 분야에서 많은 업적을 남겼다.

광해군의 많은 업적, 특히 당시의 미묘한 국제관계 속에서 자주적이고 중립적인 실리 외교를 펼친 점은 더욱 빛난다고 할 수 있으며, 광해군에 관한 그릇된 평가도 다시 생각해봄 직하다.

3 조선 선조의 계비(繼妃, 1584~1632). 성은 김(金). 선조 35년(1602) 왕비에 책봉되었으나 광해군이 즉위하자 대북(大北)의 모략으로 서궁(西宮)에 유폐되었다가 인조반정으로 풀려났다.

4 조선 인조 5년(1627)에 후금의 아민(阿敏)이 인조반정의 부당성을 내세우고 침입하여 일어난 난리. 인조가 강화(江華)로 피란하였다가 강화 조약을 맺고 두 나라는 형제의 나라가 되었다.

5 조선 인조 14년(1636)에 청나라가 침입한 난리. 청나라에서 군신(君臣) 관계를 요구한 것을 조선이 물리치자 청나라 태종이 20만 대군을 거느리고 침략하였다. 이에 인조는 삼전도에서 항복하고 청나라에 대하여 신(臣)의 예를 행하기로 한 굴욕적인 화약(和約)을 맺었다.

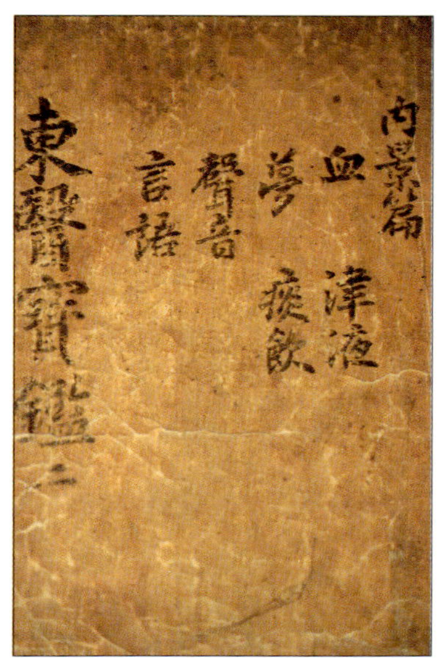

동의보감 표지

광해군의 중립 외교 정책을 알 수 있는 내용이 《인조실록(仁祖實錄)》[6] 중
'인목 대비 교서'에 보인다.

> 인조 원년 3월 우리나라가 중국 조정을 섬겨온 것이 2백여 년이다.
> 의리로는 군신이며 은혜로는 부자와 같다. ……(중략)……
> 임진년(1592)에 입은 은혜는 만세토록 잊을 수 없는 것이다. 광해군
> 은 배은망덕하여 천명을 두려워하지 않고 속으로 다른 뜻을 품고 오
> 랑캐에게 성의를 베풀었다. 기미년(1619) 오랑캐를 정벌할 때는 은밀히
> 장수를 시켜 동태를 보아 행동하게 하였다. 끝에 전군이 오랑캐에게
> 투항하게 함으로써 추한 소문이 세상에 펼쳐지게 되었다. 뿐만 아니
> 라 황제가 자주 칙서를 내려도 구원병을 파견할 생각을 하지 않았다.
> 예의의 나라인 삼한으로 하여금 오랑캐와 금수가 되게 하였으니, 어
> 찌 통분함을 이루 다 말할 수 있겠는가?

6 조선 효종 4년(1653)에 이경여 등이 기록한 인조 재위 27년 동안의 실록. 50권 50책의 활자본.

33

병자호란의 원인과 결과

→ 주전론자(主戰論者)들은 명나라를 버리는 것은 예의와 삼강을 잃는 것으로 명분과 의리가 중요하다고 생각했으며, 주화론자(主和論者)들은 현실적으로 냉철한 판단을 거쳐 전쟁의 피해를 최소화하는 데 힘을 썼다.

서인에 의하여 광해군이 쫓겨나고 인조가 즉위하는 '인조반정'이 일어났다. 인조반정 후에 조선의 외교 정책은 명나라와 후금 사이에서 펼치던 '중립외교'에서 '친명배금 정책'으로 바뀌었다.

이에 후금은 조선을 의심하고 인조반정에 참여했던 이괄(李适)이 반란을 일으켰다가 후금으로 도망가면서 사회가 혼란해지자, 인조 5년(1627)에 압록강을 건너 황해도 지역까지 쳐들어왔다. 이를 정묘호란이라고 한다. 후금의 군사력은 조선을 무력으로 정복할 정도가 못되었다. 후금은 '후금군은 평산을 넘지 않으며, 맹약 후 후금은 즉시 철병하고, 철병 후 다시 압록강을 넘어서지 말 것이며, 양국은 형제국이 되며, 조선은 후금과 화약을 맺되 명에 적대하지 않을 것' 등의 화의를 맺고 후금으로 되돌아갔다.

황타이지(태종)는 내몽골을 정복하면서 국력을 키우고 난 뒤 스스로 황제라 칭하고, 국호를 후금에서 청으로 바꾸었다. 태종은 조선에 임금과 신하의 관계를 맺으며 왕자와 대신, 주전파를 주창하는 자를 인질로 보내 사죄할 것을 요구하였다. 조선 정부가 이를 거절하자 청나라의 태종은 인조 14년(1636)에 10만여 명의 군사를 이끌고 다시 쳐들어왔다. 인조가 남한산성으로 들어가 힘써 싸웠으나 전세가 불리하자 홍서봉(洪瑞鳳), 최명길(崔鳴吉), 이경직(李景稷)

등이 국서를 오랑캐 진영에 전하고 그동안 명과의 명분과 의리 때문에 일이 이 지경에 이르렀음을 알리고 대국을 신하로서 섬기며 김류와 더불어 화친을 주장하였다.

더구나 강화도로 피난 갔던 봉림 대군(鳳林大君), 빈, 재신들이 포로가 되자 인조는 삼전도에서 청 태종에게 항복하였다. 인조는 청나라와 싸움을 주장한 삼학사(三學士: 오달제(吳達濟), 홍익한(洪翼漢), 윤집(尹集))을 청나라로 압송하였으며, 김상헌(金尙憲)은 자결하였다.

주전론(主戰論)[1]을 주장한 김상헌 등은 명분과 의리를 지켜 끝까지 싸워야 한다고 했다. 청나라에 항복을 하든 싸워서 멸망하든 둘 다 조선이 멸망하기는 마찬가지이며, 힘든 상황이라고 명나라를 버리는 것은 예의와 삼강을 잃는 것으로 명분과 의리가 중요하다는 것이 김상헌을 비롯한 주전론자들의 주장이었다. 그러나 이들의 주장은 현실성이 떨어지는 것이었다.

반면에 주화론(主和論)[2]자인 최명길은 군사적으로 청나라의 상대가 되지 않으므로 조선을 끝까지 지켜나가기 위해서는 명분과 의리를 굽혀야만 한다는 것이다. 최명길은 온갖 어려움을 무릅쓰고 전후의 문제들을 하나하나 해결해 나가면서 위기에서 구해냈다.

1 전쟁하기를 주장하는 의견이나 이론.

2 전쟁을 피하고 화해하거나 평화롭게 지내자고 주장하는 의견이나 이론.

주화론과 주전론의 사료

1. 주화론 — 최명길의 《지천집》에서

'주화(主和)'라는 두 글자가 신의 일평생에 허물이 될 줄 잘 압니다. 그러나 신은 아직도 오늘날 화친하려는 일이 그르다고 생각하지 않습니다. ……(중략)……

신이 이렇게 화친을 주장하는 것은 옳고 그름을 생각하지 않고 단지 이해로만 아뢰어 전하를 잘못 인도함이 아닙니다. 현 정세를 생각하고 의리를 따져보며 역사를 참고도 해보고, 선대왕들이 행하신 사적을 참고하여, 이렇게 하면 백성을 보호할 수 있을 것이며, 이렇게 하면 도리어 해로울 것이고, 이렇게 하면 사리에 합당할 것임을 생각하여 그것이 꼭 옳다는 자신이 서서 아뢴 것입니다. 늘 생각해보아도 국력은 현재 고갈되었고, 오랑캐의 군사력은 매우 강합니다. 정묘년 때 맹약을 아직 지켜서 몇 년이라도 화를 늦춰야 합니다. 그 사이 인정을 베풀어 백성들을 안정시키고 성을 쌓고 군량을 비축해야 합니다. 또 방어를 더욱 튼튼하게 하고 군사를 집합시켜 일사분란하게 해야 합니다. 그런 다음 적의 허점을 노리는 것이 우리로서는 최상의 계책입니다.

2. 주전론 —《인조실록》윤집의 상소문 일부

화의가 나라를 망친 것은 어제 오늘의 일이 아닙니다. 옛날부터 그러하였으나 오늘날처럼 심한 적은 없었습니다. 명나라는 우리나라에 있어서 부모의 나라입니다. 형제의 의를 맺고 부모의 은혜를 저버릴 수 있겠습니까? 더구나 임진년의 일은 조그마한 것까지도 황제의 힘입니다. 우리나라가 살아서 숨 쉬는 한 은혜를 잊기 어렵습니다. 지난번 오랑캐의 형세가 크게 확장하여 대도를 핍박하고 황릉을 더럽혔습니다. 비록 자세히는 알 수 없으나 전하께서는 그때에 무슨 생각을 하셨습니까? 차라리 나라가 망할지언정 의리상 구차하게 생명을 보전할 수 없다고 생각하셨을 것입니다. 군사력이 미약하여 정벌에 나가지 못하였지만, 차마 이런 시기에 어찌 다시 화의를 제창할 수가 있겠습니까?

청나라와 굴욕적인 강화를 맺은 조선은 소현 세자와 봉림 대군을 비롯한 192명을 청나라에 볼모로 보내야 했다.

청나라에 볼모로 간 소현 세자는 굴욕을 씻기 위해서는 발달한 청나라와 서양의 문화를 받아들여야 된다는 생각을 가지고 있었다.

소현 세자의 생각은 청나라에서 긍정적인 지지를 받았다. 청나라가 소현 세자에 대한 긍정적인 생각을 가지고 있다는 사실을 알게 된 인조는 왕권에 대한 불안한 마음을 가지게 되었다. 소현 세자는 청나라에서 볼모생활을 마치고 귀국한 후에 갑자기 세상을 떠났다. 인조가 죽였다는 설도 있다. 그리고 소현 세자의 뒤를 이어 왕위 계승자인 소현 세자의 아들인 석철마저도 제주도로 귀양을 보냈다가 사약을 내려 죽이게 되었다.

결국 인조의 뒤를 이어 왕위를 계승한 봉림 대군은 평소에 꿈꾸었던 청나라 정벌 계획을 세우게 되었다. 효종은 송시열(宋時烈)[1]을 총책임자로 하여 훈련도감(訓鍊都監)[2]을 군사들의 훈련 장소로 삼아 이완(李浣)[3]으로 하여금 지휘하게 하였다.

그러나 효종은 임금에 오른 지 10년 만에 세상을 떠나고, 청나라에 대한 한족의 반발이 수그러들면서 중국의 지배권을 확실히 하자 북벌 운동은 실천에 옮기지 못하였다.

효종 5년(1654)에 러시아가 청나라를 침략해왔다. 청나라가 원병을 요청해

오자, 북우후 변급(邊岌)[4]은 150여 명의 조선군을 청나라에 보내어 전사자 한 명 없는 큰 승리를 거두었다. 효종 9년(1658)에 다시 패배한 청이 다시 원병을 요청하여 신류와 260여 명의 조선군은 송화강과 흑룡강 합류 지점에서 러시아군을 물리쳐 큰 전과를 올리면서 오늘날 중국과 러시아의 국경선을 확정짓는 '네르친스크 조약(Nerchinsk)[5]'을 맺는 계기를 이루었다. 이를 '나선정벌'이라고 한다.

1 조선 숙종 때의 문신·학자(1607~1689). 아명은 성뢰(聖賚), 자는 영보(英甫), 호는 우암(尤庵). 효종의 장례 때 대왕대비의 복상(服喪) 문제로 남인과 대립하고, 후에는 노론의 영수(領袖)로서 숙종 15년(1689)에 왕세자의 책봉에 반대하다가 사사(賜死)되었다. 저서에 《우암집》, 《송자대전(宋子大全)》 등이 있다.

2 조선 후기, 오군영(五軍營) 가운데 수도 경비와 포수(砲手), 살수(殺手), 사수(射手)의 삼수군(三手軍) 양성을 맡아보던 군영. 선조 때에 설치하여 고종 19년(1882)에 없앴다.

3 조선 중기의 무장(武將, 1602~1674). 자는 징지(澄之). 호는 매죽헌(梅竹軒). 병조 판서와 우의정을 지냈으며 병자호란 때에 정방산성(正方山城)의 싸움에서 공을 세웠다. 효종 4년(1653)에 북벌 임무를 맡았으나 효종의 죽음으로 실현하지 못하였다.

4 조선 효종 때의 무관. 1654년 함경도 병마우후로 있으면서 왕명을 받고 조총군(鳥銃軍)의 정병 100여 명을 인솔하고 청나라 군사와 합세하여 러시아군을 헤이룽강(흑룡강)에서 무찔러 우리나라의 국위를 중국에 떨쳤다. 1656년에 전라도 수사(水使)가 되고, 현종 즉위 초에 충홍도(忠洪道) 수사로 전임되었다.

5 1689년에 네르친스크에서 청나라와 러시아가 체결한 국경 확정 조약. 스타노보이 산맥과 아르군 강으로 국경을 정했다.

35 영조_{英祖}와 탕평책 蕩平策

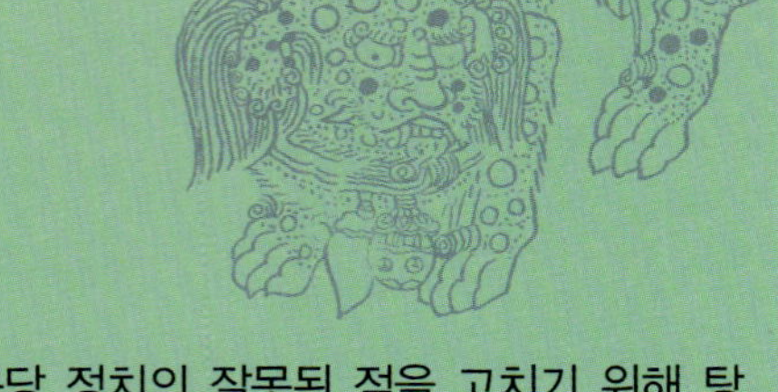

→ 영조는 붕당 정치를 시정하기 위해 탕평책을 실시했고, 붕당 정치의 잘못된 점을 고치기 위해 탕평채와 신선로(神仙爐)를 만들어 신하들이 먹게 하였다.

우리가 당파싸움이라고 알고 있는 붕당 정치(朋黨政治)는 영조와 정조(正祖)에게 많은 아픔을 주었다. 영조는 궁녀들의 심부름꾼인 무수리의 자식으로 태어났다. 그리고 형인 경종(景宗)이 아들이 없이 죽게 되자 왕위에 오르게 되었다. 이에 많은 신하들은 영조가 임금이 된 것에 대한 찬성과 반대를 하는 사람들끼리 싸움이 있었다. 당파싸움의 물결은 영조의 아들인 사도 세자를 죽게 하였다. 즉 시파와 벽파가 대립한 것이다. 시파(時派)는 세자를 좋아하는 사람들로 만들어진 모임이고, 벽파(僻派)는 세자를 뒤주 속에 가두어 죽게 한 사람들의 모임이다.

그리하여 영조는 아들을, 정조는 아버지가 죽게 되는 아픔을 맛보게 된 것이다. 이에 두 사람은 싸움을 그만두게 하면서 왕의 힘을 기르기 위해 탕평책(蕩平策)이라는 정책을 쓰게 되었다. 붕당이라는 모임이 벼슬을 얻기 위해 고향과 스승 등을 끈으로 사람들이 모인 것이다. 그리하여 힘있는 사람에 편들고 아첨하고 붙는 사람들의 모임이라고 할 수가 있다. 이 때문에 '어느 쪽에도 편들지 않고(불편부당: 不偏不黨), 모든 일을 공평하게 처리하자(탕탕평평: 蕩蕩平平)'는 것이 탕평책이다. 영조는 이것을 널리 알리기 위해 '탕평비'까지 세웠다.

심지어 붕당의 문제점으로는 음식·의복에서도 차이가 났다. 반대 당파에서 먹는 음식은 먹지를 않았으며, 치마와 저고리를 길게 입는 당파가 있으면,

짧게 입는 당파도 있었다.

　뿌리 깊은 사색당파에 골치를 앓고 탕평책을 생각하던 영조는 각기 다른 당색의 정승, 판서를 모이게 하여 술상을 자주 내렸다. 즉 우리나라 각 지방에서 나는 모든 반찬과 음식을 신선로에 한데 모아 찌개를 끓여서 관리에게 술과 더불어 하사했다. 서로 반대하는 원인을 없애고 화합의 마당을 마련해야 한다는 취지에서 함께 음식을 나누어 먹도록 만들어진 것이 바로 신선로이다.

　"어서 많이들 드시오."

　신하들은 임금이 하사한 음식이니 먹지 않을 수가 없었다.

　또 다른 음식으로 탕평채(蕩平菜)가 있었다. 원래 봄이 되어 얼음이 녹을 무렵에 먹는 계절 음식인 탕평채는 녹두묵에 고기볶음, 미나리, 김 등을 섞어 만든 묵무침 등 각 지방의 음식을 말한다. 음력 3월 3일 삼짇날에 두견화 부침 · 꽃국수 · 진달래 · 꽃나물 · 향애단(쑥경단)을 먹는 계절 음식이다. 이것 역시 영조 때 여러 붕당이 잘 협력하자는 탕평책을 논하는 자리의 음식상에 술과 함께 나온 음식이다.

　영 · 정조가 얼마나 붕당 정치의 잘못된 점을 고치려고 했으면, 탕평책이라는 정책을 쓰면서 음식까지 만들어 붕당 간의 화해와 국민들의 단결을 꾀했는가를 알 수 있게 해준다.

　탕평책은 원래 숙종 때 처음 제기되었다. 숙종은 신권의 강화를 막기 위하여 한쪽 붕당에 치우치는 정책을 추진하였다. 그 결과 발생한 것이 바로 환국(換局)이었다. 환국이란, 정권이 갑자기 바뀌는 것을 의미한다. 즉 서인과 남인이 경신환국 · 기사환국 · 갑술환국을 통하여 정권의 교체를 거듭하게 되었다. 이 결과 우리가 흔히 요부(妖婦)로 알고 있는 장희빈(張禧嬪)과 현모양처(賢母良妻)로 알고 있는 인현 왕후(仁顯王后)가 희생되었던 것이다.

　인현 왕후가 희생된 뒤에 숙종은 정권의 급격한 교체가 많은 희생이 따른다는 것을 알게 된 숙종이 추진하려 한 정책이 바로 탕평책이었다.

　이것을 영조가 본격적으로 실시한 것이다. 탕평책은 유교 경전 중의 하나인 《서경》의 내용 중에 '무편무당 왕도탕탕 무당무편 왕도평평(無偏無黨 王道

蕩蕩 無黨無偏 王道平平)'에서 탕평의 개념이 생겨난 것이다. 곧 탕평은 붕당을 가리지 않고 능력에 따라 관리를 뽑는다는 정책으로 왕권을 강화하기 위한 정책이다.

영조는 탕평책을 실시한 것 이외에 백성들의 군포를 2필에서 1필로 줄인 균역법과 태종 때 실시했으나 유명무실해진 신문고를 부활했으며, 악형 및 지나친 형벌을 금지시켰고, 《동국문헌비고(東國文獻備考)》와 《속대전》, 《속오례의》를 편찬하는 등 많은 업적을 남겼다.

• 요약정리 — 영조와 정조의 업적	
영조	왕권 강화 (탕평책 실시 – 노론 독주 견제), 경제 (균역법 실시), 사회 (형벌제 완화, 형벌 제도 완화), 문화 (속대전, 속오례의, 동국문헌비고 편찬)
정조	왕권 강화 (탕평책 계승, 규장각 설치, 수원 화성 축조), 경제 (상업의 자유 확대), 사회 (서얼과 노비에 대한 차별 완화), 문화 (대전통편, 동문휘고, 탁지지, 규장전운 편찬)

Tip

장희빈은 정말 요부(妖婦)였을까?

[장희빈은 요부였다기보다는 붕당의 희생양이었다.]

장다리는 한철이나 미나리는 사철이다.
미나리는 사철이요 장다리는 한철이다.
메꽃 같은 우리 딸이 시집 삼 년 살더니 미나리꽃이 다 피었네.

이 노래에서 '미나리'라 함은 민비를 뜻하고 '장다리'는 장씨를 뜻한다. 이렇게 볼 때 이 노래는 첩에 빠져 있는 남편에게 첩은 한철, 본처는 사철에 비유해서, 남편에게 그 잘못을 알리고 본처에게 돌아오기를 말하고 있는 것으로 보인다.

왕을 둘러싼 왕비와 후궁들 사이에는 늘 암투와 시기, 질투가 있었으니 그 최고봉이 조선조 최고의 악녀로 알려진 장희빈과 현모양처의 대명사로 존경을 받던 인현 왕후에 얽힌 이야기라고 할 수 있다. 그런데 숙종을 사이에 둔 이 두 여인은 사실 서인과 남인의 당파싸움으로 희생된 것이었다.

인현 왕후는 본관이 여흥(驪興)으로 여양부원군 민유중(閔維重)의 딸이다. 인현 왕후는 덕이 높고 인자하며 아량이 넓어 모든 일을 넓은 마음으로 처리해나가는 보기 드문 여성이었다. 15세인 숙종 7년(1681)에 천연두로 세상을 떠난 인경 왕후 김씨의 뒤를 이어 왕비가 되었다. 숙종의 후비로 궁궐에 들어간 지 6년이 지나도록 왕자를 생산하지 못하니 나라의 큰 걱정이었고, 왕비 자신에게도 큰 걱정이었다. 그리하여 늘 생각하기를, '기왕 나 자신이 왕자를 생산하지 못할 바에야 차라리 임금께서 늘 마음에 두시는 궁녀 장 희빈(張禧嬪)을 다시 데려다가 인연을 맺게 하는 것' 이 왕비로서 현명한 도리라고 생각하였다.

그리하여 인현 왕후는 대왕대비와 왕대비를 만나 여러 번 간청하였고, 마침내 숙종 12년(1686) 4월에 장 희빈의 재입궐이 결정되었다. 숙종의 전교로 장 희빈을 불러들인 것은 그해 5월 16일이었다.

장 희빈의 이름은 원래 장옥정으로 야망이 컸던 소녀였다. 숙부 장현(張炫)은 비록 중인이었지만 《숙종실록》에 국중(國中)의 거부로 기록될 정도로 부자였다. 그런데 서인들에 의해 일어난 '복창군 복위 사건' 으로 집안이 몰락하였다. 그녀는 풍비박산이 난 집안을 다시 일으켜 세우고, 자신의 신분 상승을 위한 방법으로 궁궐에 들어가 왕의 승은(承恩)을 입는 것이라고 생각하였다. 마침내 그녀는 어머니의 애인인 조사석(趙師錫)의 소개로 동평군을 만나 궁인이 되었다. 이렇게 인조의 계비인 자의 대비전의 궁녀가 된 옥정은 짧은 시간에 숙종과의 만남이 이루어졌다.

숙종은 스무 살의 한창 나이에 열한 살 때 얻은 동갑 부인 인경 왕후 김씨를 잃어 외로움에 젖어 있었던 터라, 실록에 자못 얼굴이 아름다웠다고 기록된 미녀 옥정에게 쉽게 사랑을 느꼈을 것이다. 그러나 옥정은 후궁에 봉해지기도 전에 숙종의 모후 명성 왕후 김씨에 의해 강제로 쫓겨나게 되었다.

하지만 인현 왕후의 뜻에 의해 다시 궁궐에 들어온 장 희빈은 궁궐에 들어오자 남인들과 결탁하고 숙종의 국정을 어지럽히면서 단번에 큰 세도를 부리게 되었다. 1688년 후궁 장 희빈이 아들 균(경종)을 낳은 지 두 달 만에 숙종은 신하들의 반대에도 불구하고 균을 원자로 세웠다.

그리고 마침내 숙종 15년(1689) 4월에 숙종은 '투기'와 '무자(無子)'라는 죄명을 둘러씌워 인현 왕후를 폐위시키는 명령을 내리고 만다. 계속해서 송시열을 비롯한 노론을 축출하고, 남인을 대거 등용하였는데 이를 기사환국(己巳換局)이라 한다.

한편 궁녀 최씨는 궁녀들 중 가장 낮은 지위인 무수리로 효자동에 살다가 숙종 때 궁궐로 들어갔다. 최씨는 어느 날 장 희빈의 모략으로 쫓겨난 왕비 민씨를 그리면서 방 안에서 민 중전의 생일 음식을 차려놓고 기도를 하다가 암행하던 숙종께 발각된다. 임금이 그 사유를 다 듣고는 최씨의 지성과 인정에 감동하여 그녀를 가까이 하게 되었고, 자신의 잘못 또한 깨닫게 되는데, 궁녀 최씨는 얼마 후 옥동자를 낳았으니, 그가 곧 영조(英祖)이다.

자신의 잘못을 깨달은 숙종은 중전 장씨에 대한 감정이 악화되어 있었고, 반면에 민씨를 폐위시킨 것을 후회하고 있던 중이라 오히려 민암 등의 남인을 축출해버린다.

그리고 중전 장씨를 다시 빈으로 강등시키고, 폐비 민씨를 복위시켰다. 또 노론계의 송시열, 민정중, 김익훈 등의 관작을 복구시키고, 소론계를 등용하여 정국 전환을 꾀하게 되는데 이 사건이 갑술환국(甲戌換局)[1]이다.

숙종 27년 인현 왕후가 34세를 일기로 세상을 떠나자 장씨는 재기를 꿈꾸었다. 그러나 서인들은 장씨의 목숨을 끊어놓지 않으면 언제 화를 당할지 모른다고 생각하였고, 기사환국과 같은 일이 다시 일어날지도 모른다고 생각했으며, 숙종도 장씨를 희생양으로 삼아 왕권을 강화하기로 마음먹었다. 그리하여 마침내 숙종은 장 희빈에게 자결을 명령하게 되었다.

이처럼 중인으로 신분제에 맞섰던 장씨는 당쟁을 이용해 왕비까지 올랐으나 역시 당쟁 때문에 비참하게 생애를 마감하고 말았던 것이다. 숙종은 이후

[1] 조선 숙종 20년(1694)에 당시의 집권층인 남인(南人)이 폐비 민씨의 복위 운동을 꾀하던 일파를 제거하려다 도리어 화를 입은 사건. 이를 계기로 남인계는 와해되고 소론계가 집권하게 되었으며, 정계는 노론과 소론의 양립 국면으로 전환하였다.

빈(嬪)을 후비(后妃)로 승격하는 일을 없애는 법을 새롭게 만들었다.

여기서 빈(嬪)이라 함은 내명부의 품계를 말한다. 왕비인 중전이 정실 부인(본처)이라면 빈을 포함한 내명부의 후궁들은 왕의 후실부인(후처)으로 그 품계는 다음과 같고, 직무는 없었다.

내명부 품계	이름
정 1 품	빈 (嬪)
종 1 품	귀인 (貴人)
정 2 품	소의 (昭儀)
종 2 품	숙의 (淑儀)
정 3 품	소용 (昭容)
종 3 품	숙용 (淑容)
정 4 품	소원 (昭媛)
종 4 품	숙원 (淑媛)

희빈이나 경빈 등의 호칭은 같은 정1품이지만 혼란이 있을 수 있어 편의상 붙여진 작호이며, 먼저 입궁하여 먼저 지위에 오른 사람이 윗사람이 된다. 그러나 빈 이하의 후궁은 품계가 같아도 따로 부르는 이름은 없었다.

후궁으로서 우리에게 가장 많이 알려진 인물로는 숙종 때 경종을 낳은 희빈 장씨, 영조를 낳은 숙빈 최씨, 연산군의 후궁인 장녹수(숙원에서 숙용까지 올라감) 등이 있다.

정5품의 상궁(尙宮) 이하 종9품의 주변궁(奏變宮)까지는 궁녀로서 자기의 직무가 있었으나 종4품 이상의 품계에는 오르지 못했다고 한다.

36

정약용 丁若鏞 의 토지 제도

→ 정약용이 주장한 여전제(閭田制)는 공동소유에 공동생산, 공동분배를 주장한 우리나라 최초의 사회주의 경제 이론이다.

다산 정약용

서양에서 공산주의가 선포된 것은 1847년 마르크스(Marx, Karl)와 엥겔스(Engels, Friedrich)에 의한 '공산당 선언' 이후이다. 공산주의의 경제 이론은 개인이 소유하는 것은 인정하지 않으면서 모든 것을 국가 소유로 한다는 점이다. 마르크스가 사회주의 경제학을 주장할 당시에는 산업혁명으로 말미암아 경제가 급속히 발전한 시기였다. 사람들은 신나게 일하고 신나게 소비하면서 경제는 그야말로 호황을 달리고 있었다.

그러나 호황의 그늘에는 자본가들의 횡포와 어린이 노동, 저임금, 과중한 노동 시간 등의 문제점이 드러났으며, 빈부의 격차가 심화되었다.

이를 지켜본 마르크스는 반드시 자본주의는 붕괴될 것이라며, 이를 해결하는 길은 오직 개인의 사유물을 금지하고 모든 것을 국가 소유로 하여 평등한 사회를 형성하자는 것이었다.

서양에서 마르크스에 의하여 정리되기 이전에 우리나라에서 이미 사회주의 경제 이론이 주장되었다. 바로 다산(茶山) 정약용[1](丁若鏞, 1762~1836)이다. 정약용의 여전제(閭田制)에서 그 기원을 찾을 수 있다.

여전제란 무엇일까? 산과 내를 기준으로 경계로 삼고, 그 경계선 안에 포괄되어 있는 지역을 1여(閭)로 삼는다. 정약용의 여전제는 기본적으로 30가구를 1여로 하여 1단위로 한 농민의 협동농장제 또는 협업농장제를 만드는 것이었다. 이때 1여 안에 포함되는 모든 사유지는 물론 모두 여의 토지에 넣을 것을 대전제로 하고 있다. 즉 자연적 지세로 경계를 정하여 이 경계 안에 포함된 토지와 약 30가구를 1여의 기본단위로 설정한 농민의 협동농장 또는 협업농장을 만드는 것이다. 그리고 행정조직은 여를 출발 단위로 하여 3여=1리, 5리=1방, 5방=1읍으로 하는 행정구역을 만드는 것이다. 여전제의 기본 내용은 전국의 토지를 국유화하고 이 중 여에 위임하여 여민으로 하여금 이를 공동 경작케 하고 이를 통해서 그들을 경제적으로 평등화하려는 것이었다.

이것은 토지가 양반 사족(土族)들에게 집중되어 농민들은 남의 토지를 경작하는 소작인으로 전락하였기 때문이다. 그리하여 높은 소작료를 주다보니 농민들의 생활은 항상 어려움을 겪었다. 이를 해결하는 정책으로 제시된 것이 바로 여전제이다.

정약용은 여전제에서 생산수단에 대한 일체의 사적 소유를 허용치 않고 모든 토지를 국유화하면서 이를 여단위로 분배하게 하는 것이다. 여기서는 지주적 토지 소유는 물론이고 자작농의 개인경영에 의한 소규모 토지의 사유도 없다. 따라서 소작 제도와 토지의 매매도 없다. 여에 분배된 토지의 생산은 여민이 공동으로 하게 하였다. 즉 여민이 공동노동과 공동경작을 수행하여 생산을 여민의 공동으로 하는 것이다.

사회주의 경제와 다른 점은 여 안에 생산은 공동으로 하지만 소비는 가족단위로 하도록 하여 수확 후에는 생산물을 가족단위로 분배하는 것이다. 생산물의 분배 기준은 생산에 참여한 노동량에 따라서 결정한다. 즉 가을이 되면 수확한 생산물을 여중의 공회당에 모두 갖다 놓고, 먼저 나라에 바치는 공세와 여장의 급여를 공제한 다음, 그 나머지를 여장이 여민의 노동량을 기록한 장부에 따라 분배하는 것이다.

조선 시대 토지 제도의 부작용을 해결하고자 제시한 정약용이 주장한 여전제가 우리나라 최초의 사회주의 경제 이론인 것이다.

1 조선 후기의 학자(1762~1836). 자는 미용(美鏞), 호는 다산(茶山)·사암(俟菴)·여유당(與猶堂)·자하도인(紫霞道人). 문장과 경학(經學)에 뛰어난 학자로, 유형원과 이익 등의 실학을 계승하고 집대성하였다. 신유사옥 때 전라남도 강진으로 귀양 갔다가 19년 만에 풀려났다. 저서에 《목민심서》, 《흠흠신서》, 《경세유표》를 비롯하여 500여 권이 있다.

• 요약정리 — 조선 시대 농업의 발달

조선 전기	조선 후기
• 수리 시설 확충, 벼 품종 개발 • 모내기법과 벼, 보리 이모작 실시 • 특용 작물(약초, 목화) 재배 확대 • 타조법(병작 반수제 : 생산량의 1/2을 지주에게)	• 이앙법 확대 – 노동력 절감, 수확량 증대, 이모작 개발 • 이랑을 이용한 밭농사 발달(견종법) • 상품 작물 재배(담배, 인삼) • 구황 작물 재배(고구마, 감자) • 도조법 대두(생산량의 1/3을 지주에게 : 소작료의 금납화) • 광작 농업 – 토지 소유의 집중화

• 요약정리 — 조선 시대 상공업의 발달

	수공업	상업
조선 전기	• 관영 수공업 : 　경공장(중앙 관청 소속, 129종의 직종), 　외공장(지방 관청 소속, 27종의 직종) • 민영 수공업, 농민의 가내 수공업	• 육의전 번성(금난전권 부여) • 경시서(시전 감독 및 물가 조절) • 장시의 등장 – 16세기 중엽 전국 확대 • 보부상 – 관청 허가 후 장시에서 활동
조선 후기	• 민영 수공업의 발달 • 광산의 개발과 분업화	• 장시의 발달 – 5일장 체계 • 공인의 활동 – 도고의 성장 • 금난전권의 철폐 – 사상의 등장 • 상평통보의 유통 • 대외 무역 발달

Tip

2　조선 효종 때의 실학자 (1622~1673). 자는 덕부(德夫). 호는 반계(磻溪), 진사시에 합격하였으나 벼슬에 뜻이 없어 오로지 학문 연구에만 전념하였다. 중농 사상을 기본으로 한 토지 개혁론을 주장하였다. 저서로 《반계수록》 등이 있다.

실학자들 중 중농학파들은 많은 토지 제도를 주장하였다.

유형원(柳馨遠)[2]이 지은 《반계수록(磻溪隨錄)》에서 주장한 균전제(均田制)의 내용이다.

토지는 천하의 큰 근본이다. 큰 근본이 확립되면 온갖 법도가 따라서 잘되어 하나라도 마땅하지 않은 것이 없다. 만일 큰 근본이 문란해지면 온갖 법도가 따라서 문란해져 하나라도 마땅한 것이 없을 것이다.

……(중략)……

농부 한 명당 농지 1경을 받게 하고 법규에 따라 세금을 받으며, 농지 4경당 병사 한 명을 내게 한다.

……(하략)……

유형원은 농민들에게 일정한 면적의 농지를 나누어 주자고 주장한 것이 '균전제'이다.

이익(李瀷)[3]의 《곽우록(藿憂錄)》에서 주장한 '한전제'의 내용이다.

국가에서는 마땅히 한 집의 생활에 맞추어 재산을 계산해서 한전의 농토 몇 부를 한 집의 영업전으로 만들어주며…… .

……(중략)……

농토가 많아서 팔려고 하는 사람은 영업전 몇 부를 제외하고는 역시 허락하며, 많아도 팔기를 원하지 않는 사람은 강제로 팔도록 하지 말고…… .

……(중략)……

이렇게 되면 가난한 집은 당장에 재산이 없어지는 걱정이 없을 것이니 그들은 참으로 기뻐할 것이고, 부유한 가정은 비록 파산하는 지경에 이르더라도 영업전만은 남아 있을 것이다.

이익은 세제(稅制) 유지에 필요한 최소한의 토지 소유한도를 정해주고, 이것을 함부로 사고팔지 못하게 한 제도인 '한전제'를 주장하였다.

3 조선 영조 때의 학자 (1681~1763). 자는 자신(自新), 호는 성호(星湖). 유형원의 학풍을 이어받아 실학의 대가가 되었으며 특히 천문·지리·의학·율산(律算)·경사(經史)에 업적을 남겼다. 관계(官界)에 나가지 않고 저술과 후진 양성에 전력하였다. 저서에 《성호사설》, 《성호문집》이 있다.

37

실학(實學)의 발전

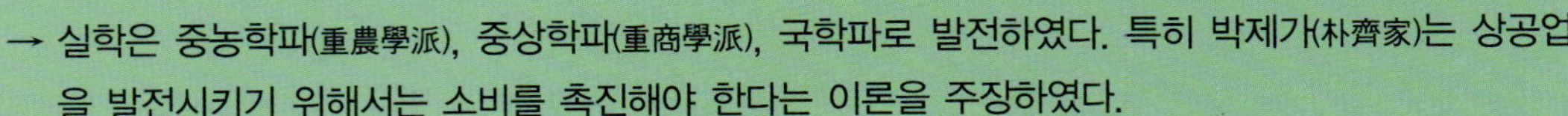

→ 실학은 중농학파(重農學派), 중상학파(重商學派), 국학파로 발전하였다. 특히 박제가(朴齊家)는 상공업을 발전시키기 위해서는 소비를 촉진해야 한다는 이론을 주장하였다.

현실성이 부족한 성리학에 대한 반성과 임진왜란과 병자호란으로 인해서 신분제가 흔들렸으며 농업 기술의 향상으로 인하여 빈부 격차가 확대되었다. 이에 대한 반성으로 현실 개혁이 필요하여 남인 학자들을 중심으로 전개된 것이 실학(實學)[1] 운동이다.

실학을 처음 일으킨 사람은 이수광(李睟光)[2]과 김육(金堉)[3]이다.

이수광은 선조부터 인조 때까지의 학자이자 정치가이다. 그는 명나라에 사신으로 오가면서 지행일치(知行一致, 아는 것을 실천해야 한다)를 주장한 양명학(陽明學)의 영향을 받아 실학을 일으켰다. 그는 《지봉유설(芝峯類說)》이라는 백과사전을 지어 실생활에 학문을 응용할 수 있게 하였다.

김육은 인조부터 효종 때까지 활약한 정치가로, 특산물을 현물로 내는 세금 제도를 쌀이나 돈, 삼베로 내게 하는 대동법(大同法)을 주장하였고, 상평통보(常平通寶)와 시헌력(時憲曆)[4] 사용을 주장하였다. 그리고 낮은 곳에서 높은 곳으로 물을 편리하게 퍼올릴 수 있는 수차(水車)를 만들었다.

이수광과 김육에 의한 실학은 세 방향에서 발전되었다.

하나는 농업을 중시하는 중농학파이다. 중농학파(유형원-《반계수록》, 이익-《성호사설》, 정약용-《여유당 전서》)는 농촌사회의 안정을 목표로 농민들의 입장에서 농업문제 해결과 토지 제도의 개혁을 주장하였다. 토지 제도로 유형원은 '균전제'를, 이익은 '한전론'을, 정약용은 '여전론'을 주장하였다.

[1] 조선 시대 때 실생활의 유익을 목표로 한 새로운 학풍. 17세기부터 18세기까지 융성하였으며, 실사구시와 이용후생, 기술의 존중과 국민 경제 생활의 향상에 대하여 연구하였다.

[2] 조선 중기의 문신·학자 (1563~1628). 자는 윤경(潤卿), 호는 지봉(芝峯). 이조 판서를 지냈으며, 사신으로 여러 차례 명나라에 다녀오면서 천주교 지식과 서양 문물을 소개하여 실학 발전의 선구자가 되었다. 저서에 《지봉유설》, 《채신잡록(采薪雜錄)》 등이 있다.

[3] 조선 중기의 문신·학자 (1580~1658). 자는 백후(伯厚), 호는 잠곡(潛谷). 한성부 우윤·도승지·우의정·영의정 등을 지냈으며, 효종 때에 대동법을 실시하게 하였고 실학자 유형원에게 큰 영향을 끼쳤다. 저서에 《구황촬요》, 《잠곡필담》 등이 있다.

두 번째는 국학의 연구이다. 국학은 역사, 지리, 국어와 관련된 연구를 하는 것이다. 우리나라 역사를 연구하여 한국사의 범위를 넓히려고 하였다. 안정복(安鼎福)은 민족사의 정통성을 밝히면서 중국사에서 독립시키기 위해 《동사강목(東史綱目)》을, 한치윤(韓致奫)은 외국 자료를 인용하여 우리 역사의 폭을 넓힌 《해동역사(海東繹史)》을 펴냈으며, 유득공(柳得恭)은 발해사를 우리 역사로 포함시킨 《발해고(渤海考)》를 지었

대동여지도 목판
[허가번호 : 중박 200802-42]

다. 또한 이긍익(李肯翊)은 조선 시대의 정치와 문화를 정리한 《연려실기술(燃藜室記述)》을 기사본말체로 남겼으며, 이종휘(李種徽)는 《동사(東史)》를 통해 고구려사를 연구하였다. 이중환(李重煥)의 《택리지(擇里志)》, 정상기(鄭尙驥)의 《동국지도(東國地圖)》, 김정호(金正浩)의 《대동여지도(大東輿地圖)》, 정약용의 《아방강역고(我邦疆域考)》 등은 지리를 연구한 학자와 저서이다. 특히 정상기는 100리를 1척으로 축척한 지도를 만들어 우리나라의 지도 제작 수준을 한 단계 높였다. 신경준(申景濬)의 《훈민정음운해(訓民正音韻解)》, 유희(柳僖)의 《언문지(諺文志)》 등은 한글의 문법을 정리한 책이며, 어휘를 수집한 책으로는 이성지(李成之)의 《재물보(才物譜)》, 권문해(權文海)의 《대동운부군옥(大東韻府群玉)》, 이의봉(李義鳳)의 《고금석림(古今釋林)》 등이 편찬되었다.

대동여지전도
[허가번호 : 중박 200802-42]

세 번째는 상공업을 중시하는 중상학파이다. 이들은 청의 문물을 수입할 것을 주장하여 북학파라고도 불리며, 상공업의 진흥과 기술 개발을 주장하였다. 이들은 놀고먹는 양반들을 강하게 비판하였으며, 현실을 개혁해야 한다는 강한 의욕을 보이고 있었다.

상공업이 경제력의 기준이라는 생각을 가진 유수원(柳壽垣)은 《우서(迂書)》를, 나라를 강하게 하기 위해서는 기술 문화의 진흥, 신분 제도의 철폐 등을 주장한 홍대용(洪大容)은 《담헌연기(湛軒燕記)》를 편찬하였다.

또한 상공업이 발전해야 나라가 발전한다는 생각으로 상공업을 발전시키기 위해서는 수레와 선박을 이용할 것과 화폐를 사용하자고 주장한 박지원(朴趾源)은 《열하일기(熱河日記)》를, 박제가(朴齊家)는 《북학의(北學議)》가 대표적인 저서이다.

특히 박제가는 상공업을 발전시키기 위해서는 소비를 촉진해야 한다는 이론을 주장하였다. 중상학파 학자들은 상공업뿐만 아니라 농업 기술의 향상에도 깊은 관심을 보이기도 하였다. 즉 수리 시설의 확충, 종자와 농기구의 개량, 경작 방법과 시비법의 개선에 관심을 가졌다.

실학 연구는 정치에서 소외된 사람들의 연구였기에 정책에 반영되지 못한 점이 있으나, 18세기 중엽에 일어나는 개화 운동의 주역들인 박규수(朴珪壽)와 오경석(吳慶錫), 유대치(劉大致/劉大癡)에게 많은 영향을 주었다.

• 요약정리 ― 실학의 발전

	중농학파	중상학파 (북학파)	국학파
주장	농업문제 해결과 토지 제도 개혁	청의 문물 수용과 상공업의 진흥	우리 역사, 지리, 국어 연구
학자	유형원, 이익, 정약용	유수원, 홍대용, 박지원, 박제가	역사 (안정복, 이긍익, 한치윤) 국어 (신경준, 유희) 지리 (이중환, 김정호)

---

4 태음력의 구법(舊法)에 태양력의 원리를 부합시켜 24절기의 시각과 하루의 시각을 정밀히 계산하여 만든 역법. 중국 명나라 숭정 초기에 독일 선교사 아담 샬이 만든 것으로, 우리나라에서는 조선 인조 22년(1644)에 김육이 연경에서 들여와서 효종 4년(1653)부터 사용하였다.

38

정조와 신도시 건설 사업

→ 정조는 신도시로 수원을 건설하고, 탕평책을 계승하여 붕당의 잘못을 고치려고 하였다. 그리고 규장각을 설치하여 인재를 널리 뽑았으며, 금난전권(禁亂廛權)을 폐지하여 상업을 발달시키는 등 많은 업적을 남겼다.

오늘날 서울 등 큰 도시의 인구를 줄이기 위하여 신도시가 많이 건설되고 있다. 분당, 일산, 중동, 평촌 등지와 행정 신도시로 과천 등을 들 수 있다. 신도시 건설의 가장 큰 목적은 서울에 몰려 있는 인구를 줄이기 위한 것이다. 그러면 이러한 신도시가 옛날에도 필요했을까? 물론 필요했다.

조선 시대의 신도시로 들 수 있는 대표적인 곳은 수원(水原)이다. 이곳을 신도시로 건설한 사람은 정조(재위 1777~1800) 임금이다. 수원에 신도시를 건설한 목적은 정치·군사적인 이유였다. 그의 아버지인 사도 세자는 당파싸움 때문에 억울하게 세상을 떠났으며, 정조가 왕위에 오를 때도 많은 어려움이 있었다. 그리하여 반대파인 벽파를 누르고 왕의 권력을 강화할 목적으로 수원에 행궁(行宮, 임금이 거둥할 때 머무르는 별궁)을 건설하고 성을 쌓게 되었던 것이다.

또 다른 이유로 수원은 5군영의 하나인 총융청(摠戎廳)[1]이 있었던 곳으로 군사력을 튼튼히 하기 위함이었다.

이러한 목적 이외에도 정조는 억울하게 죽임을 당한 아버지 사도 세자의 넋을 기리고 동아시아에 새롭게 떠오르는 조선의 모습을 보이려는 목적도 가지고 있었다. 그러나 안타깝게도 도시 이름을 '화성(華城)[2]'으로 한 것으로 보아 정조 임금의 정치사상 밑바탕에는 작은 중국이라는 생각이 깔려 있었음을 짐작하게 한다.

1 조선 인조 2년(1624)에 둔, 오군영 가운데 경기 지역의 군무를 맡아보던 군영. 헌종 때에 총위영으로 고쳤다가 철종 때에 다시 이것으로 고쳤다.

2 조선 정조 때 경기도 수원시에 쌓은 성. 정조 18년(1794)부터 20년(1796) 사이에 좌의정 채제공의 주관 하에 축성하였는데, 근대적 성곽 구조를 갖추고 거중기 따위의 기계 장치를 활용한 우리나라 성곽 건축 기술 사상 중요한 위치를 차지하는 성. 1996년에 유네스코 세계 문화유산으로 지정하였다. 늑수원성

팔달문

장안문

창룡문

화서문

　화성 신도시는 정조 18년(1794)부터 정조 20년(1796) 10월까지 2년이 걸렸다. 동원된 사람은 석수 642명, 목수 335명, 미장이 295명 등의 기술자 11,800명이었다. 또 돌덩이만 187,600개, 벽돌 695,000개와 쌀 6,200석, 콩 4,550석, 잡곡 1,050석이 사용되었고, 목재 26,200주, 철물 559,000근, 철엽(鐵葉) 2,900근과 숯 69,000석, 기와 53만 장, 석회 86,000석이 사용되었다. 신도시를 건설하는데 공사비가 873,520냥, 양곡 1,500석이 든 큰 공사였다.

　도시는 수도 서울을 그대로 모방하여 4대문을 두고(남-팔달문, 북-장안문, 동-창룡문, 서-화서문), 팔달산 아래 행궁(行宮), 관청(官廳), 사직단(社稷壇), 문묘(文廟) 등의 건물들과 5.7킬로미터에 달하는 성곽(城郭)으로 나누어 있다. 특히 성곽은 우리나라에서 성을 쌓았던 방법에다 북학파의 과학 기술 지식이 합쳐진 발달된 성 쌓는 기술의 집합체였다. 영의정 채제공(蔡濟恭)의 지휘 아래 정약용이 건설한 이 성곽은 무거운 물건을 쉽게 들어 올리는 거중기(擧重機)와 운반 기계가 사용되었고, 규격화한 벽돌이 처음으로 사용되었다. 더구나 대개 국가 공사에 동원되는 부역은 인부들에게 임금을 주지 않았으나 정약용의 건의에 따라 능력에 따른 임금을 지급하자 성곽의 진행 속도가 빨라졌다. 그리하여 10년을 계획하여 성곽 공사를 벌인 것이 33개월 만에 완성되었다.

그러므로 수원성의 건설은 개혁을 꿈꾸는 실학자들이 원대한 꿈을 이루는 기회가 될 만했다. 그러나 불행히도 정조는 자신의 꿈을 이루기도 전에 갑자기 세상을 떠났다. 규장각을 설치하여 인재를 뽑아 학문을 연구하고, 탕평책을 실시하였으며, 시전(市廛)상인들에게 주어졌던 독점 판매권을 금지하는 금난전권을 폐지하여 상공업을 발달시켰다. 법전인 《대전통편(大典通編)》을 편찬하고, 서자와 적자의 차별을 완화하는 등 많은 업적을 남겼지만 개혁의 완성을 보지 못하고 갑자기 세상을 떠나고 말았다.

또한 군사적 목적의 신도시로는 숙종(재위 1674~1720) 때 건설했던 북한산성이 있다. 북한산성은 인조(仁祖)가 병자호란 때 남한산성에서

채제공 영정

거중기

녹로

청 태종에게 당한 아픔을 다시 겪지 않기 위해, 즉 전쟁에 대비하기 위해, 왕이 임시로 머물게 하기 위한 목적으로 행궁과 식량 창고, 무기고, 장수의 지휘 본부인 장대가 세 곳, 성을 관리하는 관청 세 곳, 승병을 위한 사찰 열세 곳, 병사 숙소 143곳 등 다양한 시설을 갖춘 산성으로 당시로서는 최고의 군사 방어 도시라고 할 수 있다.

태조 때에도 계룡산에다 신도시를 건설하려는 계획을 세운 적도 있었다.

임금이 한강을 건널 때엔 임시로 다리를 놓았다

[배를 잇대어 길을 낸 주교(舟橋, 배다리)가 있었다. 주교 설치 원리는 오늘날 공병대가 군사 목적으로 설치하는 것과 같다.]

한강에는 2007년 현재 30개의 다리가 놓여 있어 강북과 강남을 잇는 주요한 교통로 역할을 하고 있다.

그런데 옛날에도 한강에 다리가 있었을까?

한강에 다리가 생긴 것은 일제 강점기 때이다. 1930년과 1938년 두 차례에 걸쳐 건설된 한강대교가 최초의 교량으로, 서울 용산구 한강로와 동작구 본동을 잇고 있다.

우리 조상은 다리를 놓는 토목이나 가교 기술이 뛰어났다. 수표교(水標橋), 광통교(廣通橋) 등의 돌다리가 그 예다. 그러나 이같이 튼튼한 다리를 한강에 놓는 일을 꺼려했다. 길이 넓은 다리를 놓을 경우 외세의 침략 통로로 역이용될지도 모른다는 염려 때문이었다. 즉 국가 안보를 위하여 한강 위에 영구적인 다리 설치를 피했던 것이다.

그래서 필요한 경우에 임시교를 설치했다가 해체하는 방편을 썼다. 임시교가 설치되는 때는 임금이 강 이남으로 행차할 때였다. 임금이 한번 행차하면 그 행렬은 끝이 보이지 않을 정도였다. 조선 시대 왕의 행차 중 가장 규모가

컸던 것은 1795년 윤 2월 9
일에 정조(正祖)가 어머니인
혜경궁(惠慶宮) 홍씨(洪氏)의
회갑연을 기념해 아버지 장
조(莊祖, 사도 세자)가 묻혀
있는 경기도 화성군 태안읍
에 있는 융릉으로 행차할
때였다. 2천 명의 인원과
1,400마리의 말이 동원된
이 행렬의 길이는 무려 10
리나 이어졌다. 선두 행렬
이 숭례문(崇禮門)에 다다라
서야 후미가 창덕궁을 출발

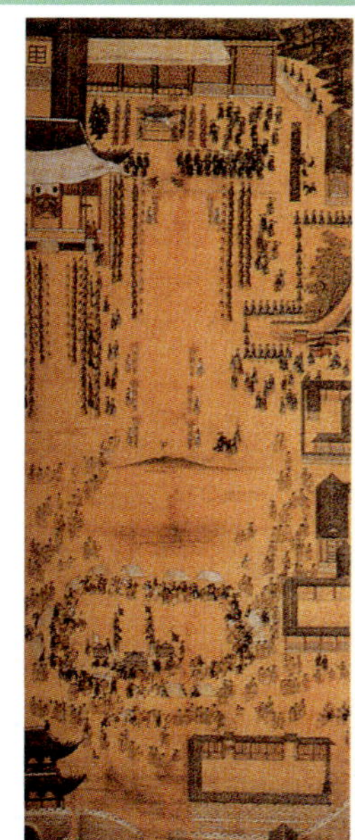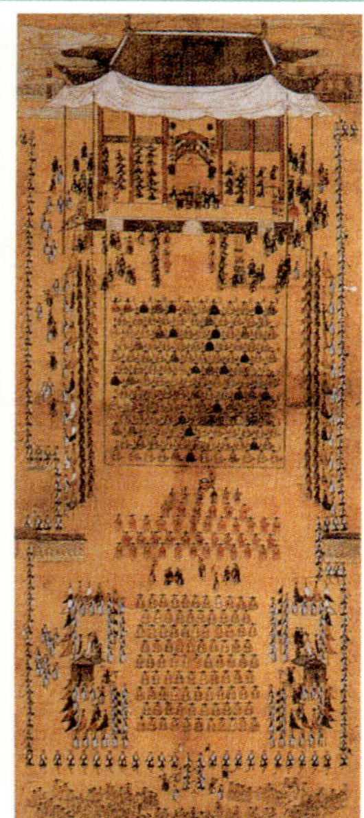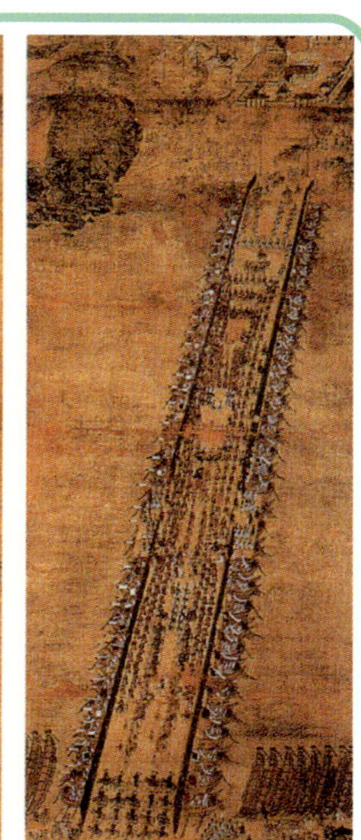

정조의 현릉원 행차 [허가번호 : 중박 200802-42]

할 정도였다고 한다. 이렇게 규모가 큰 행차였으므로 배로 건너는 것은 상상
도 할 수 없는 일이었다.

이에 나라에서는 임시 다리인 부교(浮橋)를 놓는 관청을 설치하니, 이것이 주
교사(舟橋司)[3]다. 곧 배를 이용하여 만드는 다리라 하여 주교(舟橋)라 한 것이다.

이 배다리를 놓기 위해 한 달 남짓 동안 수백 척의 배가 강제로 동원되었으
며, 자연히 한강의 조운(漕運, 서울로 조세를 운반하는 것)과 정기 수운이 중단되
었다. 따라서 이를 생업으로 삼고 사는 사람들의 원망이 대단했다. 이들의 원
망이 〈한강 아리랑〉에 잘 나타나 있다.

> 강원도 뗏목 장수
>
> 뗏목 빼앗기고 울고 가고
>
> 전라도 알곡 장수
>
> 통배 빼앗기고 울고 가고
>
> 삼개 객주(客主) 발 뻗고 울고

3 조선 시대 때 준천사에 속
하여 임금이 거둥할 때 한강
에 배다리를 놓는 일을 맡아
보던 관아. 정조 13년(1789)
에 설치하였다가 고종 19년
(1882)에 없앴다.

노나루 색주가(色酒歌)들은

머리 잘라 판다.

　정조가 융릉을 행차할 때의 배다리는 그 축조 기술면에서 현대식 배다리에 조금도 뒤지지 않는다. 배다리를 설치할 때 가장 중요한 것은 다리를 놓는 위치인데, 이때 제일 먼저 고려해야 할 사항이 강폭과 유속(流速), 조수(潮水)였다. 이런 조건을 감안한 결과 가장 적당한 위치로 꼽힌 곳이 지금의 한강대교 자리다. 강폭이 340미터인 이곳에 폭이 9미터인 대형 선박 38척이 동원되었으며, 다리의 폭은 7미터로 말 다섯 필이 나란히 지나가도 될 정도였다.

　강 중앙은 물살이 빨랐으므로 큰 배를 설치하고 가장자리로 갈수록 점차 크기가 작은 배를 순서대로 배치하여 아치형의 다리를 만들었다. 그 광경이 참으로 장관이어서 배다리가 설치되면 강가에는 구경꾼이 장사진을 이루었다고 한다.

　맨 가장자리에 배치된 배는 쇠사슬로 강둑에 연결했으며 배 양측에 닻을 내려놓아 센 물살이나 조수에 대비했다. 배와 배의 연결은 가로 기둥 다섯 개와 나무못을 이용하여 묶는 수단을 썼다. 그리고 배 위에는 세로로 송판을 깔아 바닥을 평평하게 하여 건너기 편하게 했다.

　이 배다리의 설치와 완성에는 보통 15일이 걸렸으며, 그 과정이 민요 〈한양가(漢陽歌)〉 중 '주교' 부분에 나와 있다.

배 위에 장송 깔고 좌우에 난간 짜고

팔뚝 같은 쇠사슬로 뱃머리를 걸어 매고

양 끝에 홍전문과 한가운데 홍전문에

홍기(洪旗)를 높이 꽂고

좌우의 뱃사공은 청의(靑衣) 청건(靑巾) 남전대에

오색기(五色旗) 손에 들고 십리 주교 벌였으니

천승군왕위의로다.

그러나 이처럼 복잡한 과정을 거치며 정조가 화성 행차를 한 이유는 단지 아버지 사도 세자의 능인 현륭원을 참배하기 위함이었을까?

정조의 화성 행차는 수많은 병력과 인원이 동원되고 많은 돈이 필요한 행사이므로 정조가 군사권과 재정권을 완전히 장악하지 않으면 하기 힘든 것이다.

정조의 화성 행차는 자신의 왕권 장악을 벽파를 비롯한 모든 정치적 적대 세력에게 나타내는 동시에 채제공을 비롯한 새로운 정치 세력의 기반을 다지는 계기가 되는 것이다.

한편, 정조는 화성 행차를 하는 동안에 백성과 대화를 갖는 시간을 자주 가졌으니, 무려 3,355건의 상언(上言)과 격쟁(擊錚)을 처리하였다. 상언이란, 억울한 일을 당한 백성이 직접 왕을 만나 자신의 사정을 아뢰는 것을 말하며, 격쟁은 왕의 행차를 징을 쳐서 멈추게 하고 자신의 억울함을 호소하는 것이다. 글을 모르는 백성이 상소를 올릴 수 없어 자신의 억울함을 풀 수 없는 사정을 널리 이해한 정조의 배려였다.

화성 행차로 인하여 정조가 지나가는 지역에 도로가 건설되었고, 수로가 정비되어 자연스럽게 농업이 발달하여 풍요로운 지역이 되었으며, 군사시설 역시 수시로 점검되어 수도권의 방위 체제가 강화되었다.

그리고 국가 재정을 넘보던 경강상인(京江商人)을 통제하는 수단이 되기도 하였다. 바로 배를 가지고 활동하는 경강상인의 배를 동원함으로써 그들은 국가 통제를 받게 되었다.

이밖에 정조는 영조의 탕평책을 계승하여 왕권을 강화하고, 장용영(壯勇營)이라는 친위부대를 설치했다. 또한 벽파 세력을 억제하기 위하여 수원에 화성을 쌓았으며, 《대전통편(大典通編)》, 《규장전운(奎章全韻)》, 《탁지지(度支志)》 등을 편찬하게 하였다.

39

세도勢道 정치

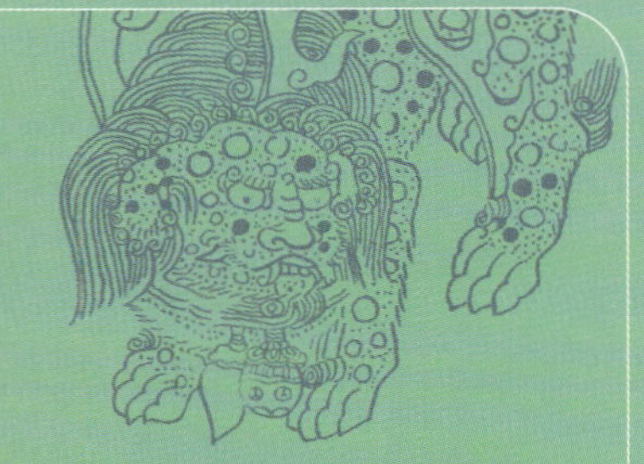

→ 어린 나이에 임금이 된 순조, 헌종과 철종 때에 특정한 가문이 왕권을 대신하여 권력을 차지한 비정상적인 정치로 1801년에서 1863년까지 60여 년간 왕권이 약화되었으며 정치가 혼란에 빠졌다.

정조가 갑자기 세상을 떠난 후 1800년 7월에 11세의 어린 나이로 창덕궁 인정문(仁政門)에서 순조(純祖)가 즉위하였다. 관례에 따라 왕이 20세가 되기 전이었으므로 왕실의 웃어른인 대비(또는 대왕대비)가 발을 드리우고 왕을 대신해 정치를 했으니, 이를 수렴청정(垂簾聽政)이라고 한다. 순조 역시 대왕대비 정순 왕후(貞純王后, 영조의 계비 경주 김씨)가 수렴청정하게 되었다.

순조 2년(1802) 10월에 영안 부원군(永安府院君) 김조순(金祖淳)[1]의 딸을 왕비로 맞았다. 정순 왕후는 공노비를 해방시키는 등 업적을 남겼으나 신유박해를 통하여 많은 천주교 신자를 희생시켰다.

순조 4년(1804) 12월에 정순 왕후의 수렴청정이 끝나 순조의 친정(親政)이 시작되었으나, 정조의 유탁(遺託)을 받고 정치에 관여하게 된 장인 김조순 일문에 의한 안동(安東) 김씨의 세도 정권이 확립되어, 안동 김씨가 나라의 요직을 모두 차지하여 전횡(專橫)과 뇌물을 받는 행위를 일삼으니, 인사 제도의 기본인 과거 제도가 문란해지는 등 정치 기강이 무너져 민생은 도탄에 빠지게 되었다.

순조는 1827년 세자(21세의 나이로 세상을 떠난 뒤 문조로 묘호를 받음)에게 자신을 대리해서 나라를 다스리도록 하니, 세자는 어진 인재들을 널리 뽑아서 쓰고, 심한 형벌은 금지시켰으며, 백성들의 생활에 필요한 정책들을 실시하면서 안동 김씨의 세도를 견제하였다. 그러나 1830년 세자가 일찍 죽음으로써 실패하였다.

1 조선 후기의 문신(1765~1832). 초명은 낙순(洛淳), 자는 사원(士源), 호는 풍고(楓皋). 순조의 장인으로서 대제학을 지냈으며, 안동 김씨 세도 정치의 기반을 마련하였다. 문장에 능하고 죽화(竹畵)를 잘 그렸다. 저서에 《풍고집》이 있다.

헌종은 순조 30년(1830)에 왕세손(王世孫)에 책봉되고, 1834년 순조가 죽자 이해 8세의 어린 나이로 경희궁 숭정문(崇政門)에서 즉위하니, 대왕대비 순원 왕후(純元王后, 순조의 비)가 수렴청정을 하였다. 익종의 비인 조대비에 의하여 발탁된 외척 풍양 조씨 일문의 세력이 우세해지면서, 순조 때부터 정권을 전횡해 온 안동 김씨를 물리치고 한동안 세도를 잡았다. 하지만 풍양 조씨끼리의 내분과 1846년 조만영(趙萬永)[2]의 죽음을 계기로 정권은 다시 안동 김씨의 수중으로 넘어갔다.

헌종이 후사가 없이 세상을 떠나자 강화도에서 일반 피지배층과 똑같이 살아온 원범이 왕이 되었다. 원범은 강화도에 유배되었던 사도 세자의 아들 은언군의 손자로 먹고 살기가 힘들어 학문을 익힐 시간이 없었다. 안동 김씨들은 세도 정치에 방해가 되지 않을 인물로 학문을 익히지 않은 원범을 선택한 것이다. 원범은 임금이 되었으나 김문근(金汶根)[3]이 영은 부원군(永恩府院君)이 되어 왕의 장인으로서 왕을 돕게 되니 순조 때부터 시작된 안동 김씨의 세도 정치가 또다시 계속되었다. 철종은 1852년부터 친정을 하였지만, 정치의 실권은 안동 김씨 일족에 의하여 좌우되었다.

세도 정치 아래에서 안동 김씨와 풍양 조씨들은 돈을 받고 관직을 사고팔았다. 관직을 사서 관리가 된 양반들은 자신들이 투자한 돈을 찾고자 세금으로 거두어들이던 삼정(三政)에 자신들의 몫을 더하니, 농민들의 부담은 더욱 커지게 되었던 것이다.

• 요약정리 — 세도 정치와 농민 봉기	
세도 정치	• 특정 가문이 왕권을 대신하는 비정상적인 정치 • 순조, 헌종, 철종의 3대 60여 년간 이루어짐 — 왕권 약화

↓

삼정의 문란	전세 (전정), 군포 (군정), 환곡 (가장 극심 — 빈민 구제)

↓

농민 봉기	• 홍경래의 난 — 세도 정치와 서북 지방 차별에 대한 반발 • 진주 농민 봉기 — 경상우병사 백낙신의 수탈 • 의의 — 농민의 사회적 자각 운동

2 조선 후기의 문신(1776~1846). 자는 윤경(胤卿), 호는 석애(石厓). 순조 19년(1819)에 딸이 세자빈이 되자 풍은 부원군(豐恩府院君)으로 봉해졌으며, 이후 풍양 조씨의 중심인물로서 안동 김씨와 권력 투쟁을 벌였다. 저서에 《동원인물고(東援人物考)》가 있다.

3 조선 후기의 문신(1801~1863). 자는 노부(魯夫). 철종 2년(1851)에 딸이 왕비로 책봉되자 영은 부원군(永恩府院君)이 되었고, 금위대장, 영돈령부사 따위를 지냈다. 안동 김씨 세도의 일익을 담당하였다.

40

사회적 자각 운동인
민란 民亂 의 발생

→ 세도 정치가 원인이 되어 매관매직(賣官賣職)이 성행했으며, 매관매직으로 관리가 된 자들에 의해 세금 제도가 문란해져 백성들의 생활이 도탄에 빠지게 되었다. 이에 농민들은 마침내 1862년 봄 진주민란을 시발로 하여 삼남지방을 중심으로 여러 곳에서 민란을 일으켰다.

왕권을 약화시킨 세도 정치는 특정 가문에 의한 독재 정치가 이루어져 견제 세력이 없어졌다. 왕의 권한이 강할 때에 백성들은 왕과 신하들의 상호 견제 속에서 생활하는데 큰 불편은 없었다. 그리고 백성들이 고통스럽게 살면 왕들은 자신들을 뒤돌아보면서 백성들을 위한 여러 가지 정책들을 펴나갔다.

그러나 세도 정치 아래에서 안동 김씨와 풍양 조씨는 견제 세력이 없어졌으므로 정치 집단이 한낱 이익 집단으로 전락하였다. 백성들에게 이로움을 추구하는 것이 아닌 한 가문이나 개인의 사사로운 이익을 위한 집단이었던 것이다.

이들은 많은 돈을 받고 관리들을 선발하였다. 관리들을 선발하는 것은 공식적인 관리 등용 제도인 과거 제도에서는 시험장에서의 부정과 합격자를 남발하였다. 그리고 사사로이 관직을 사고파는 매관매직이 성행하였다.

관직을 돈을 주고 산 사람들은 자신들이 투자한 돈 이상을 얻어내기 위하여 모든 수단을 동원하였다. 정상적으로 백성들에게 세금을 거두어서는 자신들이 투자한 본전을 찾기는 힘들었다. 그래서 이들은 법에도 없는 세금을 마구 거두어들이고, 죄 없는 사람들에게 죄를 덮어씌우고, 봄에 빌려주었다가 가을에 갚는 춘대추납(春貸秋納)의 빈민구제 제도인 환곡에서도 부정을 저질렀다. 이들이 거두어들인 세금의 문란을 '삼정(三政)의 문란'이라고 한다.

삼정이란, 땅에서 거두어들이는 세금인 전세(田稅, 전정이라고도 함)와 군 그리고 역의 의무를 면제받는 대신에 군포 1필을 내는 군정(軍政), 봄에 빌려주었다가 가을에 갚는 춘대추납의 빈민구제 제도인 환곡(還穀)을 말한다.

전세에서의 부정은 1결(9,900㎡)에서 4두에서 20두 내외의 쌀을 거두어야 하지만, 각종 부가세를 더 내게 하였다. 각종 조세와 잡부금을 추가하여 토지에 부과할 수 없는 세금을 징수하였던 것이다.

군정에서의 부정은 백골징포(白骨徵布), 황구첨정(惶懼簽丁), 강년채(降年債), 족징(族徵), 인징(隣徵) 등으로 나타났다. 백골징포는 죽은 사람에게 군포를 부과하는 것이며, 황구첨정은 16세 이전의 어린아이에게 군포를 부과하는 것이고, 강년채는 60세 이상된 노인의 나이를 줄여 군포를 부과하는 것이다. 족징은 군포를 내야 할 사람이 도망을 갔으면 그 친척에게 부과하는 것이며, 인징은 도망간 사람의 몫을 이웃에게 부과하는 것이다.

환곡에서의 부정은 늑대, 반작 등이 있다. 늑대는 필요하지 않은 사람에게 강제로 곡식을 빌려 주고 비싼 이자와 함께 거두어들이는 것이며, 반작은 빌려주는 곡식의 반을 모래나 겨를 섞어 주면서 가을에 모래나 겨까지 포함하여 곡식으로 받는 것이다. 환곡은 삼정 중에서 농민들에게 가장 큰 고통을 준 제도이다.

이처럼 백성들은 관리들의 부정과 부패로 생활이 어려워지자 스스로 자신들의 생활을 보호하기 위한 적극적이고 강경한 활동을 하게 되었다. 처음에는 벽서라든지 소청을 통해 자신들의 요구를 주장하던 농민들은 소작료를 거부하는 항조(抗租) 운동과 세금의 납부를 거부하는 거세(拒稅)로 대항하더니, 마침내 민란으로 폭발하게 되었다.

민란의 선구가 된 것은 순조 11년(1811)에 발생한 홍경래(洪景來)[1]의 난이다. 몰락 양반인 홍경래는 서북 지방에 대한 차별 대우와 세도 정치에 반발하여 농민·중소상인·광산 노동자 등 세도 정치 아래에서 어려움에 빠진 피지배층을 규합하여 민란을 일으켰다. 한때 청천강 이북 지역을 장악할 정도로 위

[1] 조선 순조 때의 혁명가 (1771~1812). 1798년에 평양의 향시에 합격하고 사마시에 응하였으나 지방을 차별하는 폐습 때문에 낙방하자 이에 불만을 품고 1811년에 평안북도 가산에서 군사를 일으켜 혁명을 꾀하다가 이듬해 정주에서 패하여 죽었다.

세를 떨쳤지만, 결국은 정주성에서 정부군에 의해 진압되었다.

민란이 전국적으로 확대되는 계기가 된 것은 철종 14년(1862)에 일어난 진주민란이다. 임술민란(壬戌民亂)이라고 불리는 진주민란은 진주병사 백낙신(白樂莘)[2]의 부정부패에 대항하여 일어난 민란이었다. 몰락한 양반인 유계춘 등을 중심으로 농민들이 일으킨 민란이었으나 실패하였다. 하지만 진주민란을 계기로 전국적으로 민란이 일어나게 되었다.

조선 후기 세도 정치에 반발하여 일어난 민란은 신분해방을 내세운 고려 시대 민란과는 달리 삼정의 문란과 부정부패한 관리들에게 항거하면서 자신들의 요구를 당당히 밝힌 사회적 자각 운동이라고 하겠다.

• 요약정리 — 조선 후기의 문화

분야	내용
문학	서민 문학 (한글 소설, 사설시조), 내방 문학 (혜경궁 홍씨의 한중록, 의유당 김씨)
건축	금산사 미륵전, 법주사 팔상전, 수원 화성, 경복궁 근정전
그림	진경산수화 (정선의 인왕제색도, 금강전도), 풍속화 (김홍도, 신윤복, 김명국), 민화
서예	김정희 (추사체)
과학	의학 (허준의 동의보감, 이제마의 동의수세보원), 곤여만국전도전래 (세계관 확대),
기타	판소리, 탈놀이와 산대놀이, 도자기 (청화백자)

Tip

어려운 백성들을 도와주는 빈민구제 제도가 고구려 시대부터 실시되었다면서요?

고구려 시대의 진대법(賑貸法), 고려 시대의 의창(義倉), 조선 시대의 환곡(還穀)이 있다.

백성들의 대부분을 차지하는 농민들의 생활 안정은 곧 나라의 안정이라고 하겠다. 농민들이 죽는다든지 노비로 전락하면 그만큼 국가 재정에 구멍이 생기는 것이다. 국가 재정의 구멍을 막기 위하여 나라에서는 농민들의 생활 안정에 힘쓰게 되었다.

농민들을 보호하기 위한 정책으로는 가뭄이나 홍수가 났을 때 세금을 감소 또는 면제시켜주는 것이다. 또한 농번기에는 각종 국가 공사에 부역을 동원하는 것을 삼가기도 하였다.

그러나 농민들에게 가장 어려운 것은 봄철에 보리가 수확되기 직전인 3월부터 5월까지 먹을 식량이 부족한 것이다. 이때를 일컬어 '보릿고개'라고 한다. 농민들은 농사를 짓기 위하여 각종 비용을 지출할 수밖에 없다. 이 비용은 고스란히 돈이나 곡식을 빌려서 해결하는 것이다. 그리하여 가을에 추수한 곡식을 헐값에 팔거나 봄에 빌린 곡식을 갚고 나면 보릿고개 무렵에는 모두가 식량이 부족할 수밖에 없는 것이다.

이러한 제도가 고구려에서는 고국천왕 때 처음 실시된 진대법이다. 진대법을 계승하여 고려 시대에는 의창이 실시되었다. 고려 시대에는 의창뿐만 아니라 물가가 쌀 때에 사두었다가 비쌀 때에 가격을 적정하게 맞추기 위한 물가 조절 기관인 상평창도 있었다. 그리고 '보'라고 하여 일정한 기금을 조성하여 그 이자로 좋은 일을 하는 제도도 있었다. 빈민을 도와주면 '제위보(濟危寶)'이고, 어려운 학생들에게 장학금을 주면 '학보(學寶)'인 것이다.

조선 시대에는 의창(義倉)의 제도가 이어져서 환곡 제도가 실시되었다. 그러나 세도 정치 아래에서 환곡이 문란해지자 흥선 대원군은 경제적으로 여유 있는 부자들을 운영의 책임자로 하여 어려운 사람들에게 곡식을 빌려주는 사창 제도를 실시하였다.

41

천주교 박해 이유

→ 인간 평등사상과 제사의식을 거부했기 때문이다.

천주교와 우리나라의 첫 접촉은, 고려 시대 때 당시 교황인 이노켄티우스 4세의 특사와 고려 왕족이 몽골에서의 만남에서 비롯되었다. 몽골 3대 군주인 정종(定宗)의 대관식에 교황은 수도승 카르피니를 파견했는데 당시 몽골에 인질로 잡혀가 대관식에 참석했던 고려 왕족 왕순과 왕전 두 사람을 만났던 것 같다.

우리나라 사람들이 책을 통해 천주교를 처음 접한 것은, 실학의 선구자 중 한 사람인 이수광이 쓴 《지봉유설》에서 소개한 《천주실의》였다. 그 후에 인조의 아들인 소현 세자가 병자호란의 결과 인질로 청나라에 잡혀갔다. 소현 세자는 세자빈인 민회빈 강씨의 도움을 받아 서양 선교사와 접촉을 통하여 성경책을 국내에 들여왔다.

천주교가 처음 들어올 때에 우리나라 사람들은 천주교를 종교가 아닌 학문으로 받아들였다. 그래서 천주교를 서양 학문이라고 하여 ‘서학’으로 불렀다. 서학은 정권에서 소외된 남인들을 중심으로 연구가 되었으며, 몰락 양반인 잔반(殘班)과 여성으로 전파되다가 평민으로 확대가 되었다. 이들은 서학 중에서 인간은 모두 평등하다는 사상과 내세(來世) 사상을 접하게 되면서 정조 때부터 종교로 받아들였다. 내세 사상을 믿게 되자 성리학에서 중요하게 여기는 제사의식을 거부하게 되었다.

제사의식을 거부하는 것을 성리학자들은 용납할 수가 없었다. 조상을 숭배하는 것마저 거부하는 천주교 신자들을 짐승이나 오랑캐이면서 사회 질서를 혼란에 빠뜨리는 것이라고 판단하였다. 그리하여 천주교를 엄하게 금지하였으며, 각 지방의 수령들은 오가작통법(五家作統法)을 실시하여 천주교를 믿는 무리들을 처벌하도록 하였다. 정조는 새로운 문물을 수입하려는 생각으로 천주교에 대한 박해를 심하게 하지 않았다. 그러나 순조가 즉위하면서 벽파들은 자신들의 정권을 유지하고 남인을 축출하기 위하여 천주교에 대한 탄압을 하였다. 순조 때의 신유박해와 헌종 때의 기해박해, 그리고 고종 때의 병인박해(丙寅迫害)가 대표적이다. 특히 병인박해 때에는 프랑스 선교사 12명 중 9명이 학살당한 것을 시작으로 불과 수개월 사이에 국내 신도 8,000여 명이 학살되었다. 이 사건을 빌미로 프랑스가 침입하는 병인양요(丙寅洋擾)[1]가 일어났다.

천주실의

1 대원군의 가톨릭 탄압으로 고종 3년(1866)에 프랑스 함대가 강화도를 침범한 사건. 병인박해 때 중국으로 탈출한 리델 신부가 톈진(天津)에 와 있던 로즈 제독에게 진상을 보고함으로써 일어났는데, 프랑스 함대는 약 40일 만에 물러갔다.

Tip

우리나라 최초의 신부는 누구일까?

[우리나라 최초의 신부는 김대건(金大建, 1822~1846)이다.]

우리나라 최초의 신부는 김대건으로, 한국인 103위 시성(諡聖) 중의 한 명이다.

김대건은 충청남도 당진의 솔뫼에서 김재준과 상흥 고씨 우르술라의 아들로 순조 22년(1822) 8월에 태어났다. 처음 이름은 재복이다. 집안이 천주교에 대한 믿음이 강해, 증조할아버지 김진후는 정조 16년(1791)에 일어난 신해박해 때에 체포되었으며 순조 1년(1801)에 일어난 신유박해[2] 때에 유배되었다가 순조 5년(1805)에 다시 잡혀 충청도 해미에서 10년간 감옥에 갇혔다가 1814년에 순교하였다. 김대건의 할아버지 김택현과 가족들은 1827년 경 박해를 피해 충청도 솔뫼에서 용인으로 피신하여 골배마실로 이사하였다. 이때 김대건의

2 조선 순조 원년(1801)인 신유년에 있었던 가톨릭교 박해 사건. 중국에서 세례를 받고 돌아와 전교하던 이승훈(李承薰)을 비롯하여 이가환, 정약종, 권철신, 홍교만(洪敎萬) 등의 남인(南人)에 속한 신자와 중국인 신부 주문모 등이 사형에 처해졌는데, 수렴청정을 하던 정순 왕후(貞純王后)를 배경으로 하는 벽파가 시파와 남인을 탄압하려는 술책에서 나왔다.

절두산 천주교 성지 김대건 신부 동상

나이는 7세였다. 아버지 김재준도 천주교 신자였으며, 헌종 6년(1839) 기해박해[3] 때 서울 서소문 밖에서 순교했다.

순조 31년(1831)에 조선교구가 만들어진 후 신부 모방에 의해 신학생으로 뽑혀서 최방제·최양업(崔良業)과 함께 15세 때 압록강을 건너 마카오에 있는 파리외방전교회 신학교로 가게 되었다. 그곳 책임자인 신부 리부아의 배려로 마카오에서 중등과정의 교육을 마친 뒤 다시 철학과 신학과정을 공부하였다. 1844년에 부제(신부가 되기 전의 단계로 신학 공부도 하면서 신부 수업을 쌓는 과정)가 되었다.

그 해 말에 압록강을 건너 국내로 들어와 1845년 1월 10년 만에 골배마실로 돌아왔다. 서울에 자리 잡은 뒤 두 번의 박해 피해를 받은 천주교회를 다시 일으켰다. 그때까지 25세가 안 되어 신부가 못된 김대건은 1846년에 상하이로 건너가 완당신학교 교회에서 주교 페레올의 지도로 신부가 되는 의식을 하고 나서 우리나라 최초의 신부가 되었다.

김대건은 신부가 되고 나서 신학생들을 뽑아 비밀리에 교육을 시켰다. 1925년 로마 교황 비오 11세에 의해 복자(가톨릭에서 모든 신도의 모범으로 공경할 만하다고 지정하여 공표한 사람)로 선포되었고, 1984년 성인(가톨릭에서 신앙과 성덕이 특히 뛰어난 사람에게 교회에서 시성식을 통하여 내리는 칭호)으로 선포되었다. 감옥에 있을 때에는 세계 지도를 그려 나라에 바치면서 국제 정세의 흐름을 말하고, 서양의 문화를 받아들일 것을 관리들에게 말하여 호응을 얻기도 하였다. 그리하여 김대건에게 가톨릭을 믿지 않을 것을 약속하면 관리를 시킬 것이니 외국에서 배운 지식을 나라를 위해 쓰라고 회유하기도 하였다. 심지어 김대건의 지식이 너무 아까워, 그의 죽음을 아쉬워하는 관리들도 많았다 한다.

3 조선 헌종 5년(1839)에 두 번째로 가톨릭교도를 학살한 사건. 프랑스 신부 모방, 샤스탕, 앵베르를 비롯하여 70여 명의 교도가 죽음을 당했으며, 이 사건을 계기로 헌종은 척사윤음(斥邪綸音)을 내리고 오가 작통법(五家作統法)을 강화하여 가톨릭교를 탄압하였다.

42

동학 박해 이유

→ 인내천(人乃天)이라는 인간 평등사상 때문이다.

동학을 창시한 최제우(崔濟愚, 1824~1864)는 경상도 경주 출신이다. 초명은 제선이었는데 하느님의 계시를 받은 후 제우라는 이름으로 바꿨다고 한다. '제우(濟愚)'는 '어리석은 세상 사람들을 구제한다.'는 뜻이다. 7대조 최진립이 임진왜란 때 공을 세우고 병조 판서를 지냈다고 하나 6대조 이후에는 벼슬길에 오르지 못한 몰락 양반 출신이다.

최옥은 본처가 있었으나 자식을 두지 못하고 양자를 들이고 있다가 60이 넘어 청상과부로 지내던 청주 한씨를 소실로 맞아 최제우를 얻었다. 이처럼 자신이 몰락한 양반의 서출이라는 사실은 최제우가 평생 좌절케 하기에 충분하였다.

최제우가 살았던 시대는 외척 중심의 세도 정치가 기승을 부리면서 과거 제도의 모순, 매관매직의 성행, 법도와 기강의 문란 등 정치가 극히 혼란스러웠고, 삼정의 문란으로 백성들의 생활은 어려움에 빠졌다. 사상적으로는 조선 왕조의 지배 이념이던 성리학이 현실에 전혀 도움이 되지 않는 양반 중심의 학문이었으며, 이에 대한 반성으로 제시되었던 실학은 이단으로 몰려 개혁 사상으로서 실효를 거두지 못하고 있었다. 더구나 서학이 지배층에까지 유행하여 위기의식을 느끼게 되었으며 《정감록(鄭鑑錄)》[1]이 백성들 사이에 널리 퍼져 백성들의 마음을 더욱 불안하고 동요하게 하였다.

동학의 사상은 유교와 불교 그리고 도교의 사상을 종합하고 민간 신앙적인

1 조선 중기 이후 백성들 속에 유포된, 나라의 운명과 백성의 앞날에 대한 예언서. 풍수지리상으로 본 조선 왕조 후 역대의 변천 등을 예언한 것으로, 이심(李沁)과 정감(鄭鑑)의 문답을 기록한 책이라 하나 이본이 많아 확실한 것은 알 수 없다. 1책.

동학 운동 황토현 전적비

요소도 포함한 우리 고유의 사상이며 우리 고유의 종교이다. 동학은 서학(천주교)에 반대하여 생겨난 것이다.

최제우의 동학에서 주장한 사상으로는 '인내천(人乃天)' 사상과 후천개벽(後天開闢) 사상이다. '인내천' 사상은 '모든 사람은 평등하다.'고 주장한 것으로, 개인적으로 하늘의 명을 알아 성인군자가 되는 것이고, 사회적으로는 성인군자의 이상사회를 만드는 것이라고 했다.

후천개벽 사상은 왕조를 중심으로 하는 양반사회의 질서는 언제든 변할 수 있는 것이며, 모든 것은 돌고 돌아 주역(周易)의 이치를 빌어 변혁되어 빈곤에 허덕이는 백성들이 부자가 된다는 사상이다.

최제우가 포교를 시작한 지 3년이 지나자 교세가 크게 불어 그 규모가 거의 전국을 망라하기에 이르렀다. 그러자 조정에서도 동학의 교세 확장에 두려움을 느끼고 급기야 1863년 12월 최제우를 잡아들이라는 명령을 내렸다. 관헌의 지목을 받고 있음을 염려한 최제우는 해월 최시형(崔時亨)[2]을 후계자로 임명하고 그에게 모든 일을 맡겼다.

최제우는 피신한 지 1년이 못 되어 혹세무민(惑世誣民)한다는 죄목으로 경주 진영에 체포되었다. 최제우는 1864년 3월 10일 사도난정(사악한 도로 바른 도

2 동학의 제2대 교주(1827~1898). 초명은 경상(慶翔), 자는 경오(敬悟), 호는 해월(海月). 경전(經典)을 간행하여 교리를 확립하고 교단의 조직을 강화하였다. 고종 29년(1892)에 동학 탄압에 분개하여 교조(教祖)의 신원(伸寃)을 상소하였고, 이듬해 동학 농민 운동을 배후에서 조종하다 체포되어 처형당하였다.

를 어지럽힌다는 뜻)이라는 죄목으로 4년에 걸친 포교를 끝내고 효수형(梟首刑)[3]에 처해졌다. 이때 그의 나이 41세였다. 그가 처형된 후 그의 제자들이 그의 글들을 모아 기본이 되는 가르침으로 삼게 되었다. 한문체로 된 것을 엮어 놓은 것이 《동경대전(東經大全)》이고, 가사체로 된 것을 모아 놓은 것이 《용담유사(龍潭遺詞)》이다.

최제우의 동학사상은 반봉건 운동으로 확대되어 현실 개혁적인 동학 농민 운동으로 나타났으며, 일제 강점기에는 백성들을 계몽하는 애국 계몽 운동의 선봉에 섰다.

3 죄인의 목을 베어 높은 곳에 매달아 놓아 사람들이 보게 하던 형벌.

Tip

동학의 경전

동학의 가르침을 담은 경전에는 《동경대전》과 《용담유사》가 있다. 동학의 창시자인 최제우가 갑자기 처형당하자, 신도들이 그의 글을 모아서 기본이 되는 가르침으로 삼은 것이다. 《동경대전》은 한문을 읽을 수 있는 유교 지식인들을 위해 '포덕문', '논학문', '수덕문', '불연기연문' 같은 한문으로 된 글을 엮었다.

또 《용담유사》는 일반 백성들과 부녀자들이 알기 쉽도록 한글 가사체를 빌려 동학의 사상을 나타냈는데 〈용담가〉, 〈안심가〉, 〈교훈가〉, 〈도수사〉, 〈검결〉, 〈몽중노소문답가〉, 〈권학가〉, 〈도덕가〉, 〈흥비가〉 등 9편을 담고 있다.

43

흥선 대원군 興宣大院君 의 쇄국 鎖國 정책

→ 흥선 대원군의 쇄국 정책은 나라를 지키기 위한 자주성의 표현인 동시에 근대화를 지연시켰다는 부정적 평가를 받는 양면성이 있다.

흥선 대원군

흥선 대원군[1]은 불우한 시절을 보냈다. 그런 시절이 흥선 대원군에게는 통치의 기술을 배우는 계기가 되었다. 백성들과 함께 어울려 지내다 보니 백성들의 고통을 알게 되어 최고 집권자가 되었을 때 이것을 개혁하는데 앞장을 섰다. 그리고 세도 정치로 인해서 왕권이 실추되었다는 것을 뼈저리게 느낀 흥선 대원군은 왕권의 회복에도 노력을 하게 되었다.

조성하(趙成夏)[2]와 연결하여 왕위 계승자를 지명할 수 있는 문조의 비인 조대비와 연결한 흥선 대원군은 철종이 후사가 없이 죽자, 마침내 자신의 둘째 아들인 명복을 조선의 26대 왕인 고종으로 등극을 시켰다. 그러나 아들의 나이가 12세의 어린 나이였으므로 흥선 대원군이 섭정을 하였다.

흥선 대원군은 왕권을 회복하기 위하여 세도 정치를 타파하고 경복궁을 중건하였다. 경복궁을 중건하는 과정에서 비용을 마련하기 위하여 백성들에게 원납전(願納錢)을

경복궁 근정전

남연군 묘 전경

거두어들이고 당백전(當百錢)을 발행하였다. 그리고 백성들을 강제로 부역에 동원하여 거센 원성을 듣기도 하였다.

이어서 국가 재정을 확보하기 위하여 전국에 1000여 개의 서원이 있던 것을 47개만 남기고 모두 철거하였다. 서원 중에서 임금이 현판을 내린 사액서원(賜額書院)은 국가에 세금을 전혀 내지 않는 면세지이며, 학생들도 군역과 요역을 면제받았으므로 국가 재정에 막대한 손해를 끼치고 있었다. 흥선 대원군이 서원을 철폐한 것이 10년 후에 양반 유생들의 반발을 받아 결국 하야하는 원인이 되기도 하였다. 그리고 양반들에게 군포를 내게 하는 호포제를 실시하였다.

흥선 대원군이 집권할 무렵 대외 정세는 불안하였다. 청나라는 아편 전쟁으로 불평등한 난징 조약[南京條約][3]을 체결하였으며, 난징 조약의 이행을 촉구하는 애로호 사건[4]이 일어나 외세의 끊임없는 간섭을 받고 있었다. 일본은 미국의 위협으로 강제로 불평등한 개항 조약을 체결하였다. 그러므로 흥선 대원군으로서는 섣불리 서양 열강에 대하여 문호를 개방할 수가 없었다. 더구나 1868년에 독일인인 옵페르트가 예산에 있는 흥선 대원군의 아버지인 남연군 묘를 도굴하는 사건이 벌어졌다. 서양인의 윤리의식에 실망한 흥선 대원군은 문호 개방에 대한 부정적인 생각을 가지게 하였다.

---

1 조선 고종 때의 정치가(1820~1898). 이름은 이하응(李昰應), 호는 석파(石坡). 고종의 아버지로, 아들이 12세에 왕위에 오르자 섭정하여, 서원을 철폐하고 외척인 안동 김씨의 세력을 눌러 인재를 고르게 등용하는 등 내정 개혁을 단행하였다. 한편으로는 경복궁의 중건, 천주교에 대한 탄압, 통상 수교의 거부 정책을 고수하여 사회·경제적인 혼란을 불러일으키기도 하였다.

2 조선 후기의 문신(1845~1881). 자는 순소(舜韶), 호는 소하(小荷). 좌찬성을 지냈다. 신정 왕후 조씨의 조카로, 처음에는 대원군과 뜻을 같이했으나 나중에 명성 황후와 결탁하여 대원군을 배척하였다.

3 1842년, 아편 전쟁을 종결하기 위하여 난징에서 영국과 청나라가 맺은 조약. 청나라가 영국에 대하여 홍콩의 할양, 광저우·상하이 등 다섯 항구의 개항, 배상금 지급 따위를 수락한다는 불평등 조약으로, 중국 반식민지화의 발단이 되었다.

이러한 결과로 흥선 대원군은 쇄국 정책을 실시한 것이다. 쇄국 정책은 서양 열강의 침략을 일시적으로 막는 자주적인 효과는 있었다. 하지만 우리나라의 근대화가 뒤처져 일본의 침략을 받게 되는 결과를 가져온 것이다.

이밖에 흥선 대원군은 백성들의 생활을 안정시키기 위하여 부잣집의 창고를 열어 가난한 사람을 도와주는 사창제(社倉制)를 실시하였으며, 법을 정비하여 《대전회통(大典會通)》이라는 법전을 편찬하기도 하였다.

흥선 대원군과 외세의 충돌

고창 척화비

흥선 대원군이 집권하고 있을 때 프랑스와 미국의 충돌이 있었다.

부동항을 얻기 위하여 호시탐탐 조선을 노리는 러시아의 남하 정책을 막기 위하여 흥선 대원군은 프랑스의 힘을 얻고자 하였다. 그러나 유럽에서 독일을 견제하기 위하여 러시아와 협력 중인 프랑스가 이를 거절하였다.

이에 흥선 대원군은 프랑스 신부를 비롯한 천주교 신자를 처형하는 병인박해가 일어났다. 프랑스 신부가 처형되었다는 소식을 접한 중국 주둔 프랑스 함대는 1866년에 강화도를 침입하였다. 한때 양화진까지 진출하여 조선은 세곡을 운반하는 조운이 차질을 빚기도 하였지만, 양헌수가 정족산성에서 프랑스를 격퇴하여 물러가게 하였다. 프랑스는 강화도에서 물러나면서 왕실도서관인 외규장각의 문서들을 탈취해가는

양헌수 전승비

광성보

만행을 저질렀으며, 아직까지 외규장각의 문서들은 돌아오지 않고 있다.

　미국과의 충돌은 제너럴 셔먼호[5] 사건으로 일어났다. 미국 상선인 제너럴 셔먼호는 1866년에 평양에 도착하여 통상을 요구하였다. 그러나 평양유수였던 박규수가 이를 거절하자 제너럴 셔먼호의 선원들이 평양 시내로 내려와 백성들을 죽이고 물건을 약탈하였다. 이에 평양 백성들이 배를 불태우고 선원들을 죽이는 불상사가 일어났다. 5년 뒤에 이 사실을 알게 된 미국의 동양함대가 강화도를 침입하였다. 초지진에서 조선군이 패배하였지만 광성보에서 어재연(魚在淵)이 분전하여 미국을 물리쳤다.

　프랑스와 미국을 물리친 흥선 대원군은 더욱 쇄국 정책을 공고히 하였다.

---

5 조선 고종 3년(1866)에 대동강을 거슬러 올라와 평양에 이르러 통상을 요구하던 미국의 상선. 평양 군민과 충돌하다가 불에 타서 침몰하였다.

44

강화도 조약 江華島條約

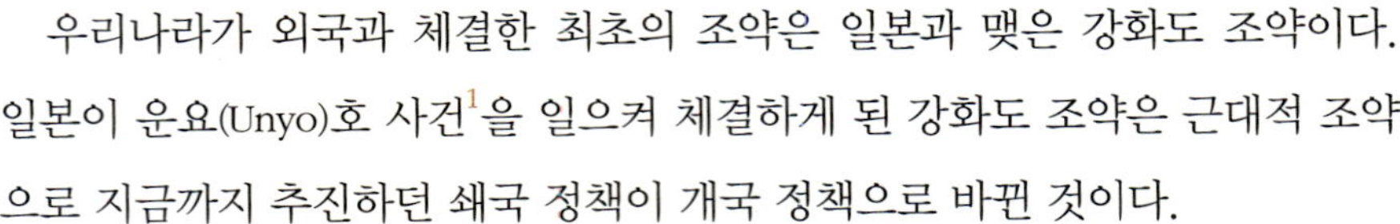

→ 일본과 맺은 강화도 조약은 치외법권(治外法權)을 인정한 불평등 조약이었다.

우리나라가 외국과 체결한 최초의 조약은 일본과 맺은 강화도 조약이다. 일본이 운요(Unyo)호 사건[1]을 일으켜 체결하게 된 강화도 조약은 근대적 조약으로 지금까지 추진하던 쇄국 정책이 개국 정책으로 바뀐 것이다.

운요호 사건은 일본이 미국에게 무력으로 개국을 당한 후 메이지 유신을 통해 근대화의 길로 들어섰다. 1875년 4월 운요호 등 3척의 일본 군함이 동해와 남해를 거쳐 황해에 불법으로 들어와 무력 시위와 함께 해안을 측량하였다. 8월 20일 강화도의 초지진 포대에 접근하자 조선군이 즉각 포격으로 대응하였다. 조선군의 공격에 일본군도 맞섰으나 초지진으로의 접근이 어렵다고 생각하여 군사가 주둔하지 않는 정산도와 영종도를 22일과 23일에 연이어 공격하여 30여 명의 조선 주민을 살해하고 파괴와 약탈을 한 후 29일 일본으로 돌아갔다.

일본은 운요호 사건 때 조선의 공격으로 많은 피해를 보았다며 1876년 1월 8척의 군함과 6백여 명의 군사를 부산항에 보내 무력시위를 하였다. 이때 조선은 쇄국 정책을 추진하던 흥선 대원군이 물러나고 개화를 추진하던 명성 황후(明成皇后)[2]가 등장하였으므로 일본의 요구를 받아들였다.

일본과 맺은 강화도 조약의 특징은 불평등 조약이다. 불평등 조약을 나타내는 문구는 곳곳에서 보이고 있다.

1 조선 고종 12년(1875)에 일본 군함 운요호의 강화 해협 불법 침입으로 발생한 한·일 간의 충돌 사건. 의도적으로 이 사건을 일으켰던 일본은 배상과 함께 수교(修交)를 요구하였으며, 이듬해 불평등한 강화도 조약을 체결하면서 조선은 일본에 문호를 개방하였다.

2 조선 고종의 비(妃)(1851~1895). 성은 민(閔). 대원군의 집정을 물리치고 고종의 친정(親政)을 실현하였다. 통상·수교에 앞장서 1876년 일본과 외교 관계를 맺게 했으며, 임오군란 후에는 청나라를 개입시켜 개화당을 압박하고 친러시아 정책을 수행하다가 을미사변 때에 피살되었다. 늑민비.

제1조 — 조선은 자주국이며 일본과 평등한 권리를 보유한다.

→ 조선이 청나라를 상국(上國)으로 모시는 것을 부정하고 일본이 조선을 침략하는데 청나라의 방해를 처음부터 막으려는 속셈이었다.

……(중략)……

제7조 — 조선국 해안을 일본국의 항해자가 자유로이 측량하도록 허가한다.

→ 일본이 정치적 · 경제적으로 침략을 하는 것 외에 군사적으로도 우리나라를 마음대로 드나들 수 있도록 한 것이다.

……(중략)……

제9조 — 인민은 각자의 뜻에 따라 무역을 하고 양국의 관리는 조금도 이에 관여하지도 못하며, 제한이나 금지하지 못한다.

→ 공업이 발달한 일본이 자유 무역을 주장함으로써 소규모의 수공업에 의존하는 우리나라 상인들과 공장에 대하여 나라에서 보호할 정책을 시행하지 못하도록 한 것이다.

제10조 — 조선 영토에서 발생한 일본인의 범죄는 조선 법률이 아니라 일본 법률로 다스린다.

→ 우리나라의 주권을 부정하는 치외법권(治外法權) 조항이다.

우리나라가 외국과 맺은 최초의 근대적 조약으로, 이를 계기로 서양 열강들과 조약을 맺게 되었으며 본격적인 서구화의 길로 들어서게 되었다.

45

서양과의 통상을 거부한 위정척사파 衛正斥邪派

→ 모든 종교와 사상을 배격한 성리학을 밑바탕에 둔 위정척사 사상은 서양의 사상과 문화를 오랑캐의 것이라고 하여 거부하면서 전통문화를 지키려고 하였다.

북학파의 한 사람이었던 박지원의 손자인 박규수(朴珪壽)는 역관(譯官) 오경석(吳慶錫), 의관 유대치(劉大致/劉大癡)와 함께 문호 개방을 통해 서양 세력의 침략을 미연에 방지하자는 것이다.

개화사상은 북학파의 영향을 받았다. 북학파는 청나라가 오랑캐이긴 하지만 우리나라에 이로운 것은 받아들이자는 사상이었다. 개화사상은 청의 문화를 받아들이듯이 서양 문화도 받아들여 우리나라를 발전시키자는 것이다.

반면에 이항로, 기정진, 최익현 등은 중원 대륙도 오랑캐인 만주족의 지배를 받고 있으므로 진정한 중화는 조선뿐이라는 사상을 가지고 있었다. 그리하여 서양 문화도 모두 오랑캐 문화와 같은 맥락에서 반대하였다.

강화도 조약 이후에 근대화를 위한 많은 시책들이 나왔다. 개화 정책을 총괄하는 통리기무아문(統理機務衙門)[1] 설치, 신식 군대인 별기군(別技軍)[2]을 설치하였다. 그리고 근대화 문물을 받아들이기 위하여 청나라에 김윤식(金允植)을 대표로 한 영선사(領選使)[3]를, 일본에는 김홍집(金弘集)을 대표로 한 수신사(修信使)[4]와 박정양(朴定陽)을 대표로 한 신사 유람단(紳士遊覽團)[5]을 파견하였다.

근대화 정책은 위정척사파의 반발을 사게 되었다. 특히 별기군과 구식군의 차별이 그러했다. 밀린 봉급을 주면서 쌀과 모래 등을 섞어놓은 불량미를 주

[1] 조선 시대 때 정치·군사에 관한 사무를 총괄하여 맡아보던 관아. 고종 17년(1880)에 설치하였는데, 19년(1882)에 통리내무아문과 통리아문으로 나누었다.

[2] 조선 고종 18년(1881)에 조직한 근대식 군대. 일본인 교관을 채용하여 근대식 군사 훈련을 시키고 사관생도를 양성하였다.

[3] 조선 고종 때 신문화(新文化)를 받아들이기 위하여 톈진(天津)에 파견한 사절. 김윤식을 대표로 한 청년 학도 69명은 신식 무기의 제조와 사용법을 배우고 돌아왔다.

[4] 조선 후기, 일본에 보내던 외교 사절. 고종 13년(1876)에 통신사를 고친 것으로, 김기수·김홍집 등을 파견하였다.

니 구식군들의 불만이 폭발한 것이다. 구식군들은 위정척사파인 흥선 대원군을 대표로 하여 고종 19년(1882)에 거사를 하였다. 이 사건을 임오군란(壬午軍亂)이라고 하는데 개화 정책을 추진하던 민씨 세력들을 쫓아내고 일본인들을 살해하였다. 그리고 명성 황후를 시해하려고 하였으나, 명성 황후는 충주로 피난을 갔다. 충주로 피난을 간 명성 황후는 고종에게 청나라에 구원병을 요청하게 하였다. 결국 청나라의 힘을 빌려 흥선 대원군을 청나라에 압송하고 구식군의 반란을 진압하였다.

그러나 사건의 여파는 매우 컸다. 일본에서는 배상금과 사과단을 파견할 것을 요구하였다. 그래서 조선과 일본 사이에 맺어진 조약이 제물포 조약(濟物浦條約)[6]이다. 이 조약에 따라 일본에 배상금을 지불하고, 박영효를 대표로 일본에 사과단이 파견되었다. 박영효는 일본으로 가면서 태극기를 처음 사용하였다.

임오군란으로 많은 피해를 본 민씨 세력은 개화 정책에 소극적이 되었다. 이때 박규수의 영향을 받은 김옥균(金玉均), 박영효(朴泳孝), 홍영식(洪英植)은 일본의 메이지 유신을 모델로 급진적인 개혁을 시도하려고 하였다. 그러나 민씨 세력들이 반대하자 고종 21년(1884)에 갑신정변(甲申政變)[7]을 일으켰다. 우정국 개국 축하연에서 민씨 세력을 비롯한 개화에 반대하는 세력들을 제거하고 정권을 잡으면서 청에 대한 자주권을 선언하고 신분 제도와 조세 제도의 개혁을 추진하였다. 민씨 세력들은 다시 청나라에 원병을 요청하였다. 개화파들을 지원하기로 한 일본은 청나라의 개입에 개화파를 지원하겠다는 약속을 저버렸다. 결국 갑신정변은 3일 만에 실패로 끝나고 말았다.

갑신정변으로 청나라의 내정 간섭이 강화되었으며, 일본은 정치적으로 밀려나면서 경제적 침략에 힘을 기울였다.

그리고 일본은 배상금을 요구하여 조선과 일본 사이에는 한성 조약(漢城條約)[8], 그리고 청나라와 일본 사이에는 톈진 조약〔天津條約〕[9]이 체결되었다.

위정척사파는 한말에 의병 운동을 주도하면서 국권 수호에 앞장을 섰다. 반면에 개화파들은 애국 계몽 운동을 통해 실력을 양성하여 일본의 침략을 막고자 하였다.

---

5 조선 고종 18년(1881)에 새로운 문물제도의 시찰을 위하여 일본에 파견한 시찰단. 시찰단은 전문 위원인 열두 명의 조사(朝士)와 그 수행원을 합쳐 모두 60여 명으로 구성되었다.

6 조선 고종 19년(1882)에 임오군란으로 발생된 문제를 처리하기 위하여 일본과 맺은 조약. 일본에 손해 배상금 50만 원을 지급할 것, 군란 수모자를 엄단할 것, 일본 공사관에 경비병을 머무르게 할 것 등을 규정하였다.

7 조선 고종 21년(1884)에 김옥균·박영효 등의 개화당이 민씨 일파를 몰아내고 혁신적인 정부를 세우기 위하여 일으킨 정변. 거사 이틀 후에 민씨 등의 수구당과 청나라 군사의 반격을 받아 실패로 돌아갔다.

8 조선 고종 21년(1884)에 조선과 일본이 갑신정변의 뒤처리를 위하여 맺은 조약. 일본인 피해자에 대한 보상금과 공사관 재건비의 지급 따위를 규정함으로써 일본은 조선 침략의 기틀을 닦았다.

9 1885년에 중국의 톈진에서 일본과 청나라가 맺은 조약. 이토 히로부미(伊藤博文)와 이홍장이 조선에 있는 일본군과 청나라 군대를 철수할 것과 군대를 조선에 다시 파견할 때는 서로에게 미리 알릴 것을 합의하였다.

김옥균[10]의 〈갑신일록〉에 나타난 14개 조의 정강

오늘 회의에서 개정한 바를 다음과 같이 대략 기록한다.

1. 대원군을 즉각 환국하도록 한다.

2. 문벌을 폐지하여 인민평등의 권리를 제정하고, 사람으로서 관(官)을 택하게 하고, 관으로써 사람을 택하게 하지 않는다.

3. 전국의 지조법(地租法)을 개혁하여 아전의 간악함을 막고 백성의 곤란을 구제하며 나라의 재정을 풍족하게 한다.

4. 내시부를 혁파하고, 그 중 재능이 있는 사람은 등용하게 한다.

5. 전후 사치스러움이 현저한 관리는 죄준다.

6. 각 도의 환곡은 영구히 폐지한다.

7. 규장각을 혁파한다.

8. 급히 순사를 두어 도둑을 막는다.

9. 혜상공국(惠商公局)을 혁파한다.

10. 전후 유배·금고(禁錮)된 사람은 사정을 참작하여 풀어준다.

11. 4영을 합하여 1영으로 하고 영 중에서 군사를 뽑아 근위대를 설치한다.

12. 재정은 모두 호조에서 관할케 하고, 다른 재무아문은 혁파한다.

13. 대신과 참찬은 합문(閤門) 안의 의정부에서 회의 결정하고 정령을 공포해서 시행한다.

14. 정부 6조 이외의 불필요한 관청은 모두 혁파하고, 대신과 참찬이 협의하여 처리케 한다.

10 조선 고종 때의 정치가(1851~1894). 자는 백온(伯溫). 호는 고균(古筠)·고우(古愚). 근대 부르주아 혁명을 지향했던 급진 개화파의 지도자로 갑신정변을 주도하였으며, 우리나라 개화사상의 형성에 크게 기여하였다. 고종 31년(1894)에 중국 상하이(上海)에서 자객 홍종우(洪鍾宇)에게 살해되었다. 저서에 《기화근사(箕和近事)》, 《치도약론(治道略論)》, 《갑신일록(甲申日錄)》 따위가 있다.

46

1882년의 조·미 수호 통상 조약과 한·미 FTA의 차이

→ 1882년에 체결한 조·미 수호 통상 조약은 우리나라의 주권을 인정하지 않은 미국이 청과 교섭한 조약이지만, 2007년에 체결한 한·미 FTA는 미국과 대등한 관계에서 체결한 조약이다.

한국과 미국의 공식적인 첫 수교는 1882년 5월 22일 거행되었다. 당시 조선은 미국과 14개 조항의 조·미 수호 통상 조약에 서명했다. 서양 열강과 맺은 최초의 조약이었다. 제물포(인천) 화도진에서 행해진 이 서명의 조선측 대표는 신헌(申櫶)[1], 미국 대표는 로버트 윌리엄 슈펠트(Shufeldt, Robert W.)였다.

그러나 조·미 수호 통상 조약을 체결하기 위하여 조선에서는 강화도 조약의 실수를 하지 않기 위하여 만전의 준비를 하였다. 하지만 조·미 수호 통상 조약에서 조선측 대표인 신헌이 한 일은 단지 미국이 한국에 쌀을 수출하지 못하도록 한 조치뿐이었다. 조약에 관한 모든 사항은 청나라의 관리인 마건충(馬建忠)[2]이 담당하였다. 미국이 조·미 수호 통상 조약을 체결하면서 조선을 철저히 배제한 것은 우리나라의 주권과 외교권을 인정하지 않은 것이었다.

조약이 체결된 다음 해인 1883년 5월엔 초대 미국 전권공사 H.푸트가 입국해 비준서를 교환했고, 조선 정부에서도 같은 해 6월 전권대신 민영익(閔泳翊)[3], 부관 홍영식(洪英植)[4]을 미국에 파견함으로써 양국의 역사적 교류가 시작되었다.

2007년 4월 2일에 체결된 한·미 FTA는 125년 전의 상황과는 전혀 다르다.

1 조선 고종 때의 정치가(1810~1888). 초명은 관호(灌浩), 자는 국빈(國賓), 호는 위당(威堂). 1875년에 일본과 강화도 조약을, 1882년에 미국과 한·미 수호 조약을 체결하였다. 문장에 뛰어났고, 묵란(墨蘭)을 잘 하였다.

2 중국 청나라 말기의 양무파(洋務派) 관료(1845~1899). 철도 부설, 이금(釐金) 감면에 의한 상공업 발전을 주창하여 변법 사상으로의 이행을 보였다. 저서에 《적가재기언(適可齋記言)》, 《마씨문통(馬氏文通)》 등이 있다.

3 조선 고종 때의 문신(1860~1914). 자는 우홍(遇鴻)·자상(子相), 호는 운미(芸楣)·죽미(竹楣)·원정(園丁)·천심죽재(千尋竹齋). 전권대신으로 미국에 다녀온 후 개화당을 탄압하였고, 고종 폐위 음모로 홍콩에 망명하였다. 글씨와 그림에 능하였다.

단지 같은 내용은 쌀의 수입에 대한 금지조치일 뿐이다. 당시에 미국은 우리의 주권과 외교권을 인정하지 않았지만, 오늘날 한국은 세계 10대 무역국으로 미국과 어깨를 나란히 하여 당당하게 한·미 FTA를 체결한 것이다. 농업과 제약공업에 피해가 예상되지만, 자동차와 섬유 등에서 우리나라는 많은 이익을 얻을 수가 있다. 그리하여 더 많은 사람들을 고용하는 효과가 나타나 나라 경제가 활발하게 움직일 수 있는 것이다. 2007년 한·미 FTA 협상 타결안은 우리나라가 세계로 나가는 새로운 도전과 기회라고 할 수 있다.

4 조선 후기의 문신(1855~1884). 자는 중육(仲育), 호는 금석(琴石), 박영효·김옥균 등과 독립당을 조직하고, 이듬해 우정국의 낙성식을 계기로 갑신정변을 일으켜 혁신 내각의 우의정이 되었으나, 삼일천하로 끝나고 대역 죄인으로 몰려 처형되었다.

Tip

한·미 FTA(Free Trade Agreement) 주요 내용

1. 농산물 : 한국은 쇠고기에 대한 관세를 15년 내 단계적으로 폐지하며, 미국의 개방 요구대상에서 쌀은 제외한다. 수입이 일시적으로 많을 때에는 임시로 수입제한조치를 취할 수 있다.

2. 개성공단 : 개성공단 제품은 한반도 비핵화 진전 등 북핵이 개선되면 한국산으로 인정한다.

3. 자동차 : 미국산 승용차 3000CC 미만은 관세를 폐지하며, 3000CC 이상은 단계적으로 폐지하고, 한국에서 자동차 특별 소비세를 3년 내에 5%로 단일화한다.

4. 섬유 : 미국은 수입액 기준 61% 관세 즉시 폐지하며 리넨 등 한국 주력 수출품목에 대한 원사기준 적용을 예외로 한다.

5. 상품 : 공산품과 임수산물은 교역금액 기준으로 양국 모두 100% 관세 폐지하는데, 특히 이 가운데 약 94%는 즉시 또는 3년 이내 폐지한다.

6. 금융 : 한국의 우체국보험 등 일부 공제기관은 특수성을 인정하여 외환위기 때 일시적 자금이탈을 막는 일시적 세이프가드를 도입한다.

47

태극기 太極旗 의 기원

→ 삼국 시대 이래 태극 문양이 사용되었으며, 1882년 임오군란으로 맺어진 제물포 조약에 따라 일본에 사절단으로 가던 박영효가 오늘날의 태극기를 만들었다.

태극 문양은 반만년 역사 속에 우리 민족과 함께 숨쉬어온 정신적 상징이다. 태극 문양이 처음 사용된 것은 삼국 시대다. 삼국 시대 이래 우리나라에서는 임금이 곧 국가였고, 임금을 상징하는 국기가 곧 의장기(儀仗旗)다. 이 의장기로 사용하는 깃발에 태극 문양을 많이 사용했다. 특히 조선 시대에는 어기(御旗)로써 태극 주위에 8괘를 그려 넣어 사용하기도 하였다. 1725년 3월 영조의 책봉례를 치르고 귀국하기까지의 과정을 그림으로 담은 화첩인 〈봉사도(奉使圖)〉에 태극 깃발이 그려져 있다.

그 이전에 임진왜란 때도 태극 문양이 사용되었다. 종전화가가 그린 태극 문양 깃발은 가운데 태극을 중심으로 구름이 사방을 두르고 있다. 이는 아마 명나라의 군선과 구별 짓기 위함일 것이다.

그리고 프랑스의 성 루이 성당 안에는 병인양요(1866년)[1] 때 프랑스가 한국에서 노획해 간 것으로 추정되는 태극 문양의 삼각기가 걸려 있다. 이러한 것으로 미루어 태극 문양은 오래전부터 우리나라를 대표하는 상징적인 문양이라고 할 수 있다.

그 뒤 우리나라와 미국과의 외교관계가 맺어질 무렵에 김홍집은 우리나라의 태극 팔괘를 바탕으로 국기를 만들었다. 김홍집은 전통적으로 우리나라에서 쓰고 있는 향교나 서원의 대문 등에 그려진 태극 문양을 중앙에 그려 넣었다고 한다. 태극 문양에서 적색은 태양으로서 존귀함을 상징하고, 청색은 남

[1] 대원군의 가톨릭 탄압으로 고종 3년(1866)에 프랑스 함대가 강화도를 침범한 사건. 병인박해 때 중국으로 탈출한 리델 신부가 톈진(天津)에 와 있던 로즈 제독에게 진상을 보고함으로써 일어났는데, 프랑스 함대는 약 40일 만에 물러갔다.

원형 태극기

성으로서 희망을 상징하는 것을 염두에 두었다고 한다. 둘레에는 조선 시대의 팔도를 상징하는 팔괘를 그렸다.

오늘날과 같은 태극기는 1882년 음력 8월 박영효(朴永孝)[2]가 사절단으로 일본에 갔을 때 대외 공식적으로는 최초로 사용했다. 같은 해 민씨 세력들이 구식 군인을 차별하는 것에 반발해서 일어난 임오군란으로 일본인들이 많은 피해를 보았다. 일본은 조선 정부에 피해보상과 사과를 요구하였다. 이에 박영효가 일본에 사과하러 보내는 사신으로 가면서 나라를 상징하는 국기의 필요성 때문에 만들어진 것이 바로 태극기였으며, 고종의 허락을 받아 일본으로 가면서 배에 게양을 하게 된 것이다.

그 뒤 1883년(고종 20년) 음력 1월에 태극 4괘가 그려진 기를 국기로 사용토록 고종의 명령으로 공포했으나 정확한 제작 방법 등을 규정하지 않았다.

일본이 우리나라를 식민 지배하던 어두운 시절에는 민족주의 계열이건 사회주의 계열이건 모두 태극기를 앞세워 독립 운동을 하였다.

오늘날에는 팔괘 대신에 사괘를 쓰고 있다. 건(乾)은 하늘과 봄과 동쪽을 뜻하고, 곤(坤)은 땅과 여름과 서쪽을, 감(坎)은 해와 가을과 남쪽을, 이(離)는 달과 겨울과 북쪽을 뜻한다. 이렇게 태극기에는 우리나라가 곧 세계의 중심이라는 자부심이 깔려 있다.

현재 우리가 사용하고 있는 태극기는 1949년 3월 25일 교육부에서 심의하여 결정한 것이다. 그러므로 태극기는 곧 삼국 시대 이래로 우리나라의 상징이라고 하겠다.

---

2 조선 후기의 친일 정치가(1861~1939). 자는 자순(子純), 호는 춘고(春皐)·현현거사(玄玄居士). 정치적 혁신을 부르짖어 김옥균 등과 개화당을 조직하여 갑신정변을 일으켰으나 사대당(事大黨)에 패하여 일본으로 망명하였다. 귀국하여 김홍집 내각의 내무대신, 이완용 내각의 궁내부 대신을 지냈다. 국권 강탈 후 일본으로부터 후작(侯爵)을 받고 중추원 고문에 임명되었다.

48

반봉건 · 반외세 농민 운동인 동학 농민 운동

→ 일본의 침략에 대항한 반외세 운동이며, 봉건적 폐단의 개혁을 주장한 반봉건 운동이었다.

일본은 갑신정변 이후에 정치적으로 청나라에 밀려나자, 경제적으로 조선을 지배하겠다는 전략을 세웠다. 일본은 춘궁기에 조선 사람들이 좋아하는 광목 등과 같은 옷감을 들여와 외상으로 판매한 뒤에, 추수철인 가을에 대금을 받아갔다. 그러나 가을이 되면 높은 이자로 농민들의 고통이 심해져 반일 사상이 점점 높아졌다.

농민들은 고통이 심해지자 자신들을 돌보아줄 사상으로 동학을 찾게 되었다. 동학은 천주교를 반대하여 이름까지도 동학이라고 할 정도로 외세를 배척하는 종교였다. 또한 모든 사람이 평등하다는 사상은 많은 농민들에게 환영을 받았다.

첫 집회는 삼례에서 가졌다. 이때에는 억울하게 죽음을 당한 교조 최제우의 죄를 사면하고 동학 포교의 자유를 달라고 요구하였다.

그러나 나라에서는 이들의 요구를 거부하였다. 그러자 보은에서 다시 집회를 가졌다. 보은 집회는 동학의 포교 자유뿐만 아니라 부정한 관리들을 처벌하고 일본의 침략을 반대하는 정치적인 요구로 발전하였다. 이로써 동학은 종교 운동이 아닌 전 국민이 참여한 농민 운동으로 발전한 것이다.

동학 농민 운동은 고부에서 처음 발생하였다. 고부 군수 조병갑(趙秉甲)[1]의

1 조선 고종 때의 탐관(?~?). 고종 29년(1892) 고부 군수로 부임하여 만석보(萬石洑)를 증축하면서 임금을 주지 않았으며, 부친의 비각을 세운다는 명목으로 금품을 강제로 징수하는 등 온갖 폭정을 일삼았다. 그리하여 동학 농민 운동을 일으킨 직접적인 원인이 되었다.

전봉준 동상

만석보 유허비

공주 우금치 동학 농민 운동비

탐학에 전봉준의 지도로 봉기한 동학군은 황토현 싸움에서 처음으로 관군을 물리치고 승승장구하여 전주를 점령하였다.

정부에서는 청나라에 원병을 요청하였다. 조선의 요청을 받은 청나라는 톈진 조약에 따라 조선에 군사를 파견하는 것을 일본에 통보하였다. 일본은 이 기회에 조선을 자국의 영향권 아래 놓기 위해 군사를 파견하였다.

청나라와 일본이 군사적으로 개입하자, 정부는 당황하여 전주에서 동학의 요구를 들어주고 화약을 맺었다. 동학군들은 집강소(執綱所)[2]를 설치하여 관리들이 없는 고을을 다스렸다. 전주화약을 맺은 후에도 청나라와 일본의 군사들이 물러나지 않자, 동학군은 외세 배척을 구호로 다시 봉기하였으나, 공주 우금치에서 패배하였다.

비록 실패로 끝난 동학 농민 운동이지만 농민들의 주장은 갑오개혁에 반영되어 근대사회로 발전하는 계기가 되었으며, 청나라와 일본의 전쟁을 일으키는 계기가 되었다.

---

[2] 조선 후기, 동학 농민 운동 때 동학 농민군이 전라도 지방에 설치한 자치적 개혁 기구. 한 명의 집강과 몇 명의 의사원이 행정 사무를 맡아보았다.

동학군의 요구 사항인 폐정 개혁 12조

1. 동학교도들은 정부에 대한 원한을 씻고 나랏일에 협력한다.

2. 탐관오리는 그 죄상을 조사하여 엄벌한다.

3. 백성들을 괴롭힌 부호들을 엄벌한다.

4. 불량한 부호와 양반의 무리들을 엄벌한다.

5. 노비 문서를 불에 태운다.

6. 천인들에 대한 차별을 개선하고, 백정들만이 쓰는 갓을 없앤다.

7. 과부가 재혼하는 것을 허가한다.

8. 이름 없는 잡세는 모두 없앤다.

9. 관리를 채용할 때는 지연과 혈연을 타파하고 인재를 등용한다.

10. 일본과 내통하는 사람은 엄벌한다.

11. 공사채를 막론하고 시효가 지난 것은 모두 무효로 한다.

12. 토지를 평균하여 농민들에게 나누어 준다.

49

자체적인 근대화 개혁인 갑오개혁

→ 갑오개혁은 동학 농민 운동에서 요구한 개혁 내용을 수용하기도 했지만, 일본이 조선 침략에 유리한 내용을 담고 있다.

갑오개혁(甲午改革)[1]이 일어난 배경은 두 가지로 볼 수가 있다.

하나는 직전에 일어난 동학 농민 운동이며, 다른 하나는 청·일 전쟁이다.

동학 농민 운동은 민씨 척족 세력들의 부정과 부패에 대한 잘못된 정치를 바로 잡기 위한 개혁의 시발점이었다. 나라에서는 교정청을 설치하여 동학 농민군이 내세운 개혁의 내용을 중심으로 정치 개혁을 실시하려고 하였다. 하지만 보수파의 반발도 만만치 않았다.

동학 농민 운동을 진압한다는 명분으로 출동한 청나라의 통보를 받은 일본은 이 기회가 조선을 청나라에서 자신들의 손아귀로 바꿀 절호의 기회로 삼아 한반도에 일본군을 진주시켰다. 일본군은 경복궁을 포위한 뒤에 민씨 척족 세력을 몰아내고 흥선 대원군을 내세워 개혁을 추진하였다. 흥선 대원군은 김홍집을 총리로 하여 군국기무처를 설치한 뒤에 정치, 경제, 사회, 교육 분야의 개혁을 심의하였다.

이 개혁을 갑오개혁이라고 한다. 갑오개혁은 갑신정변 때 위로부터의 개혁 요구와 동학 농민 운동 때의 아래로부터의 개혁 내용을 통합한 민족의 요구를 담은 개혁이었다. 동학 농민 운동 때 제시되었던 신분제 폐지가 이루어지기도 하였으나, 농민들이 요구했던 토지 제도의 개혁은 이루어지지 않았기에 국민

1 조선 고종 31년(1894) 7월부터 고종 33년(1896) 2월 사이에 추진되었던 개혁 운동. 개화당이 정권을 잡아 3차에 이르는 개혁을 통하여, 재래의 문물제도를 근대식으로 고치는 등 정치·경제·사회 전반에 걸쳐 혁신을 단행하였다.

의 대다수를 차지하는 농민들이 갑오개혁에 부정적일 수밖에 없었다.

청·일 전쟁이 일본의 승리로 끝나자, 일본은 자신들의 침략에 유리한 발판을 마련하고자 개혁에 박차를 가하였다. 조선 정부는 개국 기원을 사용하는 등 우리나라가 독립국임을 내세우는 등 홍범 14조를 발표하였으나, 우리의 뜻과는 다르게 군사 제도의 개혁이 이루어지지 않는 등 일본의 조선 침략에 유리한 내용을 담고 있는 한계가 있다.

더구나 군국기무처(軍國機務處)가 활동한 5개월 동안에 200건이 넘는 개혁안을 발표하여 실시하기가 벅찼다.

즉 갑오개혁은 갑신정변 이후에 위로부터의 개혁 요구와 동학 농민 운동 때의 아래로부터 개혁 요구를 수용한 개혁이었으나, 일본의 간섭과 국민들의 외면으로 실패로 끝나게 되었다.

홍범 14조

1. 청나라에 의존하는 생각을 끊고 자주독립의 기초를 세운다.

2. 왕실 규정을 만들어 대통(大統)의 계승과 종실(宗室)·척신(戚臣)의 구별을 밝힌다.

3. 국왕이 정전에 나아가 정사를 친히 각 대신에게 물어 처리하되, 왕후·비빈·종실 및 척신이 간여함을 허락하지 아니한다.

4. 왕실사무와 국정사무를 분리하여 서로 혼동하지 않는다.

5. 의정부와 각 아문(衙門)의 직무권한의 한계를 명백히 규정한다.

6. 부역과 세금은 모두 법령으로 정하고 명목을 더하여 거두지 못한다.

7. 조세부과와 징수 및 경비지출은 모두 탁지아문(度支衙門)에서 관장한다.

8. 왕실은 솔선하여 경비를 절약해서 각 아문과 지방관의 모범이 되게 한다.

9. 왕실과 각 관부(官府)에서 사용하는 경비는 1년간의 예산을 세워 재정의 기초를 확립한다.

10. 지방관 제도를 속히 개정하여 지방 관리의 직권을 한정한다.

11. 널리 자질이 있는 젊은이를 외국에 파견하여 학문과 기술을 익히도록 한다.

12. 장교를 교육하고 징병 제도를 정하여 군제(軍制)의 기초를 확립한다.

13. 민법 및 형법을 엄정히 정하여 함부로 가두거나 벌하지 말며, 백성의 생명과 재산을 보호한다.

14. 사람을 쓰는 데 문벌(門閥)을 가리지 않고 널리 인재를 등용한다.

50

러·일의 조선 침략 과정

→ 청·일 전쟁에서 승리한 일본을 견제하는 러시아와 이를 물리치기 위한 과정에서 러·일의 경쟁이 격화되었다.

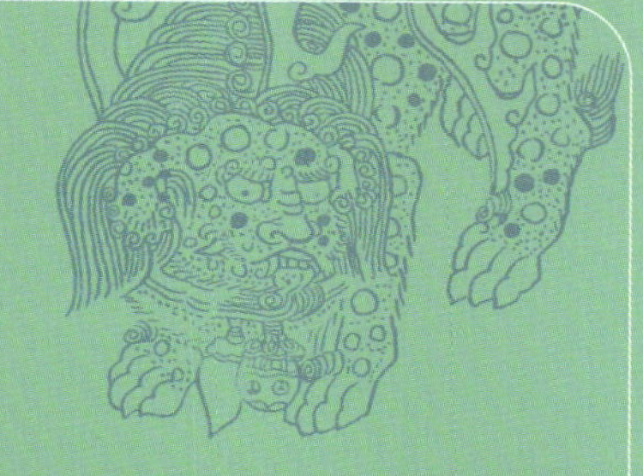

청·일 전쟁에서 승리한 일본은 조선에 대한 지배권을 확고히 하기 위하여 청나라와 시모노세키 조약〔下關條約〕[1]을 체결하였다. 시모노세키 조약은 요동 반도와 타이완 섬을 일본이 할양받는 것이다.

이에 부동항을 찾기 위하여 러시아가 추진하던 남하 정책이 차질을 빚었다. 러시아는 독일과 프랑스를 끌어들여 일본이 요동 반도를 차지함으로써 동양의 평화를 깨지게 했다는 것이다. 그리하여 러시아는 독일과 프랑스와 함께 배상금 4천5백만 원을 청나라로부터 받는 대신에 요동 반도를 영유하는 것을 포기할 것을 권고하였다. 나아가 러시아는 일본 근해에 군함까지 보내어 시위를 하였다.

일본은 삼국에 대항할 만한 군사력이 부족하였기에 하는 수 없이 요동 반도를 포기하였다.

일본이 러시아에 굴복하는 것을 본 명성 황후는 일본을 견제하기 위해서는 러시아를 이용할 생각을 하였다. 일본에 의해 임명된 대표적인 지일파인 박영효를 물러나게 한 명성 황후는 이범진(李範晉)[2]과 이완용(李完用)[3]을 기용하여 러시아와 가까이 하면서 일본을 멀리하는 정책을 추진하였다.

일본은 애써 닦아놓은 조선에서의 입지를 하루아침에 잃어버리자, 명성 황후를 제거할 계획을 세우게 되었다. 일본은 이노우에 공사를 본국으로 소환하고 대신 육군 중장 출신의 미우라를 주한 공사에 임명하였다. 미우라는 흥선

1 1895년 4월, 청일 전쟁 뒤 청의 강화 전권 대사 이홍장(李鴻章)과 일본의 이토 히로부미(伊藤博文)가 일본의 시모노세키에서 체결한 강화 조약. 청이 조선의 독립을 확인하고 군비 2억 냥을 배상하며, 랴오둥 반도(遼東半島)와 대만, 펑후도(澎湖島)를 일본에 할양하는 따위를 내용으로 한다.

2 조선 후기의 문신(1853~1910). 호는 성삼(聖三). 고종 16년(1879)년 식년 문과에 급제하여 협판내무부사를 지냈다. 을미사변으로 친일파가 정권을 잡자 러시아에 망명, 이듬해 귀국하여 러시아 공사 베베르, 이완용 등과 아관 파천을 단행하여 친러파 내각의 법부대신이 되었다. 러·일 전쟁이 일본의 승리로 끝나 친일파가 득세하자 다시 러시아로 망명하였다가 1910년 자결하였다.

대원군을 종용하여 가담시키는 한편 우범선 등 조선인들을 참여시켰다. 1895년 8월 22일이 거사일이었으나 탄로 날 것을 우려한 미우라는 20일 새벽에 옥호루에 난입하여 명성 황후와 궁녀들을 무참히 시해하였다. 증거를 없애기 위하여 미우라는 명성 황후의 시신을 불태워 우물에 버렸다.

명성 황후를 제거한 일본은 갑오개혁의 후속 조치로 을미개혁(乙未改革)[4]을 실시하였다. 을미개혁은 연호로 '건양'을 사용하고, 양력을 사용하였으며, 단발령과 종두법, 그리고 우편 제도를 실시하는 것이 주요 내용이었다.

고종은 명성 황후의 시해로 신변에 위협을 느끼고 있었다. 이때 명성 황후의 시해로 국내에서는 의병 운동이 일어나고 있었다. 일본군과 의병들의 대치 상황을 틈타 고종은 일본군 몰래 러시아 공사관으로 피했다. '아관 파천(俄館播遷)[5]'이 이루어진 것이다. 여기서 '아관'이란 아라사(러시아) 공사관의 준말이고, 파천은 임금이 궁궐을 떠나서 피한다는 뜻이다. 아관 파천으로 친러 내각이 수립되었으며, 울릉도의 삼림 채벌권 등 많은 이권이 러시아로 넘어가게 되었다. 러시아에 이권이 넘어가자, 미국과 일본 등 강대국들은 조선에 대하여 금광 채굴권이나 철도 부설권 등 이권을 빼앗아갔다.

고종이 러시아로 가자, 국내외에서 많은 비판 여론이 들끓었다. 고종이 다시 경복궁으로 돌아올 것을 조선 백성들뿐만 아니라 국제사회도 요구하였다.

이에 고종은 아관 파천으로 떠난 지 1년만인 1897년에 덕수궁으로 돌아왔다. 덕수궁으로 돌아온 고종은 무너진 나라의 체면을 살리고자 개혁을 실시하였다. 고종은 자주 국가임을 나타내기 위하여 국호를 대한제국으로, 연호를 광무라 하면서 스스로 황제라 칭하였다. 그리고 양전 사업을 실시하여 지계(地契, 대한제국 시대에 토지의 소유권을 증명하던 문서)를 발급하는 등 근대적인 토지 소유 관계를 세우는 한편, 각종 회사와 공장을 설립하는 등 상공업의 진흥책도 마련하였다. 그러나 보수적인 집권층의 반대와 열강의 간섭으로 성과는 아주 미미하였다.

51

독립 협회 獨立協會의 활동

→ 서재필(徐載弼)이 '독립'이라는 말을 사용한 것은 5백년 간 이어진 중국으로부터의 독립과 봉건 제도의 악습에서 벗어나 새로운 나라로 독립하자는 뜻을 나타내고 있다.

갑신정변 후에 미국으로 망명한 서재필(徐載弼)은 컬럼비아 대학교 의과대학을 졸업하고 우리나라 최초의 서양 의사가 되었다. 미국에서 공부하여 우리나라가 청·일 전쟁과 갑오개혁, 을미사변과 을미개혁 등 외세의 침투가 심한 것을 보고 귀국을 결심하였다.

귀국 후 1896년에 서재필은 이승만(李承晩), 윤치호(尹致昊), 남궁억(南宮檍) 등과 함께 독립 협회를 조직하였다. 서재필이 '독립'이라는 말을 사용한 것은 5백년 간 이어진 중국으로부터의 독립과 봉건 제도의 악습에서 벗어나 새로운 나라로 독립하자는 뜻을 나타내고 있다.

독립 협회는 자주 독립, 자강 개혁, 자유 민권을 목표로 국민들을 계몽하고, 정부에 개혁을 요구하였다.

서재필은 중국으로부터의 독립을 위하여 중국의 사신을 맞이하던 영은문 자리에 독립문을 건립하였다. 또한 중국 사신들이 머물던 모화관 자리에는 독립관을 건립하여 백성들에게 독립

독립문

사상을 고취하였다. 백성들에게 독립 사상과 국내 및 세계정세를 알려주기 위하여 독립 신문을 발행하는 한편 영문판으로도 간행하여 외국인에게 올바른 한국관을 심어주려고 하였다. 나아가 만민 공동회라는 대중적 정치 집회를 개최하여 정부에 '헌의 6조'를 건의하여 ① 외국인에게 의지하지 말고, 관·민이 힘을 합하여 전제 황권을 견고하게 할 것. ② 외국과의 이권에 관한 조약은 각 대신과 중추원 의장이 합동 날인하여 시행할 것. ③ 국가 재정은 탁지부에서 모두 책임지고 관리하며, 예산과 결산을 국민에게 공포할 것. ④ 중대 범죄를 공판하되, 피고의 인권을 존중할 것. ⑤ 신하들의 요청으로 임금이 임명하는 관리는 정부의 자문을 받아 다수의 의견을 따를 것. ⑥ 정해진 규정을 실천할 것을 요구하기도 하였다. 이에 나라에서는 국가 전복 음모를 꾀하는 공작으로 보고 1898년 11월 4일에 독립 협회의 주요 인물을 체포하였다. 그리고 전국의 보부상들로 조직된 황국 협회를 조직하여 독립 협회의 활동을 방해하게 하여 충돌이 일어나니, 이를 트집 잡아 1899년 12월에 해산시켰다.

신문은 언제부터 있었을까?

조정에서 발행하는 일간 신문인 「조보(朝報)」가 있었다. 또한 민간에서 유료로 보급하는 신문도 있었다.

우리나라에서 근대 신문이 발간된 것은 1883년에 박문국(博文局)에서 나온 「한성순보(漢城旬報)」가 그 시작이다. 이는 순간(旬刊), 즉 10일에 한 번 발간되는 신문으로 국가에서 발행하는 관보(官報)였다. 처음에는 국한문체(國漢文體)로 발간하기로 계획했으나 보수파(수구파)의 반대로 한문으로만 쓰였다.

우리나라 최초의 근대식 일간지는 독립 협회에서 발간한 민간 신문인 「독립 신문(獨立新聞)」이다. 1896년 한글과 영문으로 발간된 이 신문은 일반 대중에게 자유, 민권 사상을 계몽했으나 1898년 독립 협회의 해산과 더불어 폐간되었다.

이러한 근대식 신문이 발행되기 이전에 우리나라에는 신문이 없었을까?

물론 있었다. 그것은 「조보(朝報)」이다. 조보야말로 우리나라 최초의 신문이었다. '기별'이라고도 불렸던 조보는 국가에서 발간하는 관보로, 필사(筆寫) 신문이었다. 조선 시대 태조(재위 1392~1398) 때부터 춘추관의 사관으로 하여금 전날 저녁에서 그날 아침까지 반포된 국왕의 전교와 결재 사항, 견문록을 한문과 이두로 기록하도록 하여 각 관청에 보내 주었다. 이후 조보의 중요성이 점점 커지자 주무 부처가 춘추관(春秋館)에서 왕의 비서실인 승정원(承政院)으로 바뀌

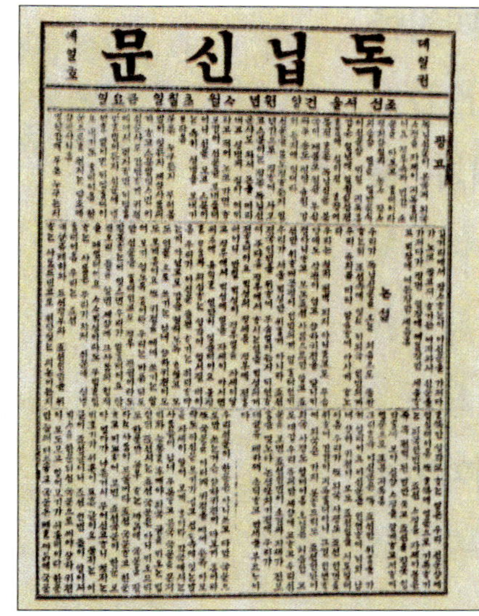

독립신문

었고, 보급이 중앙 관청에서 지방 관청과 양반층에게까지 확대되었다. 그러다 보니 '조보가 배달되었느냐'는 뜻인 "기별 왔느냐?" "기별은 받았느냐?"는 등의 말이 '소식을 들었느냐?'는 뜻으로 민간에서 바뀌어 쓰이게 되었다.

조보는 고종 31년(1894) 11월 21일 승정원이 없어질 때까지 꾸준히 발행되었다.

관보인 조보뿐만 아니라 민간 신문도 발행되었다. 선조 11년(1578)에 당시 지도층 양반을 중심으로 발행된 민간 신문은 관보인 조보의 내용을 담아, 날마다 만드는 일간 신문이었다. 오늘날처럼 구독료를 받아 운영했으며, 조정을 비롯한 각계각층의 독자를 확보했다. 그러나 발행된 지 얼마 되지 않아 임금이 "이것이 이웃 나라에 흘러 나가면 나라의 좋지 못한 것이 알려진다."며 신문을 폐간시켰으며, 신문 발행에 참여했던 사람들을 귀양 보냈다. 그 이후에는 「독립 신문」이 나올 때까지 민간 신문이 발행되지 못했다.

참고로, 우리나라 최초의 근대 신문 기자는 《서유견문(西遊見聞)》을 지은 유길준(俞吉濬)[1]이며, 최초의 여기자는 1924년 조선일보사에 채용된 최은희(崔恩喜)[2]이다.

1 개화 운동가(1856~1914). 자는 성무(聖武), 호는 구당(矩堂). 일본을 거쳐 미국에서 공부하고 돌아와 김홍집 내각의 내무대신이 되었다가 아관파천 후 일본에 망명, 다시 귀국하여 교육과 계몽 운동에 헌신하였다. 저서로 《서유견문》, 《대한문전》 등이 있다.

2 언론인(1904~1984). 「조선일보」의 기자·학예부장을 지내고 여권 실천 운동자클럽 회장, 대한 부인회 부회장, 3·1 운동 여성 참가자 봉사회장을 역임하였다.

명칭	기간	창간 대표	내용
한성순보	1883.1~1884	민영목	최초의 한자 신문
한성주보	1886.1~1888	김윤식	한성순보 후신, 국한문 16면
한성신보	1895.1~?	아다치	일문 한성신보 자매지, 격일간
독립신문	1896.4~1899	서재필	순국문지, 주3회
협성회회보	1898.1~?	양홍묵	순국문지, 교육과 토론 위주
매일신문	1898.1~?	양홍묵	최초의 순국문 일간지
경성신문	1898.3~1898.4	정해원	순국문 2면, 주2회
대한황성신문	1898.4~1898.9	정해원	순국문지
황성신문	1898.9~1910.8	장지연	국한문, 일간지
제국신문	1898.8~1910	이종면	순국문 일간지, 부녀자 대상
시사총보	1899~?	현영운	국한문 혼용 격일간지
상무시보	1899~1900		국한문 혼용 격일간지
조선크리스도인회보	1897.2~	아펜셀라	국문 주간지
그리스도 신문	1897.4~	언더우드	국문 주간지
대한신보	1898.4~	와다나베	국문 격일간지
대한매일신보	1905.8~1910.8	배 설	국한문 혼용, 항일운동의 최고
대한일보	1904.5~?	하기야	대한매일신보에 대항하기 위한 국문지
대동신보	1904.4~?	기쿠치	〃
중앙신보	1906.1~?	고 가	〃
만세보	1906.6~?	오세창	일진회를 비난 공격
경성일보	1906.9~1945		통감부 선전 기관지
경향신문	1906.10~?		가톨릭 계통의 주간지
국민신보	1906.1~?	이용구	친일적 언론지
대한신문	1907.7~?	이인직	친일적 언론지
법정신문	1909.8~?		이완용 내각의 민간 회유책으로 허가조
대한민보	1909~1910.8	오세창	일진회와 친일파에 대항, 만화 연재
대동일보	1909.12~?	안익선	〃
시사신문	1909.5~?	백낙균	〃
경남일보	1909.10~?	김홍조	영남 유림들의 최초의 지방지
매일신보	1910.8~1938.4		조선 총독부의 국문기관지
한성신문	1910.8~1910.9		황성신문의 후신
민보	1910.8~1910.8		이틀만에 폐간
한양신문	1910.8~?		대한신문의 후신
공립신문	1905~	송석준	국문의 주간지, 샌프란시스코에서 발행
신한민보	1907~	이강	공립신문의 후신, 샌프란시스코에서 현재까지 발행
시사신보	1905~	윤병구	하와이에서 발행한 국문지

명칭	기간	창간 대표	내용
국민보	~ ?	이승만	호놀룰루에서 발행, 일간지
태평양주보	1914~	이승만	하와이에서 발행
대동공보	1909~?	이 강	교포 계몽지
해조신문	1910~	신채호	국문 교포 계몽지
조선일보	1920.3~	조진태	3대 민간지의 하나. 현재까지 발행
동아일보	1920.4~	박영효	3대 민간지의 하나. 현재까지 발행
시사신문	1920.4~1921	민원식	3대 민간지의 하나. 월간 시사평론으로 바뀜
독립신문	1919.8~	이승만	임시정부 기관지
간도신보	1919~		독립 정신을 고취시킨 신문, 간도에서 발행
신대한보	1919.10~?	박인관	대한 민국총회 기관지
한족신보	1919~1921	이시열	한족회 기관지
경종보	1921~1922	김이대	통의부 기관지
대동민보	1923.11~1925	김이대	정의부 기관지
시대일보	1924.3~1926	최남선	논술 중심의 순민간지
중외일보	1926.11~1931	이상협	조/석 8면 시작
중앙일보	1931.10~?	노정일	중외일보의 후신
조선 중앙일보	1933.2~1937.11	여운형	중앙일보로 개제
매일신보	1938.4~1945.11	최 인	경성일보와 분리 발족
서울신문	1945.11~	오세창	매일신보의 후신
한국일보	1953.6~	장기영	태양신문의 후신

52

근대 문물과 시설

강화도 조약을 체결한 후에 정부에서는 개화 문명을 받아들이기 위하여 유학생과 문명 시찰단을 일본과 청나라에 파견하였다.

일본에는 2차례에 걸쳐 수신사가 파견되었는데, 김기수와 김홍집이 문명시찰단을 이끌고 갔다. 또한 박정양도 신사 유람단을 이끌고 일본으로 갔다.

청나라에는 김윤식이 영선사를 이끌고 갔다. 특히 영선사는 무기 제조 기술을 배우기 위한 유학생으로 간 것이었다. 하지만 양반 자제들로 구성된 유학생들은 이론은 자신들이 배우고 실기는 함께 간 몸종들이 배우는 어리석은 일들이 벌어져 큰 성과를 거두지 못했다.

일본과 청나라에서 문물을 시찰하고 와서 만들어진 것이 박문국이다. 박문국은 근대 인쇄술로 출판을 하면서 최초의 근대 신문인 「한성순보」를 간행하였다.

통신 시설로는 전신과 전화가 있다. 전신은 우체국 간에는 전화로 우체국과 통신자를 연결하는 방식이다. 처음에는 서울과 인천 간에 설치되었다가, 중국과 일본을 연결하는 국제 통신망을 갖추게 되었다. 우리나라에 전화기가 도입된 것은 1882년 상운에 의해 이루어졌지만 1896년에 가서야 실용화가 되었다. 전화는 처음에 궁궐에 설치되었다가 그 뒤 서울 시내에 설치되었으며, 1902년 3월 20일 통신 업무를 관장하던 한성전화소가 서울과 인천 사이에 공중전화를 설치하면서, 나라에서 전화를 사용한 지 6년 만에 백성들도 전화를 쓸 수 있었다.

근대 우편 제도는 우정국의 설치로 시작되었다. 하지만 우정국 개국 축하 연회 자리에서 발생한 갑신정변으로 중단되었다가 1895년 을미개혁으로 본격적인 우편 제도가 실시되었다.

최초의 서양 의료 시설은 광혜원(廣惠院)[1]이다. 광혜원은 미국인 선교사 앨런(Allen, H. N.)에 의하여 운영이 되었다. 앨런은 갑신정변 때 부상당한 민영익의 생명을 구해주었기에 명성 황후가 그에 대한 보답으로 광혜원을 지어준 것이다.

이 밖에 화폐를 발행하는 전환국, 무기를 제조하는 기기창(機器廠) 등 근대적인 시설과 문화가 보급되었다.

1 조선 고종 22년(1885)에 일반 백성의 병을 치료하기 위하여 통리 교섭 아문의 아래에 두었던 한국 최초의 근대식 병원. 지금의 서울 재동에 미국인 선교사 앨런(Allen, H.N.)의 주관 아래 세웠으며, 뒤에 제중원으로 이름을 바꾸었다.

Tip

옛날에는 공중전화 옆에 관리가 있었다?

[공중전화에서 전화 예절을 잘 지키는가를 관찰하기 위한 관리가 있었다.]

오늘날 휴대폰이 보편화되어 어린아이들을 제외하고는 거의 대부분이 휴대 전화를 가지고 있다. 그래서 길가에 설치되어 있던 공중전화가 쓸모없어져 한국통신에서 골치를 썩이고 있다고 한다.

전화는 1876년 미국인 벨(Bell, Alexander Graham)에 의해 발명되어 통신 혁명을 가져왔다. 지금까지 모스(Morse, Samuel Finley Breese)가 발명한 복잡한 기호로 이루어진 무선전신을 바꾸는 계기가 되었다.

우리나라에 전화기가 도입된 것은 1882년 상운에 의해 이루어졌지만 1896년에 가서야 실용화가 되었다.

1902년 3월 20일 통신 업무를 관장하던 한성전화소가 서울과 인천 사이에 공중전화를 설치하면서, 나라에서 전화를 사용한 지 6년 만에 백성들도 전화를 쓸 수 있었다. 공중전화를 설치하면서 한성전화소는 전문 2조로 된 '전화

권정규정'을 발표했다.

전화통화료는 5분간 50전이고, 다른 사람이 전화를 하려고 기다릴
때에는 10분 이상 통화할 수 없다.

'전화권정규정'은 우리나라 최초의 전화 법령이다.
텔레폰(Telephone)의 한자음을 따 '덕율풍(德律風)'이라고 불린 당시의 전화
기는 너비 50cm, 길이 90cm쯤 되는 붉은 판에 붙인 벽걸이식으로 송수화기가
분리돼 소화기관에 신호를 돌리는 손잡이와 딸딸이가 붙어 있었다.
한성전화소에서는 공중전화 사용자가 통화 중에 싸우거나 예절에 어긋난
농담을 할 때는 통화를 중단시켰다. 한성전화소는 공중전화뿐만 아니라 양반
부잣집을 다니며 전화 가입을 권장하였다. 하지만 신문물은 곧 일본의 침략을
떠올리게 한다는 생각으로 거부감이 생겨 12명 정도 가입했다.
순종은 전화기를 이용하여 3년상을 치렀다. 부모님이 세상을 떠나면 3년간
시묘살이를 하는데, 임금의 직무 때문에 할 수가 없었던 순종은 부왕(父王)인
고종이 1919년에 세상을 떠나자 아침마다 전화를 고종이 잠들어 있는 홍릉에
연결하여 곡(哭)을 했다고 한다.

53

일본의 침략 과정

→ 외교권 − 군사권 − 사법권 − 경찰권 − 국권의 순서로 우리나라를 식민지화하였다.

일본은 우리나라가 갑신정변을 통해서 청나라의 종속에서 벗어나기를 바라는 마음에서 박영효를 비롯한 개화파들을 지원하였다. 그러나 민씨 세력들이 청나라에 원병을 요청함으로써 일본의 계획은 무산되었다.

일본은 정치적으로 조선을 지배하는 대신에 경제적 침략에 주력하였다. 그리고 청나라와 대등한 관계를 유지하기 위하여 톈진 조약을 체결하였다.

일본의 침략이 본격화된 것은 동학 농민 운동이 일어나면서부터이다. 동학 농민 운동을 진압할 힘이 없었던 조선은 청나라에 원병을 요청하였다. 청나라에서는 톈진 조약에 따라 일본에 군대의 파견을 알렸으며, 이 기회에 조선을 지배하겠다는 야욕을 가진 일본도 군대를 파견하였다. 동학 농민군과 조선 정부가 화약을 맺고 청나라와 일본의 군대가 물러가기를 요청하였으나, 일본은 이를 거부하고 청나라와 전쟁을 벌였다. 청 · 일 전쟁은 일본의 승리로 끝났다. 조선이 일본으로 넘어가는 것을 지켜볼 수 없었던 나라는 러시아였다. 러시아는 겨울철에 얼지 않는 부동항을 찾기 위하여 남하 정책을 추진하는데 조선이 가장 적합한 곳이었다. 러시아는 독일과 프랑스를 끌어들여 일본이 요동 반도에서 물러갈 것을 요구하였다. 바로 삼국 간섭이다. 일본은 삼국과 대결할 힘이 없었으므로 그들의 요구를 들어주었다.

일본은 러시아를 끌어들인 것이 명성 황후라고 생각하고, 1895년에 을미사변을 일으켜 명성 황후를 시해하였다. 을미사변으로 조선에서 일본이 우월하였으나 황후의 죽음을 보고 위협을 느낀 고종이 러시아 공사관으로 피신하는 아관 파천이 일어나 일본의 계획은 다시 수포로 돌아갔지만, 조선은 러시아나 미국 등 강대국들에 의하여 광산이나 삼림 채벌권, 철도 부설권 등 각종 이권을 빼앗겼다.

일본은 세력을 만회하기 위해 러시아와의 전쟁을 준비하고, 드디어 1904년에 러 · 일 전쟁을 일으켰다. 러 · 일 전쟁이 일어나자 조선은 중립을 선언하였으나, 일본은 한일의정서(韓日議定書)를 조선과 체결하여 그들이 원하는 곳에 군사기지를 쓸 수 있도록 하여 중립을 무효화시켰다. 러 · 일 전쟁이 일본에 유리하게 전개되자 제1차 한일협약(韓日協約)을 체결하였다. 이 협약은 외교와 재정 분야에 일본이 추천하는 고문을 두도록 하는 것이다. 그러나 실제로 외교와 재정뿐만 아니라 행정 각부에도 고문을 두었다. 원래 고문이란, 자문하는 직책이지만 우리나라의 내정을 마음대로 간섭하기 위한 직책이다.

러 · 일 전쟁이 끝나갈 무렵에 조선에 대한 일본의 침략을 주변국들에서 인정하는 조약이 체결되었다. 영국은 영 · 일 동맹을 통하여 '중국에서는 영국의 우월권을, 조선에서는 일본의 우월권'을 인정하는 조약을 맺었다. 미국도 '필리핀에서는 미국의 우월권을, 조선에서는 일본의 우월권'을 인정하는 카쓰라테프트 밀약을 체결하였다.

러 · 일 전쟁에서 승리하자, 일본은 조선의 침략을 본격화하였다. 군사적 위협과 을사 5적(외부대신 박제순, 내부대신 이지용, 군부대신 이근택, 학부대신 이완용, 농상공부대신 권중현의 매국노)들을 회유하여 을사조약(乙巳條約)[1]을 강제로 체결하였다. 이로써 일본은 조선을 보호국화해 외교권을 박탈하고 통감부(統監府)를 두어 내정을 간섭하였다.

을사조약에 대해 조약의 무효화를 주장하기 위하여 고종이 헤이그에 특사를 파견한 것을 구실로 고종을 강제 퇴위시키고 군대를 해산시켜 조선을 자위력이 없는 국가로 만들었다. 그리고 황제의 동의 없이 한 · 일신협약[2]을 체결하여 일본인 차관을 임명하고 우리나라를 일본인이 이끌게 하였다.

일본은 1909년에 기유각서(己酉覺書)를 통해 사법권을 빼앗고, 1910년 6월에는 경찰권까지 빼앗은 뒤, 마침내 8월29일에 한일합방(韓日合邦) 조약을 체결

1 조선 광무 9년(1905)에 일본이 한국의 외교권을 빼앗기 위하여 강제적으로 맺은 조약. 늑오조약 · 을사오조약 · 제2차 한일 협약

2 1907년 헤이그 밀사 사건 뒤에 일본의 강압에 의하여 우리나라와 일본이 맺은 조약. 전문 7조(七條)로 되어 있으며 모든 행정 · 사법 사무를 통감부의 감독 아래에 두는 것 따위를 내용으로 하고 있다.

하여 국권을 강탈하였다. 이날을 '경술국치(庚戌國恥)'라고도 한다. 이로써 우리나라는 일본에 의한 35년간의 식민 지배를 받게 되었다.

Tip

민영환(閔泳煥)의 동포에게 남기는 유서

민영환은 을사늑약에 반대하여 동포들에게 유서를 남기고 자결, 순국(殉國)하였다.

슬프다.

나라와 민족의 치욕이 이 지경에 이르렀으니 우리 인민은 장차 생존 경쟁 속에서 멸망하리라.

삶을 원하는 자 반드시 죽고, 죽기를 기약하는 자 살아갈 수 있으니, 이는 여러분이 잘 알 것이다.

나 영환은 죽음으로써 황제의 은혜를 갚고 2천만 동포에게 사과하노라.

영환은 죽어도 황천에서 동포들을 돕고자 하니, 우리 동포 형제들이여, 천만 배 기운을 떨쳐 힘써 뜻을 굳게 가지고 학문에 힘쓰며 마음을 합하고 협력하여 우리의 자주 독립을 회복한다면, 나는 지하에서 기꺼이 웃으련다.

아! 슬프도다.

조금도 실망하지 말지어다.

우리 대한 동포에게 마지막으로 고별하노라.

—1905년 11월 4일, 민영환

민영환은 1861년(철종 12)에 호조판서를 지낸 민겸호(閔謙鎬)의 아들로 명성

민영환

황후의 조카였다. 어려서부터 효성이 지극하고 바른 말을 잘했다고 한다. 자는 문약이고 호는 계정이며 시호는 충정이다. 그는 당대 제일의 집안 출신으로 어려움 없이 벼슬길에 나가 1877년 17세의 나이로 동몽교관이 되었다. 이듬해인 1878년에 문과에 급제하여 본격적인 관직생활을 하였다. 그러나 구식 군대의 차별 대우에 의하여 일어난 1882년에 임오군란으로 아버지인 민겸호가 죽자, 마음의 상처를 잊고자 관직에서 물러났다. 2년 후에 고종의 권유로 이조 참의가 된 후에 27세에 예조 판서에 올랐다.

민영환은 1885년부터 민씨 세력에 의해 이루어진 러시아의 힘을 이용하여 일본을 막으려는 정책에 깊은 관심을 가졌고, 1888년 이후부터는 러시아 웨베르(Weber) 공사와 관계가 아주 가까웠다. 그리고 1896년(고종 33) 2월 러시아 황제 니콜라이 2세의 대관식에 축하 사절로 참석하였다. 러시아를 가면서 영국·독일·프랑스·이탈리아·오스트리아 등 여러 나라를 거쳐 러시아에서 3개월 동안 발전된 서양 문화를 돌아본 후에 신문명에 감동을 받고 개화사상을 실천하고자 하였으며, 조선이 잘살기 위해서는 하루빨리 서양의 새로운 문물을 받아들여야 한다고 믿었다.

러시아 등 여러 나라를 돌아보고 돌아온 민영환은 외국의 힘을 빌려 나라를 지킨다는 사실에 어려움을 알고 자주독립을 주장하던 서재필을 중심으로 만들어진 독립 협회를 지원하였다. 다른 민씨들을 비롯한 권력자들이 독립 협회가 백성들의 뜻을 쫓아 나라를 다스릴 것 등을 주장하면서 만민 공동회를 통해 계몽하기에 반대하였으나, 민영환은 돈을 지원하는 등 독립 협회가 활동할 수 있도록 하였다. 그러나 민영환의 뜻대로 되지 않고 독립 협회는 해산되었다.

민영환은 유럽의 제도를 본떠 정치 체제를 개혁하고, 백성의 권리를 키우자고 주장하였다. 그러나 군사 제도의 개편만이 받아들여졌다. 한편 1896년에 설립된 독립 협회에 활동 자금을 대는 등 적극적으로 후원하면서, 정치를 개혁하는 계기로 삼고자 하였다. 이 일로 민영환은 민씨 일파의 미움을 사 관직에서 쫓겨났고, 결국 독립 협회는 해산당했다.

일본은 1905년 강제로 을사조약을 맺어 우리의 외교권을 빼앗았다. 이 소식을 들은 민영환은 궁궐로 달려가 조약에 찬성한 5명의 역적을 처벌하고 조약을 없던 것으로 하자는 상소문을 올렸다. 그러나 뜻을 이루지 못하자, 민영환은 스스로 목숨을 끊어 불의에 항거하였다. 그때 그의 나이 마흔다섯이었다. 민영환은 3통의 유서를 남겼는데, 한 통은 국민이 깨닫기를 바라는 내용이었고, 다른 한 통은 서울에 있는 외교관들에게 일본의 침략을 바로 보고 한국을 구해줄 것을 바라는 내용이었으며, 또 다른 한 통은 황제에게 올리는 글이었다.

54

베델(Bethell, Ernest Thomas)과 「대한매일신보」

→ 일본에 협력하고 있던 영국인 기자와 함께 발행하였기에 폐간시킬 수가 없었다.

양기탁(梁起鐸)[1]은 러·일 전쟁에서 승기를 잡은 일본이 서서히 조선에 대한 침략을 강화해왔기에 일본에 대한 저항 방법으로 언론을 택하기로 하였다. 양기탁은 민영환과 이용익의 도움으로 신문사를 만들게 되었다. 독립 운동 단체에 대한 일본의 탄압을 몸소 겪었던 양기탁이기에, 일본과 긴밀한 외교관계를 맺고 있는 영국인을 끌어들이기로 하였다. 당시에 영국 「데일리 뉴스(THE DAILY NEWS)」의 한국 임시특파원인 베델[2]을 설득하여 허락을 받아 광무 8년(1904) 7월 18일에 베델을 사장으로 한 「대한매일신보(大韓每日申報)」를 창간하고, 양기탁 자신은 총무가 되었다.

처음에는 「독립 신문」을 모방하여 한글과 영문으로 간행하다가 1905년 8월 11일부터 국한문 혼용으로 간행하면서 영문판은 영어로 「The Korea Daily News」라는 제호로 발행하였다.

을사조약이 체결되어 일본인에 의해 우리나라의 외교권이 박탈되자, 양기탁은 일제 통감부의 검열을 피하기 위해 일본인의 신문사 출입을 막는 간판을 신문사 입구에다 '일인불가입(日人不可入)'을 베델 명의로 써 붙였다.

을사조약에 대한 「대한매일신보」의 반대운동은 계속되었다. 장지연(張志淵)[3]이 「황성신문(皇城新聞)」에 쓴 논설인 〈시일야방성대곡(是日也放聲大哭)[4]〉을 즉각 전재하였고, 이것을 영어로 번역하여 영문판에 게재하기도 하였다. 그리

1 독립 운동가 · 언론인(1871~1938). 호는 우강(雩岡). 1904년에 「대한매일신보」를 창간하여 주필에 취임하였다. 신민회를 조직하고 미국 의회 의원단에 독립 진정서를 제출하는 등 항일 운동에 헌신하였다.

2 영국의 언론인(1872~1909). 런던 데일리 뉴스의 특파원으로 우리나라에 와서 양기탁과 함께 「대한매일신보」를 발행하여 일본의 침략 정책을 비판하였다.

3 조선 고종 때의 언론인(1864~1921). 자는 순소(舜韶), 호는 위암(韋庵) · 숭양산인(崧陽山人). 「황성신문」 사장을 지냈으며, 을사조약이 체결되자 〈시일야방성대곡〉이라는 사설(社說)을 써서 일본을 통박하였으며, 만민 공동회 · 대한 자강회와 같은 조직을 만들어 활동하였다. 저서에 《유교연원(儒敎淵源)》, 《대한강역고》 등이 있다.

고 1907년 1월 16일에 을사조약의 무효를 선언한 광무황제의 친서가 미국을 비롯한 각국에 전달되었음을 알리는 사설을 쓰기도 하였다.

「대한매일신보」의 언론을 통한 항일구국운동은 그 뒤에도 계속되었다. 1909년 10월 26일에 안중근(安重根)[5] 의사가 하얼빈 역에서 침략의 원흉인 이토 히로부미를 사살하자 이를 호외로 보도하여 국민들의 일본에 맺힌 한을 풀어 주었으며, 국제여론을 한국에 유리하게 이끌기 위하여 일제의 침략과 한국의 독립에 대한 의지를 신문에 보도하였다. 더욱이 당시에 우리나라에서 일어난 을사조약과 군대해산[6]에 반대하여 일어난 의병 운동에 대한 보도를 함으로써 구국언론의 역할을 다하였다.

또한 양기탁은 우리나라가 일본으로부터 독립을 하기 위해서는 국민을 교육시켜야 한다고 주장하면서, 한문을 모르는 사람을 위하여 1907년 5월 30일부터 한글판을 발행하였다.

그러나 일본의 탄압과 회유 속에서 민족의 대변지 역할을 하던 「대한매일신보」는 1910년 8월 29일의 한일합방과 더불어 일본 통감부가 매수하여 그 기관지인 「매일신보」가 되었다.

---

4 1905년에 일본의 강요로 을사조약이 체결된 것을 슬퍼하여 장지연이 민족적 울분을 표현한 논설.

5 독립 운동가(1879~1910). 남포에 돈의 학교를 설립하여 인재 양성에 힘쓰다가 1907년 연해주로 망명하여 의병 운동에 참가하고, 1909년 만주의 하얼빈 역에서 이토 히로부미를 암살하였다.

6 순종 1년(1907)에 일본이 대한제국의 군대를 강제 해산한 사건. 통감(統監) 이토 히로부미(伊藤博文)가 순종에게 칙어(勅語)를 내리게 하여 행하였는데, 시위(侍衛) 제1연대의 제1대대장 참령(參領) 박승환의 자결에 자극된 부대원들이 봉기하여 지방에 내려가 5년여에 걸쳐 항일 운동을 벌였다.

55

한말 의병 활동

→ 명성 황후 시해사건을 시작으로 을사조약, 군대해산 때에 계속해서 일본에 대항한 의병 운동이 일어났다.

우리나라는 외적의 침입을 받아 나라가 어려울 때 백성들이 불같이 일어나 이를 물리쳤다. 이렇게 관군이 아닌 일반 백성들이 봉기하여 싸움에 참가하는 사람들을 가리켜 의병(義兵)이라고 한다.

고려 시대 몽골의 침입이 있을 때 지배층은 강화도로 피난을 가서 사치스러운 생활을 하고 있는 동안에 초적을 비롯한 백성들이 몽골족에 대항하여 많은 성과를 거두었다.

조선 시대에 임진왜란이 일어나자 곽재우를 비롯한 조헌, 고경명 등 많은 의병의 활약으로 육지에서 왜군을 물리칠 수가 있었다.

대한제국 말기에 다시 의병이 일어났다. 의병 운동은 조선 말기 외국에 문호를 개방하는 것을 반대하면서 전통 문화를 지키자고 주장한 위정척사 사상의 영향을 받았다.

1895년에 명성 황후가 일본 군인들에 의하여 시해되는 을미사변이 일어났다. 뒤이어 일본인들에 의하여 강제로 을미개혁이 단행되었다. 을미개혁은 건양이라는 연호를 사용하고 양력의 사용, 단발령[1]과 우편 제도, 종두법을 실시하자는 개혁이었다.

국모인 명성 황후가 시해된 데다가 단발령을 실시하자는 것에 양반 유생들은 거세게 반발하였다. 춘천에서 이소응과 제천에서 유인석이 각각 유생들을 이끌고 의병을 일으켜 2개월간 항일 운동을 펼쳤다.

[1] 조선 고종 32년(1895) 11월에 을미개혁의 일환으로 상투 풍속을 없애고 머리를 짧게 깎도록 한 명령. 이를 계기로 의병 활동이 확산되었다.

　이어서 1905년에 을사조약이 체결되었을 때 을사의병보다 조직적인 의병 운동이 일어났다. 홍성의 민종식, 순창의 최익현과 더불어 경상북도 평해에서 평민 출신의 신돌석(申乭石)[2]이 의병을 일으켰다. 아명이 태호인 신돌석은 천한 이름이 오래 산다는 속설에 따라 '돌석'이란 이름으로 바꾸었다. 신돌석은 을사조약이 체결되어 전국에서 의병 운동이 일어나자 경상도와 강원도 등지에서 3,000여 명의 부하를 거느리고 뛰어난 활약을 하였다. 평민 출신의 의병장이 등장한 것은 나라를 지키는데 전 국민이 참여하고 있었음을 보여주는 것이다.

　1907년에 군대가 재정이 어렵다는 이유를 들어 일본에 의하여 강제로 해산되자, 대한제국의 군인들이 자신들이 가지고 있던 무기를 가지고 의병 부대에 합류했다. 의병부대는 이전의 의병부대와 달리 조직적이면서 전술적으로도 한 단계 올라서게 되었다. 그리하여 의병 운동이 아닌 의병전쟁이 되었다.

　1907년에 모인 의병은 이인영(李麟榮)[3]을 총대장으로 서울 진공 작전을 계획하면서 경기도 양주에 모였다. 신돌석도 이 작전에 참여하려고 하였으나 평민이라는 이유로 의병장에서 배제되었다. 신돌석은 고향으로 돌아와 고종사촌인 김상열을 찾았다가 일본 경찰에 잡혀 죽음을 당했다.

　1907년에 전개된 서울 진공 작전도 이인영이 부친상을 당하여 고향으로 돌아감에 따라 조직이 무너지고 일본의 탄압으로 실패하였다.

　이후 의병부대는 일본의 탄압을 피해 만주나 연해주로 가서 독립군으로 활약했으며, 1940년 9월 17일에 상하이 임시정부 직속의 한국 광복군이 만들어져 계속적으로 항일 운동을 펼쳤다.

2　조선 후기의 의병장(1878~1908). 본명은 태호(泰浩), 자는 순경(舜卿). 을사조약이 맺어진 이듬해인 1906년 경상북도 울진군 평해면에서 평민으로서 의병을 일으켰다.

3　조선 후기의 의병장(1867~1909). 일명 준영(埈榮). 을미사변 후 유인석, 이강년과 함께 의병을 일으켰으며 을사조약이 체결된 뒤에 13도 창의 총대장(倡義總大將)이 되어 1만여 의병을 이끌고 서울로 진격하여 동대문 밖까지 이르렀으나 패퇴하였다.

56

한말의 의거 활동

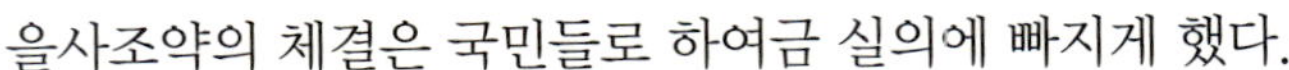

→ 이재명(李在明)과 암살단은 을사오적(乙巳五賊)을 죽이려고 했으나 실패하였다.

을사조약의 체결은 국민들로 하여금 실의에 빠지게 했다.

이재명(李在明)[1]은 친일 매국노이자 을사오적(乙巳五賊)의 한 사람인 이완용을 명동성당에서 암살하려다가 자상만 입힌 채 실패하였다.

나철(羅喆)[2]은 오기호(吳基鎬)[3]와 함께 을사조약의 체결 소식을 듣고 '매국노를 모두 죽이면 국정을 바로 잡을 수가 있다.' 고 하여 일본으로부터 귀국하였다. 1906년 1월, 나철과 오기호는 을사조약이 체결될 때에 찬성한 대신 5명을 '을사오적' 이라고 규정하고, 이들을 일시에 처단하기 위한 계획을 세웠다.

이 뜻을 알게 된 김동필 등은 자금을 지원하였고, 이대하는 총기 구입을 담당하였다. 이어서 윤주찬은 우리 정부와 일본 정부에 보내는 공문과 내외 국민들에게 보내는 포고문을 작성하는 한편, 박대하는 결사대를 조직하였다.

첫 번째 거사일은 새해를 맞이하여 신년 인사를 위해 5적이 궁궐로 들어가는 음력 정월 초하루로 정하였으나, 결사대의 도착 지연으로 실패하였다. 그 후에도 3차례에 걸쳐 계획하였으나, 실패하고 동지였던 서창보가 체포되는 바람에 나철은 경찰서에 자진 출두하여 1907년 7월에 지도로 귀양을 갔으나 고종의 특사로 12월에 풀려났다.

을사오적을 암살하려다 실패한 나철은 철종 14년(1863)에 전라남도 낙안에서 태어났다. 본명은 두영(斗永)이었으나 대종교를 만든 후에 철(喆)로 바꾸었다. 어려서부터 한학을 배워 29세 되던 해인 고종 28년(1891)에 문과에 장원급제하여 여러 벼슬을 하였으나, 일본의 침략과 관리들의 부정부패에 분노를 느

1 독립 운동가(1890~1910). 1909년 명동 성당에서 벨기에 황제 레오폴드 2세의 추도식을 마치고 나오던 이완용을 습격하였으나 실패하고 순국하였다.

2 대종교의 창시자(1863~1916). 본명은 인영, 호는 홍암(弘巖). 을사조약이 체결되자 나라를 판 대신들을 죽이려다 뜻을 이루지 못하였다. 융희 3년(1909)에 대종교의 교리를 포교하였고, 저서에 《삼일신고》 등이 있다.

3 독립 운동가(1863~?). 호는 손암(巽庵). 1905년에 일본으로 건너가 일본 천황 및 이토 히로부미 등에게 통감정치의 무단적(武斷的) 학정을 호소하는 서안을 보내고, 을사조약이 체결되자 을사오적(乙巳五賊)을 처단하기 위하여 자신회(自新會)를 조직하였다.

껴 관직을 사임하고 일본을 거쳐 미국으로 가려고 하였으나, 일본에서 을사조약의 체결 소식을 듣고 급히 귀국하였던 것이다.

을사오적의 암살이 실패로 돌아가자, 나철은 독립 운동의 방향을 바꾸기로 마음을 먹었다. 그리하여 민족의식을 일깨우기 위한 교육을 실시하는 한편, 단군을 받드는 종교를 만들어 구심점으로 삼고자 하였다. 단군은 우리 민족의 조상으로 민족정기를 드높일 수 있는 구심점이 되며, 이것을 바탕으로 국민을 평안하게 하고 나라를 구하는 바탕을 쌓자는 것이었다.

나철이 오기호와 유근에게 자신의 뜻을 밝히자 이들이 전폭적으로 지지, 1909년 1월에 서울 재동 취운정에서 하늘에 제사를 지내고 단군교를 공식 출범시켰다. 그리고 1910년에는 단군교를 대종교(大倧敎)로 개명을 하였다. 대종이란, 삼신(三神)을 받드는 것으로, 우리나라를 건국한 환인(桓因), 환웅(桓雄), 단군(檀君)을 삼신이라고 하였다. 나라가 위기에 처했던 몽고 침입 때에 《삼국유사》에서 처음으로 언급되어 국민들의 사기를 높여준 단군을 다시 한번 되새기어 민족의식을 일깨우면서 우리 민족의 독창성과 독립성을 강조하여 일본으로부터 독립을 이루고자 함이었다.

일본이 우리나라를 합방하자, 일본은 대종교를 종교 단체가 아닌 독립 운동 단체로 규정하여 탄압하였다. 나철은 총본산을 우리 민족의 발상지인 만주로 옮기니 이곳에는 이미 많은 애국지사와 일본의 약탈로부터 벗어나 이주한 동포들이 많아 크게 번성하였다. 나철은 이곳에서 동포들의 어린 자식들에게 민족교육을 시키기 위하여 학교를 설립, 많은 애국지사들이 배출되었다.

나철은 일본의 탄압이 계속될 것을 예상하고 제자들에게 계속적인 독립을 위해 싸워줄 것을 부탁한 후 단군 성지가 있는 구월산 삼성사로 들어가 절식을 하다가 순교하였다. 결국 독립을 위한 교인들의 궐기를 요청하는 죽음이었던 것이다.

비록 나철은 죽었지만 대종교를 통한 독립 운동은 지속되어, 대종교 지도자인 신규식, 박은식(朴殷植)[4], 신채호(申采浩)[5] 등을 중심으로 줄기차게 항일 운동을 펼쳐 나갔다.

[4] 독립 운동가(1859~1925). 자는 성칠(聖七). 호는 백암(白巖)·겸곡(謙谷). 상하이(上海)에서 「독립신문」, 「한족 회보」, 「사민보(四民報)」 등의 주필로 독립 사상을 고취하였다. 저서에 《한국 통사》, 《한국 독립운동지혈사》 등이 있다.

[5] 사학자·독립 운동가·언론인(1880~1936). 호는 단재(丹齋)·단생(丹生)·일편단생(一片丹生). 성균관 박사를 거쳐, 「황성신문」과 「대한매일신보」 등에 강직한 논설을 실어 독립 정신을 북돋우고, 국권 강탈 후에는 중국에 망명하여 독립 운동과 국사 연구에 힘쓰다가 일본 경찰에 체포되어 옥사하였다. 저서에 《조선 상고사》, 《조선사 연구초(朝鮮史研究草)》 등이 있다.

57

안중근 安重根 의 동양 평화론

→ 동양 평화론은 안중근의 탁월한 국제 정세에 대한 인식을 바탕으로, 동양의 현실과 평화 유지 방법에 대해 일본에 충고하기 위한 것이다. 안중근은 동양 평화의 길은 다른 나라를 침략하지 않는 데 있으며, 일본이나 서양 제국주의 국가가 평화를 깨는 가장 큰 적이라고 하였다.

안중근은 어릴 때부터 말타기와 활쏘기를 즐겨했다. 또 틈만 나면 화승총을 메고 사냥에 나섰는데, 어김없이 쏘아 맞혀 명사수로 이름이 났다. 그는 아버지를 따라 천주교 신자가 되어 토머스라는 세례명을 받고 서양 학문도 배웠다.

그리고 을사조약으로 나라의 주권을 빼앗기자, 안중근은 교육을 통해 민족의 실력을 키우는 일에 앞장섰다. 그리하여 운영하던 석탄 가게를 팔아 삼흥학교를 세우고 돈의학교를 인수하여 학교 경영에 힘썼다.

1907년 일본이 고종을 강제로 퇴위시키고 군대마저 해산하였다. 안중근은 더욱 거세진 일본의 침략 의도에 맞서 독립 운동의 방법을 바꾸었다. 그래서 러시아로 건너가 교포들을 찾아다니며 나라의 권리를 되찾기 위해서 실력을 키우자고 연설하였다.

이어 안중근은 이범윤(李範允)[1] 등과 함께 대한의군을 만들고 참모중장을 맡았다. 안중근은 대한의군을 이끌고 도문강 연안에서 일본군을 습격한 것을 시작으로, 경흥에서 5,000여 명에 이르는 일본 경찰대와 3차례나 전투를 벌이기도 하였다.

1909년 봄에 안중근은 동지 11명과 함께 비밀결사인 '단지회'를 만들었다. 그리고 3년 안에 안중근, 엄인섭이 이토 히로부미를, 김태훈이 이완용을 죽이

1 독립 운동가(1863~?). 이범진의 아우로 1902년 간도 시찰원으로 파견되었다가 1903년 간도 관리사가 되어 간도에 있는 조선인을 보호하고 독립 운동에 헌신했다. 국권 강탈 후 의병을 모아 함경도 방면 일본 수비대와 싸웠으며, 3·1 운동 후 남만주에서 의군부를 조직하여, 청산리 전투에서 공을 세웠다. 1962년 건국 훈장 대통령장이 추서되었다.

이토 히로부미 죄 15개조 비문

안중근 의사의 친필
'일일부독서 구중생형극'(하루라도 글을 읽지 않으면 입안에 가시가 돋는다.) – 보물 제569–2호

기로 손가락을 잘라 피로써 맹세하였다.

그 해 9월, 안중근은 이토 히로부미가 만주 하얼빈에 온다는 소식을 들었다. 좋은 기회라 여긴 안중근은 동지들과 암살 계획을 세운 후 10월 26일, 일본인 기자로 위장하여 하얼빈 역에 내리는 이토 히로부미를 사살하였다.

안중근은 재판을 받으며 "이토 히로부미는 대한의 주권을 빼앗은 원흉이며, 동양 평화를 어지럽히는 자이다. 이에 대한의군의 참모중장 자격으로 총살한 것이니, 일반 살인범으로 다루지 말고 전쟁 포로로 대우해 달라."고 항변하였다.

안중근의 논리 있는 답변과 전혀 굽히지 않는 당당한 태도에 일본인들도 감탄했다고 한다. 안중근은 1910년 3월 26일 뤼순 감옥에서 사형당했다.

58

장지연 張志淵 의
시일야방성대곡 是日也放聲大哭

→ 을사조약이 체결되자 「황성신문」에 '시일야방성대곡'을 연재하여 조약 반대 운동이 일어나는 계기가 되었으나, 조선 총독부 기관지인 「매일신보」를 통해 친일적인 글을 실었다.

장지연

1905년 일본에 의해 을사조약이 강제 체결되어 대한제국의 외교권을 빼앗겼으며, 한일합병의 계기가 되었다.

1905년 11월 들어 을사조약이 을사오적을 중심으로 진행되었다. 우리나라의 언론 기관들은 항일 논설과 국권 수호에 대한 논설을 게재하여 분위기를 바꾸려고 안간힘을 썼지만 을사조약은 체결되었다.

1905년 11월 20일 「황성신문」에는 '오적조약체결전말' 기사에서 조약 체결 경과를 자세히 설명하고 '시일야방성대곡(是日也放聲大哭)'이란 사설을 게재하였다. 이 논설은 '저 개돼지보다 못한 우리 정부의 소위 대신이란 자들은 자신의 영달만을 위해 황제폐하와 2천만 동포를 배반하고 4천년 강토를 외인에게 주었도다……'

장지연이 쓴 이 사설은 당시 일본에 의해 포고된 사전검열제를 무시하고 전국에 있는 백성들에게 전달되었다. 이 논설로 인하여 「황성신문」은 정간되고 장지연은 3개월을 감옥에서 보내야 했다. 그 후 감옥에서 풀려난 장지연은 일본의 압력을 피해 1908년 블라디보스토크로 망명하여 「해조신문」 주필을 지냈으며, 중국의 상하이와 난징 등지에서 독립 운동을 하다가 귀국하였다. 1909년 경남 진주로 내려와 우리나라 최초의 지방 신문인 「경남일보」의 주필을 맡아서 황현(黃玹)[1]의 '절명시'를 게재하여 「경남일보」가 폐간되게 하는 등 독립 운동에 박차를 가했다.

그러나 우리나라가 일본의 지배를 받게 되면서 조선 총독부의 기관지인 「매일신보」를 통하여 1915년 4월 21일에는 '아시아를 제패한 전술로 볼 때 아시아의 독일이라고 해도 과언이 아니다.' 라든가, 1916년 9월 16일에는 '일본을 동양의 패왕' 이라고 칭송하여 일본의 앞잡이 노릇을 하였다. 그러므로 장지연은 우리나라가 일본의 지배를 받기 시작하면서 언론을 통해 일본을 미화하였다고 할 수가 있다.

---

[1] 조선 후기의 시인·학자(1855~1910). 자는 운경(雲卿), 호는 매천(梅泉). 성균관 생원으로 지내다가 갑신정변 이후 민씨 정권의 무능과 부패에 환멸을 느껴 벼슬하기를 단념하고 귀향하여 시작(詩作)에 전념하였다. 1910년에 일본에 국권을 강탈당하자 망국의 울분을 이기지 못하고 자살하였다. 저서에 《매천야록(梅泉野錄)》이 있다.

59

경제적 민족 운동

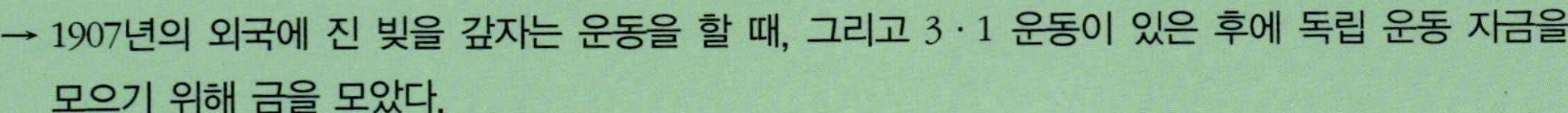

→ 1907년의 외국에 진 빚을 갚자는 운동을 할 때, 그리고 3·1 운동이 있은 후에 독립 운동 자금을
모으기 위해 금을 모았다.

1997년 11월, 우리나라는 경제적으로 큰 위기를 맞이했다. 외국에 많은 빚을 진 우리나라는 그 돈을 갚을 길이 없어 국제통화기금(IMF)이라는 국제금융 기관으로부터 돈을 빌려다가 빚을 갚을 수밖에 없었다. 나라가 이러한 위기에 처하자 우리나라에서는 전 국민이 집에 있는 금을 가지고 와서 다른 나라에 진 빚을 갚기 위하여 나섰다. 외국 사람들은 우리나라 국민들의 애국심에 크게 감동을 받아 많은 돈을 우리나라에 빌려주는 바탕을 마련하여 위기를 이겨 낼 수가 있었다.

우리나라 사람들은 나라가 위기에 빠지면 앞장서서 그것을 이겨냈다. 외국에서 우리나라를 침략하면 삽이나 괭이를 들고서라도 싸웠다. 뿐만 아니라 경제적으로 어려움에 빠지면 나라를 구하고자 자기가 가지고 있던 금반지, 목걸이, 팔찌 등을 풀어 가지고 나와 나라의 빚을 갚고자 하였다. 바로 국채 보상 운동이다. 1907년에 서상돈의 제안으로 대구에서 일어난 국채 보상 운동은 우리나라를 침략한 일본에 진 빚을 갚고자 '담배를 피우지 않고 술을 먹지 않으면서 모은 돈으로 일본에 진 빚을 갚자.'고 했다. 그러자 여성들이 나섰다.

"이 나라가 남자들만의 나라입니까? 우리도 금반지, 목걸이, 팔찌를 내놓아 나라의 빚을 갚는데 앞장섭시다."

이에 여성들은 앞 다투어 금 모으기에 나섰으나 일본의 방해로 열매를 맺지는 못했다.

국채 보상 운동의 뒤를 이어 1919년 3월 1일에 다시 일본에 빼앗긴 나라를 구하고자 3 · 1 운동이 일어났다. 그러나 일본이 총칼로 위협하여 독립을 이루지를 못했다. 그러자 우리나라의 독립 운동가들은 독립 운동을 하기 위해 중국의 상하이로 가서 임시정부를 세웠다. 또한 국민들은 자신이 가지고 있던 금반지, 목걸이, 팔찌를 빼서 독립 운동에 필요한 무기를 구입하는데 쓰라고 내놓았다. 참으로 대단한 국민이다.

그러므로 1997년에 벌어진 나라를 구하기 위한 금 모으기 운동은 세 번째라고 할 수가 있다.

이외에 경제적 민족 운동으로는 1889년에 전개된 일본으로의 쌀 유출을 막기 위한 '방곡령(防穀令)[1]'과 1923년에 전개된 국산품 애용운동인 '물산 장려 운동(物産奬勵運動)'이 있다.

1 조선 고종 26년(1889)에, 함경 감사(咸鏡監司) 조병식이 일본에 대한 곡물 수출을 금지한 명령. 강화도 조약으로 항구를 개방한 후 우리나라의 쌀이 일본에 싼값으로 나가는 것을 막기 위한 조처였으나 일본 정부의 강력한 항의로 곧 해제되었다.

Tip

1. 국채 보상 운동 취지문

지금은 우리들이 정신을 새로이 하고 총의를 떨칠 때이니, 국채 1,300만원은 바로 우리나라의 존망에 직결된 것이다. 이것을 갚으면 나라가 존재하고, 갚지 못하면 나라가 망할 것은 필연적인 사실이나 지금 국고는 도저히 상환할 능력이 없으며, 만일 나라에서 못 갚는다면 그때는 이미 3천 리 강토는 내 나라, 내 민족의 소유가 못 될 것이다.

……(중략)……

그러므로 이 국채를 갚는 방법으로는 2천만 인민들이 3개월 동안 담배를 피지 않고 그 대금으로 한 사람이 매달 20전씩 거둔다면 1,300만 원을 모을 수 있으며, 만일 그 액수가 미달할 때에는 1환, 10환, 100환의 특별 모금을 해도 될 것이다.

2 최초의 경제적 민족 운동인 방곡령

　　고종 25년(1888)부터 조선에는 흉년이 계속되었다. 그러나 일본의 경제적 침략으로 농민들은 어려움이 심해져 각지에서 농민들이 고을 관아로 몰려가 시위를 하였다. 이에 함경도 관찰사 조병식이 1889년에 일본으로의 곡식이 빠져 나가는 것을 막는 '방곡령'을 발표하였다.

　　그러나 일본은 한 달 전에 방곡령의 실시를 알려야 한다는 강화도 조약의 규정을 들어 일본 상인들이 큰 손해를 보았다며 배상을 요구하였다. 조선은 일본의 요구를 들어 주었고, 이로써 농민들의 불만은 점점 커졌다.

60

간도 間島(젠다오)와 독도 獨島

→ 간도는 두만강 북부의 북간도를 가리키며, 1909년에 일본이 중국 침략을 위해 청나라에 넘겨준
땅이며, 독도는 러·일 전쟁 중에 일본에 의하여 강제로 빼앗긴 땅이다.

간도(間島)는 섬 이름이 아니라, 두만강과 토문강(土門江) 사이에 있는 지역으로 간토라고도 한다. 지린성을 중심으로 랴오닝성을 포함한 장백산맥 일대의 서간도와 두만강 북부의 북간도를 함께 가리키며, 우리가 흔히 간도라 하는 것은 연변 조선족 자치족이 있는 북간도를 가리키는 말이다.

넓이는 2만 1천 킬로미터로서 우리나라 면적의 10분의 1 정도가 된다. 간도라는 지명이 된 데에는 두 가지 이야기가 전해오고 있다. 즉 조선과 청나라 사이에 놓인 섬과 같은 지역이란 뜻에서 간도가 되었다는 것과 조선 시대 말기에 나라에서 많은 세금을 거두는 것에 지친 북부 지방의 농민들이 견디다 못해 두만강을 건너가 황무지를 개척하기 시작했는데, 그때 황무지를 개간한 조선 농민들이 이곳을 두만강 옆의 섬으로 본 데서 '옆섬' 또는 '간도(間島)'라고 부르게 되었다는 것이 그것이다.

간도는 원래 고구려·발해의 영토였으나, 발해가 멸망한 후 청나라가 세워질 때까지 여진족이 살고 있었다. 청나라가 나라를 세운 후 북쪽의 경계선이 분명치 않아 오랫동안 버려져 있던 이곳에 우리나라 사람들이 많이 이주하는 것을 본 청나라는 1677년에 이곳을 조상의 발상지라 하여 만주족 이외의 기타 민족이 사는 것을 금지하는 '봉금령'을 내렸다. 이에 청과 우리 측이 여러 차례 회담을 가진 끝에 1712년(숙종 38)에 우리 측과 청나라는 국경을 조사하고 정계비(定界碑)를 백두산에 세웠는데, 그 비문에 '압록강과 토문강을 경계로

한다.' 고 정했다. 여기에서 문제가 된 것이 토문강인데, 우리나라는 송화강으로, 청나라는 두만강으로 각각 다르게 받아들인 것이다. 끊임없는 논쟁과 교섭 끝에 고종 때 간도는 우리의 영토라는 우리 측 주장에 청나라에서 반대할 이유를 찾지 못하자, 청나라에서는 회담하는 것을 거부하였으니, 이는 곧 간도가 우리 땅임을 인정하는 셈이 되었다.

러 · 일 전쟁 후 을사조약으로 우리나라의 외교권을 빼앗은 일본은 처음에는 간도 용정에 파출소를 설치하는 등 우리의 땅임을 인정했으나, 1909년 9월에 일본은 만주 진출을 꾀하며 청나라와 간도 협약[1]을 맺어 만주 진출의 중요한 철도인 안봉선을 건설하는 조건으로 간도를 청나라에 함부로 내주었다. 그러나 일본의 침략기(1910~1945)에 간도는 우리 민족의 터전이 되었다. 중국이 우리 민족을 한 곳에 모여 살지 못하게 하는 정책에 따라 다른 지역으로 이주했지만 아직도 많은 우리 민족이 살고 있다.

간도는 일본의 대륙 침략을 위한 발판으로 지금은 중국 땅이 되었지만, 우리 조상이 개척한 땅이자 여전히 우리 민족이 살고 있으며 많은 손길이 필요한 지역으로 사실상 우리의 땅이라고 할 수 있다. 남북통일을 이루면 중국과 다시 국경회담을 하여 우리 땅으로 만들어야 하겠다.

간도와 함께 우리나라와 일본 간에 영토 분쟁이 일어나는 곳이 바로 독도이다. 독도가 우리나라의 고유 영토가 된 것은 삼국 시대인 지증왕 13년(512)에 신라에 의해 우산국(于山國)이 복속된 이후(삼국사기 신라본기 지증왕 13년조)라고 할 수 있다. 즉, 이때의 우산국은 울릉도뿐만 아니라 독도를 포함하고 있으며, 그 대표적인 증거로 〈만기요람〉(1808) '군정편' 의 '여지지에 이르기를 울릉도와 우산도는 모두 우산국의 땅' 으로 알 수가 있다. 신라는 우산국을 정복할 때 무려 8년의 준비와 나무로 만든 사자라는 신무기까지 동원할 정도로 심혈을 기울였다.

그 뒤 독도는 조선 시대 태종 때에 섬의 백성들을 육지로 이동시키는 공도(空島) 정책에 따라 울릉도의 백성들이 모두 육지로 이사를 하여 섬이 비게 되었다. 섬이 비자, 일본의 어부들이 울릉도 주변에서 고기를 잡는다든지, 울릉

1 대한제국 융희 3년(1909)에 청나라와 일본이 젠다오(間島)의 영유권 등에 관하여 맺은 조약. 당시 만주에 대한 야욕을 품고 있던 일본은 안봉선(安奉線) 철도의 개축을 비롯한 네 가지 이권을 얻는 대신 간도의 영유권을 청나라에 넘겨주었다.

안용복 동상

안용복 충혼탑

대마도주에게 확인 받는 안용복 부조상

도의 나무를 벌목하기 시작하였다.

숙종 때에 경상좌도 수군절도사 관하 좌수영에서 전선의 노를 젓는 수졸이었던 안용복(安龍福)이 과거 낙동강 동쪽에서부터 경주 지역까지의 동남쪽 바다를 방어하던 경험을 바탕으로 울릉도 근처의 바다에 많은 물고기가 있다는 사실을 알게 되었다.

숙종 22년인 1696년 동래 출신 안용복 등 16명의 어부가 울릉도 부근으로 전복을 따러 갔다가 만난 일본 사람들이 안용복 일행을 죄인처럼 체포하여 오키시마를 거쳐 도쿠가와 막부로 끌고 갔다. 이에 안용복이 "울릉도와 독도는 우리나라에선 하루거리이지만, 당신 나라에서는 5일이나 걸리는 섬인데 어찌 일본 땅이란 말이오?"라는 주장에, 막부는 울릉도와 독도가 일본 땅이 아니라는 사실을 글로써 분명하게 써주고 안용복을 대마도로 보냈다. 그러나 대마도주는 안용복이 가지고 있는 도쿠가와 막부의 글을 빼앗고 90일간 감옥에 가두었다. 안용복은 부산에 와서도 50일 동안 감옥에 갇혔다. 감옥에서 풀려난 안용복은 울릉도에서 고기를 잡는 일본 사람들을 잡아 대마도주에게 가서 울릉도가 조선 땅임을 확인하였다.

그러나 나라에서는 안용복을 국경을 함부로 넘어들었다는 이유로 처벌을 하였다. 후에 이익은 《성호사설》이라는 책에서 '안용복은 영웅에 비교할 만하다.'고 그를 칭송하였다.

고종 때인 1882년에 공도정책이 철회되고 다음해 4월에는 각 도에서 모집한 16호 54가구를 울릉도에 살게 하였다. 1900년 10월에는 울릉도를 군으로 승격시키면서 독도를 울릉군에 포함시켰다.

그러나 1904년 9월 29일, 일본 원양업자 나카이 요자브로(中井養三郎)는 일본 내무·외무·농상무성에 '강치잡이를 위해 리앙쿠르 섬을 일본 영토로 편입시켜 달라.'고 정부에 요청하였다. 리앙쿠르는 독도의 당시 프랑스 어 표기였다. 일본 내무성은 '일본이 한국 합병 야욕을 갖고 있다는 의심을 받는다.'며 반대했다. 그러나 외무성은 '쓸데없는 의심'이라고 잘랐다. 청원은 받아들여져 일본 정부는 1905년 1월 28일에 독도를 무주지라고 하면서 시네마현에 포함시켰다. 여세를 몰아 일본은 1905년 8월 19일 해군용 독도 망루를 준공하였고, 같은 해 8월에 해군 6명을 독도에 주둔시켰다. 조선 정부는 1906년 음력 3월 5일 러·일 전쟁이 끝나고 일본에 의한 통감 정치가 시작된 뒤에야 대한제국 정부가 알게 되어 강력히 항의하였지만 기우는 대한제국의 항변은 허망할 뿐이었다.

1945년 8월 15일 해방과 함께 발표된 '맥아더 라인'에 의해 독도는 한국 땅이 되었으며, 1952년 1월 18일에 '이승만 라인'으로 우리나라 영토임을 확실히 하였다.

그러나 일본의 주장에 대한 잘못된 점을 살펴보자.

우선 일본은 독도를 죽도(竹島)라고 주장하고 있다. 그러나 현재 독도에 대나무가 서식하지 않고, 과거에도 서식했다는 근거 또한 전혀 없다. 아마도 시네마현 근처의 어딘가에 제주도의 남쪽에 있을 것이라고 생각했던 이어도처럼 대나무를 많이 이용하는 죽도가 일본인의 상상의 섬이 아닐까 한다.

다음으로 일본은 무주지(無主地)였기에 먼저 차지하는 나라가 차지할 수 있다고 주장하고 있다. 그러나 지증왕 이래로 우리나라의 영토였으며, 1900년에는 공식적으로 울릉군의 한 부속도서로 편입을 시켰다.

• 요약정리 ― 조선의 근대화와 열강의 침략

연대	내용
1863	흥선 대원군의 집권―왕권 강화(세도 정치 타파, 대전회통 편찬), 국가 재정 확보(서원 철폐, 호포제 실시, 사창제 실시), 실정(경복궁 중건:당백전 발행, 쇄국 정책:자주적 성격과 근대화의 지연―척화비 건립)
1866	병인양요―천주교 박해가 원인이 되어 프랑스와 충돌
1868	남연군 묘 도굴 사건―독일인 옵페르트의 소행―쇄국 정책의 강화
1871	신미양요―제너럴 셔먼 호 사건이 계기가 되어 미국과 충돌
1876	• 강화도 조약―운요호 사건(1875)이 계기가 되어 일본과 맺은 불평등 조약(치외법권)―3개 항 개항(부산, 원산, 인천) • 개화 노력―일본(수신사와 신사 유람단), 청(영선사)
	개화파(문호개방정책), 위정척사파(전통문화고수, 서양 세력 배척―기정진, 이항로, 최익현)
1882	임오군란―구식군에 대한 차별 대우로 발생―제물포 조약 체결(일본에 배상과 박영효가 태극기 사용)
1884	갑신정변―개화당(김옥균, 박영효, 홍영식, 서광범)의 근대화 노력으로 우정국 개국 축하연에서 일어났으나, 청의 개입과 일본의 배신, 국민의 이해부족으로 실패 ― 한성 조약(조선과 일본), 톈진 조약(청과 일본)
1885	거문도 사건―러시아의 남하를 견제할 목적으로 영국이 거문도를 불법 점령
1889	방곡령―일본의 경제 침투에 대항한 곡식 유출 금지령으로 실패함
1894	• 동학 농민 운동―고부 농민 봉기(조병갑의 부정과 탐학에 반대하여 전봉준이 주도)를 계기로 전개한 반봉건·반외세 농민 운동―집강소(자치 행정 기관)―공주 우금치에서 패배 • 동학 농민 운동으로 대내적(갑오개혁), 대외적(청·일 전쟁)이 발생 갑오개혁―군국기무처 중심, 홍범 14조 발표(신분제와 과거제 폐지)―근대화의 계기가 되었으나, 군사 제도 개혁의 소홀과 일본의 간섭으로 실패
1895	• 삼국 간섭―청·일 전쟁에서 승리한 일본을 러시아, 독일, 프랑스가 견제―친러 내각 성립 • 을미사변―친러 정책을 추진하는 명성 황후를 시해하고 일본이 세력을 만회하기 위한 사건―을미개혁 실시(연호 사용, 양력 사용, 단발령 실시, 종두법 실시, 우편제 실시) • 을미의병―명성 황후 시해와 단발령에 반발하여 유학자를 중심으로 일본에 대항
1896	아관 파천―고종이 러시아 공사관으로 처소를 옮김―열강의 경제적 이권 침탈
1896	독립 협회―중심인물(서재필), 활동(독립 신문 간행, 독립문 건립, 고종의 환궁 요구, 열강의 이권 침탈 반대, 만민 공동회 개최―민중 토론회), 목표(자주, 자강, 민권), 해산(황국 협회와 충돌로 해산)
1897	대한제국:고종의 황제 즉위―광무 개혁 실시(군제 개편, 교육 진흥, 산업 발전)
1904	러·일 전쟁:일본의 승리―한반도에 대한 일본의 본격적 침략 추진

• 요약정리 — 조선의 근대화와 열강의 침략

연대	내용
1905	• 을사조약 : 외교권 박탈, 통감부 설치 • 반대 투쟁 : 고종의 헤이그 특사 파견(이준, 이상설, 이위종), 장지연의 시일야방성대곡(황성신문), 민영환의 자결, 을사의병(최익현, 신돌석−평민 출신 의병장), 안중근의 이토 히로부미 사살, 5적 암살단 조직(나철, 오기호)
1907	고종 퇴위와 군대 해산−정미의병(해산된 군인들의 의병부대 합류−서울 진공 작전 전개 후 만주와 연해주로 이동)
1909	• 사법권과 경찰권(1910)을 빼앗김 • 간도 협약 : 백두산 정계비로 우리 영토가 된 간도를 청·일 사이의 간도 협약으로 중국에 넘김

조선 시대

핵심문제

1.

다음 윤집의 상소문에서 주장하는 외교 정책은?

화의로 백성과 나라를 망치기가 오늘날과 같이 심한 적이 없습니다. 중국(명)은 우리나라에 있어서 곧 부모요, 오랑캐(청)는 우리나라에 있어서 곧 부모의 원수입니다. 신하된 자로서 부모의 원수와 형제가 되어서 부모를 저버리겠습니까? 하물며 임란의 일은 터럭만한 것도 황제의 힘이어서 우리나라에 있어서는 먹고 숨 쉬는 것조차 잊기 어렵습니다.

차라리 나라가 없어질지라도 의리는 저버릴 수 없습니다. ……어찌 차마 화의를 주장하는 것입니까?   《인조실록》

① 친명배금 정책   ② 중립 정책   ③ 사대교린 정책
④ 북벌 정책   ⑤ 숭청 정책

2.

다음과 관련 있는 제도를 두 가지 고르면?

ㄱ. 군주란 하늘과 같고 신화는 네 계절과 같다. 하늘은 스스로 운행하지만 네 계절의 순환이 없으면 만물은 자라지 못한다. 마찬가지로 군주는 스스로 일을 맡아 처리하면서 신하의 보좌가 없으면 만물을 흥하게 할 수 없다.

ㄴ. 언로가 열려 있느냐 막혀 있느냐 하는 것은 나라에서 가장 중요한 문제이다. 언로가 열려 있으면 통치가 안정될 것이나, 막혀 있으면 난리가 나서 망하고 말 것이다. 그러기에 군주는 언로를 넓히는 일에 힘써야 한다.   《조정암 선생 문집》

① 의정부 설치   ② 사간원 설치   ③ 경연 제도 실시
④ 6조의 설치   ⑤ 성균관 설치

3.

다음 밑줄 친 부분에 해당하는 사람들의 경제, 사회, 학문적 기반이 아닌 것은?

경상도 선비로 조정에 벼슬하는 사람들은 김종직을 우두머리로 모셨다. 스승은 제자를 칭찬하고 제자는 제 스승을 칭찬하는 것이 정도에 지나쳤다. 조정에 새로 진출한 무리는 그른 것을 깨닫지 못하고 함께 어울리는 자가 많았다. 그때 사람들이 이를 비판하여 '경상도 선배 무리'라고 하였다.

① 향약   ② 서원   ③ 유향소
④ 향교   ⑤ 중소지주

4.

다음을 보고, 조선 전기의 장시에 대한 추론으로 옳지 않은 것은?

성종 원년(1470)에 흉년이 들었을 때, 전라도의 백성들이 서로 모여 점포를 열었습니다. 그 이름을 장문(장시)이라고 하였으며, 사람들이 모두 그것에 의존하여 연명했습니다. 이것이 바로 지방에서 저자 점포가 개설된 계기입니다. 그러나 수령은 이롭고 해로움을 따지지 아니하고 과거에 없었던 것으로 생각하여 모두 금지하였습니다. 이제 지방의 큰 고을과 인민이 번성하게 사는 곳에는 저자 점포의 설치를 허가하면, 실로 편리하고 유익할 것입니다. 《성종실록》

① 15세기 후반 전라도에서 나타나기 시작했다.
② 보부상은 등짐과 봇짐을 가지고 장사를 하였다.
③ 정부는 상공업 발전을 위해 장시를 적극 지원하였다.
④ 장시는 18세기 중엽에 전국적으로 확대되었다.
⑤ 보부상들은 전국의 장시를 돌아다니며 상업 활동을 하였다.

5.

다음과 같은 토지 제도를 주장한 학자의 저서는?

……토지는 천하의 큰 근본이다. 큰 근본이 확립되면 온갖 법도가 따라서 잘되어 하나라도 마땅하지 않은 것이 없다. 만일 큰 근본이 문란해지면 온갖 법도가 따라서 문란해져 하나라도 마땅한 것이 없을 것이다. ……농부 한 명당 농지 1경을 받게 하고 법규에 따라 세금을 받으며, 농지 4경당 병사 한 명을 내게 한다.

① 지봉유설   ② 성호사설   ③ 목민심서
④ 우서   ⑤ 반계수록

6.

다음 사건에 대한 설명으로 옳은 것은?

유자광이 하루는 소매 속에서 한 권의 책을 내놓았는데, 바로 김종직의 문집이었다. 그 중에서 조의제문과 술주시의 내용을 지적하면서 여러 추관들에게 "이는 다 세조를 지목한 것이다. 김

일손의 악은 모두가 김종직이 가르쳐서 이루어진 것이다.”라고 하였다. 그리고 즉시 주석을 달아 글귀마다 풀이를 하여 왕께 아뢰기를 “김종직이 우리 전하를 헐뜯는 것이 ……죄는 마땅히 대역으로 논해야 하고…… 모두 불태워 버리소서.” 하니 왕이 이를 허락하였다. 《연산군 일기》

   ① 연산군의 어머니를 사사한 것에 대한 보복이었다.
   ② 이조전랑에 대한 임명 문제가 발단이 된 것이다.
   ③ 사림 세력들 간의 주도권 다툼에서 비롯된 것이다.
   ④ 훈구 세력과 사림 세력 간의 대립으로 발생한 것이다.
   ⑤ 인종과 명종의 외척인 김종직과 유자광 사이에 일어난 것이다.

7.

다음 글은 조선 후기의 백성들의 생활을 시로 표현한 것이다. 이 글과 관련 있는 것은?

사창법 한 번 만들어진 뒤에/만 백성 살기 어려워 슬피 우네
빌려주고 빌리는 것은 양쪽 다 원해야지/억지로 빌려주면 불편이 오네
온 땅을 돌아봐도 고개만 저을 뿐/빌리겠다는 사람은 하나도 없네
봄철에 좀먹은 쌀 한 말 받고서/가을엔 온전한 쌀 두 말 바치고
게다가 좀먹은 쌀값 돈으로 내라 하니/온전한 쌀을 팔아 바칠 수밖에
쓰라린 고초는 가난한 사람에게 돌아가니/휘두르는 채찍질에 살점이 떨어진다
큰 가마 작은 솥 내간 것은 말도 말게/자식은 팔려가고 송아지마저 끌려가네

   ① 강년채   ② 황구첨정   ③ 백골징포
   ④ 인징   ⑤ 늑대

8.

다음 글은 조선 후기의 백성들의 생활을 시로 표현한 것이다. 밑줄 친 글을 바르게 나열한 것은?

갈밭 마을 젊은 아낙의 곡소리 기나긴데/현문 향해 곡하고, 푸른 하늘을 울부짖는구나./
남편이 출정나가 돌아오지 않음은 오히려 있을 법 하건마는/
예부터 사내가 생식기 잘랐다는 말은 듣지 못했다오./
㉠시아버지 돌아가셔 이미 상복을 입은데다,/ ㉡아이는 아직 배냇물도 씻지 않았는데,/
세 사람의 이름이 군보에 올랐다나요? ……(하략)……   《목민심서》

   ① ㉠-백골징포, ㉡-황구첨정   ② ㉠-황구첨정, ㉡-백골징포

③ ㄱ-강년채, ㄴ-황구첨정　　　　④ ㄱ-백골징포, ㄴ-인징

⑤ ㄱ-인징, ㄴ-족징

9. 다음 지도에 표시된 지역에서 일어난 사건에 대한 설명으로 적절하지 않은 것은?

① 순조 11년(1811)에 일어난 최초의 민란이다.

② 농민들이 신분 해방을 요구한 민란이다.

③ 홍경래를 비롯한 몰락 양반 등 다양한 계층이 참여했다.

④ 정주성 싸움에서 패배하여 뜻을 이루지 못했다.

⑤ 지방 차별에 반대하여 일어난 민란이다.

10. 다음 지도에 표시된 지역을 차지한 임금의 업적은?

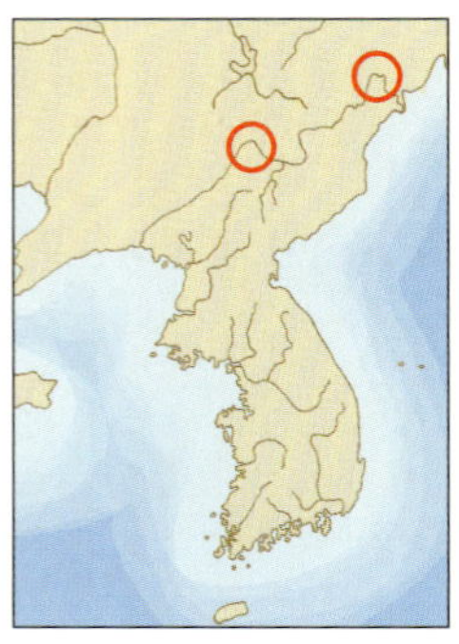

① 《경국대전》을 편찬하여 유교 정치의 기틀을 닦았다.

② 사병제를 폐지하고 신문고를 실시하였다.

③ 훈민정음을 창제하고 많은 과학기구를 만들었다.

④ 직전법을 실시하여 왕권을 강화하였다.

⑤ 조선을 건국하고 한양을 도읍으로 정했다.

11. 다음 지도에 표시된 지역의 공통점은?

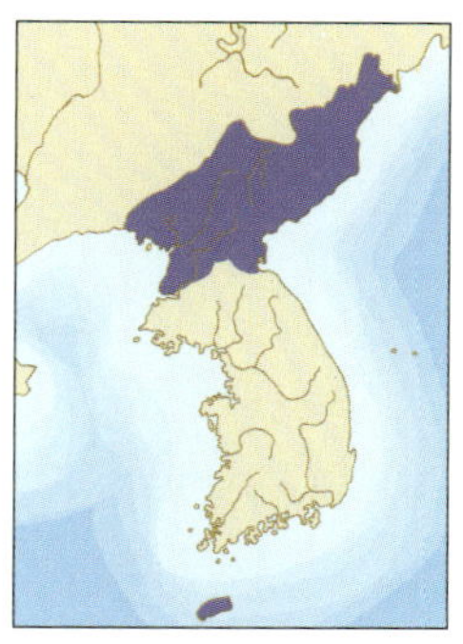

① 봉수대가 설치되어 지방의 긴급사항을 중앙에 연락한 곳이다.

② 역원이 설치되어 왕의 명령을 지방에 알려주는 곳이다.

③ 세곡을 아예 거두지 않은 지역이다.

④ 세곡을 거두긴 했으나 조운을 통해 서울로 이동하지 않았다.

⑤ 임진왜란 때 왜군에 의해 점령되지 않은 지역이다.

12. 다음 보기를 시대순으로 바르게 나열한 것은?

ㄱ. 청일전쟁	ㄴ. 을미사변	ㄷ. 삼국 간섭	ㄹ. 아관 파천

① ㄱ-ㄴ-ㄷ-ㄹ   ② ㄴ-ㄷ-ㄹ-ㄱ   ③ ㄷ-ㄴ-ㄹ-ㄱ

④ ㄹ-ㄱ-ㄷ-ㄴ   ⑤ ㄱ-ㄷ-ㄴ-ㄹ

13

다음 지도는 임진왜란 때 왜군을 물리친 곳이다. 이러한 승리의 의의는?

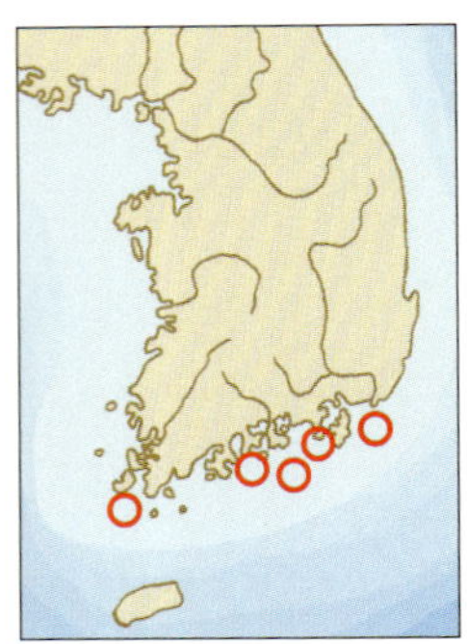

① 왜군의 보급로를 차단하고 호남의 곡창지대를 보호하였다.

② 익숙한 향토지리를 이용하여 게릴라전을 전개하였다.

③ 왜군과 휴전 회담이 잘 이루어질 수 있는 기반이 되었다.

④ 명나라 원군의 도움으로 이루어진 승리였다.

⑤ 이순신 장군의 활약으로 도요토미 히데요시를 사살하여 전쟁을 끝냈다.

14.

다음과 같이 정부에서 강력한 조치를 취한 종교에 대한 설명으로 적절하지 못한 내용은?

수령은 자기 지역에 오가작통법을 엄히 하여 그 통 안에 만일 사악한 무리가 있거든 관에 신고하여 다스리게 하고 베어 죽여 남은 종자가 없도록 하라. 《순조실록》

① 이수광에 의하여 중국을 통하여 우리나라에 처음 소개되었다.

② 신유박해로 최초의 신부인 이승훈이 죽음을 당했다.

③ 제사를 거부하고 내세 사상을 주장하여 박해를 받았다.

④ 초기의 신자는 양반과 중인이 중심이 되었다.

⑤ 정조 때에는 서양 문화를 받아들이기 위하여 관용을 베풀기도 하였다.

15.

다음과 같은 정책을 추진한 임금의 업적을 〈보기〉에서 고르면?

……시전은 이렇게 산 물품을 곱절로 팔아 이익을 얻는다. 이런 경우 백성들이 사지 않으면 그만이지만, 사지 않을 수 없을 경우는 그 시전 이외의 곳에서는 살 수 없기 때문에 값이 날로 오르기만 한다.……정부에서는 마땅히 평시서에 명하여 30년 이내에 설립된 작은 시전을 폐지

하고 형조와 한성부에 명하여 육의전 이외에는 난전을 금할 수 없게 할 뿐만 아니라 이를 어기는 자는 벌을 주게 하여야 한다.

ㄱ. 균역법 실시　　　ㄴ. 규장각 설치　　　ㄷ.《속대전》편찬　　　ㄹ. 화성 축성

① ㄱ, ㄴ　　　② ㄷ, ㄹ　　　③ ㄱ, ㄹ　　　④ ㄴ, ㄹ　　　⑤ ㄴ, ㄷ

16. 다음 그림과 같은 시기에 나타난 발전상이 아닌 것은?

① 시비법의 발달로 휴경지가 크게 감소하였다.
② 벼와 보리의 이모작이 보급되어 수확량이 증가되었다.
③ 이앙법을 법으로 금지하면서 직파법이 실시되었다.
④ 광작이 실시되어 토지 소유가 집중화되었다.
⑤ 고구마와 감자 등의 구황 작물이 재배되었다.

17. 다음 글과 관련된 것을 〈보기〉에서 고르면?

임오(1882년) 6월 초9일 ……이때에 군료를 지급하지 않은 것이 이미 반년이 되었다. 마침 호남 세선 수척이 경창에 짐을 풀었는데, 그것으로 먼저 밀린 군료를 지급하라 명했다. 선혜청 당상 민겸호가 선혜청 창고지기가 되어 지출을 담당했다. 그가 겨를 섞어서 미곡을 지급하여 사사로이 많은 이익을 보는 것을 알고 여러 사람들은 크게 노하여 그를 구타했다. 민겸호가 주모자를 가두고 장차 죽일 것을 선언하자…… 여러 사람이 '굶어 죽으나 처형당하나 죽는 것은 매한가지다. 어찌 죽일 놈을 마땅히 죽여서 억울함을 풀지 않을 것인가?' 하였다. 드디어 들고

일어날 것을 결정하고 바로 민겸호의 집으로 달려갔다.　　　　　　　　　　　《매천야록》

ㄱ. 태극기 사용　　　　ㄴ. 한성조약 체결　　　　ㄷ. 청의 간섭 강화　　　ㄹ. 3일 천하

① ㄱ, ㄴ　　　② ㄷ, ㄹ　　　③ ㄱ, ㄷ　　　④ ㄴ, ㄹ　　　⑤ ㄴ, ㄷ

18. 다음 그림과 관계된 사람이 추진한 정책을 〈보기〉에서 고르면?

ㄱ. 호포세 실시　ㄴ. 서원 철폐　ㄷ. 통리기무아문 설치　ㄹ. 갑오개혁 실시

① ㄱ, ㄴ　　　② ㄷ, ㄹ　　　③ ㄱ, ㄷ　　　④ ㄴ, ㄹ　　　⑤ ㄴ, ㄷ

19. 다음은 조선 후기에 일어난 사건에서 주장한 개혁 내용이다. 이 중 뒤이어 실시한 개혁에서 반영된 내용과 이 개혁이 백성들에게 호응을 받지 못한 내용을 고르시오.

ㄱ. 동학교도들은 정부에 대한 원한을 씻고 나랏일에 협력한다.

ㄴ. 탐관오리는 그 죄상을 조사하여 엄벌한다.

ㄷ. 백성들을 괴롭힌 부호들을 엄벌한다.

ㄹ. 불량한 부호와 양반의 무리들을 엄벌한다.

ㅁ. 노비문서를 불에 태운다.

ㅂ. 토지를 평균하여 농민들에게 나누어 준다.

20. 다음에서 설명한 기구 중 조선 시대에 해당하는 것은?

> 대간은 마땅히 위엄과 명망이 우선되어야 하고 탄핵은 뒤에 해야 한다. 왜냐하면 위엄과 명망이 있는 사람은 비록 종일토록 말하지 않더라도 사람들이 스스로 두려워 복종할 것이요, 이것이 없는 사람은 날마다 수많은 글을 올린다 하더라도 사람들은 더욱 두려워하지 않기 때문이다. 의지가 굳세고 강직한 뜻과 정직한 지조가 본래 사람들에게 알려지지 못한 채 한갓 탄핵만으로 여러 신하들을 두렵게 하고 안과 밖을 깨끗이 하려 한다면 기강은 떨쳐지지 못하고 원망과 비방이 먼저 일어날까 두렵다. ……(중략)…… 천하의 득실과 백성을 이해하고 사직의 모든 일을 간섭하고 일정한 직책에 매이지 않는 것은 홀로 재상만이 행할 수 있으며, 간관만이 말할 수 있을 뿐이니, 간관의 지위는 비록 낮지만 직무는 재상과 대등하다. 　《삼봉집》

21. 다음 글이 배경이 되어 발생한 학문의 영향을 받은 사람을 〈보기〉에서 고르면?

> 현실성이 부족한 성리학에 대한 반성과 임진왜란과 병자호란으로 인해서 신분제가 흔들렸으며 농업 기술의 향상으로 인하여 빈부 격차가 확대되었다. 이에 대한 반성으로 현실 개혁이 필요하여 남인 학자들을 중심으로 전개되었다.

보 기

ㄱ. 이만손	ㄴ. 이항로	ㄷ. 박규수	ㄹ. 오경석

① ㄱ, ㄴ　　② ㄷ, ㄹ　　③ ㄱ, ㄷ　　④ ㄴ, ㄹ　　⑤ ㄴ, ㄷ

22. 다음 글에서 보이는 사건의 성격을 15자 이내로 쓰시오.

> ㄱ. 동학교도들은 정부에 대한 원한을 씻고 나랏일에 협력한다.
> ㄴ. 탐관오리는 그 죄상을 조사하여 엄벌한다.
> ㄷ. 백성들을 괴롭힌 부호들을 엄벌한다.
> ㄹ. 불량한 부호와 양반의 무리들을 엄벌한다.
> ㅁ. 노비 문서를 불에 태운다.
> ㅂ. 토지를 평균하여 농민들에게 나누어 준다.
> ㅅ. 일본과 내통하는 사람은 엄벌한다.

23. 다음 글을 주장한 단체와 이 단체의 활동 방향을 쓰시오.

> ㄱ. 외국인에게 의지하지 말고, 관·민이 힘을 합하여 전제 황권을 견고하게 할 것.
>
> ㄴ. 외국과의 이권에 관한 조약은 각 대신과 중추원 의장이 합동 날인하여 시행할 것.
>
> ㄷ. 국가 재정은 탁지부에서 모두 책임지고 관리하며, 예산과 결산을 국민에게 공포할 것.
>
> ㄹ. 중대 범죄를 공판하되, 피고의 인권을 존중할 것.
>
> ㅁ. 신하들의 요청으로 임금이 임명하는 관리는 정부의 자문을 받아 다수의 의견을 따를 것.
>
> ㅂ. 정해진 규정을 실천할 것.

24. 다음 노래와 관련된 지역을 일본이 강탈해간 시기는?

> ……뱃길따라 이백 리 / 외로운 섬 하나 새들의 고향…… 지증왕 13년 섬나라……

① 임진왜란　　② 한일합방　　③ 을사조약　　④ 청일전쟁　　⑤ 러일전쟁

25. 다음과 성격을 같이하는 사건을 〈보기〉에서 고르면?

> 지금은 우리들이 정신을 새로이 하고 총의를 떨칠 때이니, 국채 1,300만원은 바로 우리나라의 존망에 직결된 것이다. 이것을 갚으면 나라가 존재하고, 갚지 못하면 나라가 망할 것은 필연적인 사실이나 지금 국고는 도저히 상환할 능력이 없으며, 만일 나라에서 못 갚는다면 그때는 이미 3천 리 강토는 내 나라, 내 민족의 소유가 못될 것이다. ……(중략)…… 그러므로 이 국채를 갚는 방법으로는 2천 만 인민들이 3개월 동안 담배를 피지 않고 그 대금으로 한 사람이 매달 20전씩 거둔다면 1,300만 원을 모을 수 있으며 만일 그 액수가 미달할 때에는 1환, 10환, 100환의 특별 모금을 해도 될 것이다.

보 기

> ㄱ. 방곡령　　　ㄴ. 거문도 사건　　　ㄷ. 물산장려운동　　　ㄹ. 6·10 만세 운동

① ㄱ, ㄴ　　② ㄷ, ㄹ　　③ ㄱ, ㄷ　　④ ㄴ, ㄹ　　⑤ ㄴ, ㄷ

26.

다음의 내용은 향약의 구성과 운영에 관한 자료이다. 이로 볼 때 16세기 조선사회의 모습에 대하여 가장 적절하게 추론한 것은?

ㄱ. 처음 규약을 정할 때는 널리 동지에게 규약문을 보내어, 마음을 바로잡고 몸을 검속하며 허물을 고쳐 착한 행동을 하려는 마음을 가지고 향약에 참여하기를 원하는 자 약간 명을 선택하여, 서원에 모여 향약의 법을 정하고, 도약정과 부약정, 그리고 직월과 사화를 선정한다.

ㄴ. 나이와 덕망과 학술이 높은 자를 한 사람 추대하여 도약정으로 삼고, 학문과 독행이 투철한 자 두 사람을 부약정으로 직월과 사화를 윤번으로 뽑는다.

ㄷ. 세 장부를 작성하여, 한 장부는 향약에 가입을 원하는 자의 명단을 기록하고, 한 장부에는 덕업이 훌륭한 자의 명단을 기록하고, 한 장부에는 과실이 있는 사람을 기록하되 모일 때마다 도약정에게 보고한 다음 부약정에게 준다.

ㄹ. 처음 향약을 정할 때에 향약에 참여한 사람은 각각 무명 한 필, 삼베 한 필, 쌀 한 말을 내어 사화에게 위임하여 서원에 보관하되 후일 길사나 흉사에 구휼하는 기금으로 사용한다. 또 매년 11월에 모일 때 같은 약원들끼리 각각 쌀 한 말씩을 내어 사회에게 맡기고 용도에 쓰게 한다. 만약 쓰고 남은 것이 있으면 백성에게 놓아서 10분의 2의 이식을 받아 사창법과 같이 하고 ……뒤에 향약에 가입한 자도 처음 향약을 정할 때의 약원의 예에 따라 쌀과 베를 낸다.

〈해주 향약 입약 범례〉

① 조선사회는 농민을 중심으로 향촌이 이루어졌다.
② 조선사회는 임금을 중심으로 한 중앙집권 체제였다.
③ 조선사회는 도덕적인 왕도 정치가 구현된 사회였다.
④ 조선사회는 사림 중심의 사회 체제를 이루었다.
⑤ 조선사회는 신하와 임금이 서로를 견제한 모범적인 유교사회였다.

27.

다음 글을 통해 알 수 있는 조선 초기 상공업의 특징은?

공장들은 국역으로서 일정 기간 관수품을 제조해야 했으며, 시전상인들은 독점 판매권을 가지는 대신 관수품 납부의 의무가 있었다.

① 민영 수공업이 발달하였다.　② 자유 상인의 활동이 보장되었다.
③ 장시가 지방에서도 열렸다.　④ 화폐가 널리 유통되었다.
⑤ 관영 수공업 체제였다.

28. 조선 전기의 토지 제도가 다음과 같이 변하게 된 배경으로 적당한 것은?

과전법 → 직전법 → 관수관급제 → 녹봉제

① 국가가 토지 지배권을 강화하기 위하여
② 농민의 부담을 덜어주기 위하여
③ 관리들이 많은 토지를 소유하게 하기 위하여
④ 관리들의 경제 기반을 강화하기 위하여
⑤ 농민들이 토지를 소유하게 하기 위하여

29. 다음은 우리나라의 어떤 사상에 대한 설명이다. 이 사상이 정부로부터 박해를 받은 이유를 쓰시오.

전통적인 민간 신앙을 바탕으로 하고 있으면서도 유교, 불교, 도교는 물론 천주교의 교리까지도 일부 흡수한 종합적인 성격을 지닌 것이다.

30. 다음은 조선 후기에 나타난 문화적 특징들이다. 이를 종합하여 적절한 제목을 붙이시오.

ㄱ. 한글 소설의 보급　　　ㄴ. 사설시조의 유행
ㄷ. 판소리의 유행　　　　ㄹ. 민화의 유행

31. 조선 왕조가 다음의 제도를 실시한 배경은?

ㄱ. 역원제　　　ㄴ. 조운제　　　ㄷ. 봉수제

① 사족 중심의 향촌 질서를 해체할 수 있다.
② 중앙집권 체제를 강화할 수 있다.
③ 관권의 강화로 향리의 역할을 줄일 수 있다.
④ 양반 중심의 지배 질서를 구축할 수 있다.
⑤ 왕도정치의 실현으로 신권과 왕권이 조화될 수 있다.

다음과 같은 시대에 그려진 그림이 아닌 것은?

ㄱ. 심청전, 춘향전 등의 한글 소설이 나옴   ㄴ. 판소리와 가면극의 성행
ㄷ. 청화백자와 옹기의 사용

33. 다음에서 (나)와 (다)로 나누어지게 되는 (가)의 사건은?

이조전랑 임명문제	동인	→ (가) →	(나)남인
			(다)북인
			노론
	서인	→	소론

① 중종반정　　　　② 무오사화　　　　③ 정여립 모반사건
④ 임꺽정 사건　　　⑤ 임오화변

해답 & 풀이

1.

①

풀이▶ ① 윤집은 청나라와 끝까지 싸우자는 척화론자로 친명배금 정책을 주장하였다.

2.

②, ③

풀이▶ 국왕의 잘못을 간하는 언론 기관인 사간원과 국왕에게 학술을 교육하는 경연 제도이다.

3.

④

풀이▶ 경상도 선배 무리는 사림 세력을 가리킨다. 사림세력의 경제적 기반은 중소지주이며, 학문적 기반은 성리학과 서원이고, 사회적 기반은 향약과 유향소이다. 이를 기반삼아 사화로 물러났던 사림세력이 다시 선조 때 정권의 전면에 들어설 수 있었다.

4.

③

풀이▶ ③ 조선 정부는 상업을 억제하고 농업을 장려하는 중농억상 정책을 추진하였다.

5.

⑤

풀이▶ 유형원은 《반계수록》에서 균전제를 주장하였다. ① 이수광, ② 이익, ③ 정약용, ④ 유수원

6.

④

풀이▶ 〈보기〉 글은 무오사화에 대한 설명이다. ① 갑자사화, ②, ③ 붕당

7.

⑤

풀이▶ 〈보기〉의 내용은 삼정의 문란 중 '환곡'의 부정상을 보여주는 것이다. ①, ②, ③, ④는 군정(군포)의 부정을 나타낸 것이다.

8.

①

풀이▶ 〈보기〉의 글은 군정(군포)의 부정상을 정약용이 노래한 '애절양(생식기 자름을 슬퍼함)'이다. 백골징포는 죽은 사람에게, 황구첨정은 16세 미만의 어린이에게, 강년채는 60세 이상의 노인에게, 인징은 도망간 이웃의 몫을, 족징은 도망간 친척의 몫으로 옷감을 내게 하는 것이다.

9.

②

풀이▶ 홍경래의 난으로 농민들의 사회적 자각 운동이다. ②는 고려 시대 민란의 성격이다.

10.

③

풀이▶ 압록강에 4군을, 두만강에 6진을 개척하여 우리나라의 국경선을 압록강에서 두만강까지 확대한 임금은 세종대왕이다. ① 성종, ② 태종, ④ 세조, ⑤ 태조

11.

④

풀이▶ 지도에 표시된 지역은 잉류지역으로 세곡을 거두어 군사비와 사신 접대비로 사용하였으므로 서울로 이동하지 않은 지역이다.

12.

⑤

풀이▶ ㄱ-1894, ㄴ-1895, ㄷ-1895, ㄹ-1896

13.

①

풀이▶ 지도는 임진왜란 때 이순신 장군이 승리한 곳이다. 왼쪽부터 명량, 노량, 한산도, 옥포, 부산해전을 나타내고 있다. 이순신 장군의 해전에서의 승리는 왜군의 보급로를 막고 호남의 곡창지대를 보호하였다.

14.

②

풀이▶ 최초의 신부는 김대건이다.

15.

③

풀이▶ 전기에는 금하기도 하였으나 후기에 널리 보급되어 노동력의 절감을 가져왔다.

16.

④

풀이▶ ㄱ, ㄷ-영조의 업적

17.

③

풀이▶ 임오군란에 대한 설명이다. 구식 군대에 대한 차별로 시작된 임오군란은 흥선 대원군이 일시적으로 집권했으나, 청나라의 개입으로 민씨 세력이 재집권하였다. 일본과 제물포 조약을 체결하여 배상금과 박영효가 사죄사절단으로 파견되면서 태극기를 사용하였다. ㄴ, ㄹ은 갑신정변에 대한 내용임.

18.

①

풀이▶ 사진은 척화비로 흥선 대원군이 쇄국정책을 추진함을 백성들에게 알리기 위한 것이다. 흥선 대원군은 왕권 강화를 위하여 세도정치를 타파하고, 법전인 《대전회통》을 편찬하였다. 재정 확보를 위하여 호포세와 양전 사업, 서원을 철폐하였다. 그러나 쇄국 정책과 경복궁을 중건하는 실정을 하였다.

19.

반영 내용-노비 문서를 불에 태운다. 호응 받지 못한 내용-토지를 평균하여 농민들에게 나누어 준다.

풀이▶ 〈보기〉의 개혁 내용은 동학농민운동에서 주장한 폐정개혁안 중 일부이다. 이들의 주장 중 신분제 타파가 반영되었으며, 토지제도의 개혁을 실시하지 않아 한계성을 드러냈다.

20.

삼사-사헌부, 사간원, 홍문관

풀이▶ 임금이 법도에 맞게 일을 처리하지 않거나 잘못이 있으면 이를 임금에게 간언(諫言)하는 간쟁과 부당한 명령에 대하여 거부권을 행사하는 봉박(封駁)을 주로 담당하여 간관(諫官)이라 불리었다. 그리고 지위가 높은 문관이나 무관의 임명이나 새로운 법을 제정하거나 옛 법을 고칠 때에 이를 심사하고 동의하는 서경(署經)의 권한도 부여받았다.

이러한 제도는 통일신라 시대부터 나타났다. 통일신라 시대는 주로 관리를 감찰하기 위한 행정 기관으로 사정부를 두었으며, 발해 시대에는 중정대를 두었다.

고려 시대에 접어들어 이 제도는 정착되었으니, 바로 어사대와 중서문하성의 낭사였다.

21.

②

풀이▶ 실학의 배경이다. 실학은 근대지향적으로 개화사상가들인 박규수, 오경석, 유대치에게 영향을 주었다.

22. 반봉건, 반외세를 주장한 농민운동

풀이▶ 〈보기〉의 개혁 내용은 동학 농민운동에서 주장한 폐정개혁안 중 일부이다.

23. 독립협회로 활동 방향은 자주독립 · 자강개혁 · 자유민권

풀이▶ 위 내용은 독립협회가 주관, 만민공동회가 주장한 헌의6조이다.

24. ⑤

풀이▶ 노래는 '독도는 우리 땅'이라는 노래이다. 독도를 일본이 강탈해간 것은 러일전쟁 직후이다.

25. ③

풀이▶ 국채보상운동의 취지문이다. 국채보상운동은 일본의 경제적 침략에 대응한 경제적 민족주의 운동이었다. 방곡령은 일본으로 쌀 유출을 금지한 것이며, 국채보상운동은 일본의 경제적 침략에 맞서 국산품 애용을 주장한 사건이다.

26. ④

풀이▶ 사림세력은 자신들의 세력을 확고히 할 목적으로 향촌을 지배하기 위해 향약을 구성하였다.

27. ⑤

풀이▶ 조선 전기는 화폐를 발행하였으나 자급자족 경제체제였기에 화폐의 사용이 부진하였다. 그리고 관영수공업이 중심이었다가 16세기 이후 부역제가 해이해져 관영수공업이 쇠퇴하였다. 장시는 15세기 후반에 나타나 16세기 중엽에 보부상의 등장으로 확대되었다.

28. ①

풀이▶ 국가가 수조권을 대행하면서 토지의 지배권을 강화하기 위하여 토지 제도를 바꾼 것이다.

29. 평등사상

풀이▶ 이 종교는 최제우가 창시한 동학이다. 동학에서는 '인내천'을 주장하여 모든 인간은 평등하다고 하여 세를 넓혔다. 정부에서는 최제우를 '혹세무민'의 죄를 뒤집어씌워 박해를 한 뒤 죽였다.

30. 서민 문화의 발달

풀이▶ 조선 후기 서민 문화가 발달한 모습이다. 〈홍길동전〉, 〈춘향전〉, 〈심청전〉 등 한글 소설이 나왔으며, 남녀 간의 사랑이나 현실을 비판한 사설시조가 나왔다. 신재효는 창과 사설로 판소리를 정리했으며, 소박한 우리 정서를 반영한 민화가 유행되었다.

31. ②

32. ⑤

풀이▶ 조선 후기의 서민 문화 발달을 보여주는 그림들이다. ① 신윤복의 단오도, ② 김명국의 달마도, ③ 김홍도의 씨름도, ④ 정선의 금강전도, ⑤ 신사임당의 초충도로 15세기 그림이다.

33. ③

풀이▶ 임오화변은 사도 세자가 죽음을 당한 것으로 노론이 벽파와 시파로 나뉜 사건이다.

VI
일제 강점기 시대

01 일본의 식민 통치 변화

→ 한민족의 독립 운동을 탄압하는 무단 통치, 한민족을 이간질시키는 문화 통치, 한민족의 정신을 없애려는 민족 말살 정책을 실시하였다.

일본은 우리나라의 국권을 강탈하면서 일본 정규군 2개 사단과 2만여 명의 헌병과 헌병 보조원을 배치하여 강력한 헌병 경찰 통치를 실시하였다.

원래 헌병은 군인들의 기강을 바로잡는 것이 주임무인 기관이다. 그러나 일본은 헌병으로 하여금 민간인 범법자를 다루도록 하여 경찰의 임무를 헌병이 대신하는 제도이다. 헌병들의 임무는 통상적인 경찰의 임무 외에 일본에 저항하는 독립 운동가들을 찾아내어 처벌하는 것이 주된 임무였다. 이와 같이 헌병이 우리 민족을 강압적인 방법으로 통치한 것을 무단 통치라고 한다. 무단 통치는 우리 민족을 얕보고 업신여긴 결과 실시한 통치 방법이다.

무단 통치의 결과 일본은 현역 대장을 총독으로 임명하여 행정·군사·사법권을 주어 우리나라를 다스리도록 하였다. 그리고 우리 민족의 언론·출판·집회·결사의 자유를 박탈하였으며, 일반 관리는 물론 교원들까지 제복을 입게 하고 칼을 차게 해 위협적인 자세로 일을 하게 하였다. 이들은 105인 사건을 날조하여 애국 계몽 운동을 통해 항일 운동을 하는 독립 운동가들을 탄압하였다.

무단 통치에 대한 우리 민족의 저항은 계속 이루어졌다. 그 절정이 바로 3·1 운동이다. 3·1 운동 이후 일본은 우리 민족을 회유하기 위한 정책으로 전환하였다. 이러한 일본의 회유적인 정책을 문화 통치라고 한다. 문화 통치 시대에는 군인뿐만 아니라 일반인도 총독에 임명하도록 하였으며, 범법자를 헌병대가 아닌 경찰에서 다루도록 하는 보통경찰제로 바꾸었다. 문화 통치라는 말은 우리나라 사람들에 의해 신문이 발행되었으며, 한민족에게도 교육을 시키겠다는 것에서 유래된 것이다. 그러나 「조선일보」와 「동아일보」에 대한 기사 검열이 강화되어 기사 삭제·정간·폐간을 임의로 자행하였다. 또한 교육도 일본의 심부름꾼을 양성하기 위한 실업과 보통 교육에 치중한 것이었다. 그러므로 문화 통치는 우리 민족을 속이고 분열시키기 위한 간교한 일본의 술책인 것이다. 경찰의 숫자는 이전보다 증가하였고, 독립 운동가들을 전문으로 탄압하기 위한 고등 경찰이 만들어졌다.

1929년에 세계에 불어 닥친 경제공황은 일본을 위기로 몰아넣었다. 미국처럼 자국의 힘만으로 위기를 극복하거나, 영국이나 프랑스처럼 식민지를 많이 가지고 있는 나라들은 큰 문제가 없었다. 그러나 일본을 비롯하여 독일과 이탈리아는 경제적인 위기를 극복하기 위한 방안을 강구해야만 했다. 그 결과 독일에서는 히틀러(Hitler, Adolf)의 나치즘(Nazism)[1]이, 이탈리아에서는 무솔리니(Mussolini, Benito)의 파시즘(fadcim)[2]이, 그리고 일본에서는 군국주의(軍國主義)[3]가 나타나게 되었다.

군국주의는 나라의 위기를 극복하기 위하여 외국을 침략하여 자신들이 필요로 하는 것을 얻으려는 이념이었다. 일본은 먼저 만주를 침략하였다. 1931년에 일어난 만주사변은 일본의 군국주의의 산물이다. 이어서 1937년에는 중·일 전쟁을 일으켜 중국을 침략한 일본은 그 후 미국의 진주만을 기습 공격하여 태평양 전쟁을 일으켰다. 선제 공격으로 미국이 당황한 틈에 필리핀을 비롯한 동남아시아 일대까지 침략하였다.

전쟁을 수행하기 위하여 일본은 우리 민족을 동원해야만 했다. 그리하여 우리 민족정신을 뿌리뽑기 위하여 이른바 한국과 일본의 조상이 같다는 '일선동조론(日鮮同祖論)'을 주장하였고, 일본인과 조선인은 한 몸이라는 '내선일체(內鮮一體)'와 일본 천황의 충실한 심부름꾼이 되는 '황국 신민화(皇國臣民化)' 등의 구호를 내걸었다. 이러한 일련의 정책을 '민족 말살 정책'이라고 한다. 민족 말살 정책을 수행하는 일본은 우리말 사용을 금하고 일본어만 쓰도

1 히틀러를 당수로 한 독일의 파시스트당의 정치 이념. 또는 그 이념을 따르는 지배 체제. 1919년에 결성되어 반민주·반공산·반유대주의를 내세운 독일 민족 지상주의와 강력한 국가주의를 바탕으로 1933년에 정권을 잡고 독재 체제를 확립하였으며, 1939년 제2차 세계대전을 일으켰으나 1945년에 패전과 함께 몰락하였다.

2 제1차 세계대전 후에 나타난 극단적인 전체주의적·배외적 정치 이념. 또는 그 이념을 따르는 지배 체제. 자유주의를 부정하고 폭력적인 방법에 의한 일당 독재를 주장하여 지배자에 대한 절대적인 복종을 강요한다. 또한 대외적으로는 철저한 국수주의·군국주의를 지향하여 민족 지상주의, 반공을 내세워 침략 정책을 주장한다.

3 국가의 가장 중요한 목적을 군사력에 의한 대외적 발전에 두고, 전쟁과 그 준비를 위한 정책이나 제도를 국민 생활 속에서 최상위에 두려는 이념. 또는 그에 따른 정치 체제. 고대의 로마 제국, 근대의 프로이센 제국, 제2차 세계대전 때의 독일, 이탈리아, 일본 등이 대표적인 예이다.

록 하였으며, 우리 역사의 교육도 금하였다. 「조선일보」와 「동아일보」 등 민족 신문을 폐간하고 한글과 역사 연구도 금지시켰다. 나아가 일본은 우리 민족의 이름까지도 일본식 성과 이름으로 바꾸는 '창씨개명(創氏改名)'을 강요하였고, 일본 문화에 깃들어 국론을 하나로 모으기 위한 '신사 참배(神社參拜)'를 강제로 참배하도록 강요하였다. 또한 일본 천황에게 충성을 맹세하는 '황국신민서사(皇國臣民誓詞)'를 외우도록 강요하였다.

• 요약정리 ― 애국 계몽 운동	
단체	보안회, 헌정 연구회, 대한 자강회, 신민회 (안창호 조직, 비밀 단체, 대성 · 오산 학교, 자기 회사 · 태극 서관 운영, 만주에 독립 운동 기지 건설)
근대 교육의 보급	최초의 근대적 사립학교 (원산학사), 최초의 공립학교 (육영공원)
언론 활동	독립 신문, 황성 신문 (장지연의 '시일야방성대곡'), 제국 신문, 대한매일신보(영국인 베델과 양기탁)
경제 민족주의 운동	국채 보상 운동 (일본에 진 빚을 국민의 힘으로 갚자는 운동―경제적 민족 운동)

일본 문화 정책의 실상을 알려준 3대 총독인 사이토의 교육 시책

1919년에 일어난 3 · 1 운동은 10여 년 동안 일본이 우리나라에서 행해온 헌병 경찰에 의한 탄압정치인 무단 통치를 유화 정책으로 전환시키는 계기가 되었다. 즉 3 · 1 운동은 국내는 물론 해외의 우리 동포들까지 총 봉기한 민족의 대항쟁이며, 우리 민족은 같은 해 4월 13일에 중국 상하이의 프랑스 조계(租界)에 대한민국 임시정부를 수립하여 본격적인 주권 회복 투쟁에 나서게 되었다. 이에 일본은 지금까지의 무단정책을 한국인을 회유하는 정책으로 바꿨다. 8월에 사이토 총독이 파견되니 그는 총독부의 일본인들이 참가하는 식장에서 한국인의 교육시책을 발표하였다.

먼저 조선 사람들이 자신의 일, 역사, 전통을 알지 못하게 하라. 그러므로 민족혼, 민족 문화를 상실하게 하고 그들의 조상과 선인들의 무능(無能), 악행(惡行), 무위(無爲)를 들추어내 그것을 과장하여 조선인 후손에게 가르쳐라. 조선인 청소년들이 그들의 선조를 경시하고 멸시하는 감정을 일으키게 하여 하나의 기풍으로 만들라. 그러면 조선인 청소년들이 자기 나라의 모든 인물과 사적(史蹟)에 대해서 부정적인 지식을 얻게 될 것이며, 반드시 실망과 허무감에 빠질 것이다. 그때 일본의 사적, 일본의 문화, 일본의 위대한 인물들을 소개하면 동화(同化)의 효과가 크게 나타날 것이다. 이것이 제국 일본이 조선인을 ‘반일본인(半日本人)’으로 만드는 비결이다.

즉 사이토의 문화 정치의 실상은 ‘일시동인(一視同人)’을 통해 한국인을 일본인화하려는 간교한 술책에 불과한 정책이다.

일본의 경제수탈 정책의 변화

→ 일본은 식민 통치를 위해 토지 조사 사업, 산미 증식 계획, 병참 기지화 정책을 추진하였다.

대한제국이 근대화를 시작하면서 토지 조사 사업[1]을 실시하여 근대적인 토지 소유 관계를 확립하려고 하였다. 그러나 일본의 침략으로 큰 성과를 거두지 못했다.

대한제국을 식민지한 일본은 1912년 8월 토지 조사령 및 동 시행규칙을 공포하여 토지 조사 사업을 명분으로 한 조선인들의 토지를 빼앗기 시작하였다. 조선 총독부는 8년여의 세월과 막대한 돈을 써가며 대한제국을 식민 통치하기 위한 돈을 마련하고, 한반도를 일본인을 위한 식량 공급기지로 만들기 위하여 토지 조사 사업을 실시하였다.

토지 조사 사업을 통해 조선 총독과 조선 총독이 임명하는 자가 토지 소유권을 인정하고, 토지 소유를 인정받으려면 신고를 해야만 했다.

그러나 신고 절차가 복잡하여 농민들 중에는 신고를 못하는 사람이 있었으며, 반일 감정으로 신고를 안 하는 사람도 있었다. 또한 문중 땅이나 마을 공유지 등 권리 증명이 제대로 되지 않은 땅들을 신고하여 자신의 땅으로 만드는 경우도 있었다. 예컨대 박경리의 소설 《토지》에서 조준구가 이즈음에 최서희의 땅을 가로챈 것이다. 농민들은 자신들이 경작하던 토지의 주인이 하루아침에 바뀌어 경작권을 잃게 되었다.

1918년 토지 조사 사업이 끝났을 때 전체 농경지의 약 10%, 전체 임야의 약 60%를 총독부 소유로 하였으며, 이것은 전 국토의 약 40%에 해당한다.

경작권을 잃은 농민들은 만주와 연해주로 이주하면서 해외 유랑이 급증하

1 일제가 우리나라의 토지를 빼앗기 위하여 벌인 대규모의 조사 사업. 1910년부터 준비하여 1912년에서 1918년까지 시행하였다.

게 되었다. 총독부 소유의 토지를 일본에서 건너오는 일본인이나 일본이 조선을 완전히 장악하기 위한 국책 기관인 동양 척식 주식회사에 싼값에 불하하였다. 그리하여 총독부는 동양 척식 주식회사에서 들어오는 자금과 땅을 불하하여 남긴 자금을 한국을 식민 통치하는데 사용하였다.

토지 조사 사업을 끝낸 일본은 한국을 부족한 일본의 식량을 보충하기 위한 전진기지로 삼는 산미 증식 계획을 펴나갔다. 특히 제1차 세계대전이 끝난 후에 일본은 공업화가 진전됨에 따라 농업인구가 감소함으로써 쌀값이 갑자기 오르는 현상이 나타났다. 1933년까지 일본은 한반도에서 쌀의 생산보다 많은 식량을 일본으로 가져갔다. 대신 한민족에게는 만주에서 생산되는 보리나 콩 등의 잡곡을 수입하여 식량으로 대체하였다.

1929년의 세계 경제 공황은 식민지가 없던 일본에게 큰 타격을 주었다. 결국 독일과 이탈리아, 일본은 전체주의로 경제 공황을 타개하려고 하였다. 그 결과 독일에서는 히틀러의 나치즘이, 이탈리아에서는 무솔리니의 파시즘이, 그리고 일본에서는 군국주의가 나타나게 되었다.

군국주의는 나라의 위기를 극복하기 위하여 외국을 침략하여 자신들이 필요로 하는 것을 얻으려는 이념이었다. 일본은 먼저 만주를 침략하였다. 1931년에 일어난 만주사변은 일본의 군국주의의 산물이다. 이어서 1937년에는 중·일 전쟁[2]을 일으켜 중국을 침략한 일본은 그 후 미국의 진주만을 기습 공격하여 태평양 전쟁을 일으켰다. 선제공격으로 미국이 당황한 틈에 필리핀을 비롯한 동남아시아 일대까지 침략하였다.

전쟁을 수행하기 위하여 일본은 우리 민족을 동원해야만 했다. 즉 한반도를 일본의 전쟁 수행을 위한 병참기지로 삼는 정책이었다.

일본은 우리 민족을 그들의 침략 전쟁에 동원하기 위하여 '국가 총동원령'을 발표하였다. 이에 따라 모자라는 군사를 강제 징병으로 한민족을 전쟁터로 내보냈고, 학생들을 학도병이라는 명목으로 내보냈다. 전쟁 물자가 모자라 탄광 등에서 전쟁 물자를 얻기 위한 징용으로 한민족을 차출하니, 1939년에서 1945년 사이에 강제 연행된 한국인 근로자는 약 113만 명에 달했다. 일본군들

2 1937년 루거우차오(盧溝橋) 사건에서 비롯되어 중국과 일본 사이에 벌어진 전쟁. 일본이 중국 본토를 정복하려고 일으켰는데 1945년에 일본이 연합국에 무조건 항복함으로써 끝났다.

의 성 문란을 막기 위해 한반도에 사는 여성들을 위안부라는 명목으로 전쟁터로 끌고 갔다. 일본군 위안부로 끌려간 여성 수는 10만여 명이 넘는 것으로 알려져 있다.

태평양 전쟁[3]을 일으킨 이후에는 한민족을 전쟁터로 끌고 가는 것도 부족하여, 부족해진 전쟁 물자를 보충하기 위해 금속제 그릇을 강제로 공출하게 하였다. 식기, 농기구, 제기는 물론 교회나 사원의 종까지 징발하여 전쟁 무기 제작에 이용했으며, 어린 초등학교 학생들까지 동원하여 소나무의 송진을 채집하는 만행도 저질렀다.

• 요약정리 – 민족의 수난

	정치	정치
병합 과정	• 과정외교권 – 군대해산 – 사법권 · 경찰권 박탈 – 국권 강탈 (1910) • 식민 통치기구 : 조선 총독부	
1910년대	• 무단 통치 (헌병 경찰 통치) : 한국인 정치 활동 금지, 애국 운동 단체 해산, 민족 신문 발행 금지, 고등교육 기회 박탈	• 토지 조사 사업 : 토지 약탈→동양 척식 주식회사나 일본인에게 판매→일본인 대지주 등장
1920년대	• 문화 통치 (민족 분열 정책) : 보통 경찰제 실시, 한글 신문 발행 허용, 친일파 양성	• 산미 증식 계획 : 식량 증가분 이상으로 식량 수탈
1930~ 40년대	• 민족 말살 정책 : 내선 일체, 황국 신민화, 우리말 사용 금지, 한글 신문 폐간, 우리 역사 교육금지, 신사 참배, 황국 신민 서사 암기, 창씨 개명 강요	• 병참 기지화 정책 : 대륙 침략을 본격화하면서 전쟁 물자를 공급하는 기지로 삼음→지하자원 약탈, 강제 징용, 지원병, 징병제, 군대 위안부

Tip

일본의 병참 기지화 정책의 목적

조선 제6대 총독인 우가키는 《조선의 장래》라는 책에서 병참 기지화 정책에 대하여 다음과 같이 말했다.

　　일본 국내에서는 중공업 공장에서 일할 여성 근로자를 모집하는 것이 매우 어렵고, 공장을 지을 만한 토지는 아주 비싼 값을 치러야만 한다. 전력 요금도 매우 비싸다. 이와 같은 점들을 생각할 때, 어떻든 조선쪽으로 나아가는 것 외에는 도리가 없다고 생각한다.

　　…… (중략)……

　　특히 1933년부터 일제와 만주 간에 새로운 관계가 발생함으로써 만주산 원료를 이용하는 공업 및 만주에 공급해야 할 제품 공장도 일본과 만주 사이에 위치하는 조선에 설치하는 것이 유리한 점이 많을 것이다. 이와 같은 각종 유리한 조건을 구비한 조선은 국내외 자본가, 기업가들이 서로 진출하려는 일대 무대로 변하고, 장래 아주 유리한 공업지가 될 수 있는 운명을 타고났다고 할 수 있다. 그리고 이와 같은 산업의 발전은 매년 증가하고 있는 조선의 인구 문제를 완화하는 데도 도움 되는 바가 적지 않을 것이다.

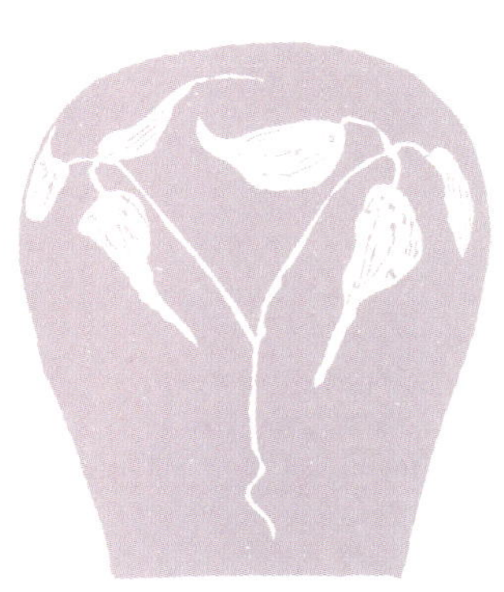

3·1 독립 운동과 33인의 대표

→ 음을 뜻하는 1과 양을 뜻하는 2가 합친 수인 3을 우리 민족은 가장 좋아하였다. 3이 겹친 33은 대표성을 지닌 수라고 할 수 있다.

우리 생활에 영향을 끼친 불교의 숫자로 108과 33을 들 수 있다. 불교에서 인간이 가지는 번뇌가 108가지라 하여 염주도 108염주이며, 염불도 108번을 한다. 또한 제야의 종은 33번을 치고, 관세음보살이 중생을 교화하기 위해 중생의 근기에 따라 갖가지 모습을 나타내는데 크게 33응신으로 나타난다고 한다. 관세음보살은 중생에게 일체의 두려움이 없는 마음을 베푼다 하여 '시무외자(施無畏者)', 자비를 위주하는 자라 하여 '대비성자(大悲聖者)', 세상을 구제한다 하여 '구세대사(救世大士)'라 한다. 관세음보살이 여러 사람의 모습으로 나타난다고 하여 33은 모든 수를 대표한다고 하겠다.

또한 우리 전통에서 음을 뜻하는 1과 양을 뜻하는 2가 합친 수인 3을 우리 민족은 가장 좋아하였다. 3이 겹친 33은 대표성을 지닌 수라고 할 수 있다. 그리하여 성균관 유생들이 자신들의 의사를 왕이나 정부에 알리기 위한 시위를 할 때에도 33명을 뽑아 보냄으로써 전체 의사임을 나타냈다. 만인산(萬人傘)[1]이라 하여 육조 거리에서 지방 수령들의 송덕시위(頌德示威)를 할 때도 33명을 뽑아 올림으로써 그 지방 모든 백성들의 일치된 의사임을 나타냈다. 정부나 고을 수령이 정치를 잘못하여 민생을 도탄에 빠뜨려 민란을 일으킬 때도 사발에다 33명의 이름을 적어 통문(通文)으로 돌렸다.

3·1 운동 때 민족 대표를 굳이 33명으로 한 것도 바로 독립 의지가 전 국민의 의지임을 나타내기 위한 수단이었던 것이다.

[1] 고을 백성들이 선정을 베푼 수령(守令)에게 그 덕을 기리기 위하여 바치던 물건. 비단으로 만들었고, 모양은 일산(日傘)과 비슷하며, 가장자리에 수령과 유지들의 이름을 적었다.

1910년에 일본에 의해 식민 지배를 받게 된 한민족은 무단 통치와 토지 조사 사업으로 많은 희생을 당했다. 때마침 제1차 세계대전이 끝난 후 미국의 윌슨 대통령이 발표한 민족 자결주의[2]와 도쿄 유학생들에 의해 일어난 2·8 독립 선언이 기폭제가 되어 독립 의지를 불태워 거족적인 3·1 운동이 일어난 것이다.

1919년 초에 고종 황제가 세상을 떠난 것이 일본의 독살에 의한 것이라는 소문이 퍼지면서 독립에 대한 한민족의 열망은 더욱 커졌다.

서울에서는 3월 1일 정오에 태화관에서 손병희(孫秉熙)[3]를 비롯한 민족 대표 33인이 독립 선언식을 가졌으며, 같은 시간에 학생과 시민들은 탑골공원에 모여 독립 선언서를 낭독하고 독립 만세 시위를 벌였다.

일본은 독립 만세 시위를 벌이는 한민족을 무자비하게 탄압하였으며, 학교는 휴교령을 내렸다. 휴교령에 따라 지방으로 내려간 학생들을 중심으로 독립 만세 시위는 전국 방방곡곡으로 퍼졌으며, 해외로도 이어졌다.

고종 황제

3·1 운동은 1,542회의 집회를 가졌으며 2,023,098명이 참여하였다. 일본 경찰은 46,948명을 체포하였으며 7,509명이 사망하고 15,961명이 부상당하는 등 일제의 만행이 이어졌다.

3·1 운동으로 조직적인 독립 운동의 필요성을 느낀 독립 운동 지도자들은 상하이에 대한민국 임시정부를 수립하였으며, 전 민족이 참가한 거족적인 독립 운동으로 우리 민족을 하나로 합치게 하는 정신적 바탕이 되었다.

3·1 운동은 1926년에 순종의 인산일에 학생들을 중심으로 일어난 6·10 만세 운동과 1929년에 일본의 차별 교육에 항거해서 일어난 광주학생 항일 운동으로 계승되었다.

2 민족 자결의 원칙을 실현하려는 사상. 1918년에 미국의 윌슨 대통령이 제창하고 파리 평화 회의에서 채택되어 식민지 국가의 독립 운동에 많은 영향을 끼쳤다.

3 항일 독립 운동가(1861~1922). 자는 응구(應九)·규동(奎東), 호는 의암(義菴). 1882년 천도교에 입교하여 1887년에 제3대 대도주(大道主)가 되었다. 3·1 운동 때는 민족 대표 33인의 한 사람이었다.

배경	윌슨의 민족 자결주의, 동경 유학생의 2 · 8 독립 선언, 러시아 혁명의 영향, 고종의 독살설		
전개	독립 선언서 발표→학생, 시민들의 만세 시위→전국 · 해외로 확산		
탄압	유관순 순국, 제암리 학살 사건		
의의	최대 규모의 거족적, 평화적 독립 운동		
영향	한국	대한민국 임시정부 수립-자유민주주의와 민주 공화정, 독립 신문 발행, 연통제 실시, 독립 운동의 구심점 역할	
	일본	통치 정책 변화(문화 정치)	
	기타	중국(5 · 4 운동), 인도(비폭력 무저항 운동)	

Tip

3 · 1 운동을 탄압한 일본

3 · 1 운동의 대표적인 탄압 사례는 유관순(柳寬順) 열사의 순국과 화성 제암리 학살사건을 들 수가 있다.

① 여성독립 운동가인 유관순(1902~1920)은 1902년 3월 15일에 태어났다. 아버지 유중권은 자신의 재산으로 학교를 세워 돈이 없어서 공부를 하지 못하는 청소년들에게 독립 정신을 가르쳤다. 그러한 아버지의 모습은 유관순에게 영향을 주어 나라를 위해 할 수 있는 일을 찾게 되었다.

유관순은 학교를 운영하느라 늘 살림이 어려웠지만 미국 선교사의 도움으로 신학문을 배우기 위하여 이화학당에 입학한 뒤 학교생활에 최선을 다했다. 유관순은 1918년 이화학당 보통과를 졸업하고, 고등과에 입학하였다. 방학이 되면 유관순은 집으로 내려와 동네 청소년들을 가르치는 야학을 운영하였다. 고종의 죽음을 계기로 3 · 1 독립 만세 운동이 전개되자, 유관순도 선배들과 결사대를 조직하여 3월 5일 남대문 독립 만세 운동에 참여하였다가 조선 총독부의 강제 명령에 의해 이화학당이 휴교되자 곧 독립 선언서를 감추어 가지고

학창 시절의 유관순

유관순 생가

귀향하였다.

학교가 휴교하자 유관순은 고향인 매봉으로 와서 거사일로 정한 음력 3월 1일의 하루 전인 2월 그믐날 저녁 지령리 뒷산인 매봉에 올라가 횃불을 높이 올렸다. 음력 3월 1일 정오에 유관순은 아우내 장터에 모인 수천 명을 향해 비장한 연설을 하자 군중들은 일제 독립 만세를 외치다가 감옥에 갇히게 되었다.

유관순은 법정에서도 '나는 당당한 대한의 국민이다. 대한 사람인 내가 너희에게 재판받을 이유가 없고, 너희는 나를 처벌할 권리가 없다.'고 항거하였다. 그리고 대한 독립 만세를 외치며 일본인 재판관을 향해 의자를 내던졌다. 이 일로 법정 모욕죄까지 덧붙여져 여성으로서는 최고형인 7년형을 선고받았다.

유관순은 서대문 형무소에 갇혀서도 동지들을 격려하며 독립 만세 외치는 것을 멈추지 않았고, 이로 인해 온갖 끔찍한 고문을 다 받았다. 결국 열아홉 살 꽃다운 나이에 숨을 거두었다.

② 화성 제암리에서도 3 · 1 운동이 일어났다. 제암리 교회 청년들은 4월 5

유관순 초혼묘

유관순 동상

일 발안 장날에 만세 운동을 일으켰다가 일본 경찰에 의하여 무자비한 탄압을 당했다. 이에 제암리 주민들은 밤마다 뒷산에 올라가 봉화를 올리며 만세 운동을 전개하였다.

아리타 육군 중위가 이끄는 일본 경찰은 제암리에서의 만세 운동을 뿌리 뽑기 위하여 무자비한 탄압을 사과한다는 명분으로 15세 이상의 남자 신도들을 교회로 모이라고 하였다. 21명의 신도가 모이자 일본 경찰은 출입문에 못질을 하여 나오지 못하게 한 후에 석유를 뿌리고 불을 질렀다. 안에 있던 청년들이 창문을 뜯고 나오려고 하자, 창문 밖에서 사격을 가하여 사살하는 만행을 저질렀다. 일본 경찰은 인근 교회와 마을의 집 32채에 불을 질러 없애는 만행을 저질렀다.

일제의 이러한 만행은 선교사들의 분노를 사게 하였으며, 스코필드는 현장의 참상을 사진에 담아 미국에 보내 일본의 만행을 규탄하는 여론을 불러일으켰다.

04

3·1 운동이 아시아에 미친 영향

→ 3 · 1 운동은 중국의 5 · 4 운동과 인도에서 대규모 민족 운동이 일어나는 배경이 되었다.

3 · 1 운동은 1919년 5월 4일에 시작된 중국의 민족 운동[1]에도 영향을 미쳤다. 중국의 여러 신문들은 한국의 3 · 1 운동을 일제히 보도하여 중국 사람들에게 알렸고, 베이징 대학의 문과대학장으로 중국 신문화 운동의 기수였던 천뚜슈는 〈조선 독립 운동지 감상〉이란 논문을 발표하였다. 천뚜슈는 이 논문에서 3 · 1 운동은 세계 혁명 사상 신기원을 열었다고 치하하고, 중국 민족의 궐기를 호소하였다. 이에 중국 대학생들을 중심으로 5월 4일에 독일이 차지하고 있던 중국에서의 권리를 일본이 계승해야 한다고 주장하는 것에 대한 반대 운동을 하게 되었던 것이다.

3 · 1 운동은 인도의 독립 운동에도 영향을 주었다. 1919년 4월 5일부터 시작된 간디의 사티야그라하(진리 수호) 운동은 3 · 1 운동의 비폭력 독립 운동과 같은 성격의 독립 운동이었다. 아시아에서 최초로 노벨 문학상을 수상한 타고르(Tagore)[2]는 3 · 1 운동 10주년째인 1929년에 그 영향을 다음과 같은 시로 표현하고 있다.

> 일찍이 아시아의 황금시대에
> 빛나는 등촉의 하나였던 한국
> 그 등불이 다시 켜지는 날에
> 너는 동방의 밝은 빛이 되리라.

1 중국 베이징(北京)에서, 1919년 5월 4일에 일어난 전국적인 반제 · 반군벌 민중 운동으로 5 · 4운동이라고 한다. 파리 강화 회의에서 일본의 대 중국 21개 조항의 요구를 승인한 데 반대하여 학생들이 데모를 일으킨 데서 발단하였는데, 중국의 신민주주의 혁명의 출발점이 되었다.

2 인도의 시인 · 사상가 (1861~1941). 시집 《기탄잘리(Gitanjali)》로 1913년 노벨 문학상을 받았다. 인도의 근대화를 촉진하고 동서 문화를 융합하는 데 힘썼다.

타고르

네루

인도의 초대 수상이었던 네루(Nehru)[3]도 3 · 1 운동에 대한 깊은 인상을 받은 듯하다. 감옥에 있었던 네루가 그의 딸인 인디라 간디에게 쓴 《세계사 편력》[4]에서 다음과 같이 표현하였다.

일본에 의한 조선 민족의 억압은 역사상 실로 쓰라린 암흑의 일장이었다. 조선에서 흔히 학생 신분으로, 또는 갓 대학을 나온 젊은 여성과 소녀가 투쟁의 중요한 역할을 하고 있다는 것을 듣는다면 너도 틀림없이 감동을 받을 것이다.

Tip

월슨의 민족자결주의는 패전국의 식민지에만 해당되는 것이다?

독일, 오스트리아, 투르크의 식민 지배를 받는 나라들을 독립시키기 위한 원칙이었다.

　　1914년에 영국・프랑스・러시아의 삼국 협상국과 독일・오스트리아・투르크의 삼국 동맹국의 이념과 민족적 대립으로 일어난 것이 바로 제1차 세계 대전이다. 초기에는 동맹국에게 유리하게 전개되었으나, 독일의 무제한 잠수함 작전의 피해국인 미국의 참전으로 연합국의 승리로 끝났다.

　　제1차 세계대전의 뒤처리를 위한 회의가 파리에서 열렸다. 파리에서 열린 강화 회의는 패전국에 대한 보복으로 이어져 후일에 전체주의(全體主義)가 나타나는 계기가 되기도 하였다. 이 회의에서 미국의 윌슨 대통령은 식민지 문제의 해결을 위한 원칙으로 민족자결주의를 제창하였다. 민족자결주의는 한 민족이 처한 문제는 스스로의 힘으로 해결할 수 있다는 것으로 그동안 제국주의의 침략을 받아 식민지로 살아가던 약소민족에게 독립에 대한 희망을 가지게 되었다.

　　그러나 민족자결주의는 연합국에게 패배한 독일, 오스트리아, 투르크의 식민 지배를 받는 나라들을 독립시키기 위한 원칙이었다. 이 원칙에 의하여 3개국의 지배를 받던 약소민족들이 독립을 하였으나, 연합국의 식민 지배를 받던 나라는 제2차 세계대전이 끝날 때까지 식민 지배를 받았다.

대한민국 임시정부의 변천

→ 3·1 운동의 영향으로 수립된 대한민국 임시정부는 독립 운동의 중심 역할을 하였으며, 초대 대통령이었던 이승만이 위임 통치를 건의하였기에 임시정부의 의회인 의정원에서 탄핵을 받았다.

3·1 운동을 통해 우리 민족은 조직적인 독립 운동의 필요성을 느끼게 되었다. 이전에 연해주에 이상설(李相卨)[1]에 의하여 조직된 대한 광복군[2] 정부가 있었지만 러시아와 일본의 방해로 큰 활동을 보이지 못했다. 3·1 운동 이후에 한성과 노령 등 7개의 임시정부가 수립되었으나, 힘이 분산되었기에 이를 하나로 합친 대한민국 임시정부가 상하이에 수립되었다. 상하이에 대한민국 임시정부가 수립된 것은 아직 일본의 영향력이 미치지 않는 지역이며, 많은 강대국들이 진출하여 있기에 세계 여러 나라와의 외교 활동이 편리한 곳이기 때문이다.

대한민국 임시정부는 민주 공화정을 채택하였으며, 대통령제를 갖추고 이승만을 초대 대통령으로 국회를 대신한 의정원에서 뽑았다.

그러나 신채호를 비롯한 임시정부의 강경파들은 초대 대통령으로 선출된 이승만을 반대하였다. 이승만이 1919년 2월에 미국 대통령 윌슨에게 조선에 대한 국제연맹의 위임 통치(강대국에게 자국 국민을 대신해 다스려달라고 하는 것으로 후에 신탁 통치로 바뀜)를 청원한 일이 있었기에 '완전 독립', '절대 독립'을 추구하는 신채호를 비롯한 강경파들의 생각과 달랐기 때문이었다.

결국 의정원의 표결 결과 이승만은 탄핵되었으며, 2대 대통령으로 박은식이 선출되었다. 이후 임시정부는 혼란을 겪다가 김구가 주석으로 취임하면서 안정을 찾았다. 김구는 우리나라가 일본의 지배로부터 독립을 하는 1945년 8

[1] 독립 운동가(1870~1917). 자는 순오(舜五), 호는 부재(溥齋). 광무 8년(1904)에 식년 문과(式年文科)에 급제하여 의정부 참찬을 지냈다. 을사조약이 체결되자 조약의 폐기를 상소하였고, 1907년에 고종의 밀서를 가지고 헤이그에서 열리는 평화 회의에서 을사조약의 부당함을 호소하려 하였으나 참석할 자격을 얻지 못하여 실패하고 말았다.

[2] 일제 강점기에, 중국에서 우리나라의 독립을 위하여 일본에 대항하던 군대. 1940년에 충칭(重慶)에서 조직되었으며, 총사령관에 지청천, 참모장에 이범석이 취임하였다.

월 15일까지 임시정부를 이끌면서 항일 투쟁과 외교 활동을 전개하였다.

　대한민국 임시정부는 제1차 세계대전이 끝난 후에 뒤처리를 위한 파리 강화 회의[3]에 우리 민족의 견해를 전달하기 위하여 김규식을 외교총장으로 파견하여 우리의 뜻을 전하게 하였다. 미국에는 유럽과 미국을 상대로 외교 활동을 벌이는 구미위원부를 설치하여 우리나라의 독립 문제를 강대국들이 관심을 갖게 만들었다.

　또한 독립 신문을 발행하여 국내에 있는 국민들에게 독립 운동의 소식을 알리고 독립 운동의 방향을 제시하였다. 또한 연통제(聯通制)[4]를 실시하여 국내의 독립 운동 조직과 연락을 하였으며, 국내에서 독립 운동 자금을 모금하는 일도 담당하였다. 연통제는 각 도에는 독판, 부에는 부장, 군에는 군감, 면에는 면감을 두어 대한민국 임시정부의 행정 사무를 국내에서 집행하였다.

　대한민국 임시정부는 일본이 태평양 전쟁을 일으키자 대일 선전포고를 하면서, 한국 광복군을 조직하여 대일 전쟁을 수행하여 독립의 기초를 닦았다.

• 요약정리 — 독립 운동의 전개

독립군	• 만주 (간도) : 대한독립군 (홍범도-봉오동 전투), 북로 군정서군 (김좌진-청산리대첩), 서로 군정서군, 국민회군 • 연해주 : 혈성단
애국지사 활동	• 김원봉의 의열단 • 김구의 한인 애국단-윤봉길의 상하이 훙커우 공원 폭탄 투척
한국 광복군	대한민국 임시정부 산하의 독립군 부대, 1940년 조직 (총사령관-지청천, 참모장-이범석)
한국의 독립 약속	카이로 회담 (1943) · 포츠담 선언 (1945)

3　1919년에 제1차 세계대전의 종결을 위하여 전승국들이 파리에서 개최한 강화 회의. 미국 · 영국 · 프랑스의 3국이 주도권을 장악하고 독일과 베르사유 조약을, 오스트리아와 생제르맹 조약을, 불가리아와 뇌이 조약을, 헝가리와 트리아농 조약을, 터키와 세브르 조약을 체결하였다.

4　1919년에 대한민국 임시정부에서 실시한 연락 방법. 국내 각 도에 총판(總辦), 각 군에 군감(郡監), 각 면에 면감(面監)을 두고, 국외에는 민간단체를 통하여, 정부의 명령 전달과 연락 사무를 처리하게 하였다.

06 한민족의 실력 양성 운동

→ 경제적 · 교육적으로 힘을 키워 일제에 항거하려는 실력 양성 운동도 독립 운동의 한 방향이었다.

개화 사상가의 영향을 받아 한말에 전개된 애국 계몽 운동은 당장 일본과 대결해도 큰 성과를 거두기가 어렵다고 판단하였다. 그리하여 지식인과 전직 관리를 중심으로 한민족의 실력을 양성하여 일본에 대항하여 먼 훗날 독립을 기약하는 애국 계몽 운동이 일어났다. 애국 계몽 운동은 정치 단체, 교육, 언론, 학문, 종교, 경제 등 다양한 분야에서 전개되었다.

독립 협회의 뒤를 이어 보안회는 일본이 황무지 개간권을 요구하자 국민들의 반대 여론을 일으켜 무산시켰으며, 독립 협회를 이끌던 사람들에 의해 조직된 헌정 연구회는 근대적인 입헌의회 제도의 도입을 주장하였다. 헌정 연구회의 정신을 계승한 대한 자강회(大韓自彊會)[1]는 헤이그 특사사건으로 일본에 의한 고종의 강제 퇴위를 반대하는 운동을 전개하였다. 국민들을 계몽시킨 단체 중 가장 규모가 큰 것은 신민회(新民會)[2]이다. 신민회는 1907년에 안창호(安昌浩), 양기탁(梁起鐸), 이승훈(李昇薰)을 중심으로 교사와 학생이 참여하여 조직되었다. 신민회는 철저히 비밀리에 움직인 비밀결사조직이다. 신민회는 대성학교(평양)와 오산학교(정주)를 세우는 등 민족주의 근대 교육을 추진하였고, 「대한매일신보」를 통해 국민계몽에 앞장섰으며, 도자기 회사와 태극서관을 운영하여 민족 산업을 육성하려고 하였다. 이어서 일본의 감시를 피하기 위해 만주 삼원보에 독립 운동 기지를 건설하였다. 이동녕(李東寧)과 이회영(李會榮), 이시영(李始榮) 형제들 및 각 도에서 지원한 100여 호가 삼원보로 이주하

[1] 1906년에 윤치호 · 장지연 등이 조직한 민중 계몽 단체. 교육과 계몽을 통하여 민족적 주체 의식을 고취시키고 자주독립의 기반을 마련하고자 하였다. 친일 내각에 도전하다가 1907년에 정부 명령으로 해산되었으며, 뒤에 '대한 협회'로 바뀌었다.

[2] 1907년에 안창호가 양기탁(梁起鐸), 이동녕(李東寧), 이갑(李甲) 등과 함께 국권 회복을 목적으로 조직한 항일 비밀 결사 단체. 평양에 대성학교, 정주에 오산학교를 세우고 「대한매일신보」를 발행하는 등 꾸준히 항일 활동을 벌였으나, 1910년에 데라우치(寺內) 총독 암살 모의 사건으로 많은 회원이 투옥됨으로써 해체되었다.

여 자치 조직인 경학사(耕學社)를 만들고, 신흥무관학교를 세워 독립군을 양성
하였다. 그러나 일본이 꾸민 105인 사건에 의하여 해산되었다.

　일본의 식민지가 된 후에 한동안 침체되었던 민족 운동은 1920년대에 다시
경제적 · 사회적 · 문화적인 면에서 민족의 실력을 기르는 방향으로 전개되었
다. 민족의 산업을 발전시켜 민족 자본을 육성하며, 경제적 자립을 꾀하기 위
해 물산 장려 운동을 전개하였다. 물산 장려 운동은 자작회와 물산 장려회, 그
리고 토산 애용 부인회가 중심이 되어 자급자족, 국산품 애용, 소비 절약 등을
내세운 경제적 민족 운동이었다.

　교육을 통한 실력 양성 운동도 전개되었다. 일본의 식민교육 정책에 따라
차별받는 한민족의 교육을 위해 민립대학 설립 운동이 이상재(李商在)[3]를 중심
으로 전개되었으나, 일본의 방해로 실패하였다. 학생들은 방학을 이용하여 야
학이나 강습소를 세워 문맹퇴치 운동에 나섰다. 「조선일보」나 「동아일보」도
문자 보급 운동과 문맹 퇴치 운동에 나섰다.

　일본은 우리 민족의 실력을 높이려는 여러 활동에 대하여 탄압을 가했으나
꿋꿋하게 독립이 될 때까지 이어져 왔다.

• 요약정리 — 국내의 민족 운동

물산 장려 운동	자급자족, 국산품 애용, 소비 절약 – 경제적 민족 운동
민립 대학 설립 운동	일제의 차별 교육에 대항, 대학 설립 추진하나 실패
농촌 계몽 운동	브나로드 운동 – 문맹 퇴치, 「동아일보」와 「조선일보」의 지원
6 · 10 만세 운동	순종의 장례일에 만세 운동 전개
광주 학생 항일 운동	한 · 일 학생 사이의 충돌로 반일 감정 폭발 – 신간회의 활약, 3 · 1 운동 이후 최대 규모의 민족 운동
민족 문화 수호 운동	• 한글 – 조선어 학회 : 주시경, 이희승, 최현배 • 국사 – 박은식, 신채호 : 민족주의 사학
종교	• 대종교 – 단군신앙 : 무장 독립 운동 • 천도교 – 3 · 1 운동 중심 • 천주교와 개신교 – 신사 참배 거부 • 불교 – 한용운 : 불교 유신론, 박중빈 – 원불교 • 문학 – 한용운 · 심훈 · 윤동주 · 이상화 · 이육사 – 민족의식 고취

3　정치가 · 종교가(1850~ 1927). 자는 계호(季皓), 호는 월남(月南). 1888년에 주미 공사 서기로 부임하였으며 귀국 후에 의정부 참찬을 지냈고, 서재필과 독립 협회를 조직하여 민중 계몽에 힘썼다. 3 · 1 운동 후 「조선일보」 사장을 거쳐 1906년에 기독교 청년회장이 되었다. 1907년에 신간회 초대 회장에 추대되었다.

대한 광복회

1910년대의 항일 운동 단체 중에서 가장 규모가 큰 것은 대한 광복회이다. 대한 광복회는 1913년 경북 풍기에서 채기중(蔡基中), 유창순, 한훈(韓焄), 김상옥(金尙沃) 등이 조직한 비밀결사단체로, 처음 이름은 대한 광복단이었다. 1915년 박상진, 우제룡, 양재만 등이 힘을 합치면서 대한 광복회로 이름을 바꾸었다.

대한 광복회는 부자들에게 독립 운동 자금을 모금하고, 불법으로 거두는 세금을 압수하여 무장을 하여 친일파와 일본군을 섬멸하며, 남북 만주에 사관 학교를 설립하고, 무기를 구입하여 독립군을 양성하는 것을 목표로 삼았다.

대한 광복회는 1917년 경주에서 세금을 거두어 가던 차량을 습격하여 8,700원을 압수하였으며, 경상북도 칠곡에 사는 부자이면서도 독립 운동 자금을 내지 않는 장승원과 충청남도 아산군 도고면장인 친일파 박용하 등을 암살하였다.

1918년 이종국이 일본 경찰에 알려 박상진을 비롯한 37명의 지도자가 체포되었고, 박상진과 채기중 등의 중심인물은 후에 사형을 받아 순국하니 대한 광복회의 독립 운동은 중지되었다.

대한 광복회에 참가하였던 김좌진(金佐鎭)과 노백린(盧伯麟) 등은 만주와 상하이로 건너가 독립군을 이끌며 항일 운동을 펼쳤다.

07

항일 운동을 전개한 여성 독립 운동 단체

→ 대한민국 애국 부인회, 조선 여성 동우회, 근우회 등이 항일 운동을 전개하였다.

대한민국 애국 부인회

대한민국 애국 부인회는 서울과 상하이에 각각 조직되었다. 서울의 대한민국 애국 부인회는 1919년 6월에 만들어졌다. 원래 1919년 3월 중순에 3·1 운동에 참여하여 투옥된 독립 운동가와 그 가족을 도와주기 위하여 오현주·오현관(吳玄觀)·이정숙 등이 조직한 혈성단 애국 부인회와 4월에 최숙자·김희옥 등에 의해 만들어진 대조선 독립 애국 부인회가 임시정부를 지원하기 위해 통합된 단체이다. 대한 애국 부인회는 3·1 운동으로 투옥되었다가 출옥한 김마리아·황에스터와 간부 17명이 대한민국 애국 부인회로 개칭하면서 6천여 원의 독립 운동 자금을 모금하여 대한민국 임시정부로 보내는 활동을 하였다. 그러나 11월말 한 간부의 배신으로 활동이 부진해지면서 자연적으로 해체되었다.

상하이의 대한민국 애국 부인회는 1919년 10월 13일 이화숙, 김원경을 중심으로 조직되었다. 대한민국 애국 부인회는 태극기 만들기, 회의장 준비, 상장 만들기 등으로 임시정부의 활동을 도와주었다. 1940년대에 일본이 전쟁을 일으키자 일본의 패전을 바라는 방송을 하고, 독립군의 위문, 여성 계몽교육 등의 활동을 하였다.

조선 여성 동우회

1924년 5월 23일에 우리나라 최초의 사회주의 여성 운동 단체인 조선 여성 동우회가 조직되었다. 정종명·정칠성·홍순경 등 당시 사회주의 여성 운동가들을 중심으로 조직된 조선 여성 동우회는 새로운 사회의 건설과 봉건 제도의 질곡에서 여성해방을 함께 할 여성을 기르는 것을 목적으로 하였다. 이를 달성하기 위하여 여성들의 경제적 자립이 필요하다고 역설했다. 조선 여성 동우회의 활동은 1927년 민족주의계와 사회주의계를 총망라한 여성 단체인 근우회로 이어졌다.

근우회(槿友會)

1927년 5월 27일 민족 단일당 조직 운동의 하나로 민족주의계와 사회주의계 여성 운동을 통합·단일화하여 창립한 여성 단체로 김활란(金活蘭)·김일엽(金一葉)·길정희·정칠성·정종명·이현경 등 사회 각계각층에서 활약하는 여성 40여 명에 의해 조직되었다.

근우회의 강령은 여성들이 일치단결하여 지위 향상을 꾀하여 여성을 남성에게 굴종하게 하는 봉건적 지도에서 벗어나며, 일본 식민지에서의 해방을 제시하였다.

주요 활동은 여성 문제 토론회와 강연회 개최, 야학 실시, 문맹 퇴치, 광주 학생 항일 운동 및 각종 항일 운동의 지도와 지원 등이다.

그러나 민족주의 계열의 여성 지도자와 정칠성·정종명·이현경 등 사회주의 계열의 여성 지도자의 사상적 차이로 1931년 신간회의 해체를 전후하여 해산되었다.

08 독립군의 활동

→ 위정척사 사상을 이어받은 의병부대가 일본의 탄압을 피해 만주와 연해주로 가서 독립군으로 활동했다.

1907년에 전개된 서울 진공 작전은 한말에 전개된 의병 전쟁의 절정이었다. 서울 진공 작전이 실패한 후에 일본은 의병부대에 대한 탄압을 강화하였다. 의병부대들은 일본의 탄압을 피하여 만주와 연해주로 이동하였다. 만주에는 김좌진(金佐鎭)[1]이 이끄는 북로 군정서군과 홍범도(洪範圖)[2]가 이끄는 대한 독립군, 그리고 서로 군정서군이 있었으며, 연해주에는 혈성단이 있었다.

일본군은 봉오동에 독립군이 있다는 정보를 듣고 독립군에게 기습을 시도하였다. 홍범도가 지휘하는 대한 독립군은 최진동(崔振東)[3]의 군무도독부군과 안무(安武)[4]의 국민회 독립군이 연합하여 1920년 6월에 일본군을 공격해 큰 승리를 거두었다.

봉오동 전투에서 패배한 일본군이 다시 공격해오자 김좌진의 북로 군정서군은 대한 독립군, 국민회 독립군과 연합하여 1920년 10월에 일본군을 청산리 계곡으로 유인하여 지형을 이용한 효과적인 작전으로 6일 동안 싸우면서 일본군 연대장을 포함하여 1,200여 명을 전사시키고, 독립군은 100여 명만이 전사하는 독립 전쟁 사상 가장 큰 승리를 거두었다.

봉오동과 청산리에서 큰 타격을 받은 일본군은 독립군을 지원하는 만주에 살고 있는 한민족을 초토화시키는 작전을 전개하였다. 일본은 한국인 남자들을 무차별 학살하였으며, 가옥과 교회에 불을 질렀다. 이를 '간도 참변'이라고 한다.

1 독립 운동가 · 장군(1889~1930). 호는 백야(白冶). 3 · 1 운동 때에 만주에 들어가 북로 군정서를 조직하고 총사령이 되어 사관 양성소를 설립하고 병력을 양성하였다. 1920년에 청산리 대첩에서 일본군을 크게 무찔렀다. 뒤에 공산당원에게 저격당하였다.

2 독립 운동가(1868~1943). 의병을 일으켜 여러 차례의 항일전에서 적군을 격파하였다. 만주로 건너가 청산리 대첩에 참여하였으며, 대한 독립군단을 조직하여 부총재가 되었다. 1921년에 시베리아로 옮겨 고려 혁명 군관 학교를 설립하였다.

3 독립 운동가(?~?). 일명 명록(明錄/明祿) · 희(喜). 만주로 망명하여 1920년 봉오동 전투 때 안무와 함께 큰 승리를 거두었다.

4 독립 운동가(1883~1924). 일명은 병호(秉鎬), 호는 청전(靑田). 만주 간도(間島)에서 독립군 사령부를 창설하고 1920년에 봉오동(鳳梧洞)에서 일본군과 접전을 벌여 승리를 거두었다.

독립군은 기반이 없어지고 일본의 탄압을 피해 소련 영토 안에 있던 자유시로 이동을 하였다. 당시에 소련은 볼셰비키[5] 혁명을 이끈 공산 정부가 수립되어 약소민족을 후원한다고 했기에 이동을 하였던 것이다. 그러나 공산혁명을 추진하던 적색군들이 일본의 사주를 받고 독립군을 강제로 무장 해제하려 하여 이에 독립군이 대항하였기에 많은 희생자가 발생하였다. 이를 '자유시 참변'이라고 한다.

독립군은 다시 만주로 돌아오게 되었다. 만주에는 많은 독립군들이 난립하고 있었다. 힘을 하나로 모을 필요성을 느낀 독립군은 3부로 통합을 하였다. 압록강 건너편 지역에는 대한민국 임시정부 직속의 육군주만 참의부(參議府)[6]가 설립되고(1923), 길림·봉천 일대의 남만주 일대에는 정의부(正義府)[7]가 설립되었으며(1924), 북만주 일대에는 소련에서 탈출해온 독립군을 중심으로 신민부(新民府)[8]가 만들어졌다.(1925) 이들 3부의 독립군 조직은 동포들의 행정을 돌보아주는 자치 행정기관이며, 독립군의 훈련과 작전을 수행하는 군정기관의 역할을 수행하였다.

하지만 1925년에 만주 군벌과 일본 사이에 체결된 미쓰야 협정[9]으로 독립군은 시련을 맞게 되었다. 미쓰야 협정은 일본과 만주 군벌이 함께 독립군을 소탕하고 체포한 독립군은 일본에 넘겨준다는 내용이었다. 독립군을 더욱 어렵게 만든 것은 1931년에 일어난 만주사변[10]이었다. 만주사변으로 일본국 괴뢰 국가인 만주국이 세워져 독립군의 활동을 탄압하였다.

만주사변 이후에 독립군은 중국군과 함께 한·중 연합군을 구성하여 항일 투쟁을 전개하였다. 1930년대 중반까지 전개된 한·중 연합군은 중국군의 사기 저하와 의견 대립으로 큰 성과를 거두지를 못했다.

독립군은 1940년 9월에 대한민국 임시정부 직속의 한국 광복군(韓國光復軍)으로 발전하였다.

09 독립지사들의 의거 활동

→ 김원봉(金元鳳)의 의열단(義烈團)과 김구(金九)의 애국단을 중심으로 이루어졌다.

평화적인 방법으로 독립을 추구하는 독립 운동가가 있기도 하였지만, 큰 성과를 거두기는 어려웠다. 그렇다고 국내에서 많은 독립 운동가들이 이동하여 일본인과 대적하여 싸우기에는 일본 경찰의 감시가 심했다.

그리하여 한두 명의 독립 운동가들이 국내로 들어와 일본의 중요 인사를 사살하거나 중요 시설에 폭탄을 투척하고자 하였다.

3 · 1 운동 이후 러시아의 블라디보스토크 신한촌(新韓村)에 조직된 대한 노인단의 길림성 지부장이었던 강우규(姜宇奎)[1]는 65세 노인의 몸으로 7월에 러시아 사람으로부터 영국제 수류탄을 구입하여 국내에 들어와 서울역에서 사이토 총독에게 폭탄을 던졌다. 사이토 총독 암살에는 실패했지만, 정무총감과 만주 철도이사, 그리고 일본 경찰 등 37명을 죽이거나 부상당하게 하였다. 수류탄을 던진 강우규는 9월 17일 일제의 앞잡이인 김태석에게 붙잡혀 1920년 11월 29일 서대문 형무소에서 사형당했다.

김원봉(金元鳳)이 이끈 의열단(義烈團)[2]은 1920년대에 국내와 상하이를 중심으로 활발한 의거 활동을 벌였다. 1919년 중국과 만주에서 독립 운동을 벌이던 한국인 민족주의자들이 일본과 타협하지 않으며 무력을 통해 일본의 지배에서 벗어나고자 조직한 항일 독립 운동 단체이다. 1920년 9월 박재혁의 '부산 경찰서 폭탄 투척 의거', 같은 해 11월 최수봉의 '밀양 경찰서 폭탄 투척 의거', 1921년 9월 김익상의 '조선 총독부 폭탄 투척 의거' 등의 격렬한 암

1 독립 운동가(1855~ 1920). 자는 찬구(燦九), 호는 일우(日愚). 1911년에 만주로 건너가 지린(吉林)에 동광(東光) 학교를 세워 인재를 양성하였다. 1919년 9월에는 조선 총독으로 부임하는 사이토 마코토(齋藤實)를 죽이기 위하여 폭탄을 던졌으나 실패하고 체포되어 순국하였다.

2 1919년 11월에 중국 만주 지린성(吉林省)에서 조직한 항일 무장 독립 운동 단체. 김원봉(金元鳳), 윤세주(尹世冑) 등 13명이 주동이 되어 과격하고 급진적인 폭력 투쟁을 벌였다. 일정한 본거지가 없이 각지에 흩어져 일본의 관청을 폭파하고 관리를 암살하여 일본인들의 공포의 대상이 되었다.

윤봉길 사당인 충의사

3 독립 운동가(1885~1928). 자는 위경(衛卿), 호는 추강(秋岡). 3·1 운동에 참여한 뒤, 중국 상하이(上海)에서 의열단에 가입하였다. 1924년에 일본 궁성(宮城)의 니주바시(二重橋)에 폭탄을 던지고 현장에서 체포되어 복역 중 병사하였다.

4 독립 운동가(1892~1926). 3·1 운동 후에 중국으로 망명하여 의열단에 가입하였다. 1926년 12월 28일에 동양 척식 주식회사와 식산은행에 폭탄을 던지고 자결하였다.

5 독립 운동가(1900~1932). 1932년 1월 8일 도쿄 사쿠라다몬(櫻田門)에서 관병식(觀兵式)을 마치고 돌아오는 일본 천황 히로히토(裕仁)에게 수류탄을 던졌으나 실패하고 검거되어 순국하였다. 1962년 건국 훈장 대통령장이 추서되었다.

6 독립 운동가·정치가(1887~1959). 본명은 용은(鏞殷), 자는 경중(敬仲), 소앙은 호. 3·1 운동 이후에 임시정부 국무 위원과 의정원 의원을 지내고, 한국 독립당을 창당하였다. 광복 후에 이승만, 김구 등과 국민의회를 설치하고 1948년에 김구 등과 남북 협상 회담에 참석하였다.

살·파괴 운동을 전개했다. 1923년 1월 김상옥의 '종로 경찰서 폭탄 투척 의거', 1924년 1월 김지섭(金祉燮)[3]의 '도쿄니주바시[東京二重橋] 폭탄 투척 의거', 1925년 10월 이종암 등의 '경북 의열단 사건', 1926년 12월 나석주(羅錫疇)[4]의 '동척·식산은행 투탄 의거' 등을 전개했으나, 개인적인 폭탄 투척은 한계가 드러났다. 그리하여 1935년 7월 5일 민족주의 단체가 모여 조선 민족 혁명당이 조직됨으로써 의열단도 공식적으로 해체되었다. 그 후 조선 민족 혁명당은 조선 의용대로 바뀌었으며, 1942년에는 한국 광복군과 연합하였다.

1931년 9월 만주사변 직후에 상해 임시정부는 위상과 독립 운동의 활성화를 기하기 위해 특별한 독립 운동 부대를 조직하고 김구(金九)가 이끌도록 하였다. 1931년 10월 경 김구는 임시정부 산하에 비밀결사대원 80여 명을 모아 '실행을 중히 여기고 발언을 피하는 실천적인' 비밀조직으로 한인 애국단을 결성했다. 1932년 1월 8일 단원 이봉창(李奉昌)[5]이 도쿄 사쿠라다문에서 일본 천황 히로히토에게 폭탄을 투척한 의거를 감행했다. 이 사건으로 한인애국단의 존재를 알게 된 일본 경찰은 김구·조소앙(趙素昻)[6]의 체포에 힘을 기울였다. 그런 가운데 그해 4월 29일 상하이 홍커우 공원에서 일본군이 일왕의 생일 기념식을 거행할 때, 윤봉길(尹奉吉)[7]은 도시락 폭탄을 투척해 파견군사령관 시라카와 대장, 일본 거류민단장 가와바타 등을 그 자리에서 죽이고, 주중 공사 시게미쓰 등에 중상을 입히는 의거를 수행했다. 윤봉길 의사의 의거는 중국 총통인 장제스(蔣介石)가 "중국인 4억 인구가 하지 못할 일을 한국인 한 사람이 해냈다."며 치하를 하면서 대한민국 임시정부의 독립 운동과 한국인의 독립 투쟁에 적극 협력하는 계기가 되었다. 일본은 한인 애국단을 이끄는 김구를 체포하려고 노력하였으나 뜻을 이루지 못하였다.

의열단과 한인 애국단의 활동은 꺼져가는 독립 운동에 대한 한민족의 의지를 불태웠으며, 한민족의 독립 의지를 세계에 알리는 계기가 되었다.

Tip

독립 운동가이며 정치가인 김구(金九, 1876~1949)

김구

황해도 해주에서 태어난 김구의 본관은 안동, 어릴 때의 이름은 창암, 본명은 창수이나 이름을 바꾸어 구(九)로 하였다. 김구는 나라를 위하는 일이고 정의로운 일이라면 남들이 엄두를 내지 못하는 일들을 대담하게 하여 사람들을 놀라게 하였다. 김구의 정의감과 대담성은 동학 농민 운동에 참가한다든지 명성 황후의 원수를 갚겠다고 1896년 2월 안악 치하포에서 왜병 중위 쓰치다를 맨손으로 죽이는 것에서 나타나고 있다. 김구는 3 · 1 운동 후에 중국으로 건너가 항일 운동에 나섰다.

대한민국 임시정부에서 주석을 역임하고 있던 김구는 무장 독립 운동을 펴기로 결심하고 1931년 한인 애국단을 조직하여 일본의 주요 인사들을 암살하기 시작하였다.

자서전 머리글

김구의 뜻에 따라 1932년 1월 8일에 이봉창이 일본 국왕에게 폭탄을 던졌으나 실패하였고, 같은 해 4월 29일에는 윤봉길이 일본 국왕의 생일을 축하하는 자리에서 폭탄을 던져 일본 육군대장 시라가와를 비롯한 일본의 중요 인물 3명을 암살하는 성과를 거두었다. 윤봉길의 의거로 김구는 중국의 적극적인 협력을 얻어낼 수 있었다.

안창호(安昌浩)[8]의 추천으로 경무국장의 직책으로 임시정부와 인연을 맺은 김구는 2대 대통령인 박은식의 사임으로 중심을 잃고 혼란에 빠진 임시정부의 주석이 되어 이끌었다. 임시정부를 강화하면서 한국 광복군을 창설하여 일본에 항전을 시작하였다. 한국 광복군은 1941년에 대한민국의 이름으로 대일 선전포고를 하면서 제2차 세계대전에 참전하였다.

일본의 지배에서 벗어나 혼란스러워진 대한민국을 수습하려 노력하는 한편, 남북한에서 각각 독립 정부가 수립되는 것에 반대하여 북한을 다녀오기까지 했으나, 김구의 뜻은 이루어지지 못했고, 결국 암살되고 말았다.

---

8 독립 운동가(1878~1938). 호는 도산(島山), 신민회 · 청년 학우회 · 흥사단을 조직하고, 평양에 대성학교를 설립하였다. 3 · 1 운동 후 상하이 임시정부의 내무총장이 되어 독립 운동을 하였다.

10 농민과 노동자의 독립 운동

→ 처음에 농민과 노동자는 자신들의 권익을 옹호하기 위하여 쟁의를 벌였으나, 나중에는 일본인 지주와 동양 척식 주식회사, 그리고 일본의 독점 자본주의에 저항하는 독립 운동으로 발전했다.

농민 운동은 소작쟁의[1]로 나타났다. 1920년대에 소작 쟁의는 소작인 조합이 중심이 된 소작 쟁의로 시작하여 50% 이상이었던 높은 소작료의 인하와 지주가 마음대로 소작인을 바꾸는 것을 막는 것이 주목적이었다.

1920년대 후반기에는 자작농까지 포함하는 농민 조합이 소작쟁의를 주도하는 것으로 발전하였다. 이때에는 지주뿐만 아니라 일본의 경제적 약탈 전반에 대항하는 투쟁으로 발전하였다. 나아가 일본의 토지 수탈 기관인 동양 척식 주식회사 농장의 소작쟁의로 발전하여 항일 운동의 성격을 가지고 있다.

노동 운동은 노동쟁의[2]로 나타났다. 일본은 독점 자본주의의 침략으로 조선에서 너무 많은 이윤을 얻고자 하였기에 이에 대항하기 위해 나타난 것이 바로 노동쟁의이다. 노동쟁의는 노동자들이 노동조합을 결성하여 자유 노동자를 중심으로 가혹한 노동 조건을 개선(민족 차별적 저임금과 장시간의 노동)하고 임금 인상과 처우 개선, 8시간의 노동제 시행 등을 내걸고 파업 투쟁을 전개하였다. 나아가 악질 일본인 감독을 한국에서 쫓아낼 것을 요구하였다. 노동쟁의는 1920년대 후반에는 전국으로 확산되면서 노동 운동이 대중화 경향을 띠었으며, 1929년에 전개된 원산 노동자 총파업은 대표적인 노동자들의 항일 운동이다.

1 소작권과 소작료 따위의 이해관계를 둘러싸고 지주와 소작인 사이에 벌어지는 투쟁.

2 노동자와 자본가 사이에 임금, 노동 시간, 노동 조건 따위에 관한 이해의 대립으로 일어나는 분쟁.

공녀貢女와 정신대

→ 공녀는 몽고의 지배 중에, 정신대는 일본의 지배 하에서 희생된 우리나라 여성들이다.

고려에서 몽고로 건너간 이들의 수는 굉장히 많았다. 이들은 전란 중에 포로 내지는 유이민(流移民)으로서, 북쪽으로 흘러들어갔거나 또는 몽고의 강요에 의해 부득이하게 건너간 사람들이 대부분이었으며, 이것은 고려인에게 많은 갈등과 고통을 안겨주게 되었다.

그 중에서도 공녀(貢女)[1]는 더욱 많은 아픔을 가져다주었다. 고려 원종 15년(1274)에 부녀자 140명을 요구해온 것을 시작으로, 공민왕 초년(初年)에 이르기까지 80여 년 동안에 50여 회에 걸쳐 500~1,000명에 이를 정도로 고려의 여자를 데려갔으며, 이들의 대부분은 원의 궁중에서 급사나 시녀로 종사하였다. 이들 중 일부는 호사를 누린 여성도 있었으니, 세조의 총애를 받은 궁인 이씨나, 화평군 김심의 딸로 인종의 후비가 되었다가 황후가 된 김씨, 몽고 여자 이외의 여성을 정식 왕후로 삼지 말라는 원나라 황실의 전통을 깨고 순제의 제2황후가 된 기씨 등이 그 예이며, 이 후광으로 그 일족은 크게 세력을 떨치게 되었다. 이에 스스로 자기 딸을 바치고 권력을 쥐고자 하는 사람도 간혹 있었다.

그러나 대부분의 고려 사람들은 직위를 막론하고 공녀를 크게 꺼리었으니, 이유는 다시는 돌아오기 어려운 이역만리의 타국, 중국의 땅으로 보낸다는 것은 인정상 도저히 용납이 안 되기 때문이었다. 이에 조혼의 풍속이 탄생하였던 것이다.

1 고려 및 조선 시대 때 중국 원나라·명나라의 요구로 여자를 바치던 일. 또는 그러한 여자를 가리키는 말.

비록 그 피해가 컸다고 하더라도 이 공녀보다 더 큰 피해와 고통을 준 것은 일본의 침략이 막바지에 이르렀을 때 자행된 정신대였다. 전쟁이 나면 남자는 전쟁터에서 희생이 되고, 여자들은 성(性)을 위협받았다. 일본의 침략이 한창이던 1941년 12월 8일, 일본의 진주만 공격으로 태평양 전쟁이 일어나자, 일본에 의한 한국에 대한 약탈은 물적 약탈뿐만 아니라 인적 수탈로 이어졌다. 즉 징병제, 징용제, 여자 정신대가 인적 수탈의 예라고 할 수 있다. 그 중에서 우리 민족에게 가장 큰 아픔을 준 것은 여자 정신대이다.

원래 일본은 정신대라는 용어를 사용하지 않았다. 군위안부라고 하였다. 이것은 중·일 전쟁 때에 점령 지역에서 일본군이 만행을 저지르자, 반일 감정을 염려한 점령 지역 사령관의 요구에 의해 정신대의 전신인 위안소가 설치되었으며, 여기에 있는 여성의 80%가 한국인이었다고 한다. 이 위안소는 일본 군인의 요구에 응하기 위한 것으로 일본 군인의 기강을 바로잡기 위해 한국인 여성들이 희생양이 되었던 것이다.

초기에는 기생을 비롯한 술집 여인을 주로 보냈으나, 태평양 전쟁이 일어난 후에는 일반 가정의 처녀들까지 동원하게 되었다.

뿐만 아니라 일본군이 각 전선에서 패배를 거듭하자, 병력 소모가 많아지고 이 병력을 보충하기 위해 1943년 7월에 여자 학도병의 동원을 결정함과 동시에 여자 정신대를 조직하였으며, 더욱이 여자 정신대의 활동을 강화하기 위하여 1944년에 '여자 정신 근로령'을 공포, 징병제와 같은 강제 동원을 법으로 정해 전쟁터에 부녀자를 대량 투입하는 일이 벌어지게 된 것이다. 이들 일본인은 초등학생까지 꾀여서 뽑아갔다. 그 꾐이라고 하는 것은 당시 교복의 단추가 5개였는데, 전쟁터에 나가면 일본 왕이 7개의 단추를 달아준다는 것이었다. 순수한 우리나라의 어린 학생들은 일본인의 달콤한 말에 속아 결국 전쟁터에서 희생이 되었던 것이다.

결국 공녀나 정신대는 소수의 특수한 사람들을 제외하고는 자신의 뜻과는 상관없이 가게 되었으며, 공녀는 원나라의 지배를 받으면서, 정신대는 일본의 지배를 받은 시기에 이루어진 약소국의 비애라고 할 수 있다.

대한민국 임시정부는 광복의 뜻을 이루기 위해서는 일본과 일전을 벌여야 한다는 생각으로 1940년 9월에 충칭에서 광복군을 창설하였다. 광복군은 총사령관에 지청천(池靑天)[1], 참모장에 이범석(李範奭)[2]을 임명하면서 모병(募兵) 활동도 적극적으로 벌였다. 1942년에는 김원봉(金元鳳)이 중심이 되어 조직되어 대일 항전을 벌이던 조선 의용대와 연합하여 규모가 커졌다. 김원봉은 광복군의 부사령관 겸 제1지대장이 되었다.

일본이 진주만을 기습하여 태평양 전쟁이 일어나자, 임시정부는 1941년 12월에 대일 선전포고를 하였다. 이로써 대한민국 임시정부는 연합국의 한 나라로 대일전에 참전한 셈이 되었다.

1944년에 광복군은 영국군의 요청에 따라 일부의 병력을 인도 · 미얀마 전선에 파견하였다. 파견된 광복군은 영국군과 협조하여 포로 심문, 회유 방송, 선전 전단의 작성, 암호문 번역 등의 업무에 종사하였다. 이들은 소규모의 연락대였으나, 영국군과 연합 작전을 수행하였던 것이다.

1945년에 시안에 주둔한 광복군 제2지대는 미국의 후원을 받아 본토 진입 작전을 위한 훈련을 실시하였다. 중심인물은 제2지대장 이범석과 탈출한 학도병으로 광복군에 합류한 장준하(張俊河)[3], 김준엽, 노능서 등 50명이었으나, 1945년 8월에 일본이 항복하여 본토 진입 작전은 실행되지 못한 채 끝나고 말았다.

　　이에 앞서 1945년 3월에 광복군과 미국 전략 특수 공작대(OSS)와의 사이에 한 · 미 군사 합작 합의 사항이 서명되었다. 그 주요 내용은 다음과 같다.

　　— 한 · 미 양군은 공동의 적인 일본군을 격퇴하기 위하여 상호 협력하여 공동 작전을 전개한다.

　　— 한국 광복군은 미군으로부터 무전 기술과 기타 필요한 기술을 훈련받고 적진과 한반도에 잠입하여 연합군에게 필요한 군사 정보를 제공한다.

---

1 독립 운동가 · 정치가(1888~1959). 본명은 대형(大亨), 호는 백산(白山). 중국 망명 때의 이름은 이청천(李靑天)이었다. 일본 육군 사관학교를 졸업한 후 만주로 망명하여 1938년 광복군을 조직하고 1940년 광복군 총사령관을 지냈다. 광복 후 귀국하여 대동 청년단을 창단하여 청년 운동에 힘쓰다가, 제헌(制憲) · 제2대 국회의원을 지냈다.

2 독립 운동가 · 정치가(1900~1972). 호는 철기(鐵驥). 1915년 중국으로 망명, 1919년 만주 청산리 전투에 김좌진을 도와 중대장으로 참가하여 일본군과의 싸움에서 큰 승리를 거두었다. 광복 후 귀국하여 초대 국무총리 겸 국방장관, 국토통일원 고문, 자유당 부당수 등을 역임하였다.

3 언론인 · 정치인(1915~ 1975). 일제 강점기에 학도병으로 나갔다가 탈주하여 광복군에 편입하고, 임시정부 주석의 비서가 되었다. 광복 후 잡지 「사상계」를 주재하고, 막사이사이 언론상을 수상하였으며, 국회의원과 통일당 최고위원을 지냈다.

핵심문제

일제 강점기 시대

※아래 표를 보고 물음에 답하시오. (1~4)

	정치	경제
1910년대	㉮	토지조사사업
1920년대	문화 통치	㉯
1930년대	민족말살 정책	㉰

1. ㉮ 정책을 실시하면서 일본이 한국인을 다스린 방법이 아닌 것은?

① 조선일보 등 신문을 발간하게 하였다.

② 교원에게 제복과 칼을 차게 하였다.

③ 헌병들이 경찰의 역할을 맡았다.

④ 조선총독으로 육군과 해군 대장을 파견하여 행정, 군사, 사법권을 장악하였다.

⑤ 한국인에게는 초보적인 기술과 실업 교육에 치중하였다.

2. ㉯ 정책의 목적은?

① 한국인을 일본인화 하기 위해

② 조선의 토지를 빼앗기 위해

③ 헌병경찰 통치를 위해

④ 한국인의 정치활동을 금지시키기 위해

⑤ 일본의 부족한 식량 문제를 해결하기 위해

3. 무단 통치에서 ㉯로 일본의 식민 통치 방법이 바뀐 계기는?

① 2 · 8 독립선언　　② 3 · 1 운동　　③ 6 · 10 만세운동

④ 광주학생운동　　⑤ 신간회 활동

4. ㉑ 정책을 실시한 일본의 구체적인 실천 내용이 아닌 것은?

① 만주침략을 위한 발판으로 삼았다.　② 군수공장을 건설하였다.

③ 전쟁 물자를 약탈하였다.　④ 희망자만 군사로 뽑았다.

⑤ 여성들이 위안부로 끌려갔다.

5. 다음의 사건이 일어난 시기를 연표에서 찾으면?

제암리 교회 청년들은 4월 5일 발안 장날에 만세 운동을 일으켰다가 일본 경찰에 의하여 무자비한 탄압을 당했다. 이에 제암리 주민들은 밤마다 뒷산에 올라가 봉화를 올리며 만세 운동을 전개하였다. 아리타 육군 중위가 이끄는 일본 경찰은 제암리에서의 만세 운동을 뿌리뽑기 위하여 무자비한 탄압을 사과한다는 명분으로 15세 이상의 남자 신도들을 교회로 모이라고 하였다. 21명의 신도가 모이자 일본 경찰은 출입문에 못질을 하여 나오지 못하게 한 후에 석유를 뿌리고 불을 질렀다. 안에 있던 청년들이 창문을 뜯고 나오려고 하자, 창문 밖에서 사격을 가하여 사살하는 만행을 저질렀다. 일본 경찰은 인근 교회와 마을의 집 32채에 불을 질러 없애는 만행을 저질렀다.

1863	1889	1894	1910	1920	1945
①	②	③	④	⑤	

6. 다음은 일본이 우리 민족에게 강요했던 글이다. 이 글이 강요된 시기에 일본의 정책을 세 가지만 서술하시오.

ㄱ. 우리들은 대일본제국의 신민입니다.

ㄴ. 우리들은 마음을 합하여 천황폐하께 충의를 다합니다.

ㄷ. 우리들은 인고훈련하고 훌륭하고 강한 국민이 되겠습니다.

7. 다음 단체와 관련된 내용을 〈보기〉에서 바르게 고른 것은?

● 우리는 정치적, 경제적 각성을 촉구함.

● 우리는 단결을 공고히 함.

● 우리는 기회주의를 일체 부인함.

보 기

ㄱ. 사회주의 세력과 민족주의 세력이 힘을 합쳤다.

ㄴ. 105인 사건으로 와해되었다.

ㄷ. 만주 독립운동기지 건설에 앞장섰다.

ㄹ. 광주학생항일 운동을 후원하였다.

① ㄱ, ㄴ   ② ㄷ, ㄹ   ③ ㄱ, ㄷ   ④ ㄴ, ㄹ   ⑤ ㄱ, ㄹ

8. 일본이 우리나라의 의사를 무시하면서 다음과 같은 일을 전개할 수 있었던 배경이 된 조약은?

ㄱ. 고종의 강제 퇴위   ㄴ. 간도 협약

① 을사조약   ② 한일 의정서   ③ 정미7조약

④ 한성조약   ⑤ 제물포 조약

9. 다음은 《조선 상고사》 총론 내용의 일부이다. 이것을 주장한 인물의 독립 운동 활동으로 적당한 것은?

역사란 무엇인가? 인류 사회의 아(我)와 비아(非我)와의 투쟁이 시간으로 발전하고 공간으로 확대되는 심적 활동 상태의 기록이니, 세계사라 하면 세계 인류가 그렇게 되어 온 상태의 기록이요, 조선사라 하면 조선 민족이 이렇게 되어 온 상태이다. 무릇 주관적 위치에서 있는 자를 아라하고, 그 밖의 것은 비아라 한다.

① 한국 애국단을 조직하여 일본의 유명 인사를 처벌하였다.

② 주로 고대사 연구에 치중하여 주체적으로 한국사를 정리하였다

③ 독립 사상을 고취하기 위해 외국 위인만 중요하게 여겼다.

④ 대한민국 임시정부에 전혀 참여하지 않았다.

⑤ 3·1 운동의 실상을 소개한 〈한국독립운동지혈사〉를 저술하였다.

10

다음은 일본의 식민지 시대에 유행했던 민요이다. 이 노래를 보고 추론한 것으로 적당한 것은?

신고산이 우루루 화물차 가는 소리에
지원병 보낸 어머니 가슴만 쥐어뜯고요
어랑어랑 어허야
양곡 배급 적어서 콩깻묵만 먹고 사누나
신고산이 우루루 화물차 가는 소리에
정신대 보낸 어머니 딸이 가엾어 울고요
어랑어랑 어허야
풀만 씹는 어미 소 배가 고파서 우누나
신고산이 우루루 화물차 가는 소리에
금붙이 쇠붙이 밥그릇마저 모조리 긁어 갔고요
어랑어랑 어허야

① 우리 민족이 일본에 의해 토지를 약탈당해 만주로 이동하였다.
② 우리 민족이 일본이 실시한 산미증식계획으로 식량이 부족하였다.
③ 일본의 병참기지화 정책으로 물적, 인적 자원을 수탈당했다.
④ 일본에 의해 문화정 치가 이루어져 민족이 분열되었다.
⑤ 제1차 세계대전이 발발하여 일본에 의해 이루어진 정책의 결과이다.

11

다음과 같은 한계를 가진 독립 운동의 결과 조직된 것을 쓰시오.

이러한 독립 운동은 민족의 저력을 세계에 과시하였으며, 전 민족이 참가한 거족적인 독립운동으로 우리 민족을 하나로 합치게 하는 정신적 바탕이 되었다. 그러나 조직적으로 전개되지 못하여 독립을 이루지 못하였다.

해답 & 풀이

1. ①

풀이▶ ㉮ 시기는 강압 통치인 무단 통치 시기이다. 무단 통치의 결과 일본은 현역 대장을 총독으로 임명하여 행정·군사·사법권을 주어 우리나라를 다스리도록 하였다. 그리고 우리 민족의 언론·출판·집회·결사의 자유를 박탈하였으며, 일반 관리는 물론 교원들까지 제복을 입게 하고 칼을 차게 해 위협적인 자세로 일을 하게 하였다.

2. ⑤

풀이▶ 한국을 부족한 일본의 식량을 보충하기 위한 전진기지로 삼는 산미 증식 계획을 펴나갔다. 특히 제1차 세계대전이 끝난 후에 일본은 공업화가 진전됨에 따라 농업인구가 감소함으로써 쌀값이 갑자기 오르는 현상이 나타났다. 1933년까지 일본은 한반도에서 쌀의 생산보다 많은 식량을 일본으로 가져갔다. 대신 한민족에게는 만주에서 생산되는 보리나 콩 등의 잡곡을 수입하여 식량으로 대체하였다.

3. ② **풀이▶** 3·1 운동 이후 일본은 무단 통치에서 우리 민족을 회유하기 위한 정책으로 전환하였다.

4. ④ **풀이▶** 한반도를 일본의 침략 전진기지로 삼기 위한 정책을 추진하였다. 강제 징병을 통해 조선인들이 전쟁에 동원되었다.

5. ④ **풀이▶** 글의 내용은 일본에 의해 자행된 제암리 학살 사건이다. 이 사건은 일본이 3·1 운동을 탄압하기 위해 저지른 만행이었다.

6. 민족말살 정책을 추진하기 위하여 창씨 개명, 황국신민서사, 내선일체, 우리말 사용 금지, 한글 신문 폐간, 우리 역사 교육 금지, 신사 참배 등을 강요하였다.

7. ⑤

풀이▶ 신간회에 대한 설명으로 1927년에 조직, 일본의 이간정책에 의하여 와해되었다. ㄴ, ㄷ은 한말에 활동한 신민회의 설명이다.

8. ①

풀이▶ 외교권을 빼앗은 일본이 헤이그 특사 파견을 구실로 고종을 강제 퇴위시켰으며, 청나라와 협약을 맺어 간도를 넘겨주었다. ② 군사상 필요한 지역의 사용, ③ 차관 정치, ④ 갑신정변 때 체결, ⑤ 임오군란 때 체결

9. ②

풀이▶ 신채호의 역사관이다. 무장 항일 투쟁론에 입각하여 민중의 혁명을 주장하였으며, 한때는 역사의 주체를 영웅으로 파악하여 각종 위인전을 남겼고, 주로 고대사 연구에 치중하여 주체적으로 한국사를 정리하였다. 또한 묘청의 서경 천도 운동을 조선 1천년래의 제일대 사건으로 평가하였다.

10. ③ **풀이▶** 일본의 병참기지화 정책으로 수탈당하는 아픔을 노래한 것이다.

11. 대한민국 임시정부

VII
대한민국의 성립

01

신탁 통치 信託統治

→ 신탁 통치에 반대한 것은 결과적으로 한반도의 분단을 막고자 한 것이다. 하지만 북한의 신탁 통치 찬성으로의 전환은 나라를 분열시키는 결과를 가져왔다.

1945년 2월에 개최된 미국과 영국, 소련의 수뇌들은 태평양 전쟁이 끝나면 38도선을 중심으로 남쪽에는 미군이 진주하고, 북쪽에는 소련군이 진주하여 각각 일본군을 무장 해제시킨다고 하였다.

38도선에 각각 진주한 미국과 소련은 1945년 12월에 미국, 영국, 소련의 3국 외상들이 모여 한반도 문제를 논의하여 미국과 영국, 소련과 중국에 의한 5년 동안의 신탁 통치를 결정하였다.

신탁 통치는 제1차 세계대전 직후에는 위임 통치라고 불리다가, 제2차 세계대전 이후에 신탁 통치라고 불리었다. 국제 연합의 산하 기구인 신탁 통치 이사회가 관리하지만 실제적으로는 신탁 통치를 담당하는 국가에게 자국의 영토를 양도한 것이나 마찬가지이다.

이러한 이유로 사회주의 세력인 소련이 차지한 지역과 민주주의 세력인 미국, 영국, 중국이 차지한 지역으로 분열되는 것은 기정사실이었다. 이에 신탁 통치가 결정되자 우리 민족은 신탁 통치 반대 국민 총동원 위원회를 구성하고, 위원장에 권동진(權東鎭)[1], 부위원장에 안재홍(安在鴻)[2]을 임명하여 전 민족적인 신탁 통치 반대운동을 전개하였다. 하지만 사회주의 세력은 처음에는 반탁운동을 전개하다가 1946년 1월 초에 찬탁으로 입장을 바꾸었다. 이 과정에서 민주 세력과 사회주의 세력은 대립이 격화되었다.

민주 세력과 사회주의 세력의 대립이 격화되자 미국과 소련은 미·소공동

1 독립 운동가(1861~1947). 호는 애당(愛堂)·우당(憂堂), 천도교의 도호(道號)는 실암(實菴). 1884년 갑신정변 때 손병희, 오세창 등과 일본으로 망명하였다. 3·1 운동 때에 민족 대표 33인 가운데 한 사람이었으며, 그 후에도 적극적으로 항일 운동을 하였다.

2 독립 운동가·정치가(1891~1965). 호는 민세(民世). 3·1 운동 이후 대한 청년 외교단을 조직하여 활약하고, 1923년 「시대일보」를 창간하였다. 광복 후 국민당을 조직하였고, 「한성일보」 사장·미 군정청 민정장관·제2대 국회의원 등을 지냈다.

위원회[3]를 개최하여 문제를 해결하려고 하였으나 실패하였다. 결국 미국은 한국 문제를 국제연합에 상정하여 5월 10일 총선거를 실시하려고 하였으나, 북한의 반대로 한반도가 아닌 38도선 이남에서만 실시가 되었다.

결국 남북이 함께 신탁 통치에 반대하였다면 한반도에서 단일한 정부가 들어설 수도 있었을 것으로 추정된다.

3 1946년 1월에 미국과 소련의 대표가 서울에서 조직한 위원회. 1945년 12월의 모스크바 협정에 따라 한국의 신탁 통치와 완전 독립 문제를 토의하기 위하여 열렸는데, 여러 차례 회의 끝에 1947년 10월 미국이 한국 문제를 유엔에 상정함으로써 자연적으로 해체되었다.

02

농지 개혁과 경제 발전

→ 토지의 사유제를 바탕으로 한 우리나라의 토지 개혁에 비하여, 북한의 토지 제도는 국가의 소작제를 바탕으로 한 토지 개혁이었기에 경제 발전에 큰 장애가 되었다.

우리나라에서 농지 개혁이 실시된 것은 1948년 3월과 50년 3월 두 차례에 걸쳐 이루어졌다. 이전까지 우리나라 토지 제도에 대한 평가는 북한이 실시한 토지 개혁에 비하여 실패한 것으로 생각하였다.

그러나 오늘날 우리나라에서 실시한 토지 개혁은 세계에서 성공한 개혁으로 평가받고 있다. 1945년 8월 15일에 일본의 지배로부터 벗어났을 때 우리나라 농민의 70%는 농토를 갖지 않은 소작농이었다. 소작농들은 두 차례에 걸쳐 실시된 토지 개혁으로 경제적으로 안정을 찾았으며, 교육열을 바탕으로 한 자식 교육으로 공업사회로 발돋움하는 교육받은 근로자를 양성할 수 있었다.

1948년 3월 22일에 미군정에 의하여 실시된 제1차 토지 개혁은 동양 척식 주식회사[1]의 후신인 신한공사가 관리하던 일본인 소유의 농토를 소작하고 있던 농민들에게 불하한 것이다.

1950년 3월 10일에 이승만 정부에 의하여 실시된 토지 개혁은 많은 어려움을 겪었다. 토지 소유주들이 사유지를 내놓지 않았기 때문이었다. 정부에서는 토지 소유주에게 농토를 구입하여 농민들에게 소작을 주었다. 농민들은 나라에 1년 수확량의 30%를 5년간 토지의 대가로 지불하면 개인 토지로 바꾸어 주었다.

반면에 북한은 1946년 3월 5일에 실시한 토지 개혁에서 무상몰수, 무상분배를 택하였다. 그러나 토지를 사고팔 수 없다고 한 점과 국유지를 국민들이 소

1 1908년에 일본이 한국의 경제를 독점·착취하기 위하여 설립한 국책 회사. 주로 토지를 강점, 강매하여 높은 비율의 소작료를 징수하고 많은 양곡을 일본으로 반출하다가, 1917년부터 본점을 일본 도쿄로 옮기고 동양 각지로 사업을 확대하였으나, 일본이 제2차 세계대전에 패전하면서 문을 닫았다.

작을 했다는 점에서 완전한 토지 개혁이라고 볼 수가 없다.

  그리고 2006년 현재 우리나라 경제력과 북한의 경제력이 100배 차이나는 것은 북한의 토지 제도가 사유지를 인정하지 않는 토지 개혁이 실패한 것을 나타내며, 반면에 우리나라의 토지 제도는 교육을 통한 산업화의 인재 양성이라는 바탕을 이루었다고 할 수 있다.

• 요약정리 — 우리나라의 경제 발전

시기	내용
미군정기 (1945~1948)	남북한경제구조불균형 (북한–중공업, 남한–경공업) 물가 상승, 북한의 전기공급 중단으로 남한의 어려움
이승만 정부 (1950년대)	농지 개혁, 원조경제체제 (소비재 공업 성장).
1960년대 (제1, 2차 경제개발계획)	차관 도입, 수출경쟁력촉진책 (저임금, 저곡가), 경공업 발달
1970년대 (제3, 4차 경제개발계획)	외국인 투자 유치, 중화화공업정책, 녹색 혁명 (식량증산 정책) 석유 파동 (1973, 1979)
1980년대	3저 (저금리 · 저유가 · 저달러) 호황, 중화학 공업 분야에서 고도 성장
1990년대	자유무역확대 (우루과이라운드협정 타결), 세계무역기구출범, IMF위기 (1997)
2000년대	외국인의 투자 증대, 비정규직 노동자 증가, 빈부격차확대, 북한과의 경제 교류 확대

03

6 · 25 전쟁

→ 사회주의의 확장을 위한 소련의 사주와 이를 자신의 정치적 입지의 기반으로 하려는 김일성의 욕망이 빚은 비극이다.

6 · 25 전쟁[1]은 1950년 6월 25일 새벽에 북한의 남침으로 시작하여 3년 1개월 2일 동안 전개된 전쟁이었다. 사회주의의 맹주였던 소련의 팽창주의와 중국의 공산화로 외세의 힘을 빌어 통일이라는 명분 아래에서 김일성이 도발한 것이다.

6 · 25 전쟁이라는 용어에 대하여 '한국전쟁', '조국해방전쟁'(북한), '조선전쟁'(일본), '항미원조 전쟁'(중국)으로 불리지만 '6 · 25 사변'이라고 불리기도 하였다. 왜냐하면 '사변(事變)'의 사전적 뜻은 '선전포고 없이 전쟁을 일으키는 것'이라고 나와 있다. 그러므로 북한 김일성이 사전 선전포고 없이 대한민국을 침공한 전쟁이기 때문이다.

북한의 갑작스런 침략에 대한민국은 후퇴를 하였으며, 3일 만에 서울이 함락당했다. 이때 이승만 정권은 국민들을 기만하여 많은 인명 피해를 보았다.

1950년 7월 7일에 국제연합은 북한을 침략국으로 규정하여 대한민국을 군사적으로 원조하기로 하였다. 이에 따라 미국을 비롯한 16개국에서 40만 명의 국제연합군이 한국전에 참전하였다.

1950년 7월 25일에 국제연합군은 낙동강 방어선을 설정한 후에 반격을 시도하였다. 이에 따라 8월 15일까지 부산까지 차지하겠다는 소련과 김일성의 희망은 사라지게 되었다.

국제연합군 사령관인 맥아더[2]의 지휘 아래 국제연합군은 인천상륙작전을

1 1950년 6월 25일 새벽에 북한군이 북위 38도선 이남으로 기습적으로 침공함으로써 일어난 전쟁. 1953년 7월 27일에 휴전이 이루어져 휴전선을 확정하였으며, 휴전 상태가 오늘날까지 지속되고 있다. ≒6 · 25 동란 · 6 · 25 사변 · 한국동란 · 한국전쟁.

2 미국의 군인(1880~1964). 일본 주재 연합군 최고 사령관을 지냈으며, 1950년 6 · 25 전쟁 때 만주지구 공격 등 강경책을 주장하여 1951년 해임되었다.

전개하여 9월 28일에 서울을 수복하였으며, 10월 1일에 38도선[3]을 통과하여 북으로 진격하여 압록강에 이르렀다. 그러나 10월 25일에 압록강에 도착한 중국군의 인해전술(人海戰術)[4]로 전쟁은 치열해졌으며, 인해전술에 국제연합군은 1951년 1월 4일에 후퇴할 수밖에 없었다.

이후 1953년 7월 27일에 휴전이 체결되기까지 전쟁은 38도선 부근에서 치열한 소모전으로 전개되었다.

6 · 25 전쟁으로 141만 명의 군인과 민간인 37만4천 명이 희생되는 피해를 보았다.

대한민국에서는 6 · 25 전쟁으로 반공 이데올로기가 주류를 이루어 이승만 정권을 확고히 하는데 기여하였다. 그리고 미국의 경제 · 군사적 지원을 바탕으로 산업사회로 발전하는 계기가 되기도 하였다.

반면에 북한에서는 전쟁을 이용하여 김일성이 정적을 숙청하는 계기로 삼아 김일성 유일 지배 체제를 확립하는데 기여하였다. 김일성 유일 지배 체제는 경쟁을 가로막아 북한의 경제가 침체되어 오늘날 식량난을 비롯한 경제 위기를 맞게 되었다.

전쟁에 의한 통일은 이미 낡은 방식의 통일이다. 평화적 통일을 위한 남북한의 상호협력이 요구되며, 이를 위해서는 남북한의 신뢰 회복이 가장 필요할 것이다.

---

3 위도가 38도가 되는 선. 특히 한반도의 중앙부를 가로지르고 있는 북위 38도선을 이른다.

4 우수한 화기보다 다수의 병력을 투입하여 적을 압도하는 전술. 6 · 25 전쟁에서 중국 공산군이 썼던 전법이다.

04 민주화의 시발점인 4 · 19 혁명

→ 4 · 19 혁명은 독재 정치에 항거하여 민주화를 이룩한 시발점이라 하겠다.

1960년 3월 15일의 정 · 부통령 선거에서 자유당 정권은 이승만(李承晩)과 이기붕(李起鵬)[1]을 후보로 내세웠다. 한편 야당인 민주당은 조병옥(趙炳玉)[2]과 장면(張勉)[3]을 정 · 부통령 후보로 내세웠다. 그런데 조병옥이 선거가 실시되기 전에 미국에서 병으로 세상을 떠났기 때문에 4번째 대통령의 당선을 노리는 이승만의 경쟁자가 없어졌다. 그러자 자유당 정권은 이기붕을 부통령으로 당선시키기 위하여 조직적으로 부정선거를 감행하였다.

이에 마산에서 3 · 15 부정 선거를 규탄하는 학생과 시민의 시위가 시작되었다. 4월 18일에는 서울에서 고려대 학생들이 궐기하였다. 4월 19일에는 서울 시내의 학생들과 시민들이 대규모 시위를 계속하였고, 지방의 대도시에서도 시위가 잇달아 일어났다.

이승만 정권은 계엄령을 선포하고 계엄군을 진주시켰으며, 경찰의 발포로 많은 사람이 죽거나 부상당하는 참사가 일어났다. 학생들의 피해가 잇따르자 4월 25일에 교수들까지 시위에 참여하였고, 이승만 대통령은 4월 26일에 하야 성명을 발표하였고, 자유당 독재 정권도 무너지게 되었다. 이로써 독재 정권을 무너뜨리는 민주화가 시작된 듯하였다.

이승만 정권이 하야한 후에 7월 29일에 민의원과 참의원을 뽑는 총선거에서 정권을 잡은 민주당은 신파와 구파 사이에 격심한 분열과 집권 경쟁을 벌였다. 그리하여 민주당이 분열되어 안정된 기반을 갖추지 못한 채 정국이 불안하였다. 정국의 불안은 사회 불안으로 이어져 각종 시위가 끊이지 않았다. 이에 박정희를 중심으로 한 일부 군인들이 1961년 5월 16일에 군사 정변을 일 으켜 민주당 정권이 무너지고 민주화는 한동안 중단되게 되었다.

---

1 정치가(1896~1960). 호는 만송(晩松). 8·15 광복 후, 이승만의 비서로 자유당 창당에 참여하고 서울특별시장과 국방부장관 및 민의원 의장 등을 지냈다. 1960년 3월 15일 부정과 폭력에 의한 선거로 부통령에 당선되었으나, 부정 선거에 항의하는 4월 혁명으로 사임하고 자결하였다.

2 독립 운동가·정치가(1894~1960). 호는 유석(維石), 초명은 병갑(炳甲). 광주 학생 항일 운동과 수양 동지회(修養同志會) 사건 등으로 옥고를 치렀다. 광복 후 한국 민주당 창당에 참여하였으며, 1960년 민주당 대통령 후보 공천을 받았으나 신병으로 미국에서 치료를 받다가 병사하였다.

3 정치가(1899~1966). 호는 운석(雲石). 1936년 동성(東星) 상업학교 교장에 취임하였고, 1948년 제헌 국회의원, 초대 주미 대사, 국무총리 등을 지냈다. 신익희 등과 민주당을 조직하여 1956년 부통령에 당선되었고, 4·19 혁명 후 제2공화국의 국무총리를 지냈다.

5·16 군사 정변의 공과 功過

→ 5·16 군사 정변을 일으켜 정권을 잡은 뒤 장기 집권을 하면서 경제 발전을 이루긴 했으나, 유신 헌법을 만드는 등 독재 정치를 고집해 우리나라의 민주주의를 후퇴시키는 잘못을 저질렀다.

4·19 혁명이 일어나 나라가 혼란에 빠지자, 박정희는 위기에 빠진 나라를 구한다는 명분을 걸고 5·16 군사 정변을 일으켰다. 이어 헌법을 뛰어넘는 권력을 가진 국가 재건 최고회의[1]를 만들어 2년 6개월간 군인 정치를 하였다. 1963년에는 제5대 대통령에 당선되어 군인에서 정치인으로 완전히 탈바꿈하였다.

박정희는 사회 개혁을 이루는 일부터 강하게 밀고 나갔다. 사치와 향락 산업의 뿌리를 뽑는 한편 가족계획과 문맹 퇴치 운동도 벌였다. 나아가 경제 개발 5개년 계획을 거듭 추진하고 수출을 늘리는 데 힘썼다.

이를 위해 경부 고속국도를 비롯한 여러 고속국도를 건설해 전국을 일일생활권으로 만들고, 자동차·조선·석유화학 제품 등의 중화학 공업을 적극적으로 키웠다. 그 결과 1970년대 후반에는 수출 100억 달러를 넘어서고 국민소득이 크게 높아졌다.

박정희는 뒤떨어진 농촌을 발전시키는 일에도 힘써 1970년대 초부터 새마을 운동을 펴나갔다. 이 운동은 '잘살아 보세'라는 구호를 내걸고, 농촌의 생활환경을 개선하고 소득을 높이는데 크게 이바지하였다. 박정희 정권 아래 우리나라는 눈부신 경제 성장을 이루며 후진국에서 개발도상국으로 발돋움했지만, 빈부의 격차가 커지는 등 사회가 고르게 발전하지는 못했다.

박정희는 1967년에 재선한 뒤 '3선 개헌'을 통과시켜 다시 대통령에 오를 수 있게끔 법을 바꾸었다. 이어 국민의 반대에도 불구하고, 일본과 국교를 정

1 1961년 5·16 군사 정변 이후, 총선거에 의하여 국회 및 정부가 수립될 때까지 국가의 최고 통치 기관으로서 설치하였던 의결 기관. 이전의 '군사 혁명 위원회'를 고친 이름이다.

상화하고 베트남에 군대를 파병하였다. 박정희는 1971년 대통령 선거에서 어렵게 당선되자, 이듬해 10월에 유신 헌법(維新憲法)^{2}을 선포하여 영원히 집권할 수 있는 길을 열어 놓았다. 이어 자신을 반대하는 세력을 철저히 탄압하며 일인 독재 체제로 치달았다.

그러자 정치인, 지식인, 학생, 종교인을 중심으로 국민의 자유와 권리를 되찾기 위한 민주화 운동이 격렬하게 일어났고, 미국을 비롯한 세계 여론의 비판도 커졌다. 그러나 박정희는 '대통령 긴급 조치'까지 발동하여 수많은 민주 인사를 투옥하는 등 독재 정치를 밀고 나갔고, 우리나라의 민주주의는 크게 후퇴하였다.

결국 정권이 위기를 맞은 가운데, 박정희는 1979년 10월 26일 자신의 측근이었던 김재규의 총에 피살되었다.

Tip

새마을 운동이란?

> 근면, 자조, 협동 정신을 바탕으로 주민들의 자발적인 참여와 잘살 수 있다는 희망을 심어준 정신 개혁 운동이다.

새마을 운동은 1970년부터 대통령 박정희의 주도로 시작된 지역 사회 개발 운동으로 뒤떨어진 농촌을 발전시키는데 크게 이바지하였다. 정부의 절대적인 지원 아래 마을 안길을 넓혀 포장하고, 집을 개량하는 등 농민들의 생활환경을 개선하는 한편, 소득을 늘리기 위한 여러 사업도 벌여 나갔다. 무엇보다 새마을 운동은 근면, 자조, 협동 정신을 바탕으로 주민들의 자발적인 참여를 이끌어냈고, 운동의 기본 정신이 공장, 도시, 직장 등으로 퍼져 나가면서 사회 전체의 근대화 운동으로 성장하였다. 국민들에게 잘살 수 있다는 희망을 심어준 새마을 운동은 1970년대 눈부신 경제 발전을 뒷받침한 정신적인 힘이었고, 동남 아시아 국가들을 비롯한 많은 개발도상국들도 배우려고 노력하였다.

우리나라 민주화의 완성인
6월 민주화 운동

→ 1987년에 전개된 6월 민주화 운동은 국민들의 뜻을 받아들여 대통령 직선제를 실시하면서 우리나라의 민주화를 완성시켰다.

10 · 26 사태가 일어나 박정희 정권이 무너지고 과도 정부인 최규하 정권이 들어섰다. 하지만 전두환을 비롯한 군부 세력이 같은 해 12월 12일에 실권을 장악하였다. 이에 대학생을 비롯한 일반인들을 중심으로 전두환을 비롯한 군부 세력의 정권 장악 시도에 대한 강한 반발이 나타났다. 그러나 전두환을 비롯한 군부 세력은 무력으로 이를 진압하였다. 그리하여 우리나라의 민주주의는 한 발 후퇴하는 듯 보였다.

전두환이 정권을 잡은 지 7년 만에 다시 민주화의 열기가 나타났다. 시민들은 전두환 정권의 비리와 독재를 규탄하면서 1987년 6월 10일에 전국적으로 시위를 펼쳤다. 대학생을 중심으로 이루어진 민주화 요구는 일반 시민까지 참여하여 전국으로 확산되니, 군부 세력은 굴복하고 '6 · 29 민주화 선언'을 하였다.

6 · 29 민주화 선언은 대통령 직선제와 5년 단임제를 골자로 한 헌법 개정이 이루어졌다. 이 헌법에 따라 노태우 정부가 들어섰다. 노태우 정부는 서울 올림픽을 개최하여 우리나라의 국제적인 위상을 높였으며, 북방 외교 정책을 펼쳐 러시아(소련) 및 중국과 외교관계를 맺었다. 1991년 9월 18일에는 남북한이 동시에 유엔에 가입하였다.

1993년 2월에 김영삼 정부가 들어섰다. 김영삼 정부는 30여 년에 걸쳐 군부가 장악했던 정권에서 민간인 출신의 지도자가 탄생하였다. 김영삼 정부는 금융 실명제와 부동산 실명제를 실시하는 등 개혁 정책을 추진했으나, 경제 정책의 일관성 부족으로 1997년에 I.M.F의 지배를 받게 되었다.

1997년에는 우리나라 사상 처음으로 평화적인 정권 교체가 이루어져 민주당의 김대중 정부가 들어섰다. 김대중 정부는 2000년 6월에 평양을 방문하여 김정일과 남북 정상 회담을 개최하여 민족의 통일문제를 자주적으로 해결하기로 한 6·15 남북 공동 선언을 발표하였다.

• **요약정리 — 정부의 변천**

이승만	• 6·25 전쟁 (북한의 남침→인천 상륙 작전→중공군 개입→1·4 후퇴→휴전 (1953)) • 장기 집권과 독재
윤보선	• 4·19 혁명으로 집권 – 내각책임제와 양원제 국회 – 사회 혼란
박정희	• 5·16 군사 정변으로 집권 – 경제 개발 계획 (성장 위주의 정책) • 장기 집권을 위한 10월 유신 헌법 제정 – 1979년에 시해당함 • 새마을 운동으로 농어촌 근대화 운동 전개
5·18 민주화 항쟁	• 1980년 5월 18일 광주에서 시작
전두환	• 부정부패와 군부 독재 • 국민의 요구로 대통령 직선제 개헌 (1987.6.29)
노태우	• 서울 올림픽 개최 • 남북한 유엔 동시 가입 (1991) • 북방 외교 (러시아, 중국 등 사회주의 국가와 수교)
김영삼	• 금융 실명제 • 3단계 통일안 (화해 협력/남북연합/통일 국가 완성)
김대중	• I.M.F의 위기 극복 • 2002 한·일 월드컵 공동 개최 • 남북 정상 회담, 금강산 관광 사업
노무현	• 남북 정상 회담
이명박	• 2008년 2월 제17대 대통령에 취임

핵심문제

대한민국의 성립

1. 다음에서 ㉠ 시기에 이루어진 사실은?

이승만 정부	윤보선 정부	㉠	전두환 정부

① 새마을 운동을 통하여 국민정신개혁을 추진하였다.

② 대한민국의 민주주의가 정착되었다.

③ 4 · 19 혁명이 일어나 독재 정치를 무너뜨렸다.

④ 올림픽을 개최하여 나라의 위상을 높였다.

⑤ 남북 정상 회담을 개최하여 상호증진에 이바지하였다.

2. 다음을 시대순으로 바르게 나열한 것은?

ㄱ. 북한 정권 수립   ㄴ. 제1차 미소 공동 위원회 개최

ㄷ. 5 · 10 총선거. 대한민국 정부 수립   ㄹ. 6 · 25 전쟁

ㅁ. 8 · 15 광복

① ㄱ-ㄴ-ㄷ-ㄹ-ㅁ   ② ㄴ-ㄷ-ㄹ-ㅁ-ㄱ   ③ ㄷ-ㄹ-ㄱ-ㄴ-ㅁ

④ ㄹ-ㅁ-ㄷ-ㄴ-ㄱ   ⑤ ㅁ-ㄴ-ㄷ-ㄱ-ㄹ

3. 다음은 박정희 정부의 정책을 나타낸 것이다. 이와 같은 정책의 결과 나타난 문제점으로 적절한 것은?

ㄱ. 수출 제일주의의 경제 정책   ㄴ. 외국 자본 유치를 통한 공업화 정책

① 실업자가 증가하여 사회가 혼란스러웠다.

② 빈곤층이 증가하여 경제성장이 멈추었다.

③ 직장을 찾아 농촌으로 회귀하면서 도시가 공동화되었다.

④ 외국 자본의 진출로 민족 자본이 소생되지 못했다.

⑤ 계층 간 경제력의 차이가 커져서 갈등이 나타났다.

4. 다음을 보고 추론한 것으로 적당한 것은?

ㄱ. 부정 선거로 원내 다수당을 차지한 자유당은 이승만의 영구 집권을 꾀하기 위해 초대 대통령에 한해 중임 제한을 철폐한다는 내용을 주요 골자로 하는 헌법 개정안을 국회에 제출했다. 하지만 1954년 11월 27일 국회 표결에 붙인 결과 1표가 미달하여 부결되었으나 29일 부결을 번복, 개헌안을 통과시켰다.

ㄴ. 남북 간의 해빙무드가 국민의 기대를 모으는 가운데 1972년 10월 17일 대통령은 비상 계엄을 선포하여 국회를 해산시키고, 비상 국무 회의에서 새로운 헌법을 제정한 다음, 이 해 11월 국민 투표로 확정하였다. 새 헌법에 의해 이 해 12월 15일 통일 주체 국민회의 대의원 선거가 실시되고, 이어 12월 23일 장충 체육관에 모인 대의원회에서 박정희를 8대 대통령으로 선출하였다.

① 1인에 의한 연임 대통령의 선출로 민주주의를 파괴하였다.

② 미국의 법을 따라서 한 전형적인 민주주의였다.

③ 한국적 민주주의를 토착화시킨 것이다.

④ 대통령을 국민의 직접투표로 선출하여 혼란을 가져왔다.

⑤ 의회와 정부의 관계를 동등하게 하였다.

5. 대한민국에서 실시한 토지개혁과 북한에서 실시한 토지 개혁의 가장 큰 차이점은?

① 무상매수, 무상분배였다.　　② 무상매수, 유상분배였다.

③ 유상매수, 유상분배였다.　　④ 유상매수, 무상분배였다.

⑤ 공동소유, 공동분배였다.

6. 해방 후 우리나라의 경제 발전 과정을 나타낸 것이다. 설명이 부적절한 것은?

① 해방이 될 무렵에 대한민국과 북한 사이에 공업의 편중 현상이 심했다.

② 대한민국에서 먼저 토지 개혁을 실시하고, 그 다음 북한에서 실시하였다.

③ 1950년대에 미국의 원조로 경제가 이루어졌다.

④ 1960년대에 차관 도입을 통한 수출 중심의 경제로 변화되었다.

⑤ 1980년대에는 3저에 힘입어 고도성장을 이루었다.

7. 다음 (   )에 해당하는 시기의 일로 적당한 것은?

새마을 운동 → 10 · 26 사태 → (   ) → 전두환 정부

① 제1차 석유 파동으로 경제가 어려워졌다.
② 박정희 대통령이 김재규에게 시해를 당하였다.
③ 4 · 19 혁명이 일어나 이승만 독재 정부를 무너뜨렸다.
④ 광주를 시작으로 군부의 등장을 저지하려고 하였다.
⑤ 민주화 항쟁에 힘입어 대통령 직선제가 이루어졌다.

8. 다음과 같은 시기에 국가에서 선포한 것은 무엇이며, 이것이 우리나라에 미친 영향을 쓰시오.

ㄱ. 1963년 한일회담   ㄴ. 1972년 10월 유신   ㄷ. 1979년 부마사태

9. 다음과 같은 사건이 일어날 때마다 발생한 부작용은?

ㄱ. 모스크바 3상회의   ㄴ. 제주도 4 · 3 사건   ㄷ. 여수 · 순천 10 · 19 사건

① 우리나라의 민주주의를 한 단계 발전시키는 계기였다.
② 남북 단일 정부를 수립하려는 민족 화합의 일환이었다.
③ 남북한의 통일을 한 발 앞당기는 사건이었다.
④ 우리나라의 독립을 공고히 하였다.
⑤ 민족주의와 사회주의의 대립이 격화되었다.

10. 다음 내용을 주장한 사람과 이를 통해서 사회주의 경제체제를 보완할 수 있는 사실과
이유를 쓰시오.

OOO은 여전제에서 생산수단에 대한 일체의 사적 소유를 허용치 않고 모든 토지를 국유화하
면서 이를 여단위로 분배를 하게 하는 것이다. 여기서는 지주적 토지 소유는 물론이고 자작농
의 개인경영에 의한 소규모 토지의 사유도 없고 따라서 소작 제도와 토지의 매매도 없다. 여에
분배된 토지는 생산은 여민이 공동으로 하게 하였다. 즉 여민이 공동노동과 공동경작을 수행
하여 생산을 여민의 공동으로 하는 것이다.

사회주의 경제와 다른 점은 여안에 생산은 공동으로 하지만 소비는 가족단위로 하도록 하여
수확 후에는 생산물을 가족단위로 분배하는 것이다. 생산물의 분배 기준은 생산에 참여한 노
동량에 따라서 결정한다. 즉 가을이 되면 수확한 생산물을 여중의 공회당에 모두 갖다 놓고,
먼저 나라에 바치는 공세와 여장의 급여를 공제한 다음, 그 나머지를 여장이 여민의 노동량을
기록한 장부에 따라 분배하는 것이다.

해답 & 풀이

1.

①

풀이▶ ㉠은 박정희 정부이다.

2.

⑤

풀이▶ ㄱ–1948년 9월, ㄴ–1946년, ㄷ–1948년 5월, 8월, ㄹ–1950년, ㅁ–1945년

3.

⑤

풀이▶ 박정희 정부의 성장 일변도의 정책은 빈부의 차를 심화시켰다. 따라서 자본의 축적은 가능하였으나 노동자의 여건은 오히려 악화되었다. 따라서 계층 간의 소득 격차로 인한 위화감이 조성되었고, 지역의 편중 개발로 인한 지역 간 갈등도 나타났다.

4.

①

풀이▶ 중임하기로 한 대통령의 임기를 무한하게 늘려줌으로써 독재정치를 강화하고 민주주의를 파괴하였다.

5.

③

풀이▶ 정부에서는 토지 소유주에게 농토를 구입하여 농민들에게 소작을 주었다. 농민들은 1년 수확량의 30%를 5년간 나라에 현물로 토지의 대가를 지불하면 개인 토지로 바꾸어 주었다.

6.

②

풀이▶ 대한민국은 1950년, 북한은 1946년에 각각 토지 개혁이 이루어졌다.

7.

④

풀이▶ 박정희 대통령이 시해당한 후에 민주화의 봄이 올 때 전두환을 비롯한 군부세력이 12·12 사태를 일으켜 정권을 잡으려고 하자 1980년 5월 18일에 광주에서 민주화 운동이 시작되었다.

8.

비상 계엄령이 선포되었으며, 우리나라 민주주의가 발전하는데 장애가 되었다.

풀이▶ 계엄 선포 요건은 전시나 사변 또는 이에 준하는 국가 비상사태에서 군사상의 필요에 의하여 공공의 안녕질서를 유지할 필요가 있을 때에 법률이 정하는 바에 의하여 선포할 수 있다. 그러나 위와 같은 상황에서의 계엄 선포는 우리나라가 민주주의를 정착하는데 오히려 방해가 되었으며, 권위주의 통치체제를 위한 것이었다.

9.

⑤

풀이▶ 모스크바 3상회의에서 신탁 통치안이 나와 민족주의와 사회주의의 대립이 생겼으며, 제주도 4·3 사건과 여수·순천 10·19 사건은 각각 남북에 정권을 수립한 후에 좌·우익이 대립이 격화되어 발생한 사건이다.

10.

정약용의 여전제로 사회주의 경제의 가장 큰 문제점은 공동 생산에 공동 분배였다. 그리하여 생산 의욕이 저하되어 결국 사회주의 경제는 무너졌다. 정약용의 여전제는 공동 분배였지만 여민의 노동량을 기록한 장부에 따라 분배하는 것이었다. 그러므로 생산 의욕을 고취할 수 있는 것이 사회주의 경제체제와의 가장 큰 차이라 하겠다.

부록

1. 역대 왕조 계보

2. 국사 연표

【 고구려 】 삼국사기 B.C. 37~A.D. 668

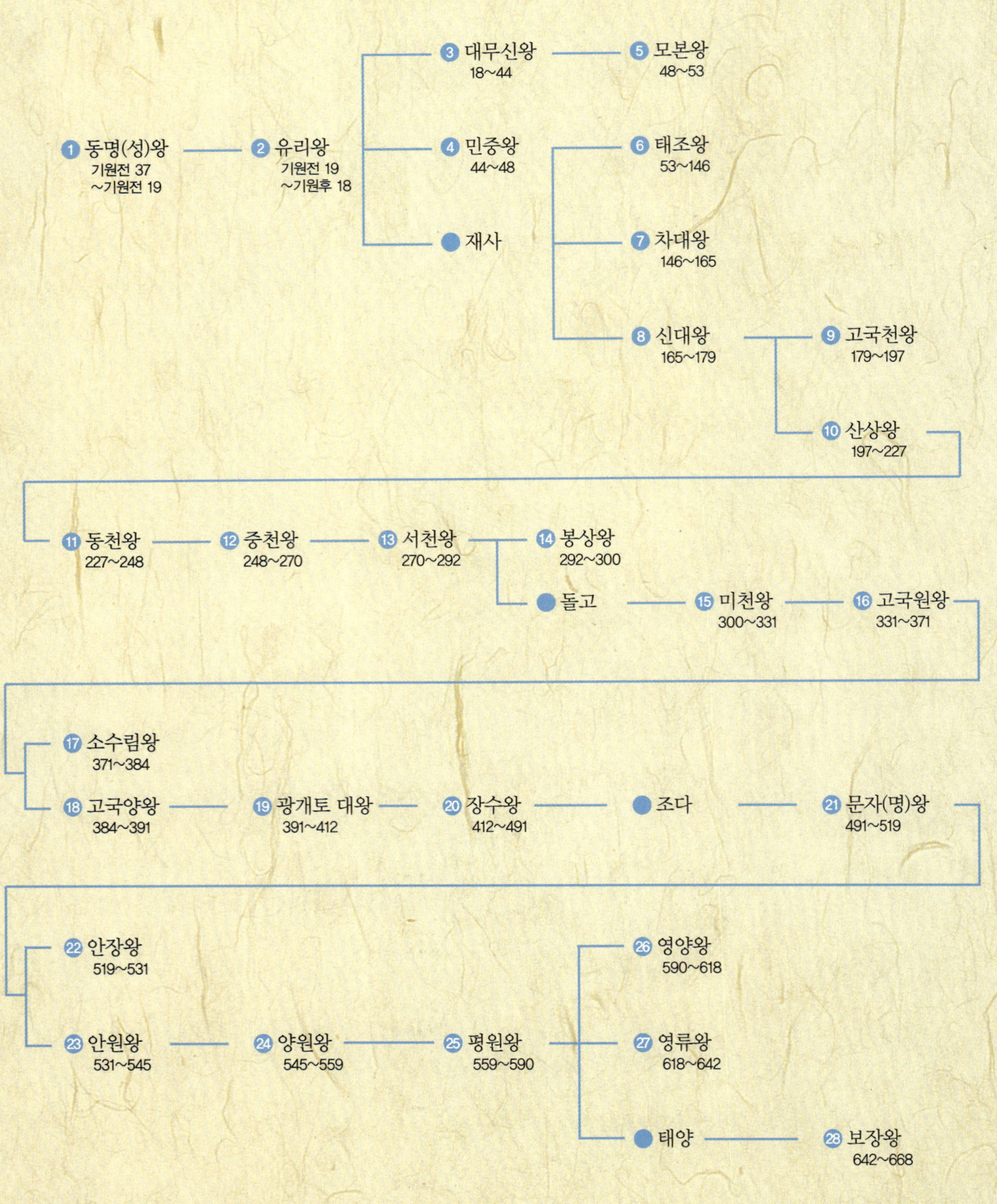

【 백제 】 삼국사기 B.C. 18 ~ A.D. 660

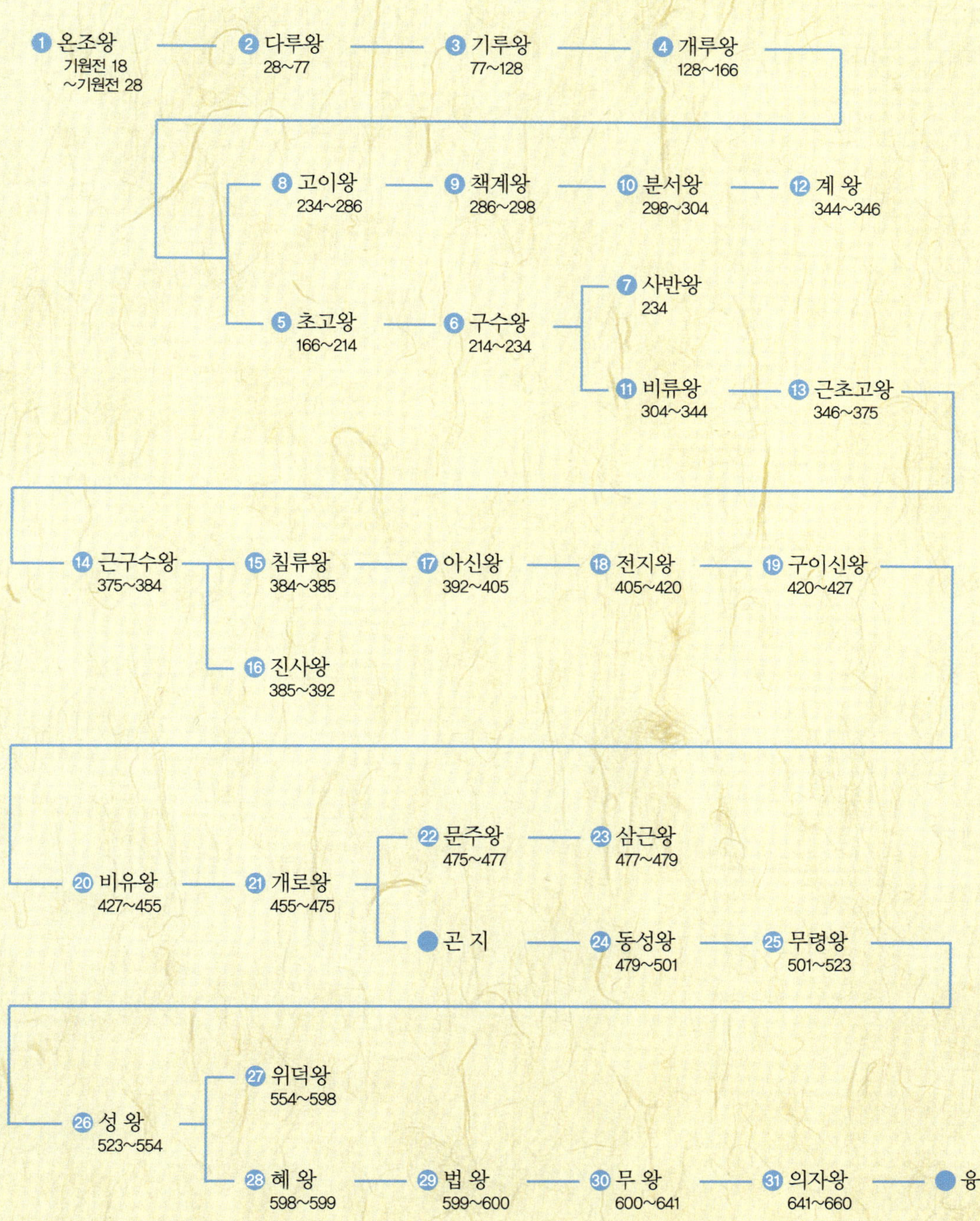

【 신 라 】 삼국사기 B.C. 57 ~ A.D. 935

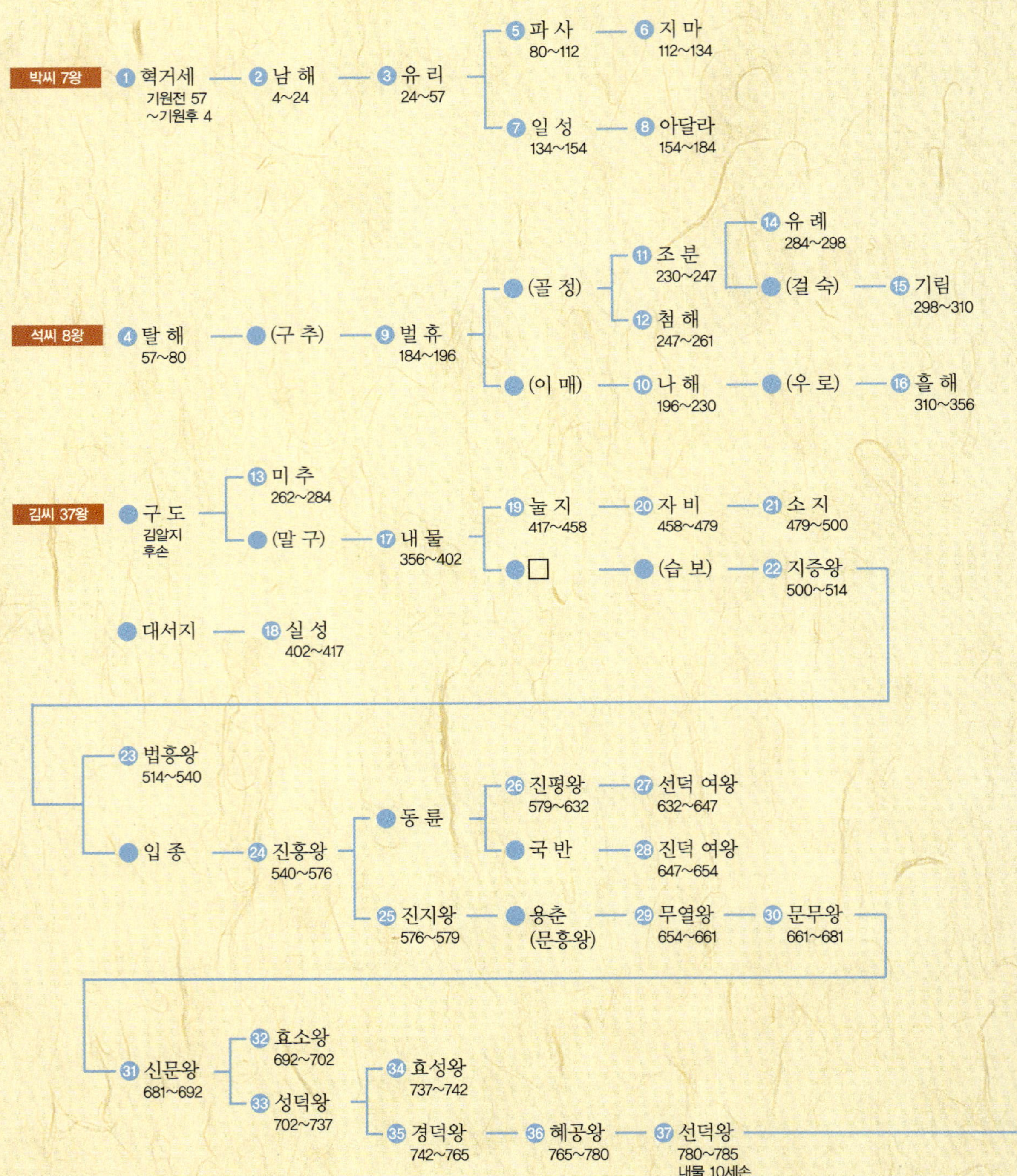

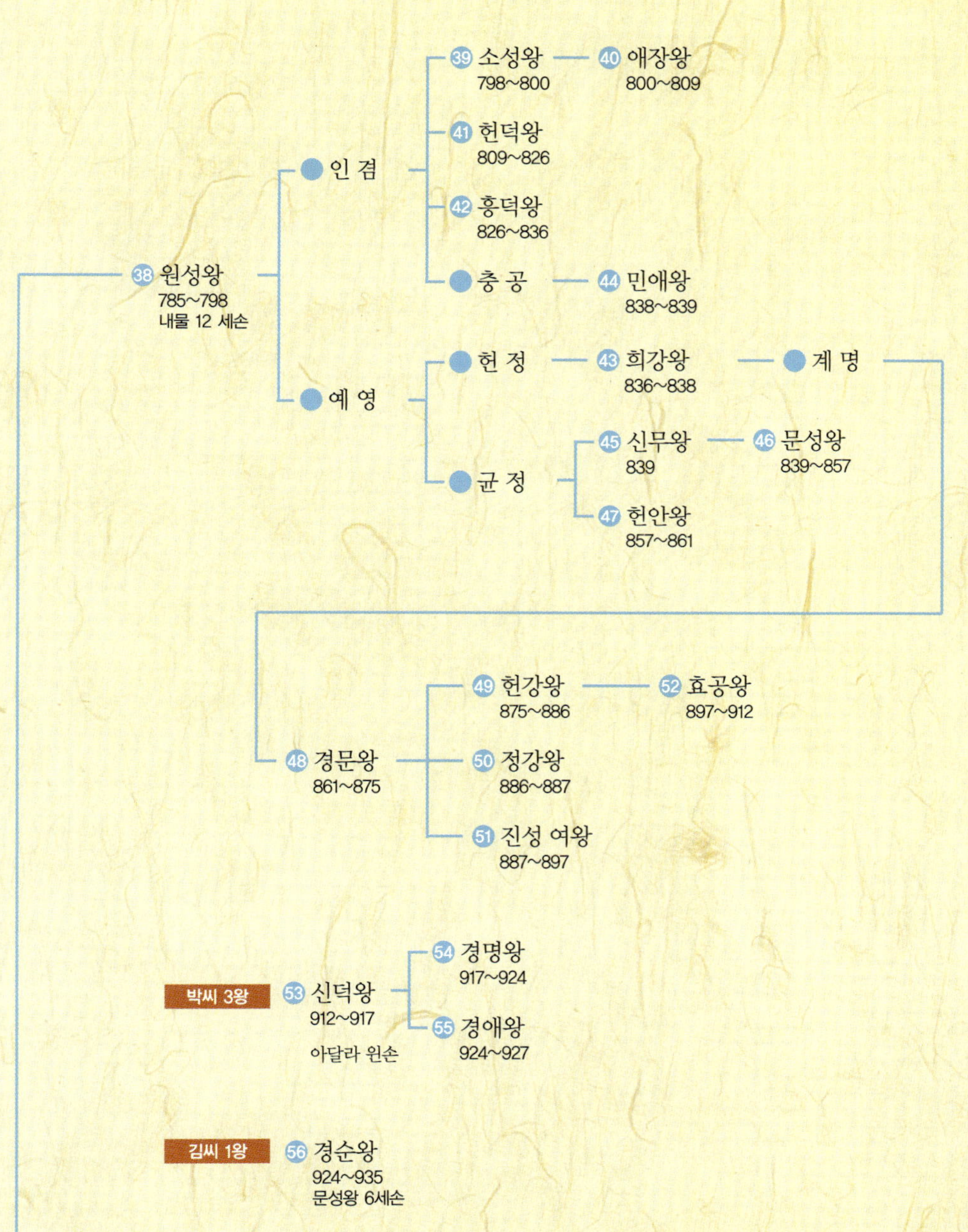

39 소성왕 798~800
40 애장왕 800~809
41 헌덕왕 809~826
42 흥덕왕 826~836
인 겸
충 공
44 민애왕 838~839
38 원성왕 785~798 내물 12 세손
헌 정
43 희강왕 836~838
계 명
예 영
균 정
45 신무왕 839
46 문성왕 839~857
47 헌안왕 857~861
49 헌강왕 875~886
52 효공왕 897~912
48 경문왕 861~875
50 정강왕 886~887
51 진성 여왕 887~897
박씨 3왕
53 신덕왕 912~917
아달라 원손
54 경명왕 917~924
55 경애왕 924~927
김씨 1왕
56 경순왕 924~935 문성왕 6세손

【 발 해 】 229년, 698 ~ 926

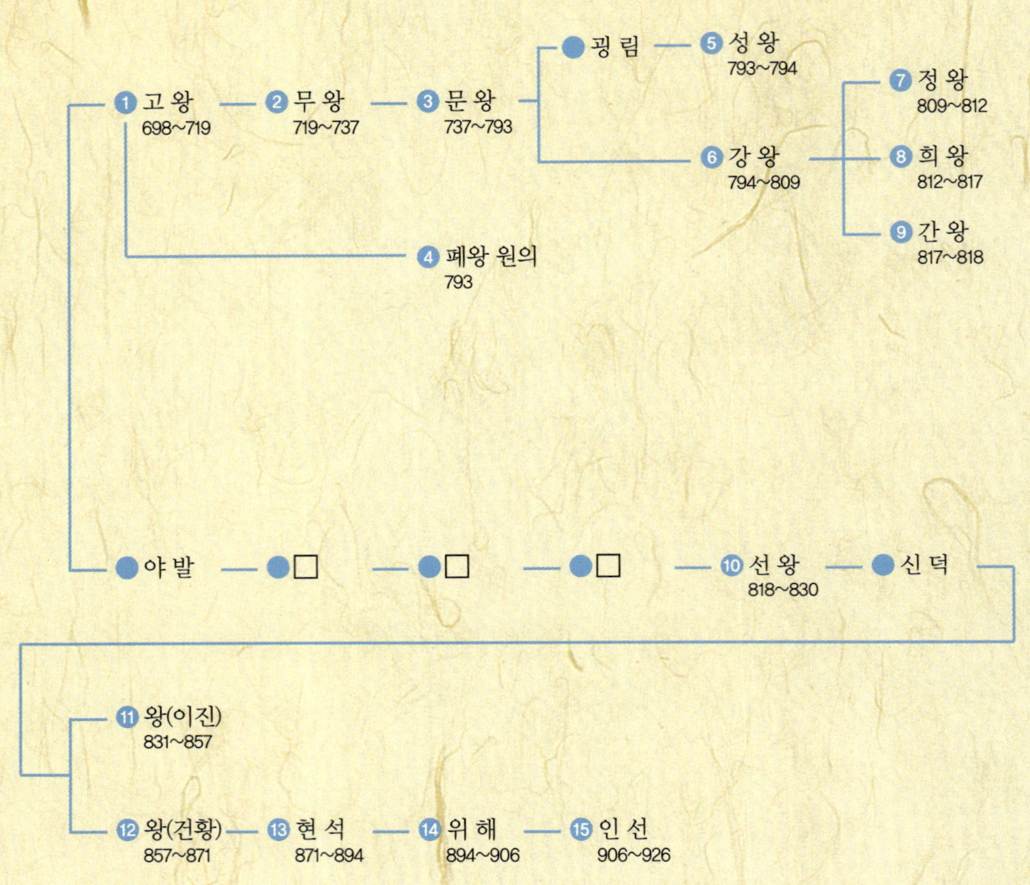

【 고 려 】 475년, 918 ~ 1392

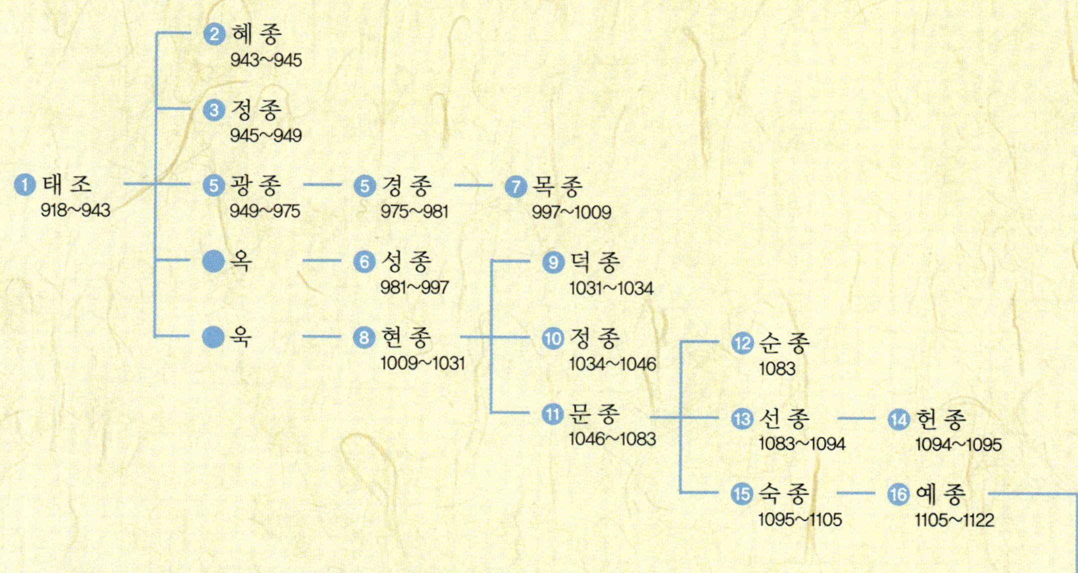

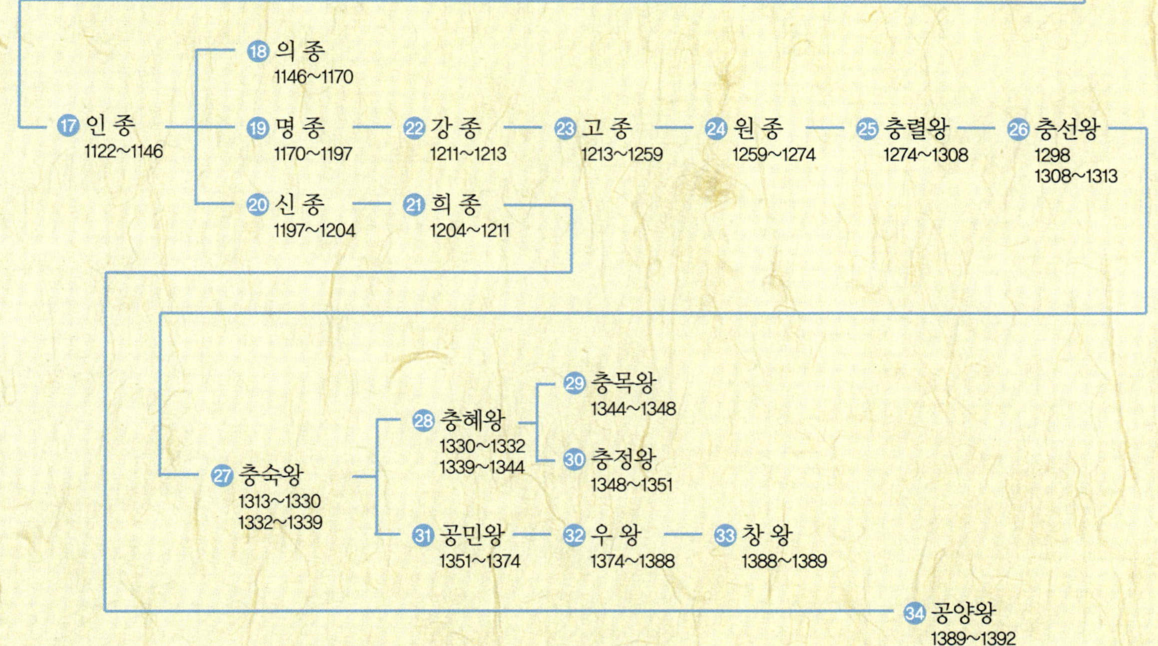

【 조 선 】 519년, 1392 ~ 1910

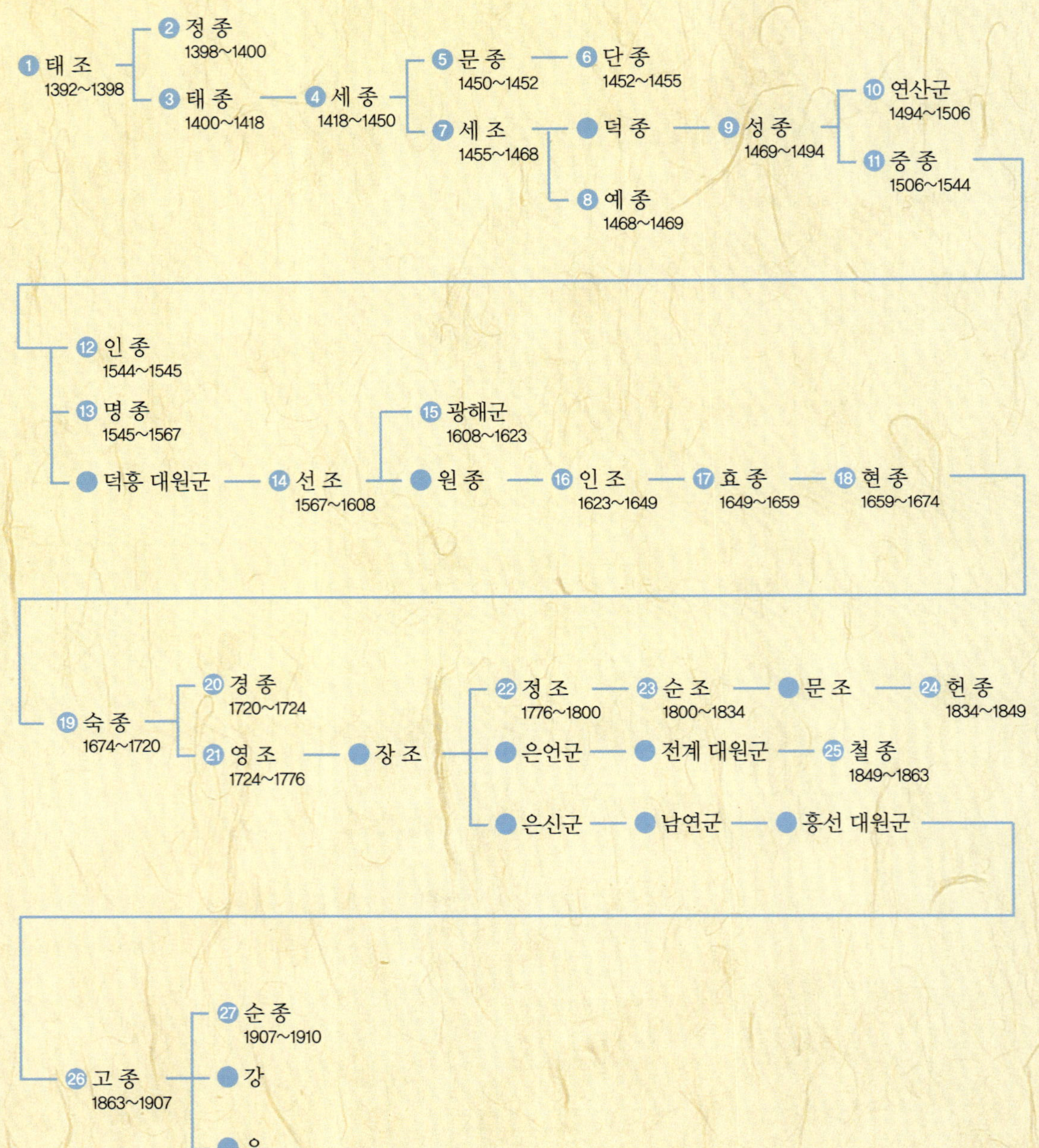

1 태 조 1392~1398
2 정 종 1398~1400
3 태 종 1400~1418
4 세 종 1418~1450
5 문 종 1450~1452
6 단 종 1452~1455
7 세 조 1455~1468
8 예 종 1468~1469
덕 종
9 성 종 1469~1494
10 연산군 1494~1506
11 중 종 1506~1544
12 인 종 1544~1545
13 명 종 1545~1567
덕흥 대원군
14 선 조 1567~1608
15 광해군 1608~1623
원 종
16 인 조 1623~1649
17 효 종 1649~1659
18 현 종 1659~1674
19 숙 종 1674~1720
20 경 종 1720~1724
21 영 조 1724~1776
장 조
22 정 조 1776~1800
23 순 조 1800~1834
문 조
24 헌 종 1834~1849
은언군
전계 대원군
25 철 종 1849~1863
은신군
남연군
흥선 대원군
26 고 종 1863~1907
27 순 종 1907~1910
강
은

세기	우리나라		시대
	연대	**주요 사항**	
	약 70만 년 전	(구석기 문화)	선사 시대
	8000년경	(신석기 문화)	
	2333년경	단군, 고조선을 건국함(삼국유사)	
	2000년경	청동기 문화의 전래	연맹왕국
	1000년경	고조선의 발전	
	400년경	철기 문화의 보급	
	200년경	한반도 남부에 마한, 진한, 변한이 형성	
	194	위만, 고조선의 왕이 되다	
B.C.	108	고조선, 한나라에 멸망되다. 한군현이 설치됨	
A.C.	21	고구려, 대무신왕이 고구려 공격	
	32	호동왕자의 활약으로 고구려가 낙랑 정복	
	53	고구려, 동옥저 정복	
	65	신라, 국호를 계림으로 바꿈	
	194	고구려 고국천왕, 진대법을 실시	
	244	위나라의 관구검, 고구려 수도 환도성을 함락함	
300	313	고구려 미천왕, 낙랑군을 멸망시킴	삼국 시대
	346	백제 근초고왕, 고구려를 침입하여 고국원왕을 전사시킴	
	356	신라왕호, 이사금에서 마립간으로 바꿈	
	372	고구려, 불교가 전래되고 태학을 설치함	
	384	백제, 불교 전래	
400	400	신라 내물왕의 요청으로 고구려 광개토 대왕 파병	
	405	신라 내물왕 요청으로 고구려 광개토 대왕 파병	
	427	고구려 장수왕, 평양 천도	
	433	신라와 백제, 나제 동맹을 맺음	
500	503	신라, 국호를 신라로, 왕호를 왕으로 고침	
	512	신라 이사부, 우산국 정벌	
	527	신라, 불교 공인	
	532	금관가야 멸망	
	538	백제, 사비(부여)로 천도	

세기	우리나라		시대
	연대	**주요 사항**	
	552	백제, 일본에 불교를 전함	
	598	수문제, 고구려 1차 침입(실패)	
600	612	을지문덕, 살수대첩. 수양제, 평양성 공격(실패)	
	642	고구려, 연개소문 정권 장악	
	645	고구려, 당나라에 대승(안시성 싸움)	
	660	백제 멸망	
	668	고구려 멸망	
	676	신라, 당나라를 물리침	
	685	9주 5소경 설치	
	698	발해 건국	
700	722	신라, 정전 지급	
	751	불국사와 석굴암을 확장	
	788	독서삼품과 설치	
800	828	장보고, 청해진 설치	발해 통일신라
	883	최치원, 《계원필경》 저술	
	888	신라, 《삼대목》 편찬	
900	900	견훤, 후백제 건국	
	901	궁예, 후고구려 건국	
	918	왕건, 고려 건국	
	926	발해 멸망	
	935	신라 멸망	
	936	후백제 멸망	
	956	노비안검법 실시	
	958	과거제 실시	
	976	전시과 실시	
	983	전국에 12목 설치	고려 시대
	992	국자감 설치	
	993	거란의 1차 침입	
	996	건원중보 주조	
1000	1009	강조의 정변	
	1010	거란의 2차 침입	

세기	우리나라		시대
	연대	주요 사항	
	1019	거란의 3차 침입(강감찬의 귀주대첩)	
	1086	속장경 편찬	
1100	1101	천태종 공인	
	1104	별무반 조직	
	1107	윤관, 동북 9성 건설	
	1126	이자겸의 난	
	1135	묘청의 서경 천도 운동	
	1145	김부식, 《삼국사기》 편찬	
	1170	무신정변	
	1174	정중부 집권	
	1196	최충헌 집권	
	1198	만적의 난	
1200	1219	몽골과 외교관계를 맺음	
	1231	몽골의 제1차 침입	
	1232	강화 천도	
	1232	김윤후, 처인성에서 몽골장수 살리타이 사살	
	1234	최초의 금속 활자본인 〈상정고금예문〉 간행	고려 시대
	1236	3차 대장경 간행	
	1259	몽골과 강화	
	1270	개경으로 환도, 삼별초의 대몽항쟁	
	1274	고려, 몽골 연합군의 제1차 일본 정벌	
1300	1304	안향의 건의로 국학에 섬학전 설치	
	1314	만권당 설치	
	1351	공민왕 즉위	
	1359	홍건적 침입	
	1362	전민변정도감 설치	
	1363	문익점, 원나라에서 목화씨를 가져옴	
	1376	최영, 홍산에서 왜구 토벌	
	1377	최무선의 건의로 화통도감 설치	
		〈직지심체요절〉 인쇄	
	1388	위화도 회군	

세기	우리나라		시대
	연대	주요 사항	
	1389	박위, 쓰시마 섬 정벌	고려 시대
	1391	과전법 실시	
	1392	고려 멸망, 조선 건국	
	1394	한양 천도	
1400	1401	신문고 설치	조선 시대
	1402	호패법 실시	
	1403	주자소 설치	
	1411	조선 8도의 지방 행정 조직 완성	
		〈태조실록〉 편찬	
	1418	세종 즉위	
	1420	집현전의 확장	
	1423	《고려사》 편찬	
	1429	정초, 《농사직설》 편찬	
	1434	김종서, 6진 개척	
	1441	측우기 발명	
	1446	훈민정음 반포	
	1453	계유정난 발생	
	1466	직전법 실시	
	1485	《경국대전》 완성	
	1498	무오사화 발생	
1500	1504	갑자사화 발생	
	1506	중종 반정	
	1510	삼포왜란 발생	
	1519	기묘사화 발생	
	1543	주세붕, 백운동 서원을 세움	
	1555	을묘왜란	
	1559	임꺽정의 변	
	1577	이이, 《격몽요결》 간행	
	1592	임진왜란 발생	
		이순신, 한산도대첩. 김시민, 진주성 싸움	
	1593	권율, 행주대첩	

세기		우리나라	시대
	연대	**주요 사항**	
	1597	정유재란	
1600	1608	대동법을 경기도에 실시	
	1609	일본과 기유조약 체결	
	1610	허준, 《동의보감》 완성	
	1623	인조반정	
	1624	이괄의 난	
	1627	정묘호란	
	1628	벨테브레, 제주도 도착	
	1636	병자호란	
	1645	소현 세자, 청에서 천주교 서적과 과학 서적 수입	
	1653	하멜, 제주도 도착, 김육의 건의로 시헌력 채택	
	1658	제2차 나선 정벌	
	1659	충청도에 대동법 실시	
	1662	제언사 설치	
	1678	상평통보 주조	
	1696	안용복, 독도에서 일본인을 쫓아냄	조선 시대
1700	1708	대동법의 전국적 실시	
	1712	백두산 정계비 건립	
	1724	영조 즉위	
	1725	탕평책 실시	
	1750	균역법 실시	
	1754	《속대전》 편찬	
	1763	조엄, 일본에서 고구마를 들여옴	
	1776	정조 즉위, 규장각 설치	
	1784	이승훈, 천주교 전도	
	1785	《대전통편》 편찬	
	1786	서학의 금지	
	1791	신해통공 발표	
	1796	화성 완성	
1800	1801	신유박해, 공노비 해방	
	1811	홍경래의 난	

세기	우리나라		시대
	연대	주요 사항	
	1818	정약용, 《목민심서》 완성	
	1831	천주교 조선 교구 설치	
	1846	김대건, 최초의 신부가 됨	
	1860	최제우, 동학을 창시	
	1861	김정호, 대동여지도 제작	
	1862	진주민란	
	1863	흥선 대원군 집권	
	1865	경복궁 중건	
	1866	병인박해, 병인양요	
	1871	신미양요	
	1875	운요호 사건	
	1876	강화도 조약	
	1879	지석영, 종두법 실시	
	1880	일본에 2차 수신사 파견	
	1881	일본에 신사 유람단 파견	
		청나라에 영선사 파견	조선 시대
	1882	임오군란, 구미 열강 중 미국과 최초로 수교	
	1883	원산학사 설립, 태극기 사용	
	1884	우정국 개국, 갑신정변	
	1885	거문도 사건, 광혜원 설립	
	1886	육영공원, 이화학당 설립	
	1889	함경도 관찰사 조병식, 방곡령 선포	
	1894	동학 농민 운동, 갑오개혁	
	1895	삼국간섭, 을미사변	
		유길준, 《서유견문》 지음	
		단발령 실시	
		을미 의병	
	1896	아관 파천, 독립 신문 발간, 독립 협회 설립	
	1897	고종의 환궁, 대한제국 성립	
	1898	만민 공동회 개최	
	1899	경인선 개통	

세기	우리나라		시대
	연대	**주요 사항**	
1900	1900	만국우편연합 가입	
	1901	제주 민란 발생	
	1903	YMCA 창립	
	1904	러·일 전쟁 발발	
	1904	한일의정서 체결	
		경부선 개통	
	1905	을사늑약 체결	
		을사의병	
	1906	통감부 설치	
	1907	국채 보상 운동	조선 시대
		헤이그 특사 파견	
		고종 퇴위, 군대 해산, 한·일 신협약 체결	
	1908	서울 진공 작전	
		전명운 장인환, 스티븐스 사살	
		동양척식주식회사 설립	
	1909	일본, 간도를 안봉선과 교환하여 청에 넘김	
		안중근, 이토 히로부미 사살	
		나철, 대종교 창시	
	1910	국권 피탈	
	1911	신민회, 105인 사건	
	1912	토지조사령 발표	
	1913	안창호, 흥사단 조직	
	1914	대한 광복군 정부 수립	
	1915	대한 광복회 결성	
	1916	박중빈, 원불교 창시	일제 강점기
	1919	2·8 독립 선언	
		3·1 운동	
		대한민국 임시정부 수립	
	1920	홍범도, 봉오동 전투. 김좌진, 청산리 전투	
		조선일보, 동아일보 창간	
	1922	방정환, 어린이 날 제정	

세기	우리나라		시대
	연대	주요 사항	
	1923	조선 물산 장려회 조직	일제 강점기
	1926	6 · 10 만세 운동	
	1927	신간회 조직	
	1929	광주 학생 항일 운동	
	1932	이봉창, 윤봉길 의거	
	1933	한글 맞춤법 통일안 제정	
	1934	진단 학회 조직	
	1935	민족혁명당 조직	
	1936	손기정, 베를린 올림픽 대회 마라톤 우승	
	1940	민족 말살 정책 강화	
		한국 광복군 결성	
	1942	조선어 학회 사건	
	1945	8 · 15 광복	
		조선건국준비위원회 조직	
	1946	제1차 미소 공동 위원회 개최	대한민국
	1948	5 · 10 총선거. 대한민국 정부 수립	
		북한 정권 수립	
	1950	6 · 25 전쟁	
	1953	휴전 협정 조인	
	1960	3 · 15 부정 선거	
		4 · 19 혁명, 장면 내각 성립	
	1961	5 · 16 군사 정변	
	1962	제1차 경제 개발 5개년 계획	
	1963	제3 공화국 수립	
	1965	한 · 일 수교	
	1966	불국사 석가탑에서 다라니경 발견	
	1967	제2차 경제 개발 5개년 계획	
	1968	1 · 21 사태. 국민교육헌장 선포, 향토예비군 창설	
	1970	새마을 운동 시작	
	1972	제3차 경제 개발 5개년 계획	
		7 · 4 남북 공동 성명	

세기	우리나라		시대
	연대	주요 사항	
		남북 적십자 회담	
		10월 유신	
	1973	6 · 23 평화 통일 선언	
		경주 천마총 발굴	
	1974	육영수 여사 피살	
		북한 땅굴 발견	
	1977	제4차 경제 개발 계획	
	1979	10 · 26 사건. 12 · 12 사태	
	1980	5 · 18 광주 민주화 운동	
	1981	제5공화국 출범	
	1986	제10회 서울 아시안 게임 개최	
	1987	대통령 직선제로 헌법 개정	
	1988	노태우, 제6공화국 대통령으로 취임	
		서울 올림픽 개최	
	1991	남북한 유엔 동시 가입	
	1992	중국과 국교 수립	대한민국
	1993	김영삼 대통령 취임	
	1994	북한 김일성 사망	
	1995	유엔안전보장이사회 비상임이사국에 선출	
	1996	한국, OECD 가입	
	1997	I.M.F체제	
	1998	김대중 대통령 취임	
2000	2000	김대중 대통령 방북	
	2002	한 · 일 월드컵 공동 개최	
	2003	노무현 대통령 취임	
	2005	청계천 복원	
	2007	노무현 대통령 방북	
	2008	2월, 대한민국 국보 1호 숭례문 방화로 전소됨	
	2008	이명박 대통령 취임	

국홍일 《당신은 미인이십니까?》 한그루, 1994

김명 《한국사 이야기 주머니》 녹두, 1995

김무진/박경안 《한국사의 길잡이》 혜안, 1995

김성한 《길 따라, 발 따라①》 사회발전연구소 출판부, 1993

김성한 《길 따라, 발 따라②》 사회발전연구소 출판부, 1993

김성호 《비류 백제와 일본의 국가》 비문사, 1992

김용덕 《한국사의 탐구》 을유문화사, 1981

김용덕 《한국사 수록》 을유문화사, 1984

김용숙 《조선조 궁중 풍속 연구》 일지사, 1987

김화진 《한국의 풍토와 인물》 을유문화사, 1986

남경태 《상식 밖의 한국사》 새길, 1995

노도양 역 《택리지》 명지대 출판부, 1978

동아대 고전 연구 《역주 고려사》 태학사, 1987

민족문화추진회 역 《국역 연려실기술》 민족문화문고간행회, 1988

박성래 《한국인의 과학 정신》 평민사, 1993

박숙희/유동숙 편 《우리말 나이 사전》 책이 있는 마을, 2005

박영규 《한권으로 읽는 조선왕조실록》 웅진닷컴, 2004

박현 《100문 100답 한국사 산책》 백산서당, 1994

안상원 《교육사 신강》 형설출판사, 1980

역사학연구소 《교실 밖 국사 여행》 사계절, 1983

유홍준 《나의 문화유산 답사기①》 창작과 비평사, 1993

유홍준 《나의 문화유산 답사기②》 창작과 비평사, 1994

이민수 역 《조선전》 탐구당, 1976

이배용 외 《우리나라 여성들은 어떻게 살았을까?①》 청년사, 1999

이배용 외 《우리나라 여성들은 어떻게 살았을까?②》 청년사, 1999

이병도 역 《삼국사기》 을유문화사, 1983

이옥수 《한국 근세 여성 사화》 규문각, 1985

이재운 《우리말 한자어 사전》 책이 있는 마을, 2005

이재호 역 《삼국유사》 명지대 출판부, 1978

이존희 《조선 시대 지방 행정 연구》 일지사, 1990

이훈종 《흥부의 작은 마누라》 한길사, 1994

전형택 《조선 후기 노비 신분 연구》 일조각, 1994

최남선 《조선 상식 문답①, 속편》 삼성문화재단, 1972

최남인 엮음《과학 · 기술로 보는 한국사 열세 마당》 일빛, 1994

한국문원 《왕릉》 한국문원, 1995

한국사연구소 《조선 시대 사람들은 어떻게 살았을까?①》 청년사, 1996

한국사연구소 《조선 시대 사람들은 어떻게 살았을까?②》 청년사, 1996

홍형옥 《한국 주거사》 민음사, 1992

《정종수 역사 민속 산책》 강원도민일보, 2005~2006

조선일보 《이규태 코너》 1985~2003

조선일보 《한국인, 한국학》 1991

조선일보 《이덕일 사랑》 2005~2007

《키워드로 푸는 역시》 중앙일보, 2007

《동아원색세계대백과사전》 동아출판사, 1992

《한국민족문화대백과사전》 한국정신문화연구원, 1993

《한국사 대사전》 고려출판사, 1992

중학교 《국사》 교육인적자원부, 2007

고등학교 《국사》 교육인적자원부, 2007

핵심 정리로 한국사가 한눈에!

핵심 한국사

지은이 | 민병덕   책임편집 | 장옥희   디자인 | 김영식

펴낸이 | 전채호   펴낸곳 | 혜원출판사

주 소 | 경기도 파주시 교하읍 문발리 출판문화정보산업단지 507-8

전 화 | 031)955-7451(영업부), 031)955-7454(편집부), 031)955-7455(FAX)

등록번호 1977. 9. 24 제8-16호

홈페이지 www.hyewonbook.co.kr / www.kuldongsan.co.kr

ISBN 978-89-344-1001-0 03900

※ 저자와 협의하여 인지는 생략하였습니다.